主编简介

赵敏，湖北中医药大学教授，校学术委员会委员，硕士生导师，日本北海道大学访学学者。兼任中国卫生法学会常务理事，中国卫生法学会学科建设与教学委员会副主任委员，湖北省卫生法学研究会副会长，国家中医药管理局传统医药法律保护重点研究室学术委员。主要研究领域为卫生法学。已出版专著、教材29部，发表学术论文70余篇。为我国《基本医疗卫生与健康促进法》《医疗纠纷预防和处理条例》《湖北省中医药条例》等立法提出立法草案及建议。

21世纪法学系列教材

特色课系列

医疗法律风险预防与处理

赵 敏　　　　主　编
邓 虹　乐 虹　副主编

北京大学出版社
PEKING UNIVERSITY PRESS

图书在版编目(CIP)数据

医疗法律风险预防与处理/赵敏主编. —北京：北京大学出版社，2019.10
21 世纪法学系列教材
ISBN 978-7-301-30768-7

Ⅰ.①医… Ⅱ.①赵… Ⅲ.①医疗事故—民事纠纷—中国—高等学校—教材 Ⅳ.①D922.16

中国版本图书馆 CIP 数据核字(2019)第 197750 号

书　　　名	医疗法律风险预防与处理 YILIAO FALÜ FENGXIAN YUFANG YU CHULI
著作责任者	赵　敏　主编
责 任 编 辑	李　铎
标 准 书 号	ISBN 978-7-301-30768-7
出 版 发 行	北京大学出版社
地　　　址	北京市海淀区成府路 205 号　100871
网　　　址	http://www.pup.cn
电 子 信 箱	law@pup.pku.edu.cn
新 浪 微 博	@北京大学出版社　@北大出版社法律图书
电　　　话	邮购部 010-62752015　发行部 010-62750672　编辑部 010-62752027
印 刷 者	北京虎彩文化传播有限公司
经 销 者	新华书店 965 毫米×1300 毫米　16 开本　20 印张　380 千字 2019 年 10 月第 1 版　2022 年 12 月第 4 次印刷
定　　　价	49.00 元

未经许可，不得以任何方式复制或抄袭本书之部分或全部内容。
版权所有，侵权必究
举报电话：010-62752024　电子信箱：fd@pup.pku.edu.cn
图书如有印装质量问题，请与出版部联系，电话：010-62756370

《医疗法律风险预防与处理》编委会

(以姓氏笔画为序)

邓　虹　昆明医科大学
仇永贵　南通大学附属医院
古津贤　天津医科大学
付建彬　郑州大学
乐　虹　华中科技大学
李钰婷　天津医科大学
李晓堰　昆明医科大学
陈　冰　湖北中医药大学
陈志华　北京陈志华律师事务所
张　静　上海中医药大学
岳远雷　湖北中医药大学
杨　芳　安徽医科大学
赵　敏　湖北中医药大学
祝　彬　南京医科大学
高丽萍　昆明医科大学
顾加栋　南京医科大学
贾红英　华中科技大学
徐静香　上海中医药大学
黄　莺　昆明医科大学
蒋　娟　安徽医科大学
廖芸佳　天津医科大学

前　言

近十年来,医患矛盾事件时有发生,成为影响医患安全及医疗活动正常进行的重要因素,医患关系的异化与求解已成为时代命题;这十年间,我国处理医疗法律风险的法律发生了巨大的变化,从《医疗事故处理条例》到《侵权责任法》再到《医疗纠纷预防和处理条例》;这十年间,社会对医疗法律风险的认识更为全面,越来越深刻地认识到医学的有限性、风险性与风险的可控性,医疗法律风险的防控是一个社会的系统工程已成为共识。只有对医疗法律风险进行深入的研究,对相关法律问题进行科学的界定、准确的把握、妥善的处理,才能促使医患之间增进彼此的理解与信任,才能有助于公民健康权的保障,而这也正是我们卫生法律人的使命。

医疗风险与医疗活动相伴随行,传统意义上的医疗事故、医疗意外、并发症、后遗症、过敏反应以及《侵权责任法》所规定的医疗损害,都属于医疗风险的范畴;而这些医疗风险的解决,其结果往往落实在法律责任的承担上,所以医疗风险归根到底是一种法律风险。由于医疗法律风险的频繁发生,不断降低医疗安全,损害患者健康甚至生命权利,引发恶性医患冲突事件,影响了医疗行业的健康发展,医疗法律风险正在成为影响中国目前医学发展、社会稳定、医患关系的突出问题。本书的编著正是为了应对化解医疗法律风险、缓解医患矛盾这个难题,提出破解之道。

《医疗法律风险预防与处理》一书深入地分析了医方义务与患方权利,梳理了我国医疗法律风险处理的相关法律制度,总结了临床实践中易发生医疗法律风险的各个环节,创造性地建构了医疗法律风险处理的理论及实践体系。既有社会、医院医务人员及人们预防医疗法律风险发生的对策,又有对患者权益的保护;既有解决医疗法律风险的具体做法,还有分担医疗法律风险的新思路,是我们对医疗法律风险问题进行深入思考的系统总结。

本书编写分工如下:第一章 高丽萍;第二章 乐虹;第三章 赵敏;第四章 岳远雷;第五章 张静、徐静香;第六章 陈志华、付建彬;第七章 廖芸佳、李钰婷、古津贤;第八章 蒋娟、杨芳;第九章 顾加栋、祝彬、陈冰;第十章 黄莺、邓虹;第十一章 李晓堰;第十二章 仇永贵、乐虹;第十三章 贾红英。

在本书的编写过程中,得到了湖北中医药大学、昆明医科大学、华中科技大学和参编单位的大力支持,各位编者付出了辛勤的劳动。全书由赵敏、邓虹、乐虹统稿,赵敏审定。

本书的编写还得到北京大学出版社的关心和支持。本书还广泛参阅了专家、学者的大量学术成果,虽已注明出处,但难免挂一漏万,在此一并表示诚挚感谢。

虽然我们竭尽全力,精益求精,但难免存在疏漏和不妥之处,敬请广大读者特别是专家、学者、同仁提出宝贵的意见和建议,以便今后修订完善。

赵 敏

2019 年 5 月

目 录

第一章　医疗法律风险概述 …………………………………………（1）
- 第一节　风险、医疗风险与医疗法律风险 ……………………（1）
- 第二节　科学认识医疗风险 ……………………………………（3）
- 第三节　医疗法律风险 …………………………………………（10）
- 第四节　医疗风险及医疗法律风险的研究现状及意义 ………（15）

第二章　医疗风险控制的相关法律法规 ………………………（22）
- 第一节　概述 ……………………………………………………（22）
- 第二节　医疗机构的法律规制 …………………………………（23）
- 第三节　医务人员的法律规制 …………………………………（25）
- 第四节　医疗技术的法律规制 …………………………………（31）
- 第五节　医疗用品的法律规制 …………………………………（35）
- 第六节　医疗质量的法律规制 …………………………………（41）
- 第七节　医疗法律风险处理的法律规制 ………………………（48）

第三章　医疗法律关系 ……………………………………………（54）
- 第一节　医疗法律关系概述 ……………………………………（54）
- 第二节　医疗法律关系构成 ……………………………………（61）
- 第三节　医方的权利与义务 ……………………………………（66）
- 第四节　患方的权利与义务 ……………………………………（75）

第四章　医疗法律风险的民事责任 ……………………………（81）
- 第一节　医疗法律风险民事责任概述 …………………………（81）
- 第二节　医疗损害民事责任性质 ………………………………（82）
- 第三节　医疗损害民事责任的归责与构成 ……………………（86）
- 第四节　医疗损害责任的类型 …………………………………（96）
- 第五节　医疗损害责任的豁免 …………………………………（100）

第五章　医疗法律风险的行政责任与刑事责任……………………（107）
　　第一节　医疗法律风险的行政责任………………………………（107）
　　第二节　医疗法律风险的刑事责任………………………………（115）

第六章　诊断治疗护理中的相关法律风险…………………………（130）
　　第一节　诊断中的相关法律风险…………………………………（130）
　　第二节　治疗中的相关法律风险…………………………………（137）
　　第三节　护理中的相关法律风险…………………………………（151）

第七章　临床伦理及管理中的法律风险……………………………（159）
　　第一节　告知与知情同意的法律风险……………………………（159）
　　第二节　医方保密义务与患者隐私权保护的法律风险…………（169）
　　第三节　医疗文书的法律风险……………………………………（174）
　　第四节　临床试验中的法律风险…………………………………（179）
　　第五节　临终医疗决定中的法律风险……………………………（184）
　　第六节　医疗机构安全保障义务履行的法律风险………………（187）

第八章　医疗法律风险的非诉讼解决机制…………………………（194）
　　第一节　医疗法律风险非诉讼解决机制概述……………………（194）
　　第二节　医疗法律风险的协商解决………………………………（196）
　　第三节　医疗法律风险的调解解决………………………………（199）
　　第四节　医疗法律风险的仲裁解决………………………………（207）

第九章　医疗法律风险诉讼解决机制………………………………（211）
　　第一节　医疗法律风险的诉讼解决机制概述……………………（211）
　　第二节　医疗法律风险行政诉讼…………………………………（213）
　　第三节　医疗法律风险民事诉讼…………………………………（216）
　　第四节　医疗法律风险刑事诉讼…………………………………（223）

第十章　医疗法律风险处理中的证据制度…………………………（234）
　　第一节　医疗法律风险处理中的证据概述………………………（234）
　　第二节　医疗法律风险处理中的证据种类………………………（237）
　　第三节　医疗法律风险处理中的损害鉴定………………………（243）
　　第四节　医疗法律风险处理中的证明责任………………………（249）

第五节　医疗法律风险处理中的证据效力 …………………… (254)

第十一章 医疗法律风险处理中的赔偿制度 ……………………… (260)
　第一节　医疗损害民事赔偿制度概述 ………………………… (260)
　第二节　医疗损害民事赔偿原则和方式 ……………………… (261)
　第三节　医疗损害民事赔偿项目和计算 ……………………… (266)

第十二章 医疗法律风险的预防 ……………………………………… (275)
　第一节　医疗法律风险预防概述 ……………………………… (275)
　第二节　医疗机构和医务人员的预防措施 …………………… (276)
　第三节　人们的预防措施 ……………………………………… (283)
　第四节　社会的预防措施 ……………………………………… (285)

第十三章 医疗法律风险民事责任的分担 …………………………… (291)
　第一节　医疗法律风险民事责任的分担概述 ………………… (291)
　第二节　医疗责任保险 ………………………………………… (297)
　第三节　医疗意外保险 ………………………………………… (302)
　第四节　其他医疗法律风险民事责任分担模式 ……………… (306)

第一章　医疗法律风险概述

第一节　风险、医疗风险与医疗法律风险

一、风险

"风险"一词出现在早期航海领域中,与冒险行为相联系,后主要被用于与保险有关的事项。经过两百多年的演绎,现代意义上的风险,已经大大超越了"遇到危险"的狭义含义,被定义为"一种不确定的现象,泛指由于不确定性因素而导致相关主体利益损失的可能性"[①]或者"指特定时间内某种特定危害发生的可能性或者某种行为、物质引发危害的可能性"[②]。风险概念的不同演绎都未改变其基本要素:一是特定损害后果发生的可能性;二是损害本身。

作为人类社会发展的伴随物、现代技术的衍生物,现代社会的风险,无论从发生到影响后果,其范围、规模以及复合程度方面都较以往发生了深刻的变化。可以说,全球化放大了风险的发生、发展、构成、影响及潜在后果,风险的自然性、个别性、区域性、物质利益性、单一性特征逐渐消退,主观性、全球性、非物质性、多重性逐渐显现。正如英国著名社会学家吉登斯所说:"较多的相互依赖,上至全球化的独立系统,意味着作为一个整体而影响到那些系统的不幸事件,在发生时就会有更大的易受伤害性。"[③]因此,如何实现对风险的管理控制对人们来讲意味着更大的挑战。

近年来,随着风险在管理学中不断拓展,与人类决策行为联系越来越紧密的风险控制理论逐渐成为社会学、管理学以及法学领域研究的重点。风险控制既是有效实现风险减少的手段,同时也是在降低风险的收益与成本之间进行权衡后,决定采取何种措施的一个决策过程,其主要目的是为了最大限度消减和降低损失的概率,有效缓解或者控制风险所带来的不利后果。因此,如何判断风险、选择风险、规避风险继而运用风险,在风险中寻求机会和突破,就显得尤为重要。

[①] 刘远明:《论医疗风险》,载《中国医学伦理学》1997 年第 4 期。

[②] See Robert Baldwin, Law and Uncertainty: Risks and Legal Processes, Kluwer Law International, 1997, pp.1-2.

[③] 〔英〕吉登斯:《现代性与自我认同:现代晚期的自我与社会》,赵旭东、方文译,生活·读书·新知三联书店 1998 年版,第 157 页。

二、医疗风险

医疗风险是对医疗领域中损害发生可能性的描述,它的出现让人们第一次开始正视医疗技术所产生的社会效果。近年来,快速发展的医疗技术虽然对人类生命健康改善功不可没,人们从中获得了丰厚的健康利益,但医疗技术的缺陷和弊端同时也被强化放大。医学技术的顶峰越绚丽,深渊也越发恐怖,技术时代的悲剧在医疗领域再次出现。

一种观点认为,医疗风险以"医疗损害后果发生的可能性"为核心。美国杜克大学将这种"遭受损失的可能性"定义为医疗风险,认为这种损失有可能是对患者的伤害,也有可能是医院为此遭受索赔的代价,包括使医院丢失市场份额。[①] 医疗风险应该是一个行业风险。而另一种观点则认为,医疗风险应该以特定主体为对象,区分其主观性,即损害后果的承担者只能是患者,医疗行为实施者的主观不存在过错。医疗风险只是一个认知缺陷风险。[②]

本书所讨论之医疗风险(Clinic Risk,Medical Risk)是指在医疗过程中,由医疗行为实施引发的医疗目的之外的损害后果发生的可能性。这一概念包含以下几层意思:

第一,医疗风险客观存在于整个医疗过程中。医学是一门始终都在发展和完善中的缺陷学科,存在着实施结果的未知和不确定。这种未知和不确定贯穿于整个医疗过程的始终,受医疗技术、医疗活动参与者等多种既存或潜在因素的影响,具有比其他学科风险更加难以预测和控制的或然性。

第二,医疗风险是因医疗行为的实施而产生的。医疗行为是一种特定主体实施的特殊行为,特指医疗机构及医疗卫生服务人员以恢复、改善生命健康状态为目的,实施治疗、控制、改善、管理等相关手段和方法的一系列活动。医疗行为的实施虽以恢复改善生命健康状态为目的,却不能保证行为结果唯一确定,遭受损失的风险客观存在。这一风险可能来源于医疗技术缺陷,也可能来源于医疗认知差异。

第三,医疗风险的结果并非医疗行为实施的目的。医疗行为的实施是为了延续患者生命,使患者恢复健康,实现患者生命健康利益的最大化,其实施目的与实施结果是否能达成一致,取决于很多因素,其中任何因素的变化都可能导致实施结果的改变。因此,以损害结果出现来定义的医疗风险并非医疗行为实施之本意。

第四,医疗风险是一种行业风险。医疗风险因实施医疗行为而产生,以非医

---

① 张宝库:《美国医院的风险管理》,载《中华医院管理杂志》1992年第10期。
② 邵晓莹:《医疗风险与医疗纠纷》,载《医学与社会》2001年第5期。

疗目的之结果(损害结果)为终结。损害结果的呈现形式、承担主体和承担方式是多样的,既可能是患者受到的人体损伤、财物损失或精神损害,也可能是医务人员因医疗职业暴露所产生的身体损害以及医疗机构遭遇的法律处罚和声誉受损。因此,医疗风险不是单一的患者风险,而应该是医疗业的行业风险。

第五,医疗风险具有很强的不确定性。风险本意即指危险发生的或然性,可预见确定发生的医疗损害并不是医疗风险,而是医疗利益权衡后的取舍,如手术的选择。因此,医疗风险是医疗行为过程中的不确定因素,其发生具有偶然性,如手术并发症。

三、医疗法律风险

医疗风险的核心是医疗损害结果出现的可能性。为了实现对医疗损害结果的有效社会控制,不得不考虑如何消减或遏制这种可能性的发生,以惩罚为手段的法律就成为医疗风险控制的手段之一,即法律通过设定对医疗损害后果的谴责和惩罚体系,实现规制医疗风险、预防医疗损害发生的目的。从此,医疗不仅要面对技术、认知等自然风险,还要面对法律的制度风险。民法的侵权认定、刑法的可责性认定以及行政法的事先规制是医疗法律风险产生的依据。

医疗法律风险可定义为医疗参与者基于医疗损害后果需要承担法律责任的可能性。这一概念包含以下几层意思:

第一,医疗法律风险以医疗损害后果为必要,即医疗风险法律调整的前提是医疗损害后果的出现。

第二,医疗法律风险的承担者为医疗参与者,既包括医疗机构、医务人员,也包括患者及诊疗辅助行为提供者等。

第三,医疗法律风险的发生以可能承担的法律责任为表现形式。

第二节 科学认识医疗风险

医疗风险既是风险理论在特定领域的延伸和发展,同时又是医疗法律风险的基础,它的存在触发了法律对医疗损害后果进行调整和预防的可能。因此,正确认识医疗风险是正确理解和思考医疗法律风险控制的基础,是有效防控医疗法律风险的必要条件。

一、医疗风险的辨识

(一)医疗风险与医疗安全

医疗安全是通过持续的危险识别和风险管理过程,将人员伤害或财产损失的风险降低并保持在可接受的水平或以下的一种状态,而医疗风险通常是偏离可接受水平的一种状态。可以这样说,医疗风险的控制是实现医疗安全的重要手段,医疗安全的实现是医疗风险控制的目的,即医疗安全以医疗零风险为目标。医疗安全与医疗风险在医学发展过程中相互对立、相互依赖而存在。

(二) 医疗风险与医疗危机

医疗危机是医疗风险的继续发展和延伸,是在医疗风险事件的基础上,因应对不足或过度应对而引发的一种社会危险状态。因此,医疗风险是客观存在的,可以预防和控制,但无法彻底消除,而医疗危机只要应对得当,是完全可以避免的。

二、医疗风险的特性

(一) 客观性和普遍性

医学科学未知领域浩瀚博大,医疗风险存在于医学领域的各个学科门类,并伴随着整个医学发展的过程。世界各国的医疗机构及医疗从业人员都面临这样的现实,无法避免。医疗风险究竟有多大？1991年新英格兰医学杂志发表了一项哈佛医疗实践研究,结果证明,可预防性医疗损害致死人数相当于大型客机失事人数。1999年,美国医学研究院(IOM)发表的著名研究报告《To Err Is Human: Building A Safer Health System》显示:美国医疗伤害发生率为3.7%,澳大利亚为16.6%,英国为10.8%,日本为11%。这些伤害一半以上是医疗差错(medical errors)引起的,而且是完全可以避免的,死亡人数高达4.4万至9.8万人。这一数字超过了每年因乳腺癌、车祸或AIDS而死亡的人数。该报告第一次揭示了医疗系统的不安全性。[①] 2017年5月,我国原国家食品药品监督管理总局(CFDA)发布的《国家医疗器械不良事件监测年度报告》(2016年度)显示:2016年国家药品不良反应监测中心收集的不良事件报告共计35万余件,比2015年增长10%,其中死亡、严重伤害和死亡可疑不良事件增长了11.1%,占2016年全年不良反应报告数的14.9%。由此可见,医学技术经历了漫长的发展,但医疗风险却从没有缺席过,它客观而普遍地存在于医学各个领域中。

(二) 复杂性

从医疗风险的复合程度来讲,现代医疗风险的构成及其后果趋向高度复合

---

① See Kohn LT, Corrigan JM, Donaldson MS, eds., To Err Is Human: Building A Safer Health System, National Academies Press, 2000.

化和多元化。首先,医疗活动以医学科学为基础,通过医疗行为实施加以实现,与医学科学技术本身的未知和局限以及医疗从业人员的医疗经验、业务能力、身心状态等密切相关,同样也会受到患者体质、家庭关系、经济状况等相关因素影响。疾病的发展与转归复杂多变,临床诊断和临床治疗难以确定统一的衡量标准。1997年卫生部《综合医院评审标准》设定临床与病理诊断符合率评审标准为50%,2005年和2008年卫生部分别颁发《医院管理评价指南》,这一指标被调整为60%。由此可见,医疗技术的发展始终不能解决所有的医疗问题。其次,医学水平、诊断水平、医疗设备的发展永远滞后于疾病的发展,医疗手段自身的局限性以及人类认识的局限性等因素都是造成医疗风险发生的客观因素。最后,客观风险(疾病风险与技术风险)与主观风险(主体风险与制度风险),个别风险、区域风险与全球风险,物质利益风险与非物质利益风险(文化风险、道德风险、伦理风险),单一风险与多重风险等相互交融,使医疗风险从原因到结果都变得复杂而难以预测。

(三) 危害性

医疗行为因服务对象的特殊,其风险发生后造成的医疗损害后果远远大于其他行业。

1. 人员损失

医疗风险发生有可能造成患者的人身损害,也可能造成医务人员的人身损害。美国哈佛大学1991年在纽约州进行的一项医疗风险调查资料显示,有差不多4%的病人在住院期间受到伤害,从而导致病人受到人身损害或延长其住院时间。在受伤害的病人中,有14%因此而死亡。在1995年的一份"澳洲医疗素质研究"资料中,澳大利亚28家医院的住院病人中有16%的病人遭受严重医疗事故,这些事故中51%是可以避免的。2014年左右,中国红十字会统计我国每年因医疗损害事件死亡人数大约为40万人左右,其中一部分为不安全用药所导致的,是交通事故致死人数的4倍。2016年中国医院协会在我国13个省份158所医疗机构中进行感控30年医疗职业暴露专项调查显示,调查区域范围内,2010年医疗职业暴露发生2702例,其中阳性分布(HBV/HCV/HIV/梅毒等)共计1784例,2015年发生7681例,阳性分布共计4657例,锐器伤发生率高达96.3%。

2. 经济损失

医疗风险所导致的社会经济损失同样巨大。前述《To Err Is Human》报告显示,20世纪末期,美国由于医疗差错风险引起的不必要的住院和重复治疗措施造成的平均花费大约为2000美元,每年额外增加两亿美元的经济负担,而澳大利亚的该项费用则高达 4.7 亿美元。我国近年来医疗损害索赔金额也持续升高。2004 年,中国医师协会对 114 家医院进行调查后显示,2001—2003 年,每家医院发生医疗纠纷平均为 66 起,单起医疗纠纷最高赔付总金额为 92 万元,平均每起医疗纠纷赔付金额为 10.81 万元。① 据不完全统计,2011—2013 年,部分省市 27 所医疗机构(包含二级、三级公立医院)年平均医疗纠纷赔偿总额高达 2400 万元左右,医疗保险赔付仅占 25% 左右,医院承担了其中的 70% 左右。2017 年,仅贵州省医疗纠纷赔偿金额就将近 2000 万。②

3. 其他损失

除人员损失和经济损失外,医疗风险还加剧了医疗执业环境的恶化,严重挫伤了医务人员的职业积极性,导致医务人员流失率升高,阻碍了医学科学的持续健康发展。

(四)两面性

医疗风险的发生是医疗领域中的双刃剑,虽然对医患双方产生了巨大的损害,但不可否认,另一方面它也促进了医疗技术的发展和人类对疾病的认知。具体而言,在医疗责任风险分担机制未完全建立的情况下,医疗机构从业人员为规避风险,不得不选择消极保守的诊疗态度或诊疗手段,导致新技术的研发和推广应用受挫,医疗费用增加,严重阻碍了医学发展,使患者生命健康权益的实现受挫。但同时应注意到,医疗风险也增加了人们对医学未知领域探索的可能性,人们获得了进一步认识疾病、发展医学技术的机会,因此医疗风险既是挑战也是机遇。如何正确地认识、预防和控制医疗风险,是保障医患双方权益,促进医疗卫生行业健康有序发展的重要基础。

(五)可控性

医疗风险的可控性包括可控性和不可控性两个方面。通常对于制度风险,如医护人员操作失误、疏忽大意、过失等,可通过医疗安全管理对其进行控制,而医疗技术风险因与医学发展相伴而生,受限于人类当时的认知水平和认知能力,无法及时实现有效控制,随着人类认知水平和认知能力的提升,旧的技术风险会逐渐被消减和克服,但新的技术风险也会不断出现,医疗技术风险将在可控和不可控中循环往复,不断推动医疗技术向前发展。用发展的眼光来看,医疗风险终究是可控的。

---

① 卢光明、范贞等:《27 所医院医疗纠纷发生率和赔付情况调查》,载《中国医院管理》2015 年第 6 期。

② 龚精诚:《贵州省 2015—2017 年医疗纠纷案件调查》,载《法制博览》2018 年第 28 期。

三、医疗风险分级体系

医疗风险分级是建立良好医疗风险控制体系的前提。目前,我国尚未建立医疗风险的分级体系,但可借鉴医疗事故分级[①]、医疗不良事件分级[②]和 LEC 评价法[③],通过医疗损害结果发生的可能性(L)(参见表-1)、医疗行为过错发生率(I)(参见表-2)和医疗损害结果的严重程度(C)(参见表-3)三种因素指标来评定,将三者的乘积核算为医疗风险(R,R=LIC,参见表-4)。

表-1 医疗损害结果发生的可能性(L)

分数值	医疗损害结果发生的可能性
10	完全可以预料
6	相当可能
3	可能,但不经常
1	可能性小,完全意外
0.5	很不可能,可以设想
0.1	极不可能

表-2 医疗行为过错发生率(I)

分数值	医疗行为过错发生率
10	常常发生
6	发生率高
3	发生率低
2	非常少见,但偶尔会发生
1	非常罕见

[①] 我国原卫生部制定的《医疗事故处理条例》(2002)第 4 条第 1 款将医疗事故分为四级:一级医疗事故:造成患者死亡、重度残疾的;二级医疗事故:造成患者中度残疾、器官组织损伤导致严重功能障碍的;三级医疗事故:造成患者轻度残疾、器官组织损伤导致一般功能障碍的;四级医疗事故:造成患者明显人身损害的其他后果的。

[②] 魏斌、田卓平:《医疗不良事件 SH9 分类法及其现实意义》,载《中国医院》2010 年第 1 期。

[③] LEC 评价法由美国安全专家 K.J.格雷厄姆和 K.F.金尼提出,是对具有潜在危险性作业环境中的危险源进行半定量的安全评价方法。该方法用与系统风险有关的三种因素指标值的乘积来评价操作人员伤亡风险大小,这三种因素分别是:L(likelihood,事故发生的可能性)、E(exposure,人员暴露于危险环境中的频繁程度)和 C(consequence,一旦发生事故可能造成的后果)。给三种因素的不同等级分别确定不同的分值,再以三个分值的乘积 D(danger,危险性)来评价作业条件危险性的大小。

表-3　医疗损害结果的严重程度（C）

分数值	医疗损害结果
100	死亡
40	重度残疾
15	中度残疾
7	轻度残疾
3	明显人身损害的其他后果
1	损害后果不明显或可自愈

表-4　医疗风险（R，R=LIC）

D值	危险程度
>320	极其危险,需要立即采取有效措施
160—320	高度危险,需要立即控制
70—160	显著危险,需要整改
20—70	一般危险,需要注意
<20	稍有危险,一般注意

这种评估方法中,医疗风险的高低与医疗损害结果发生的可能性、医疗行为过错发生率和医疗损害结果的严重程度密切相关,各因素呈现正相关,较好地反映了各因素对医疗风险的影响。根据测算结果,可将医疗风险分为以下四级：

（1）Ⅰ级（R≥160）。此级医疗风险属于高度危险或极其危险,可能指向医疗活动中相关医疗行为过错率和损害后果发生率高,出现明显损害以上医疗损害后果的医疗行为；也可能指向虽然过错率和后果发生率较低,但医疗损害后果严重的医疗行为。确定为Ⅰ级医疗风险后,需立即采取控制措施。

（2）Ⅱ级（R≥70）。此类风险属于显著危险,可能医疗行为过错率和损害后果发生率较高,出现了较严重的损害后果；也可能虽然过错率和后果发生率较低,但损害后果较严重。Ⅱ级医疗风险,需要整改。

（3）Ⅲ级（R≥20）。此类风险属于一般风险,通常为医疗行为过错率和损害后果发生率较低,或损害后果轻微。Ⅲ级风险需要密切注意。

（4）Ⅳ级（R<20）。此类风险通常为潜在的医疗风险,医疗行为过错率和损害后果发生率低,或损害后果不具有可量性,需一般注意。

值得注意的是,LIC医疗风险评价并不是一个固定统一的医疗风险评价模式,它在一定程度上与评价主体的实际情况密切相关,具有较强的主观性特征,应用时需考虑其实际情况和局限性进行个体修正和调整。例如,医疗过错发生率的指标可根据各类医疗机构的不同情况设定年发生率作为评价分级因素。

四、与法律相关的医疗风险术语

根据以上医疗风险分级,结合目前我国对医疗损害后果的衡量评价标准,我国法律所调整的医疗风险,主要包括:

(一) 医疗事故(Medical Malpractice)

医疗事故是医疗风险法律规制和调整的一个方面,是行政机关为了管理和处理医疗纠纷而设置的一个具有行政性质的法律概念。医疗事故是指,医疗机构及其医务人员在医疗活动中,违反医疗卫生管理法律、行政法规、部门规章和诊疗护理规范、常规,过失造成患者人身损害的事故。[①]

医疗事故是特定的职业事故,判断医疗事故的主要依据有:一是主体是医疗机构及医务人员;二是行为的违法性;三是过失造成患者人身损害的事故;四是过失行为和后果之间的因果关系;五是行为人主观上有过失。

国务院颁布的《医疗事故处理办法》(1987)中曾经基于不当医疗行为是否造成患者人身损害,将诊疗护理中因医务人员的诊疗护理过失,给病人造成一定后果或者给病人造成一定的痛苦,导致延长治疗时间或增加不必要的经济负担而没有到达死亡、残废和功能障碍程度的医疗损害事故定义为医疗差错,按照不良后果的程度分为严重差错和一般差错,为卫生行政管理部门行政认定和处理医疗事故提供了依据。随着2002年《医疗事故处理条例》、2010年《侵权责任法》等相关法律文件的相继出台,医疗差错这一概念不再被使用,其内容被纳入医疗事故中,属于四级医疗事故。

(二) 医疗损害(Medical Injury)

医疗损害是一个民事法律概念,指因医疗行为而产生的不利益的事实,包括经济利益及生命健康利益的损害。医疗损害是诊疗过程中侵袭性医疗行为带来的损害后果,根据利益最大化原则,排除因医疗行为所获取的生命健康利益,不利后果均可被认定为医疗损害而成为诊疗活动中的风险类型。根据相关法律规定,因过错医疗行为导致的医疗损害,需要承担相应的刑事责任、行政责任和民事责任。

(三) 并发症(Complication)

并发症是一个复杂的临床医学概念,主要指一种疾病在发展过程中自然引起的另一种或几种疾病和症状的发生,后者即为前者的并发症,如剖宫产手术引起的粘连性肠梗阻。并发症以非预期的疾病结果、健康状态或治疗效果为主,前后疾病间、健康状态间或治疗效果间存在因果关系,且因果关系的形成为偶发。

---

① 参见《医疗事故处理条例》(2002)第2条。

并发症是医疗风险的一种,是否承担法律责任,采用过错责任原则,过错判断以是否尽到风险预见、风险告知、风险控制及相应的医疗救治责任为判断标准。

(四) 后遗症(Sequela)

后遗症是指医疗终结后仍遗留某些身体机能障碍,严重者尚存医疗依赖,需靠外源性医疗支持身体机能。后遗症发生的原因,有的是因必需的诊疗方法所造成的损害形成的,如双侧卵巢切除后,内分泌功能需要外源性激素维持;甲状腺切除后的甲状腺功能减退;等等。有的是疾病本身的自然转归,如脑出血或脑梗塞,医疗终结后遗留肢体功能障碍。后遗症发生的主要原因是人类对疾病控制的有限性和医学科学发展的局限性所致,当然也不排除少部分可控性存在。

(五) 医疗意外(Medical Accident)

医疗意外是指由于无法预见和无法抗拒的原因,使患者出现难以预料和防范的不良后果。医疗意外排除医疗行为存在过失的情形,是现有医疗技术无法预见和控制的风险事件,不属于医疗损害,不承担法律责任。

第三节 医疗法律风险

一、医疗风险与医疗法律风险的关系

随着医疗活动类型的丰富和范围的扩展,医疗风险的类型和损害后果也发生着巨大的改变,相对于人们对疾病自然损害后果的接受程度和责任承担正当性来讲,医疗技术风险所带来的损害后果需要借助一定的社会管理手段来实现其责任分配,通过对损害后果法律责任承担的分配实现对医疗风险中不利益行为的谴责和惩罚,达到风险控制的目的。因此,法律成为医疗风险控制的手段和方法,医疗技术风险借此演化为一种法律制度风险。

正确认识医疗风险和医疗法律风险之间的关系,必须要注意以下三个方面:

(一) 医疗法律风险是医疗风险的衍生

医疗风险是医疗行为导致医疗损害后果可能性的一种表述,而损害后果恰恰是法律调整的对象,可以说,医疗风险是医疗法律立法的动因,医疗法律风险是医疗风险受到法律调整的可能性。

(二) 并非所有的医疗风险都会衍生成为医疗法律风险

医疗法律风险虽因医疗风险而产生,却与很多因素相关,如医疗损害程度、主观过错等。医疗风险的法律调整首先以损害程度的轻重来判断,它是决定医疗风险是否会转化为医疗法律风险的重要因素。例如,因用药不当导致的药物过敏所造成的可自愈的轻度皮损,通常不会受到法律的调整,而如果出现了死亡后果,往往会导致诉讼的发生。

除此以外,医疗法律风险还与当事人的主观过错相关。法律在对医疗风险进行预防性调整时,会充分考虑医学科学的缺陷性和发展要求,兼顾风险公平分担,确立以过错为基础的归责原则。对现有医学技术无法解决和控制的医疗风险并不纳入法律调整的范围,因此,并非所有的医疗风险都会衍生为医疗法律风险。

(三)医疗法律风险也不是医疗风险的唯一嬗变

医疗风险的发生所引发的后果并不具有唯一性。在健全的风险管理制度下,医疗风险可能会因良好风险管理机制的调控被合理地分担或者化解,从而使医疗风险在尚未进入法律调整阶段即被消减或控制。因此,医疗法律风险并非医疗风险的唯一嬗变,完善的风险预防控制机制可以有效化解医疗风险,从而降低医疗法律风险发生的可能性。

二、医疗法律风险的特征

(一)特定性

医疗法律风险因法律对医疗风险的调整而产生,但法律并不针对所有的医疗风险做出调整。医疗法律的立法设定以过错作为归责构成要件,强调侵权行为、损害后果、主观过错和因果关系缺一不可。因此,从调整范围来讲,医疗法律风险具有特定性。

(二)或然性

医疗法律风险同样具有一般风险的或然性特征。因法律调整而存在,因构成要件而形成,任何一个构成要件的形成都会影响医疗法律风险的形成。

(三)可控性

医疗法律风险以医疗风险的发生为前提,以发生法律诉求为重要特征,以最终的责任划分和责任承担为法律结果,其目的不仅仅是为了实现对生命健康权益和经济利益的补偿,更注重对医疗活动的规范,因此,通过对医疗活动的管理能够有效地控制医疗法律风险发生的可能。

三、医疗法律风险的诱发因素

要想防范医疗法律风险,有效控制其发生,就必须全面认识和了解引发医疗法律风险的原因和各种影响因素。根据不同的分类标准,医疗法律风险的诱发因素可分为:

(一)客观因素和主观因素

1. 客观因素

(1)疾病因素

医疗法律风险究其原因,来源于生命的复杂性和人类认识的局限性、生命的无限变化与人类解决问题能力有限性的矛盾。

第一,医学与疾病的矛盾相伴而生。首先,医学的发展是个过程。历经漫长的艰苦实践,人类虽然攻克了许多疾病,如天花、鼠疫、麻风等,但新的疾病又在不断出现,如艾滋病、疯牛病等;同时旧的疾病也在不断发生变化,如感冒病毒通过自身变异产生许多亚型,这些疾病从发现到找到治疗方法往往需要几个月、几年甚至更长的时间。在此期间,没有有效的治疗方法可以采用,医务人员往往只能根据经验采用常规手段来应对,即便能够探索性地应用新的治疗方法,其结果也很难预测。人们接受新技术的困难和新技术实施所面临的风险也可想而知。其次,疾病的发生、发展和转归是复杂和多变的。临床诊疗的结果或结局是多重因素叠加、综合作用的结果,常常受个体遗传体质差异、原发性疾病或外伤损害程度、疾病自然转归、医疗介入性损害等因素的影响。就临床医疗不良后果而言,大多是多重因素共同作用和博弈的结果,医疗在其中所发挥的作用尚需仔细甄别。

第二,从发展速度上来讲,医学的进步永远无法跟上疾病的步伐,其至可以说医学的发展总是滞后于疾病的变化。尽管现代医学技术的发展今非昔比,对医疗行业的外部监督及内部自律也日益严格,但由于医疗活动中多种因素的不确定性依然存在,致使医疗活动仍存在很大的风险。

(2) 医疗技术水平

医疗机构的医疗条件和诊疗水平存在局限性和差异性。在我国,因为地域分布广,地区经济发展不均衡,这个问题显得尤为突出。一项有关学制与医学教育质量的研究表明,我国医学教育学制偏短、医学教育培养标准和国际认证制度缺乏、住院医生规范化培训制度和专科医生培养制度不完善等,在一定程度上影响了我国医学人才培养的质量。同时,由于医疗技术水平及医疗条件存在着较大的地区差异和发展局限,农村卫生组织由于技术水平较低、医疗条件不好等多方面原因,医疗事故争议和被鉴定为医疗事故的比例更高,这也是造成医疗法律风险的客观原因之一。

2. 主观因素

主观因素主要是指医疗机构或医方因素、医患认知差异和患方因素。

(1) 医疗机构或医方因素

医务人员因主观过错而导致病人死亡、残疾或因服务态度不好而发生医患纠纷的事例也很多。据中华医院管理学会调查,我国误诊率大约为 30% 左右。造成误诊的原因有很多,其中多与医疗机构从业人员有关,如医生的经验不足,医生问诊及体格检查不仔细,医生未检查特异性检查项目以及过分依赖辅助检查结果等。①

(2) 医患认知差异

第一,医患双方对医疗权利的认知存在差异。我国"家文化"和"仁道德"思想影响深远,以"盲目信赖和绝对服从"为主要特征的父权主义医疗模式在医方思想中根深蒂固,而患者却在西方人权思想影响下权利意识发生了较大改变。患者对权利的认知广度、深度以及权利范围期待方面,与医方差异较大,尤其是对与身体利益相关的治疗方案的选择权利,医方认识明显不足。②

第二,医患双方对医疗行为认知存在差异。现代医学疾病种类繁多,但能够彻底治愈的仅占少数,大多数时候,医生只是帮助患者缓解病痛,而非治愈疾病。就医学行为的宗旨与患者的初衷而言,医患双方都希望实现后者。然而,现实却并不是这样,医患双方对医学的认识一旦出现偏差,不利结果的出现就会成为医疗纠纷发生的导火索。

(3) 患方因素

患者也是造成医疗法律风险形成的主要因素之一。现代"生物-心理-社会-生态环境"多元医学模式的确立,同时也确立了医患关系既不能是消费关系,也不应该是简单的合同关系,而应该是共同面对疾病挑战的亲密战友和同志关系。在医疗行为实施过程中,患者同样需要积极参与,理性配合。在现实生活中,患者对医疗结果不合理的期待,不积极配合诊疗活动(包括隐瞒病情、不遵医嘱等),不遵守医院的规章制度等行为时有发生,这常常成为医疗法律风险生成的根源。

(二) 外部因素和内部因素

1. 外部因素

(1) 在市场经济条件下,医疗机构的公益性质受到巨大冲击,由于政府资金投入有限,医疗机构和医务人员为了生存和竞争,片面追求经济效益,导致非必要性检查项目增多,使医疗费用高涨,在一定程度上影响了医患关系,增加了医疗法律风险发生的可能性。

(2) 不良医疗执业环境、职业状况和较弱的法律保护度使医生的职业信心和责任心受挫。调查显示③,医务人员的工作满意度仅为19.1%,24.4%感到不满意或很不满意,认为从业环境不佳的医务人员中仅有13.1%的人对工作满意,31.9%的医务人员认为其执业的合法权益没有得到较好的保障。造成医疗

---

① 邵晓莹:《医疗风险与医疗纠纷》,载《医学与社会》2001年第5期。
② 周婵、苏银利、丁小玲:《医患双方对患者知情同意权的认知调查》,载《护理学杂志》2009年第9期。
③ 王丽、张新庆、李恩昌等:《我国45家医院医务人员工作满意度状况调查》,载《医学与社会》2014年第12期。

执业环境不佳的原因包括:政策环境、法治环境和舆论环境。

(3) 从患者角度来讲,患者对医疗行为预期过高,对医疗工作的风险了解不足,对疾病的治疗预期超出现有医疗水平所能达到的程度。随着患者对医疗过程参与度增加,维权意识的提高,当患者预期与现实结果出现偏差时,大部分患者都会通过法律来实现诉求。

(4) 从行政管理来讲,政府财政对医疗卫生行业的投入严重不足。虽然2019年2月,国务院关于财政医疗卫生资金分配和使用情况的报告中提到2013年至2017年,全国财政医疗卫生累计支出59502亿元,年均增幅11.7%,比同期全国财政支出增幅高出2个百分点,2014年我国政府卫生支出10590.7亿元(占29.9%),社会卫生支出13042.9亿元(占36.9%),个人卫生支出11745.3亿元(占33.2%)。2017年,居民个人卫生支出占卫生总费用的比重为28.8%。2016年,中国卫生总费用近7000亿美元,占GDP的6.2%,但相较于美国的17.6%,投入仍显不足。相应社会保障制度不足,医疗费用个人支出偏高,成为诱发医疗法律风险的又一因素。同时,政府在面对医疗纠纷时所采取的预防、控制以及处理等应对措施不完善,在一定程度上也加大了医疗法律风险发生的可能性。

2. 内部因素

除社会因素外,医疗法律风险的形成还与医院内部管理制度、管理水平等因素相关。例如,医疗机构管理不规范、工作重点不突出、人员安排不合理、医院各项制度及措施执行力度不够、医院的服务模式及服务设置不合理等,都成为诱发医疗法律风险的因素。大致归纳为:

(1) 医疗机构管理制度不完善。例如,诊断技术的发展和应用制度不合理;医疗设备维修管理不严谨;医务人员的聘用、培养、考核、监督机制不完善;药品及医用材料供给和管理不严密;等等。

(2) 组织管理水平不高。组织管理水平低下不仅影响医疗资源的整合及有效合理的利用,而且也会影响医务工作人员技术水平的正常有效发挥,往往造成医疗活动的混乱无序,导致医疗法律风险发生的概率增加。

(3) 工作环境有改进空间。工作人员压力大,工作强度高,缺乏继续教育和业务培训的机会;与此同时,医疗行业的高技术、高风险以及人类疾病诊治的复杂性等特殊因素使得医疗执业环境更加复杂,将产生巨大的风险合力。

(4) 工作协作流程不科学。团队之间的合作交流以及团队对外交流等方面缺乏系统和有效沟通应对,如临床转诊、急诊及会诊等注重团队协作的环节往往成为风险高发的关键点。

(三) 医源性因素和非医源性因素

1. 医源性因素

医疗法律风险的医源性因素,是指产生法律争议可能性的具体医疗行为。例如,临床用药、临床诊断、手术等。此类行为都属于医疗行为或与医疗行为直接相关行为,一旦行为实施导致医疗损害后果出现,就可能诱发医疗法律风险发生。

2. 非医源性因素

医疗法律风险的非医源性因素,是指医疗活动中发生的医疗相关行为。例如,医疗辅助服务行为(供电、供餐等)、医疗产品质量问题(医疗药品、医疗器械等)、社会矛盾转移或医患沟通不畅等。

第四节 医疗风险及医疗法律风险的研究现状及意义

一、国外医疗风险及医疗法律风险研究现状

近年来,世界各国在医疗风险控制研究方面做出了很多努力和尝试。很多国家建立了医疗风险(如医疗不良事件监控、医疗质量监控等)控制体系,希望能有效降低医疗风险发生所造成的经济及生命健康损害。全球患者安全联盟曾确定了46个关键概念作为国际病人安全分类的术语,为形成医疗安全标准化的分类系统奠定了基础,但尚未确定分类属性。

(一) 美国[①]

美国是最早实施医疗风险管理的国家之一,已建成了一套结构完整、运行有序且独具特色的医疗风险防范体系。

1. 完善的医疗风险管理法律法规

多年来,美国政府注重通过制定和颁布相关的法律法规为患者安全及医疗风险提供法律保障。2005年,美国国会颁布《患者安全与质量改进法案》,鼓励成立患者安全组织(Patient Safety Organizations,PSO)和其他组织,共同致力于医疗风险的管理,保护和促进患者安全信息的报告、收集、分析与共享工作,同时采取相应措施促进形成非惩罚性、安全的医疗报告环境。2008年,美国卫生部颁布《患者安全法规》,建立医院、医生与其他卫生机构自愿报告的协作框架,促进患者安全事件的分析,进一步强调了PSO的重要地位。美国医疗机构联合评审委员会(JCI)发布《医疗质量与医疗安全管理标准》,从医疗风险角度强调每一所医院都要注重通过使用此管理程序对病人的医疗风险予以评价。美国医疗

[①] 《美国医疗风险管理的"拿来主义"》,http://www.weilibs.com/a/w4X21F.html,访问时间:2019年4月28日。

保健研究与质量局(AHRQ)开始纳入 PSO,同时发布《患者安全条例》,于 2009 年 1 月 19 日生效。2015 年,美国国家科学、工程和医学院发表了一份题为《改善医疗诊断》(Improving Diagnosis in Health Care)的报告,使诊断错误成为患者安全的主要关注对象之一。

为降低医疗差错、提高医疗保健质量和确保患者安全,美国首次将前瞻性分析方法"失效模式与效应分析方法"(Failure Mode and Effect Analysis, FMEA)引入医疗风险评估研究中,通过医疗风险的识别(medical risk identification)、医疗风险的评价(medical risk measurement)、医疗风险的处理(medical risk handling)和医疗风险管理效果的评价(medical risk management evaluation)对医疗风险进行分析测量,实现对医疗风险的有效控制。

2. 专门的医疗风险管理机构

美国的医疗风险管理实行联邦和州、地方政府、医院、非政府组织(NGO)或其他机构(行业协会/学术团体)四级结构的协同管理,其运行机制是以非政府组织为主导。1998 年,美国成立医学研究所(IOM)负责对未来保健质量逐步得到改善提供应对策略。1999 年,美国卫生部卫生保健政策研究所更名为卫生保健研究与质量中心,负责医疗差错管理、协助患者安全相关研究、生产与传播患者安全证据、实践循证医学方法和促进卫生保健服务质量与安全的提高等。而美国医疗风险管理协会、美国卫生管理评估委员会、美国医院协会以及美国药典学会等在内的 10 家 NGO 或其他机构则主要负责医疗差错预防与信息收集管理,旨在保障患者安全。

3. 全国性的医疗差错报告系统

美国有着完善的医疗差错报告体系,包括内部系统和外部系统,外部系统又包括授权差错报告系统和志愿报告系统。医院可建立机构内的医疗差错和不良事件报告系统,也可同时加入由授权单位和志愿者共同组建的外部报告系统。授权差错报告系统是由州卫生行政部门领导或主办的,主要为政府收集导致死亡和严重伤害的不良事件的信息,要求医院、血库等单位都必须按照要求进行报告。这个系统在全国范围内贯彻执行,通过授权差错报告系统的信息共享,医疗管理机构能够从不同的渠道获取有关医疗差错的信息,有利于实现对医疗风险的监管。而自愿报告差错系统是授权差错报告系统的重要补充,多由行业协会或学术团体主办,供行业或学术团体内部研究使用,主要关注仅仅造成轻微伤害的差错和没有造成伤害的差错。

4. 有效的医疗风险分担和分散机制

美国医院风险管理主要通过引入责任保险来分担医疗风险,降低自有损失。一般医疗机构或医师协会会向保险公司购买医疗风险保险,而医生进入医院从事诊疗活动之前必须购买医疗过失行为保险。完善的保险机制使得美国医疗纠纷的发生率很低,一旦发生医疗风险,医患双方会通过法律程序,由保险公司给予受害人经济补偿。

5. 较强的全员医疗风险意识

美国在加强医务人员、患者的安全教育和提高他们的医疗差错意识等方面投入了大量的人力和财力。美国的医学院校在培养医务人员时注重整合医务人员素质和安全教育能力。医院有专门取得专业证书的风险管理专家从事该领域的理论与实践工作。为增强病人防范医疗差错的意识,美国联邦协作机构为病人和消费者发起了整合医疗信息运动,加强病人安全教育和交流活动。在提高医务人员素质及医疗风险方面,建立医疗差错研究基金,指导和教育医务人员充分认识医疗差错,提高差错防范意识。

(二) 英国

英国的医疗风险主要通过建立医疗差错报告系统、病人安全监测系统、加强医疗风险教育以及开展医疗风险研究等方式来实现。例如,英国国家卫生服务中心(National Health Service,NHS)主要负责完成全国性和地方性结合的差错报告系统的建设,从根源性认识差错性质和后果,构建医疗风险管理框架,规范报告程序。英国政府还于2001年8月成立国家医疗安全协会(National Patient Safety Agency,NPSA),负责监督和促进NHS的工作,促进形成公开、公正的医疗大环境,鼓励不良事件报告,保障病人安全,提高医疗质量。

除此以外,在理论研究领域,英国学者依据Reason模型[①]结合自身情况改良,建立临床事件分类系统。澳大利亚则在原有不良事件监控制度的基础上制定新的监控分析制度,依靠全国医疗保健质量和安全专家咨询委员会及医疗保健质量和安全委员会等专职机构实施,促使风险发生率降低和病人安全度的提高。在应对医疗风险方面,加拿大建立了药物不良反应信息系统、加拿大病人安全协会、国家病人安全指导委员会等机构。

二、我国医疗风险及医疗法律风险研究的现状

医疗风险伴随医疗活动而长期存在,是人类生命健康保障目标实现的最大障碍。在早期的医疗活动中,受人类认识能力、认知水平的影响,人们所承受的医疗风险相对较小,尚不足以引起人们足够的重视。进入21世纪后,随着医疗

---

① Reason模型是曼彻斯特大学教授James Reason在其著名的心理学专著《Human Error》一书中提出的概念模型,通过国际民航组织的推荐成为航空事故调查与分析的理论模型之一。Reason模型的内在逻辑是:事故的发生不仅有一个事件本身的反应链,还同时存在一个被穿透的组织缺陷集,事故促发因素和组织各层次的缺陷(或安全风险)是长期存在的并不断自行演化的,但这些事故促因和组织缺陷并不一定造成不安全事件,当多个层次的组织缺陷在一个事故促发因子上同时或次第出现缺陷时,不安全事件就失去多层次的阻断屏障而发生了。

新技术的快速发展,我国医疗卫生改革的不断深化,我国医疗纠纷案件呈现出逐年上升的趋势,其复杂性和重要性愈来愈得到立法、司法和理论界的重视,几乎每一起医疗案例都与医疗技术风险、疾病自然风险、医疗安全等问题密切相关,医疗风险的控制和调整日益受到人们的关注。

我国的医疗风险控制体系研究及建设较晚,主要研究内容集中在医疗不良事件分级体系的建立。2005年,我国开始在患者安全方面进行调整,原卫生部发布了《医院管理评价指南》将患者安全列为医院管理重要评价内容。2006年中国医院协会在卫生部指导下第一次制定发布患者安全目标——《2007年患者安全目标》。此后,卫生部每年都会发布年度患者安全目标,并在全国等级医院中贯彻实施。2008年原国家食品药品监督管理总局颁布《医疗器械不良事件监测和再评价管理办法》,建立医疗器械不良事件监测管理制度。2011年原卫生部发布《医疗质量安全事件报告暂行规定》,将医疗质量安全事件分为三个等级,并实行上报制度。

2016年原国家卫生和计划生育委员会颁布《医疗质量管理办法》,建立国家医疗质量管理与控制体系,医疗机构医疗质量管理评估制度、医疗机构医疗安全与风险管理制度以及医疗质量安全核心制度体系,明确了医疗质量管理的责任主体、组织形式、工作机制和重点环节,强化监督管理和法律责任。其中医疗质量安全核心制度规定了医疗机构和医务人员在诊疗活动中应当严格遵守的相关制度,主要包括:首诊负责制、三级查房制度、会诊制度、分级护理制度、值班和交接班制度、疑难病例讨论制度、急危重患者抢救制度、术前讨论制度、死亡病例讨论制度、查对制度、手术安全核查制度、手术分级管理制度、新技术和新项目准入制度、危急值报告制度、病历管理制度、抗菌药物分级管理制度、临床用血审核制度、信息安全管理制度等十八项核心制度。同时,该《医疗质量管理办法》提出医疗质量管理可采用全面质量管理(TQC)、质量环(PDCA循环)、品管圈(QCC)、疾病诊断相关组(DRGs)绩效评价、单病种管理、临床路径管理等方法实现管理目标。

然而,与对于司法领域、行政领域中医疗风险问题的关注形成鲜明对比的是,学界对于医疗风险的研究明显滞后,对医疗活动的风险源、风险特征、风险等级、风险可控性及防范医疗风险的制度等问题研究不足,未能形成合理有效的医疗风险控制理论,这不利于解决我国目前医疗领域所面临的法律风险,尤其不利于解决医疗发展与生命健康权益保障之间的矛盾。

我国医疗风险及医疗法律风险研究不足主要存在于以下几个领域:

第一,医疗风险分担机制研究。

医疗风险分担机制是研究医患双方权利义务的基础,同时也是医疗法律风险防范的重要内容和措施。在日益增多的医疗纠纷案件中我们可以看到,对医疗风险认识不足,对医疗技术期望过高,加之医疗活动中存在的沟通不足、医疗损害社会保障制度不完善等问题,造成整个社会对医疗损害后果的承受能力严重不足,无法客观看待医疗风险责任的法律归责。越来越多的公众错误地认为,医疗服务所提供的就是健康产品,一旦健康的目标没有实现,就会将失望情绪转化为不满和愤怒,进而希望通过法律对医疗机构的惩罚获得补偿和救助。这样的认知和行为让医疗风险失去了公平求责的基础,使医学科学的探索失去了风险合理性和法律正当性的保障,从而制约了医学的健康发展。因此,如何确立合理医疗行为的法律正当性及医疗风险法律公平归责,是实现法律正义和公平的重要途径,也是保障医学在健康有序环境中发展的重要基础。

第二,适应新型医患关系模式的医疗法律风险预防和控制管理体系研究。

我国医学领域中传统家长式"命令-服从"医患关系模式已经被打破,在经历了"指导-合作型"医患关系模式的转变之后,"共同参与型"的新型医患关系模式得以确立。在中国医院协会发布的《2008年患者安全目标》中,将患者共同参与纳入其中,强调医疗安全是医患双方的共同责任,充分体现患者的权利和以患者为中心的服务理念。由此可见,患者参与是构建医疗安全的重要手段之一。而我国法律是以侵权责任为基础构建医疗损害赔偿责任体系,其中医疗机构承担责任的构成要件之一就是,在实施治疗行为过程中存在过错(虽然执业医师享有过失豁免权,但也仅限于一般过失豁免,重大过失或者故意行为,行为人仍要承担损害赔偿责任),这使得在医患关系的转变及医疗法律风险防范的建立之间出现了空白,缺少了风险管理的缓冲措施,导致医患的分歧加剧。因而,对适应新型医患关系模式的医疗法律风险预防和控制体系研究的滞后成为制约新型医疗改革的瓶颈,也成为新型医患关系模式成功转型的重要影响因素。

第三,关于医学局限性认知的法律应对研究。

医学的局限性是医疗风险及医疗法律风险产生的原因之一。长期以来,我国学者在研究中都认识到医疗行业具有特殊性,医学科学的发展滞后于疾病的产生,这是导致医疗风险及医疗法律风险的形成的主要因素,然而关于如何有效应对医疗活动中因对医学局限性认知不足所产生的风险,相关研究仍显不足。简而言之,如果可能导致灾害性后果的潜在因素是现有技术力量、技术手段无法控制、无法预测、无法避免的情形,灾害性后果的产生与医务人员的诊疗护理行为没有必然的因果关系,医疗损害后果是由疾病自然风险造成的,那么医疗机构和医务人员具有当然的免责。但是,如何认定和判断医学领域的缺陷标准仍然缺失,患者医疗风险自担合理性和正当性基础缺失,医疗风险的法律应对仍然有待进一步研究解决。

三、医疗风险及医疗法律风险研究趋势

针对前期医疗风险分级制度、医疗风险与医疗法律风险关联性、风险管理模式及控制体系研究的不足,未来,对于医疗风险及医疗法律风险的研究除了继续通过基础性研究完善有效风险控制体系外,还应集中对医疗风险分担机制、医疗风险及医疗法律风险的预防和控制体系进行更多的研究。

由于医疗风险发生的原因极其复杂,在研究过程中应尤其注意以下几点:

首先,医疗风险的研究必须紧密结合管理学、法学、临床医学等多学科知识。从临床医学的角度去寻找医疗风险发生的规律和原因,从管理学的角度分析风险的成因及风险管理体系的建立,从法学的角度讨论如何通过法律调整和控制风险,从而搭建更为科学合理的临床医疗活动决策程序和医疗风险监测体系。

其次,在建立医疗风险管理机制的基础上,建立完善有效的医疗法律风险预防与处理机制更为重要。通过对医疗风险分担机制的研究,建立医疗风险分担的理论基础,并推动医疗风险社会保障体系的建立,从而化解医学健康发展与公民生命健康权益保障之间的矛盾。

在医疗体制改革的进程和方向问题再次成为社会热点的时候,实现医疗风险控制,保证医疗安全目标实现更具可能性,对医疗风险和医疗法律风险控制进行研究对建立和谐的医患关系、促进医疗制度改革具有更深的现实意义。

本章小结

医疗风险是风险理论在医学领域的延伸和发展,是医疗法律风险形成的基础,它的存在触发了法律对损害后果出现进行调整和预防的可能。医疗法律风险源自医疗风险,两者并不形成完全对应关系,两者之间既有联系又有区别。

我国目前缺乏系统的医疗风险监测管理体系,因此医疗风险和医疗法律风险发生概率极大,对我国医疗卫生事业的健康发展影响深远,因此对其进行研究迫切而刻不容缓。

思考题

1. 简述风险、医疗风险及医疗法律风险的概念和特征。
2. 简述医疗风险与医疗法律风险的区别与联系。

案例思考

案例一 原告,54岁,女性,因慢性关节炎、肥胖、糖尿病和高血压接受门诊治疗。2008年8月,原告接受热疗,因热疗垫使用时间过长,不幸发生皮肤Ⅱ度烧伤,给予药膏局敷,嘱其一周后复诊。然而,在接下来的一周时间内,烧伤创面演变为溃疡。但是原告未在要求的时间内复诊。一个月后,患者因溃疡面继续扩大及组织坏死而住院,行清创和植皮术。原告住院两周,背部留有数条较长的疤痕,最长达8英寸。故原告起诉至法院请求赔偿。

被告辩称,原告没有在一周内复诊,任凭伤情恶化、溃疡形成是导致原告最终住院手术的直接原因,其最终结果的形成是由于原告自己的行为直接导致的,与医院的医疗行为不存在因果关系,因此不应当承担责任。

案例二 某护士在治疗中误将甲床的80万单位青霉素给乙床病人注射,而将乙床的8万单位庆大霉素给甲床病人注射,出现了交叉治疗的错误。注射后护士及时发现,立即报告医生,并做好紧急抢救的一切准备,医护人员守候在乙床病人的身边。恰逢乙床病人对青霉素不过敏,一场虚惊之后,病人安然无恙。

案例讨论

1. 结合案例一、案例二讨论医疗风险的范畴。
2. 结合案例一、案例二讨论医疗风险与医疗法律风险之间的关系。

第二章　医疗风险控制的相关法律法规

第一节　概　　述

一、医疗风险控制

医疗风险控制是指医疗风险管理者采取各种措施和方法，消灭或减少医疗风险事件发生的各种可能性，或者减少医疗风险事件发生时造成的损失。

由于医疗风险的不确定性，因此医疗风险控制必须从医疗风险的形成因素出发，把握医疗过程的各个环节，从根本上控制医疗风险，减少医疗风险发生的可能性。医疗风险伴随医疗过程而产生，医疗风险控制的环节和因素，与医疗过程及管理环节密切相关。

依据医疗风险的性质，可以把医疗风险控制的环节和因素划分为医源性要素与非医源性要素两类。医源性要素是来自医者的因素，表现为医方在医疗技术、职业道德、医疗管理等方面存在的风险。加强医疗活动的管理，是降低医源性风险的有效途径，法律规制是防范和控制医疗风险的重要手段。

二、医疗风险控制的相关法律法规

目前，我国有关医疗风险控制管理的立法可以分为六大类：

一是对医疗机构的管理。1994年2月，国务院发布了《医疗机构管理条例》，此后，卫生行政部门陆续颁布了《医疗机构管理条例实施细则》《医疗机构监督管理行政处罚程序》《医疗机构设置规划指导原则》《医疗机构基本标准（试行）》《医疗机构诊疗科目录》等规章规范。

二是对医疗卫生技术人员的管理。现行立法主要包括：《执业医师法》《乡村医生从业管理条例》《护士条例》《医师执业注册管理办法》《外国医师来华短期行医暂行管理办法》《医师资格考试暂行办法》《具有医学专业技术职务任职资格人员认定医师资格及执业注册办法》《传统医学师承和确有专长人员医师资格考核考试办法》《医师外出会诊管理暂行规定》《台湾地区医师在大陆短期行医管理规定》《香港、澳门特别行政区医师在内地短期行医管理规定》《护士执业资格考试办法》《护士执业注册管理办法》等。

三是对医疗技术临床应用的管理。现行立法主要包括：《人体器官移植条例》《人体捐献器官获取与分配管理规定（试行）》《中国人体器官分配与共享基本原则和肝脏与肾脏移植核心政策》《人类辅助生殖技术管理办法》《人类精子库管理办法》《人类辅助生殖技术规范》《人类精子库基本标准和技术规范》《人类辅助生殖技术和人类精子库伦理原则》《医疗技术临床应用管理办法》等。

四是对医疗用品的管理。有关医疗活动中医疗用品使用管理的立法主要包括：《药品管理法》《献血法》《中医药法》《中华人民共和国药品管理法实施条例》《血液制品管理条例》《麻醉药品和精神药品管理条例》《药品不良反应报告和监测管理办法》《医疗机构药事管理规定》《医疗机构临床用血管理办法》《医疗器械监督管理条例》《医疗器械分类规则》《医疗器械不良事件监测和再评价管理办法（试行）》等。

五是对医疗质量的管理。主要是《医疗质量管理办法》《医疗质量安全核心制度要点》《社区医院基本标准（试行）》和《社区医院医疗质量安全核心制度要点（试行）》。

六是对医疗法律风险的预防处理。包括《医疗事故处理条例》《医疗纠纷预防和处理条例》《医疗事故技术鉴定暂行办法》等。

三、违反医疗风险控制相关法律法规的法律责任

这里的法律责任是指违反医疗风险控制管理立法，依据相关立法应承担的某种不利后果。法律责任的履行由国家强制力保证，违法者拒绝承担因其违法而必须承担的法律责任时，国家强制力将强制其承担相应的法律责任。违反医疗风险控制管理机关法律法规的法律责任，从性质上可以分为行政责任、刑事责任和民事责任三类。从适用主体上分为医疗机构的责任、医务人员的责任和患者个人的责任。

第二节　医疗机构的法律规制

一、医疗机构的定义和类别

医疗机构是指以救死扶伤、防病治病、保护公民健康为宗旨，从事疾病诊断、治疗、康复活动的社会组织。其必须经过登记取得《医疗机构执业许可证》。

按其功能、任务、规模等，我国医疗机构的类别主要有：(1) 综合医院、中医医院、中西结合医院、民族医院、专科医院、康复医院；(2) 妇幼保健院、妇幼保健计划生育服务中心；(3) 社区卫生服务中心、社区卫生服务站；(4) 中心卫生院、乡（镇）卫生院、街道卫生院；(5) 疗养院；(6) 综合门诊部、专科门诊部、中医门诊部、中西医结合门诊部、民族医门诊部；(7) 诊所、中医诊所、民族医诊所、卫生所、医务所、医务室、卫生保健所、卫生站；(8) 村卫生室(所)；(9) 急救中心、急

救站；(10)临床检验中心；(11)专科疾病防治院(所,室)；(12)护理院(站)；(13)医学检验实验室、病理诊断中心、医学影像诊断中心、血液透析中心、安宁疗护中心；(14)其他诊疗机构。

二、医疗机构准入中的风险控制

医疗机构准入制度限定了医疗机构成立的基本条件,是从主体层面实行医疗风险控制的第一环节。医疗机构执业必须进行登记,领取《医疗机构执业许可证》。申请执业登记必须具备下列条件：(1)有设置医疗机构批准书；(2)符合医疗机构的基本标准；(3)有适合的名称、组织机构和场所；(4)有与其开展的业务相适应的经费、设施和卫生技术人员；(5)有相应的规章制度；(6)能够独立承担民事责任。

为了对执业的医疗机构进行监管,以确定其持续具备相关条件,《医疗机构管理条例》还明确规定,医疗机构许可证应进行定期校验。床位不满100张的医疗机构,其《医疗机构执业许可证》每年校验一次。床位在100张以上的医疗机构,其《医疗机构执业许可证》每3年校验一次。同时,国家实行医疗机构评审制度,综合评价医疗机构的执业活动、医疗服务质量和管理水平,检查医疗机构是否符合基本标准以及是否能够提供符合标准的医疗服务,评定医疗机构能否继续执业。评审制度还从专业角度对医疗机构的技术能力及其能够开展的服务项目进行了评价,能够更好地通过对医疗机构具体执业范围进行准确评定,以保证通过对不同级别、不同水平的医疗机构医疗服务项目的专业程度及难易程度进行分层管理,既提高资源利用,也保障医疗安全。

医疗机构评审办法和评审标准,由国务院卫生行政部门制定。县以上卫生行政部门负责组织本地区医疗机构评审委员会,并根据评委会的评审意见,对达到评审标准的医疗机构,颁发评审合格证书；对未达到评审标准的医疗机构,提出处理意见。

三、医疗机构执业过程中的风险控制

执业过程中的风险控制是从主体层面规制医疗风险的第二环节。《医疗机构管理条例》规定,任何单位和个人,未取得《医疗机构执业许可证》,不得开展诊疗活动；为内部职工服务的医疗机构,未经许可和变更登记,不得向社会开放；吊销或注销执业许可证后,不得继续开展诊疗活动。

《医疗机构管理条例》和《医疗机构管理条例实施细则》对医疗机构的执业要求做了系统而具体的规定。主要包括如下四个方面：(1)医疗机构执业的基本要求；(2)医疗机构在执业过程中应当履行的法定义务；(3)医疗机构的社会法律责任；(4)医疗机构执业在内部管理上应当遵守的规则。我国对医事活动、医疗用品使用、医疗技术临床应用等颁布了大量法律法规、规范文件及诊疗规范，这些都是医疗风险控制中应当遵循的行为准则。也是防控医疗风险最重要的制度和措施。

在执业活动中，医疗机构应当遵守法律、法规和医疗技术规范；按照核准登记的诊疗科目开展诊断、治疗活动；规范使用医疗机构名称；全面加强医疗质量管理；不使用非卫生技术人员从事医疗卫生技术工作；按规定出具医学证明文件；切实做好医院感染管理及医疗废物处理。

四、医疗机构监督管理

医疗机构监督管理制度是医疗机构医疗风险控制的第三环节。卫生行政部门通过监督检查及对违反者追究法律责任，不仅是对医疗风险的预防制度，也是对医疗风险造成的损害后果的法律控制。国务院卫生行政部门负责全国医疗机构的监督管理工作。县级以上地方人民政府卫生行政部门负责本行政区域内医疗机构的监督管理工作。

医疗机构违法的行政法律责任有：(1) 未取得《医疗机构执业许可证》擅自执业的，由县级以上人民政府卫生行政部门责令其停止执业活动，没收非法所得和药品、器械，并根据情节处以1万元以下的罚款。(2) 逾期不校验《医疗机构执业许可证》且仍从事诊疗活动的，责令其限期补办校验手续；拒不校验的，吊销其《医疗机构执业许可证》。(3) 出卖、转让、出借《医疗机构执业许可证》的，没收非法所得，并可处以5000元以下的罚款；情节严重的，吊销其《医疗机构执业许可证》。(4) 除急诊和急救外，医疗机构的诊疗活动超出登记范围的，予以警告，责令其改正，并可根据情节处以3000元以下的罚款；情节严重的，吊销其《医疗机构执业许可证》。(5) 使用非卫生技术人员从事医疗卫生技术工作的，责令其限期改正，并可处以5000元以下的罚款；情节严重的，吊销其《医疗机构执业许可证》。(6) 出具虚假医学证明文件的，予以警告，并可处以500元以下的罚款；造成危害后果的，可处以1000元以下的罚款；对直接责任人员，由所在单位或上级机关给予行政处分。

第三节　医务人员的法律规制

医务人员是直接进行医疗活动的主体，处于医疗风险的第一线，也是医疗风险控制的关键环节。

一、概述

广义的医务人员的概念包括在医疗服务中涉及的所有医方人员；而狭义的

概念仅指卫生技术人员,即受过高等或中等医药卫生教育或培训,掌握医药卫生知识,经卫生行政部门审查合格,从事医疗、预防、保健、药剂、护理、医技、卫生技术管理等专业的技术人员。本章采用狭义的概念。

由于医疗活动具有极高的专业性,国家对从事医疗服务的专业技术人员进行了严格管理。医务人员的医疗风险控制是通过资格准入、执业许可、执业规则、继续教育等环节的相应法律制度来进行控制的。

目前对医疗机构中任职的卫生技术人员,已经建立国家准入制度的有执业医师和护士,其他卫生技术人员也必须通过相关的专业技术人员考试或人事认证后方可上岗。本章将重点介绍医师和护士的法律规制。

二、资格评判

在医务人员的资格评判环节严格把关,是从主体层面实现医疗风险控制的首要环节。只有保证医务人员具备一定的专业技术水平,才能保证其医务活动的专业水准。不具备相应专业技术水平的人员无法胜任医务工作的要求,不能取得相应的职业资格。这就是从源头开始实现对医疗风险的控制。

(一)医师资格考试

我国《执业医师法》规定,国家实行医师资格考试制度。这是一种执业准入控制制度,是国家对重要岗位专业技术人员执业的准入控制,是医疗风险的源头防控制度之一。执业医师资格考试的性质是行业准入考试,是评价申请医师资格者是否具备从事医师工作所必须的专业知识与技能的考试。执业医师是指取得执业医师或执业助理医师资格,经注册取得医师执业证书后,在医疗、预防或保健机构(含计划生育技术服务机构)中执业的专业医务人员。医师资格考试的种类分为执业医师和执业助理医师。考试的类别分为临床、中医、口腔、公共卫生四类。中医类包括中医、民族医和中西医结合,其中民族医又含蒙医、藏医和维医三类,其他民族医医师暂不开考。考试的方式分实践技能考试和医学综合笔试两部分。医师资格考试成绩合格,即可取得执业医师资格或执业助理医师资格。

申请执业医师资格考试的条件:(1)具有高等学校医学专业本科以上学历,在执业医师指导下在医疗、预防、保健机构中试用期满1年的;(2)取得执业助理医师执业证书后,具有高等学校医学专科学历,在医疗、预防、保健机构中工作满2年的;(3)取得助理执业医师执业证书后,具有中等专业学校医学专业学历,在医疗、预防、保健机构中工作满5年的。符合上述三个条件之一者,均可申请参加执业医师资格考试。

申请执业助理医师资格考试的条件:具有高等学校医学专科学历或者中等专业学校医学专业学历,在执业医师指导下,在医疗、预防、保健机构中试用期满

1年的,可申请执业助理医师资格考试。

以师承方式学习传统医学满3年,或者经过多年实践医术确有专长的,经县级以上地方人民政府卫生行政部门确定的传统医学专业组织或医疗、预防、保健机构考核合格并推荐,可以申请参加执业医师资格或执业助理医师资格考试。师承和确有专长主要涉及的是中医师的准入问题。2017年7月1日开始实施的我国《中医药法》规定,以师承方式学习中医或者经过多年实践确有专长的人员,由至少两名中医医师推荐,经省、自治区、直辖市人民政府中医药主管部门组织实践技能和效果考核后,即可取得中医医师资格。据此,这类人员的资格评判从准入考试注册制变更成考核注册制,但对其执业范围有所限制。

(二)护士执业资格考试

护士是指经执业注册取得护士执业证书,依法从事护理活动,履行保护生命、减轻痛苦、增进健康职责的卫生技术人员。2008年1月31日国务院颁布、2008年5月12日起施行的《护士条例》明确规定,凡申请护士执业者,必须通过卫生行政部门统一执业考试,取得《中华人民共和国护士执业证书》。符合免于护士执业考试规定以及护士执业考试合格者,由省、自治区、直辖市卫生行政部门发给《中华人民共和国护士执业证书》。

三、执业许可

医务人员的执业许可是通过执业注册制度实现的。主要有医师执业注册制度和护士执业注册制度。执业注册是对医务人员执业能力和执业许可进行风险控制的又一控制手段,是从主体层面实现医务人员医疗风险控制的又一重要环节。

(一)医师执业注册制度

国家实行医师执业注册制度。取得医师资格且准备从事医师业务的人员,经过卫生行政主管部门的登记注册,在取得执业许可后,方可从事医师执业活动。医师执业应当根据其注册的执业范围、执业科别、执业地点进行执业活动。医师变更执业地点、执业类别、执业范围等注册事项的,应当到准予注册的卫生行政部门办理变更注册手续。

如果执业医师中止执业活动2年以上以及具备下列法定条件之一的,应当重新申请注册:(1)原来不具备完全民事行为能力,现已具备的;(2)受过刑事处罚,但自刑罚执行完毕之日起已满2年的;(3)受吊销医师执业证书行政处罚,自处罚决定之日起满2年的;(4)先有国务院卫生行政部门规定不宜从事医疗、预防、保健业务的情形,现该情形已消灭的。

申请个体行医的执业医师,须经注册后在医疗、预防、保健机构中执业满5年,还必须按国家有关规定办理审批手续,即按现行的《医疗机构管理条例》的规定,获得《医疗机构执业许可证》。如果未经获准,则不得行医。

(二)护士执业注册

我国实行护士执业许可制度。护士执业,应当经执业注册取得护士执业证书。申请护士执业注册,应当具备下列条件:(1)具有完全民事行为能力;(2)在中等职业学校、高等学校完成国务院教育主管部门和国务院卫生主管部门规定的普通全日制3年以上的护理、助产专业课程学习,包括在教学、综合医院完成8个月以上护理临床实习,并取得相应学历证书;(3)通过国务院卫生主管部门组织的护士执业资格考试;(4)符合国务院卫生主管部门规定的健康标准。

护士执业注册申请,应当自通过护士执业资格考试之日起3年内提出;逾期提出申请的,还应当在符合国务院卫生主管部门规定条件的医疗卫生机构接受3个月临床护理培训并考核合格。护士在其执业注册有效期内变更执业地点的,应当向拟执业地省、自治区、直辖市人民政府卫生主管部门报告。

四、执业规则

法律通过对医务人员在医疗活动中必须严格遵守的规则作出规定,以规制医务人员的医疗行为。要求医务人员必须严格按照执业规则执业规范,可以有效防范和减少医疗风险事件发生的可能性,从而在主体层面实现医疗风险控制。

(一)医师执业规则

根据《执业医师法》的有关规定,医师在执业活动中应遵守的执业规则是:

(1)医师实施医疗、预防、保健措施,签署有关医学证明文件,必须亲自诊查、调查,并按照规定及时填写医学文书,不得隐匿、伪造或者销毁医学文书及有关资料。医师不得出具与自己执业范围无关或者与执业类别不相符的医学证明文件。

(2)对急危患者,医师应当采取紧急措施进行诊治,不得拒绝急救处置。

(3)医师应当使用经国家有关部门批准使用的药品、消毒药剂和医疗器械。除正当诊断治疗外,不得使用麻醉药品、医疗用毒性药品、精神药品和放射性药品。

(4)医师应当如实向患者或者其家属介绍病情,但应注意避免对患者产生不利后果。医师进行实验性临床医疗,应当经医院批准并征得患者本人或者其家属同意。

(5)医师不得利用职务之便,索取、非法收受患者财物或者牟取其他不正当利益。

(6)遇有自然灾害、传染病流行、突发重大伤亡事故及其他严重威胁人民生命健康的紧急情况时,医师应当服从县级以上人民政府卫生行政部门的调遣。

(7)医师发生医疗事故或者发现传染病疫情时,应当按照有关规定及时向所在机构或者卫生行政部门报告。医师发现患者涉嫌伤害事件或者非正常死亡时,应当按照有关规定向有关部门报告。

(二) 护士执业规则

护士经过执业注册后,方可从事护士工作。护士在执业活动中应遵守以下规则:

(1) 遵守职业道德和医疗护理工作的规章制度及技术规范;

(2) 正确执行医嘱,观察病人的身心状态,对病人进行科学的护理;遇紧急情况应及时通知医师并配合抢救,医师不在场时,护士应当采取力所能及的急救措施;

(3) 执业中得悉就医者的隐私,不得泄露,但法律另有规定的除外;

(4) 承担预防保健工作、宣传防病治病知识、进行健康指导、开展健康教育、提供卫生咨询的义务;

(5) 遇有自然灾害、传染病流行、发生重大伤亡事故及其他严重威胁人民生命健康的紧急情况,必须服从卫生行政部门的调遣,参加医疗救护和预防保健工作。

五、考核培训

医疗行业是一个不断发展变化的行业,知识更新速度快,医务人员要保证行业水准,继续教育必不可少。继续教育是提升医务人员执业能力,控制医疗风险的有力手段。

(一) 执业医师考核和培训

国家建立医师工作考核制度和住院医师规范化培训。这是对医师进行在岗管理的一个主要环节。县级以上人民政府卫生行政部门负责指导、检查和监督医师考核工作。

住院医师规范化培训是指医学专业毕业生在完成医学院校教育之后,以住院医师的身份在认定的培训基地接受以提高临床能力为主的系统性、规范化培训。"5+3"是住院医师规范化培训的主要模式,即完成5年医学类专业本科教育的毕业生,在培训基地接受3年住院医师规范化培训。合格者颁发统一制式的《住院医师规范化培训合格证书》,该证作为临床医学专业中级技术岗位聘用的条件之一。

(二) 执业护士考核和培训

医疗卫生机构应当制定、实施本机构护士在职培训计划,并保证护士接受培训。护士培训应当注重新知识、新技术的应用,根据临床专科护理发展和专科护理岗位的需要,开展对护士的专科护理培训。医疗卫生机构应当建立护士岗位责任制并进行监督检查。护士因不履行职责或者违反职业道德受到投诉的,其所在医疗卫生机构应当进行调查。经查证属实的,医疗卫生机构应当对护士做出处理,并将调查处理情况告知投诉人。

县级以上地方人民政府卫生主管部门应当建立本行政区域的护士执业良好记录和不良记录,并将该记录记入护士执业信息系统。护士执业良好记录包括护士受到的表彰、奖励以及完成政府指令性任务的情况等内容。护士执业不良记录包括护士因违反本条例以及其他卫生管理法律、法规、规章或者诊疗技术规范的规定受到行政处罚、处分的情况等内容。

六、法律责任

(一) 医师可能承担的法律责任

依据我国《执业医师法》,如果有下列行为之一的,可能将承担行政法律责任:(1) 以不正当手段取得医师执业证书的。(2) 医师在执业活动中违反卫生行政规章制度或者技术操作规范,造成严重后果的;由于不负责任延误急危重病患者的抢救和诊治,造成严重后果的;造成医疗责任事故的;未经亲自诊查、调查,签署诊断、治疗、流行病学等证明文件或者有关出生、死亡等证明文件的;隐匿、伪造或者擅自销毁医学文书及有关资料的;使用未经批准使用的药品、消毒药剂和医疗器械的;不按照规定使用麻醉药品、医疗用毒性药品、精神药品和放射性药品的;未经患者或者其家属同意,对患者进行实验性临床医疗的;泄露患者隐私,造成严重后果的;利用职务之便,索取、非法收受患者财物或者牟取其他不正当利益的;发生自然灾害、传染病流行、突发重大伤亡事故以及其他严重威胁人民生命健康的紧急情况时,不服从卫生行政部门调遣的;发生医疗事故或者发现传染病疫情,患者涉嫌伤害事件或者非正常死亡,不按照规定报告的。(3) 未经批准擅自开办医疗机构行医或者非医师行医的。

此外,医师因导致医疗事故,或未经批准擅自开办医疗机构行医或者非医师行医,给患者造成损害的,依法承担赔偿责任;构成犯罪的,依法追究刑事责任。

(二) 护士可能承担的法律责任

依据《护士条例》,护士在执业活动中有下列情形之一的,由县级以上地方人民政府卫生主管部门依据职责分工责令改正,给予警告;情节严重的,暂停其6个月以上1年以下执业活动,直至由原发证部门吊销其护士执业证书:(1) 发现患者病情危急未立即通知医师的;(2) 发现医嘱违反法律、法规、规章或者诊疗技术规范的规定,未依照本《条例》第17条的规定提出或者报告的;(3) 泄露患者隐私的;(4) 发生自然灾害、公共卫生事件等严重威胁公众生命健康的突发事件,不服从安排参加医疗救护的。护士在执业活动中造成医疗事故的,依照医疗事故处理的有关规定承担法律责任。

第四节 医疗技术的法律规制

一、概述

医疗技术是指医疗机构及其医务人员以诊断和治疗疾病为目的,对疾病作出判断和消除疾病、缓解病情、减轻痛苦、改善功能、延长生命、帮助患者恢复健康而采取的诊断、治疗措施。

医疗技术临床应用,是指经过临床研究论证安全性、有效性确切的医疗技术应用于临床诊断或治疗疾病的过程。现代医疗技术的不断发展为保障和促进人类健康水平,推动医疗卫生事业的进步发挥了越来越显著的作用。然而,技术也是一把双刃剑,如果在临床应用中其有效性、安全性、经济性和社会适应性不能得到保障,则会损害病人健康。因此,必须规范医疗技术的临床应用,以保障医疗安全。

改革开放四十多年来,随着我国医疗技术的发展及其临床应用与推广,医疗技术法律管理制度也在同步发展,大致可分为四个阶段:

第一阶段(2001—2008年):2001年原卫生部发布了《人类辅助生殖技术管理办法》《人类精子库管理办法》等一系列文件,标志着我国开始建立针对个别重点医疗技术的准入与监管法律制度。在此之前,我国医疗技术管理主要是靠行业和医疗机构内部管理。2007年国务院颁布《人体器官移植条例》,使医疗技术法制管理上升为国家法规层面。

第二阶段(2009—2015年):2009年原卫生部颁布的《医疗技术临床应用管理办法》建立了医疗技术临床应用管理体系,开始对医疗技术临床应用进行系统管理。

第三阶段(2015—2017年):根据国务院《关于实行市场准入负面清单制度的意见》(国发〔2015〕55号)和国务院《关于取消非行政许可审批事项的决定》的精神,原国家卫生和计划生育委员会下发《关于取消第三类医疗技术临床应用准入审批有关工作的通知》(国卫医发〔2015〕71号)文件,第三类医疗技术临床应用管理从准入审批制度变更为"负面清单"管理制度,监管重心和监管体系也随之变化,开始强化医疗机构在医疗技术临床应用和管理的主体责任,建立医疗技术临床应用事中事后监管制度和机制。

第四阶段(2018年至今)。经原国家卫生和计划生育委员会主任会议讨论通过,并经国家卫生健康委员会审核通过,2018年8月13日中华人民共和国国家卫生健康委员会令第1号颁发了经过修订的新的《医疗技术临床应用管理办法》,并于2018年11月1日起施行。根据该管理办法,国家建立医疗技术临床应用负面清单管理制度、医疗技术临床应用质量管理与控制制度和医疗技术临床应用规范化培训制度。新的《医疗技术临床应用管理办法》的颁布实施,将开启我国医疗技术临床应用管理的新阶段。

二、医疗技术临床应用准入

由于医疗技术在临床应用中的风险程度不同,国家对医疗技术分为以下几类进行不同管理:

(一)禁止类技术

禁止类技术是指明确禁止应用到临床工作中的医疗技术。医疗技术具有下列情形之一的,禁止应用于临床:(1)临床应用安全性、有效性不确切;(2)存在重大伦理问题;(3)该技术已经被临床淘汰;(4)未经临床研究论证的医疗新技术。禁止类技术目录由国家卫生健康委员会制定发布或者委托专业组织制定发布,并根据情况适时予以调整。

(二)限制类技术

限制类技术是指涉及伦理问题或者风险高等原因,需要进行控制的技术项目。限制类医疗技术包括根据《器官移植条例》《人类辅助生殖技术管理办法》等规定的必须经过审批方可开展的医疗技术外,还包括《医疗技术临床应用管理办法》中禁止类技术目录以外并具有下列情形之一的技术:(1)技术难度大、风险高,对医疗机构的服务能力、人员水平有较高专业要求,需要设置限定条件的;(2)需要消耗稀缺资源的;(3)涉及重大伦理风险的;(4)存在不合理临床应用,需要重点管理的。以上情形,由省级以上卫生行政部门严格管理。

国家限制类技术目录及其临床应用管理规范由国家卫生健康委员会制定发布或者委托专业组织制定发布,并根据临床应用实际情况予以调整。省级卫生行政部门可以结合本行政区域实际情况,在国家限制类技术目录基础上增补省级限制类技术相关项目,制定发布相关技术临床应用管理规范,并报国家卫生健康委员会备案。

为加强限制临床应用医疗技术的管理工作,国家卫生行政部门下发了一系列管理规范并经过多次修订。目前实施的有《造血干细胞移植技术管理规范(2017年版)》等15个"限制临床应用"的医疗技术管理规范和质量控制指标。具体限制临床应用医疗技术项目包括:造血干细胞移植技术、同种胰岛移植技术、同种异体运动系统结构性组织移植技术、同种异体角膜移植技术、同种异体皮肤移植技术、性别重置技术、质子和重离子加速器放射治疗技术、放射性粒子植入治疗技术、肿瘤深部热疗和全身热疗技术、肿瘤消融治疗技术、心室辅助技术、人工智能辅助诊断技术、人工智能辅助治疗技术、颅颌面畸形颅面外科矫治技术、口腔颌面部肿瘤颅颌联合根治技术。

这些"限制临床应用"医疗技术管理规范和质量控制指标明确了医疗机构及其人员开展"限制临床应用"医疗技术应当满足的基本条件：包括对医疗机构的基本要求、对人员的基本要求、对技术管理的基本要求和培训管理要求。拟开展限制临床应用医疗技术的医疗机构应当具备相应条件方可开展，并按照要求参加医疗技术的质量控制工作。

目前，各省级卫生计生行政部门结合本省级医疗技术临床应用现状，都公布了各省级限制类医疗技术的相关医疗技术项目，并进行动态评估和调整。

（三）自管类技术

未纳入禁止类技术和限制类技术目录的医疗技术，医疗机构可以根据自身功能、任务、技术能力等自行决定开展临床应用，并应当对开展的医疗技术临床应用实施严格管理。这类医疗技术一般是常规性的，或者是长期应用，其安全性与有效性都得到证实的且技术难度要求不是很高，一般医疗机构均可实施的。这类医疗技术可以由医疗机构自行决定临床应用，并依照医疗机构内部常规管理制度进行管理。

三、医疗技术临床准入管理

（一）行政审批管理制度

医疗机构从事人体器官移植，应当具备以下条件，并经过所在地省级卫生主管部门能力评价，办理人体器官移植诊疗科目登记：(1) 有与从事人体器官移植相适应的执业医师和其他医务人员；(2) 有满足人体器官移植所需要的设备、设施；(3) 有由医学、法学、伦理学等方面专家组成的人体器官移植技术临床应用与伦理委员会；(4) 有完善的人体器官移植质量监控等管理制度。省级以上人民政府卫生主管部门应当定期组织专家对医疗机构的人体器官移植临床应用能力进行评估，并及时公布评估结果；对评估不合格的，由原登记部门撤销人体器官移植诊疗科目登记。

人类辅助生殖技术的应用只能在获得批准的医疗机构中进行。开展丈夫精液人工授精技术由省级卫生行政部门审查批准。开展供精人工授精和体外受精—胚胎移植技术及其衍生技术由省级卫生行政部门提出初审意见，国务院卫生行政部门审批。获得批准的医疗机构应当变更医疗机构执业许可证登记。人类辅助生殖技术批准证书每2年校验一次，医院应注意及时办理校验。校验由原审批机关办理，校验合格的，可以继续开展人类辅助生殖技术。

医疗机构开展放射诊疗工作，应当具备与其开展的放射诊疗工作相适应的条件，经所在地县级以上地方卫生行政部门的放射诊疗技术和医用辐射机构许可。使用便携式X射线机进行群体透视检查，应当报县级卫生行政部门批准。在省、自治区、直辖市范围内进行放射影像健康普查，应当报省级卫生行政部门批准。跨省、自治区、直辖市或者在全国范围内进行放射影像健康普查,应当报国务院卫生行政部门批准。

(二) 行政备案与伦理审查制度

国家对需要行政审批之外的限制类技术实施备案管理。医疗机构拟开展限制类技术临床应用的,应当首先按照相关医疗技术临床应用管理规范进行自我评估,符合条件的于开展首例临床应用之日起15个工作日内,向核发其《医疗机构执业许可证》的卫生行政部门备案。备案材料应当包括以下内容:(1) 开展临床应用的限制类技术名称和所具备的条件及有关评估材料;(2) 本机构医疗技术临床应用管理专门组织和伦理委员会论证材料;(3) 技术负责人(限于在本机构注册的执业医师)资质证明材料。

备案部门应当自收到完整备案材料之日起15个工作日内完成备案,在该医疗机构的《医疗机构执业许可证》副本备注栏予以注明,并逐级上报至省级卫生行政部门。

医疗机构拟开展存在重大伦理风险的医疗技术,应当提请本机构伦理委员会审议,必要时可以咨询省级和国家医学伦理专家委员会。未经本机构伦理委员会审查通过的医疗技术,特别是限制类医疗技术,不得应用于临床。

四、医疗技术临床应用管理

(一) 管理与控制制度

国家建立医疗技术临床应用质量管理与控制制度,充分发挥各级、各专业医疗质量控制组织的作用,以"限制类技术"为主加强医疗技术临床应用质量控制,对医疗技术临床应用情况进行日常监测与定期评估,及时向医疗机构反馈质量控制和评估结果,持续改进医疗技术临床应用质量。

医疗机构应当建立本机构医疗技术临床应用管理制度,二级以上的医院、妇幼保健院及专科疾病防治机构医疗质量管理委员会应当下设医疗技术临床应用管理的专门组织,负责本机构医疗技术临床应用管理工作。

医疗机构在医疗技术临床应用过程中出现下列情形之一的,应当立即停止该项医疗技术的临床应用并同时上报卫生行政部门:(1) 该医疗技术被国家卫生健康委员会列为"禁止类技术";(2) 从事该医疗技术的主要专业技术人员或者关键设备、设施及其他辅助条件发生变化,不能满足相关技术临床应用管理规范要求,或者影响临床应用效果;(3) 该医疗技术在本机构应用过程中出现重大医疗质量、医疗安全或者伦理问题,或者发生与技术相关的严重不良后果;(4) 发现该项医疗技术临床应用效果不确切,或者存在重大质量、安全或者伦理缺陷。

(二) 培训与考核制度

国家建立医疗技术临床应用规范化培训制度。拟开展限制类技术的医师应当按照相关技术临床应用管理规范要求接受规范化培训。国家卫生健康委员会统一组织制定国家限制类技术的培训标准和考核要求,并向社会公布。省级增补的限制类技术以及省级卫生行政部门认为其他需要重点加强培训的医疗技术,由省级卫生行政部门统一组织制定培训标准,对培训基地管理以及参加培训医师的培训和考核提出统一要求,并向社会公布。

(三) 评估与信誉评分制度

国家建立医疗技术临床应用评估制度,对医疗技术的安全性、有效性、经济适宜性及伦理问题等进行评估,作为调整国家医疗技术临床应用管理政策的决策依据之一。国家卫生健康委员会负责建立全国医疗技术临床应用信息化管理平台,对国家限制类技术临床应用相关信息进行收集、分析和反馈。省级卫生行政部门负责建立省级医疗技术临床应用信息化管理平台,对本行政区域内国家和省级限制类技术临床应用情况实施监督管理。医疗机构应当按照要求,及时、准确、完整地向全国和省级医疗技术临床应用信息化管理平台逐例报送限制类技术开展情况的数据信息。

国家建立医疗机构医疗技术临床应用情况信誉评分制度,与医疗机构、医务人员信用记录挂钩,纳入卫生健康行业社会信用体系管理,接入国家信用信息共享平台,并将信誉评分结果应用于医院评审、评优、临床重点专科评估等工作。县级以上地方卫生行政部门应当将本行政区域内经备案开展限制类技术临床应用的医疗机构名单及相关信息及时向社会公布,接受社会监督。

第五节 医疗用品的法律规制

医疗用品范围极广,从大的方面来说,手术所需的大型医疗设备包括CT、核磁共振、数字化X线成像系统(DR系统)等都属于医疗用品,从小的方面来说,一次性输液器、碘伏、一次性注射器、医用棉球等医用耗材也都属于医疗用品。医疗用品存在于医疗活动的全过程,是医疗活动的基础物资,医疗用品的管理是细节管理,但也十分关键。依法管理医疗用品将有利于保障医疗活动的正常开展,减少医疗风险事件发生。本节主要立足于医疗机构,从医疗风险控制的角度对医疗用品管理所涉及的主要法律制度进行介绍,包括医疗机构药事管理、临床用血管理和医疗器械管理。

一、医疗机构药事管理

医疗机构药事管理,是指医疗机构以病人为中心,以临床药学为基础,对临床用药全过程进行有效的组织实施与管理,促进临床科学、合理用药的药学技术服务和相关的药品管理工作。医疗机构药事管理是对临床用药全过程的有效组织实施与管理,贯彻合理用药原则,实施安全、有效、经济用药,保障患者用药安全,防范和控制医疗风险的重要制度。

目前我国医疗机构药事管理的法律法规主要有:《药品管理法》、国务院《药品管理法实施条例》《麻醉药品和精神药品管理条例》《医疗用毒性药品管理办法》《放射性药品管理办法》;原卫生部、国家中医药管理局、原总后勤部联合颁布的《医疗机构药事管理规定》以及国家卫生行政部门和药品监管部门颁布的大量行政规章和规范性文件。

(一)组织机构

医疗机构应当根据国家相关法律规定设置药事管理组织和药学部门。诊所、卫生所、医务室、卫生保健所和卫生站可不设药事管理组织机构和药学部门,由机构负责人指定医务人员负责药事工作。中医诊所、民族医诊所可不设药事管理组织机构和药学部门,由中医药和民族医药专业技术人员负责药事工作。

二级以上医院应当设立药事管理与药物治疗学委员会,其他医疗机构应当成立药事管理与药物治疗学组。其职责包括:(1)贯彻执行医疗卫生及药事管理等有关法律、法规、规章,审核制定本机构药事管理和药学工作规章制度,并监督实施;(2)制定本机构药品处方集和基本用药供应目录;(3)推动药物治疗相关临床诊疗指南和药物临床应用指导原则的制定与实施,监测、评估本机构药物使用情况,提出干预和改进措施,指导临床合理用药;(4)分析、评估用药风险和药品不良反应、药品损害事件,并提供咨询与指导;(5)建立药品遴选制度,审核本机构临床科室申请的新购入药品、调整药品品种或者供应企业和申报医院制剂等事宜;(6)监督、指导麻醉药品、精神药品、医疗用毒性药品及放射性药品的临床使用与规范化管理;(7)对医务人员进行有关药事管理法律法规、规章制度和合理用药知识教育培训;(8)向公众宣传安全用药知识。

药学部门具体负责药品管理、药学专业技术服务和药事管理工作,开展以病人为中心,以合理用药为核心的临床药学工作,组织药师参与临床药物治疗,提供药学专业技术服务。

(二)药剂管理

医疗机构应当根据《国家基本药物目录》《处方管理办法》《国家处方集》《药品采购供应质量管理规范》等制定本机构《药品处方集》和《基本用药供应目录》,编制药品采购计划,按规定购入药品;严格执行药品购入检查、验收制度。医疗机构应当制定和执行药品保管制度,定期对库存药品进行养护与质量检查。药品库的仓储条件和管理应当符合药品采购供应质量管理规范的有关规定。药学专业技术人员应当严格按照《药品管理法》《处方管理办法》《药品调剂质量管理规范》等法律、法规、规章制度和技术操作规程，认真审核处方或者用药医嘱，经适宜性审核后调剂配发药品。发出药品时应当告知患者用法用量和注意事项，指导患者合理用药。

（三）临床应用管理

药物临床应用管理是对医疗机构临床诊断、预防和治疗疾病用药全过程实施监督管理。医疗机构应当遵循安全、有效、经济的合理用药原则，尊重患者对药品使用的知情权和隐私权。

医疗机构应当依据国家基本药物制度、抗菌药物临床应用指导原则和中成药临床应用指导原则，制定本机构基本药物临床应用管理办法，建立并落实抗菌药物临床应用分级管理制度。医疗机构应当建立由医师、临床药师和护士组成的临床治疗团队，开展临床合理用药工作。

医疗机构应当根据本机构性质、任务、规模配备适当数量临床药师，三级医院临床药师不少于5名，二级医院临床药师不少于3名。临床药师应当具有高等学校临床药学专业或者药学专业本科毕业以上学历，并应当经过规范化培训。

（四）法律责任

根据《药品管理法》《医疗机构药事管理规定》，医疗机构不得使用非药学专业技术人员从事药学专业技术工作或者聘其为药学部门主任。医疗机构出现下列情形之一的，由县级以上地方卫生、中医药行政部门责令改正、通报批评、给予警告；对于直接负责的主管人员和其他直接责任人员，依法给予降级、撤职、开除等处分：(1)未建立药事管理组织机构，药事管理工作和药学专业技术工作混乱，造成医疗安全隐患和严重不良后果的；(2)未按照本规定配备药学专业技术人员、建立临床药师制，不合理用药问题严重，并造成不良影响的；(3)未执行有关的药品质量管理规范和规章制度，导致药品质量问题或用药错误，造成医疗安全隐患和严重不良后果的；(4)非药学部门从事药品购用、调剂或制剂活动的；(5)将药品购销、使用情况作为个人或者部门、科室经济分配的依据，或者在药品购销、使用中牟取不正当利益的；(6)违反《医疗机构药事管理规定》的其他规定并造成严重后果的。

医疗机构将其配制的制剂在市场销售的，责令改正，没收违法销售的制剂，并处违法销售制剂货值金额1倍以上3倍以下的罚款；有违法所得的，没收违法所得。医疗机构在药品购销中暗中给予、收受回扣或者其他利益的，药品的生产企业、经营企业或者其代理人给予使用其药品的医疗机构的负责人、药品采购人员、医师等有关人员以财物或者其他利益的，由工商行政管理部门处1万元以上20万元以下的罚款，有违法所得的，予以没收；情节严重的，由工商行政管理部门吊销药品生产企业、药品经营企业的营业执照，并通知药品监督管理部门，由药品监督管理部门吊销其《药品生产许可证》《药品经营许可证》；构成犯罪的，依法追究刑事责任。

医疗机构的负责人、药品采购人员、医师等有关人员收受药品生产企业、药品经营企业或者其代理人给予的财物或者其他利益的,由卫生行政部门或者本单位给予处分,没收违法所得;对违法行为情节严重的执业医师,由卫生行政部门吊销其执业证书;构成犯罪的,依法追究刑事责任。

二、医疗机构临床用血管理

医疗机构临床用血管理,是指医疗机构对依法采集的供血者的血液或血液成分输注给患者进行抢救、治疗等行为进行有效的组织、实施和管理。

医疗机构临床用血管理是促进医疗机构合理用血、科学用血,保障临床用血安全、保护血液资源、确保医疗活动安全、有序进行的重要制度。

目前我国医疗机构临床用血管理的法律法规主要有《中华人民共和国献血法》、2012年6月7日由卫生部颁布的《医疗机构临床用血管理办法》以及2000年6月卫生部印发的《临床输血技术规范》等。

（一）组织机构和职责

二级以上医院和妇幼保健院应当设立临床用血管理委员会,负责本机构临床合理用血管理工作。其重要职责:(1)认真贯彻临床用血管理相关法律、法规、规章、技术规范和标准,制定本机构临床用血管理的规章制度并监督实施;(2)评估确定临床用血的重点科室、关键环节和流程;(3)定期监测、分析和评估临床用血情况,开展临床用血质量评价工作,提高临床合理用血水平;(4)分析临床用血不良事件,提出处理和改进措施;(5)指导并推动开展自体输血等血液保护及输血新技术;(6)承担医疗机构交办的有关临床用血的其他任务。

医疗机构应当根据有关规定和临床用血需求设置输血科或者血库,并根据自身功能、任务、规模,配备与输血工作相适应的专业技术人员、设施、设备。不具备设置输血科或者血库条件的医疗机构,应当安排专(兼)职人员负责临床用血工作。

（二）临床用血管理

医疗机构应当使用卫生行政部门指定的血站提供的血液,对接收血液必须进行核查。核查内容包括血液的包装是否完整、血液的物理外观是否正常、血液是否在有效期内等。医疗机构储血设施应当保证运行有效,医疗机构不得将不符合国家规定标准的血液用于临床。医疗机构在血液发放和输血时应当进行核对,并指定医务人员负责血液的收领、发放工作。

（三）临床输血管理

医疗机构应当建立临床用血申请管理制度。医务人员应当认真执行临床输血技术规范,严格掌握临床输血适应症,根据患者病情和实验室检测指标,对输血指征进行综合评估,制定输血治疗方案。在输血治疗前,医师应当向患者或者其近亲属说明输血目的、方式和风险,并签署临床输血治疗知情同意书。因抢救生命垂危的患者需要紧急输血,且不能取得患者或者其近亲属意见的,经医疗机构负责人或者授权的负责人批准后,可以立即实施输血治疗。

医疗机构应当根据国家有关法律法规和规范建立临床用血不良事件监测报告制度。临床发现输血不良反应后,应当积极救治患者,及时向有关部门报告,并做好观察和记录。

医疗机构应当建立临床用血医学文书管理制度,确保临床用血信息客观真实、完整、可追溯。医师应当将患者输血适应症的评估、输血过程和输血后疗效评价情况记入病历;临床输血治疗知情同意书、输血记录单等随病历保存。

(四)法律责任

有下列行为之一的,由县级以上地方人民政府卫生行政部门予以取缔,没收违法所得,可以并处 10 万元以下的罚款;构成犯罪的,依法追究刑事责任:(1)非法采集血液的;(2)医疗机构出售无偿捐献的血液的;(3)非法组织他人出卖血液的。

医疗机构的医务人员违反《医疗机构临床用血管理办法》,将不符合国家规定标准的血液用于患者的,由县级以上地方人民政府卫生行政部门责令改正;给患者健康造成损害的,应当依法赔偿,对直接负责的主管人员和其他直接责任人员,依法给予行政处分;构成犯罪的,依法追究刑事责任。

三、医疗机构医疗器械管理

(一)概述

医疗器械,是指直接或者间接用于人体的仪器、设备、器具、体外诊断试剂及校准物、材料以及其他类似或者相关的物品,包括所需要的计算机软件。其效用主要通过物理等方式获得,不是通过药理学、免疫学或者代谢的方式获得,或者虽然有这些方式参与但是只起辅助作用。其目的是:(1)疾病的诊断、预防、监护、治疗或者缓解;(2)损伤的诊断、监护、治疗、缓解或者功能补偿;(3)生理结构或者生理过程的检验、替代、调节或者支持;(4)生命的支持或者维持;(5)妊娠控制;(6)通过对来自人体的样本进行检查,为医疗或者诊断目的提供信息。医疗器械是医疗活动的必要物资,合格的医疗器械可以有效提升医务人员的诊疗效率,大大减少患者的痛苦,但是不合格的医疗器械则可能适得其反,甚至危及患者生命。因此,医疗器械是医疗风险控制不可忽视的一环。

目前我国规范医疗机构器械设备管理的法律法规主要有:2017 年 5 月 4 日国务院修订的《医疗器械监督管理条例》,2015 年 10 月原国家食品药品监督管理总局公布的《医疗器械使用质量监督管理办法》,2018 年 5 月卫生健康委、药监局印发的《大型医用设备配置与使用管理办法(试行)》,2018 年 5 月国家卫生健康委员会印发的《甲类大型医用设备配置许可管理实施细则》,等等。这些行政法规和规章构成了我国医疗器械管理的法律体系。

(二) 医疗器械的分类管理制度

依据医疗器械的结构特征、使用形式和临床应用的方法及其安全性与风险程度,国家对医疗器械实行分类管理:

第一类是指通过常规管理足以保证其安全性、有效性的医疗器械。

第二类是指对其安全性、有效性应当加以控制的医疗器械。

第三类是指植入人体,用于支持、维持生命,对人体具有潜在危险,对其安全性、有效性必须严格控制的医疗器械。

依据《医疗器械分类目录》不能确定医疗器械分类时,由省级药品监督管理部门根据《医疗器械分类规则》进行预先分类,并报国家药品监督管理局核定。

(三) 医疗器械临床使用管理

医疗机构购进医疗器械,应当查验供货者的资质和医疗器械的合格证明文件,建立进货查验记录制度;妥善保存购入第三类医疗器械的原始资料,并确保信息具有可追溯性。购置的大型医用设备必须具有国家颁发的生产或进口注册证;必须按国家规定的采购方式进行采购,政府拨款资助的设备采购必须按规定实行政府采购。严禁医疗机构购置进口二手大型医用设备。购置其他医疗机构更新替换下来的大型医用设备,必须按法律规定的程序办理配置审批。

运输、贮存医疗器械,应当符合医疗器械说明书和标签标示的要求;对温度、湿度等环境条件有特殊要求的,应当采取相应措施,保证医疗器械的安全、有效。对需要定期检查、检验、校准、保养、维护的医疗器械,医疗机构应当按照产品说明书的要求进行检查、检验、校准、保养、维护并予以记录,及时进行分析、评估,确保医疗器械处于良好状态,保障使用质量;对使用期限长的大型医疗器械,应当逐台建立使用档案,记录其使用、维护、转让、实际使用时间等事项。记录保存期限不得少于医疗器械规定使用期限终止后 5 年。

医疗机构应当建立医疗器械使用前质量检查制度;应当加强对工作人员的技术培训,按照产品说明书、技术操作规范等要求使用医疗器械。使用大型医疗器械以及植入和介入类医疗器械的,应当将医疗器械的名称、关键性技术参数等信息以及与使用质量安全密切相关的必要信息记载到病历等相关记录中。对重复使用的医疗器械,应当按照国务院卫生计生主管部门制定的消毒和管理的规定进行处理。一次性使用的医疗器械不得重复使用,对使用过的应当按照国家有关规定销毁并记录。对植入和介入类医疗器械应当建立使用记录,植入性医疗器械使用记录永久保存,相关资料应当纳入信息化管理系统,确保信息可追溯。

发现使用的医疗器械存在安全隐患,应当立即停止使用,并通知生产企业或者其他负责产品质量的机构进行检修;经检修仍不能达到使用安全标准的医疗器械,不得继续使用。

国家建立医疗器械不良事件监测制度,对医疗器械不良事件及时进行收集、分析、评价、控制。医疗机构应当对所使用的医疗器械开展不良事件监测;发现医疗器械不良事件或者可疑不良事件,应当按照规定向医疗器械不良事件监测技术机构报告。任何单位和个人发现医疗器械不良事件或者可疑不良事件,有权向食品药品监督管理部门或者医疗器械不良事件监测技术机构报告。

(四)法律责任

医疗机构有下列情形之一的,依法承担行政责任:(1)使用无合格证明文件、过期、失效、淘汰的医疗器械,或者使用未依法注册的医疗器械的;(2)对重复使用的医疗器械,未按照消毒和管理的规定进行处理的;(3)重复使用一次性使用的医疗器械,或者未按照规定销毁使用过的一次性使用的医疗器械的;(4)对需要定期检查、检验、校准、保养、维护的医疗器械,医疗器械使用单位未按照产品说明书要求检查、检验、校准、保养、维护并予以记录,及时进行分析、评估,确保医疗器械处于良好状态的;(5)未妥善保存购入第三类医疗器械的原始资料,或者未按照规定将大型医疗器械以及植入和介入类医疗器械的信息记载到病历等相关记录中的;(6)发现使用的医疗器械存在安全隐患未立即停止使用、通知检修,或者继续使用经检修仍不能达到使用安全标准的医疗器械的;(7)未依照本条例规定开展医疗器械不良事件监测,未按照要求报告不良事件,或者对医疗器械不良事件监测技术机构、食品药品监督管理部门开展的不良事件调查不予配合的;(8)违法开展医疗器械临床试验的;(9)作为医疗器械临床试验机构出具虚假报告的。

违反《医疗器械监督管理条例》的规定,构成犯罪的,依法追究刑事责任;造成人身、财产或者其他损害的,依法承担赔偿责任。

第六节 医疗质量的法律规制

医疗质量是保障医疗安全、防范医疗风险的核心。虽然我国医疗质量和医疗安全水平逐年稳步提升,但不断加强和改进医疗质量管理依然是医疗风险防控的重中之重,也是一项长期的工作任务。

一、医疗质量管理概述

医疗质量管理是指按照医疗质量形成的规律和有关法律、法规要求,运用现代科学管理方法,对医疗服务要素、过程和结果进行管理与控制,以实现医疗质量系统、持续改进的过程。

我国现有的医疗机构与医务人员管理、器械与用品临床使用管理、医疗技术和医疗行为规范等法律法规，为提升医疗质量提供了物资与人员的基础。但是，由于我国不同地域、不同级别和不同类别医疗机构间内部质量管理水平差异较大，而医疗服务量的快速增长和新技术的不断涌现，也给医疗质量管理工作提出新的挑战。因此，必须加强顶层设计，从制度层面进一步加强保障和约束，提高不同地区、不同层级、不同类别医疗机构间医疗服务同质化程度，实现全行业的统一管理和战线全覆盖。

为进一步规范医疗服务行为，更好地维护人民群众健康权益，保障医疗质量和医疗安全，国家卫生计生委2016年7月26日通过了《医疗质量管理办法》，并于2016年11月1日起施行。该《办法》明确了医疗质量管理组织架构、质量保障、持续改进、风险防范和监督管理等要求。为进一步贯彻落实此办法，指导医疗机构加强医疗质量安全核心制度建设，保障医疗质量与医疗安全，2018年4月18日，国家卫生健康委员会发布了《医疗质量安全核心制度要点》，各级各类医疗机构应当根据相关规定，完善本机构核心制度、配套文件和工作流程，加强对医务人员的培训、教育和考核，确保医疗质量安全核心制度得到有效落实。

二、国家监督管理体系

（一）医疗质量管理与控制体系

国家建立医疗质量管理与控制体系，完善医疗质量控制与持续改进的制度和工作机制。国家卫生行政部门负责组织或者委托专业机构、行业组织（以下称专业组织）制定医疗质量管理相关制度、规范、标准和指南，指导地方各级卫生行政部门和医疗机构开展医疗质量管理与控制工作。省级卫生行政部门可以根据本地区实际，制定行政区域医疗质量管理相关制度、规范和具体实施方案。县级以上地方卫生行政部门在职责范围内负责监督、指导医疗机构落实医疗质量管理有关规章制度。

（二）医疗质量外部评估制度

国家建立医疗机构医疗质量管理评估制度，建立依托专业组织开展医疗质量管控的工作机制，开展第三方评估工作，定期在行业内发布评估结果，充分发挥信息化手段在医疗质量管理领域的重要作用。

国家级各专业质控组织负责制定全国统一的质控指标、标准和质量管理要求，收集、分析医疗质量数据，定期发布质控信息。

省级和有条件的地市级卫生行政部门组建相应级别、专业的质控组织，开展医疗质量管理与控制工作。县级以上地方卫生行政部门和各级质控组织应当重点加强对县级医院、基层医疗机构和民营医疗机构的医疗质量管理和监督。国家和地方卫生行政部门应不断完善评估机制和方法,将医疗质量管理情况纳入医疗机构考核指标体系。

(三)激励与监管并行

国家建立医疗质量(安全)不良事件报告制度,鼓励医疗机构和医务人员主动上报临床诊疗过程中的不良事件,促进信息共享和持续改进。各级卫生计生行政部门应当建立医疗机构医疗质量管理激励机制,采取适当形式对医疗质量管理先进的医疗机构和管理人员予以表扬和鼓励,积极推广先进经验和做法。

县级以上地方卫生计生行政部门负责对本行政区域医疗机构医疗质量管理情况的监督检查。医疗机构应当予以配合,不得拒绝、阻碍或者隐瞒有关情况。

各级卫生行政部门应当将医疗机构医疗质量管理情况和监督检查结果纳入医疗机构及其主要负责人考核的关键指标,并与医疗机构校验、医院评审、评价以及个人业绩考核相结合。考核不合格的,视情况对医疗机构及其主要负责人进行处理。

县级以上地方卫生行政部门应当建立医疗机构医疗质量管理情况约谈制度。对发生重大或者特大医疗质量安全事件、存在严重医疗质量安全隐患,或者未按要求整改的各级各类医疗机构负责人进行约谈;对造成严重后果的,予以通报,依法处理,同时报上级卫生行政部门备案。

三、医疗机构内部管理组织与职责

医疗质量管理是医疗管理的核心,各级各类医疗机构是医疗质量管理的第一责任主体。医疗机构应当全面加强医疗质量管理,持续改进医疗质量,保障医疗安全;并应当建立健全医疗质量管理人员的培养和考核制度,充分发挥专业人员在医疗质量管理工作中的作用。

(一)医疗质量管理组织架构

医疗机构的医疗质量管理实行院、科两级责任制。医疗机构主要负责人是本机构医疗质量管理的第一责任人;临床科室以及药学、护理、医技等部门主要负责人是本科室医疗质量管理的第一责任人。

医疗机构应当成立医疗质量管理专门部门,负责本机构的医疗质量管理工作。

(二)医疗质量管理委员会设置与职责

二级以上的医院、妇幼保健院以及专科疾病防治机构应当设立医疗质量管理委员会。

医疗质量管理委员会主任由医疗机构主要负责人担任,委员由医疗管理、质量控制、护理、医院感染管理、医学工程、信息、后勤等相关职能部门负责人以及相关临床、药学、医技等科室负责人组成,指定或者成立专门部门具体负责日常管理工作。

医疗机构医疗质量管理委员会的主要职责是:(1)按照国家医疗质量管理的有关要求,制定医疗质量管理制度并组织实施;(2)组织开展医疗质量监测、预警、分析、考核、评估以及反馈工作,定期发布质量管理信息;(3)制定医疗质量持续改进计划、实施方案并组织实施;(4)制定临床新技术引进和医疗技术临床应用管理相关工作制度并组织实施;(5)建立医务人员医疗质量管理相关法律、法规、规章制度、技术规范的培训制度,制定培训计划并监督实施;(6)落实省级以上卫生计生行政部门规定的其他内容。

(三)医疗质量管理工作小组设置与职责

二级以下其他医疗机构应当设立医疗质量管理工作小组或者指定专(兼)职人员,负责医疗质量具体管理工作。

医疗质量管理工作小组的主要职责是:(1)贯彻执行医疗质量管理相关的法律、法规、规章、规范性文件和本科室医疗质量管理制度;(2)制定本科室年度质量控制实施方案,组织开展科室医疗质量管理与控制工作;(3)制定本科室医疗质量持续改进计划和具体落实措施;(4)定期对科室医疗质量进行分析和评估,对医疗质量薄弱环节提出整改措施并组织实施;(5)对本科室医务人员进行医疗质量管理相关法律、法规、规章制度、技术规范、标准、诊疗常规及指南的培训和宣传教育;(6)按照有关要求报送本科室医疗质量管理相关信息。

四、医疗质量保障制度

(一)遵守法律法规

按照核准登记的诊疗科目执业。卫生技术人员开展诊疗活动应当依法取得执业资质,医疗机构人力资源配备应当满足临床工作需要。

按照有关法律法规、规范、标准要求,使用经批准的药品、医疗器械、耗材开展诊疗活动。

开展医疗技术应当与其功能任务和技术能力相适应,按照国家关于医疗技术和手术管理的有关规定,加强医疗技术临床应用管理。

医疗机构及其医务人员应当遵循临床诊疗指南、临床技术操作规范、行业标准和临床路径等有关要求开展诊疗工作,严格遵守医疗质量安全核心制度,做到合理检查、合理用药、合理治疗。

开展中医医疗服务,应当符合国家关于中医诊疗、技术、药事等管理的有关规定,加强中医医疗质量管理。

(二)恪守职业道德

医疗机构应当加强医务人员职业道德教育,发扬救死扶伤的人道主义精神,坚持"以患者为中心",尊重患者权利,履行防病治病、救死扶伤、保护人民健康的神圣职责。医务人员应当恪守职业道德,认真遵守医疗质量管理相关法律法规、规范、标准和本机构医疗质量管理制度的规定,规范临床诊疗行为,保障医疗质量和医疗安全。

（三）加强药事管理

医疗机构应当加强药学部门建设和药事质量管理,提升临床药学服务能力,推行临床药师制,发挥药师在处方审核、处方点评、药学监护等合理用药管理方面的作用。临床诊断、预防和治疗疾病用药应当遵循安全、有效、经济的合理用药原则,尊重患者对药品使用的知情权。

（四）加强护理与医技质量管理

医疗机构应当加强护理质量管理,完善并实施护理相关工作制度、技术规范和护理指南；加强护理队伍建设,创新管理方法,持续改善护理质量。

医疗机构应当加强医技科室的质量管理,建立覆盖检查、检验全过程的质量管理制度,加强室内质量控制,配合做好室间质量评价工作,促进临床检查检验结果互认。

（五）完善门急诊管理

医疗机构应当完善门急诊管理制度,规范门急诊质量管理,加强门急诊专业人员和技术力量配备,优化门急诊服务流程,保证门急诊医疗质量和医疗安全,并把门急诊工作质量作为考核科室和医务人员的重要内容。

（六）控制医院感染

医疗机构应当加强医院感染管理,严格执行消毒隔离、手卫生、抗菌药物合理使用和医院感染监测等规定,建立医院感染的风险监测、预警以及多部门协同干预机制,开展医院感染防控知识的培训和教育,严格执行医院感染暴发报告制度。

（七）加强病历质量管理

医疗机构应当加强病历质量管理,建立并实施病历质量管理制度,保障病历书写客观、真实、准确、及时、完整、规范。

（八）贯彻知情同意与隐私保密原则

医疗机构及其医务人员开展诊疗活动,应当遵循患者知情同意原则,尊重患者的自主选择权和隐私权,并对患者的隐私保密。

五、医疗安全防范与质量持续改进机制

（一）全员参与、全过程管理

医疗机构应当定期对医疗卫生技术人员开展医疗卫生管理法律法规、医院管理制度、医疗质量管理与控制方法、专业技术规范等相关内容的培训和考核。

建立本机构全员参与、覆盖临床诊疗服务全过程的医疗质量管理与控制工作制度。严格按照医疗质量管理控制工作的有关要求，积极配合质控组织开展工作，促进医疗质量持续改进。

（二）提高服务能力

医疗机构应当加强临床专科服务能力建设，重视专科协同发展，制定专科建设发展规划并组织实施，推行"以患者为中心、以疾病为链条"的多学科诊疗模式。加强继续医学教育，重视人才培养、临床技术创新性研究和成果转化，提高专科临床服务能力与水平。

（三）开展质量监测与上报

医疗机构应当熟练运用医疗质量管理工具开展医疗质量管理与自我评价，根据质控指标和标准完善本机构医疗质量管理相关指标体系，及时收集相关信息，形成本机构医疗质量基础数据。

应当对各科室医疗质量管理情况进行现场检查、抽查和公布，建立医疗质量内部公示制度，并作为科室负责人综合目标考核以及聘任、晋升、评先评优的重要指标。将科室和医务人员医疗质量管理情况作为医师定期考核、晋升以及科室和医务人员绩效考核的重要依据。

应当制定满意度监测指标并不断完善，定期开展患者和员工满意度监测，努力改善患者就医体验和员工执业感受。

应当向卫生计生行政部门或者质控组织及时、准确地报送本机构医疗质量安全相关数据信息。

（四）加强病种管理与成本管理

医疗机构应当加强单病种质量管理与控制工作，建立单病种管理的指标体系，制定单病种医疗质量参考标准，促进医疗质量精细化管理。

应当开展全过程成本精确管理，加强成本核算、过程控制、细节管理和量化分析，不断优化投入产出比，努力提高医疗资源利用效率。

（五）强化信息化管理

医疗机构应当强化基于电子病历的医院信息平台建设，提高信息化工作的规范化水平，充分利用信息化手段开展医疗质量管理与控制。

（六）风险评估、预警与报告制度

医疗机构应当对本机构医疗质量管理要求执行情况进行评估，对收集的医疗质量信息进行及时分析和反馈，对医疗质量问题和医疗安全风险进行预警，对存在的问题及时采取有效干预措施，并评估干预效果，促进医疗质量的持续改进。

应当建立医疗质量（安全）不良事件信息采集、记录和报告相关制度，并作为持续改进医疗质量的重要基础工作。应当建立药品不良反应、药品损害事件和医疗器械不良事件监测报告制度,并向相关部门报告。

应当提高医疗安全意识,建立医疗安全与风险管理体系,完善医疗安全管理相关工作制度、应急预案和工作流程,加强医疗质量重点部门和关键环节的安全与风险管理,落实患者安全目标。应当提高风险防范意识,建立完善相关制度,利用医疗责任保险、医疗意外保险等风险分担形式,保障医患双方合法权益。制定防范、处理医疗纠纷的预案,预防、减少医疗纠纷的发生。完善投诉管理,及时化解和妥善处理医疗纠纷。

六、医疗质量安全核心制度

《医疗质量管理办法》对医疗机构及其医务人员应当严格遵守的、对保障医疗质量和患者安全具有重要的基础性作用的一系列制度,凝练为18项医疗质量安全核心制度。这18项核心制度分别为首诊负责制度、三级查房制度、会诊制度、分级护理制度、值班和交接班制度、疑难病例讨论制度、急危重患者抢救制度、术前讨论制度、死亡病例讨论制度、查对制度、手术安全核查制度、手术分级管理制度、新技术和新项目准入制度、危急值报告制度、病历管理制度、抗菌药物分级管理制度、临床用血审核制度、信息安全管理制度。

但由于缺乏全国统一的规范要求,各地、各医疗机构对核心制度的理解和认识存在一定区别和偏差,各医疗机构核心制度的定义、内容、要求、操作流程和执行效果也存在一定差别,亟须从全国层面进行统一。同时,随着医疗卫生体制改革的不断推进和医疗质量管理精细化、科学化水平的不断提高,一些新的管理模式和工作要求也需要及时固化为制度并进一步补充完善。

《医疗质量安全核心制度要点》对这18项核心制度的定义、内容、基本要求、基本原则、关键环节进行了细化与明确,为各级各类医疗机构制定和执行本机构核心制度提供了基本遵循的依据,有利于使核心制度真正融入诊疗活动中,保障医疗质量安全,更好地维护人民群众健康权益。

七、法律责任

(一)医疗机构法律责任

根据《医疗质量管理办法》第43条、第44条的规定,医疗机构有下列情形之一的将依法承担法律责任:(1)开展诊疗活动超出登记范围;(2)使用非卫生技术人员从事诊疗工作;(3)违规开展禁止或者限制临床应用的医疗技术;(4)使用不合格或者未经批准的药品、医疗器械、耗材等开展诊疗活动;(5)未建立医疗质量管理部门或者未指定专(兼)职人员负责医疗质量管理工作;(6)未建立医疗质量管理相关规章制度;(7)医疗质量管理制度不落实或者落实不到位,导致医疗质量管理混乱;(8)发生重大医疗质量安全事件隐匿不报;(9)未按照规定报送医疗质量安全相关信息;(10)其他违反本办法规定的行为。

(二)医护人员的法律责任

根据《医疗质量管理办法》第45条的规定,医疗机构执业的医师、护士在执业活动中,有下列行为之一的,由县级以上地方卫生计生行政部门依据《执业医师法》《护士条例》等有关法律法规的规定进行处理;构成犯罪的,依法追究刑事责任:(1)违反卫生法律、法规、规章制度或者技术操作规范,造成严重后果的;(2)由于不负责任延误急危患者抢救和诊治,造成严重后果的;(3)未经亲自诊查,出具检查结果和相关医学文书的;(4)泄露患者隐私,造成严重后果的;(5)开展医疗活动未遵守知情同意原则的;(6)违规开展禁止或者限制临床应用的医疗技术、不合格或者未经批准的药品、医疗器械、耗材等开展诊疗活动的;(7)其他违反本办法规定的行为。

(三)其他卫生技术人员的法律责任

其他卫生技术人员违反《医疗质量管理办法》规定的,根据有关法律、法规的规定予以处理。

(四)行政管理人员的法律责任

县级以上地方卫生行政部门未按照《医疗质量管理办法》规定履行监管职责,造成严重后果的,对直接负责的主管人员和其他直接责任人员依法给予行政处分。

第七节 医疗法律风险处理的法律规制

一、概述

医疗纠纷是指医患双方因诊疗活动引发的争议。处理医疗纠纷,应当遵循公平、公正、及时的原则,实事求是,依法处理。

二、医疗法律风险处理的法律法规

随着社会的不断发展,人们的卫生健康需求和法律意识都在不断提高,与我国医疗卫生现有体制和资源之间的矛盾日益凸显,医患关系不断恶化,医疗纠纷数量也呈快速上升趋势,医疗法律风险处理的法律规制就显得尤为重要。

1987年国务院发布了《医疗事故处理办法》,自此我国有了专门处理医疗法律风险的法律制度。2002年9月1日,《医疗事故处理条例》开始施行。在医疗事故处理上,对患者使用了"赔偿"概念替代《医疗事故处理办法》中的"补偿"概念,体现了对患者生命健康权的尊重;增强了对患者权益的保护;明确了医疗纠纷的处理方式,即医患双方可以协商,可以申请卫生行政主管部门进行调解,可以向法院提起诉讼,为患者提供了多渠道的维护权益的途径;增加了对医疗事故的预防,还建立了医疗事故技术鉴定制度。《医疗事故处理条例》的颁布实施,在处理医疗纠纷中发挥了巨大的作用,在维护患者的权益和保障医疗事业的发展方面都发挥了不可替代的作用。2010年7月1日正式实施的《侵权责任法》,其中将"医疗损害责任"单列一章,《民法典》第七编第六章医疗损害责任章节内容,基本吸收了《侵权责任法》的相关规定,成为处理医疗侵权民事纠纷的主要依据。

《医疗纠纷预防和处理条例》于2018年10月1日起正式实施,就我国的医疗纠纷案件的处理、医疗纠纷民事解决途径、医疗机构法律责任等多方面问题制定了详细的规定。对进一步维护我国正常医疗秩序,建立和谐医患关系,具有重要意义。

三、医疗法律风险预防的规定

医疗机构应当对其医务人员进行医疗卫生法律、法规、规章和诊疗相关规范、常规的培训,并加强职业道德教育。医疗机构及其医务人员在诊疗活动中应当以患者为中心,加强人文关怀,严格遵守医疗卫生法律、法规、规章和诊疗相关规范、常规,恪守职业道德。

医疗机构应当制定并实施医疗质量安全管理制度,加强医疗风险管理,完善医疗风险的识别、评估和防控措施,定期检查措施落实情况,及时消除隐患。开展手术、特殊检查、特殊治疗等具有较高医疗风险的诊疗活动,医疗机构应当提前预备应对方案,主动防范突发风险。

医务人员在诊疗活动中应当向患者说明病情和医疗措施。需要实施手术,或者开展临床试验等存在一定危险性、可能产生不良后果的特殊检查、特殊治疗的,医务人员应当及时向患者说明医疗风险、替代医疗方案等情况,并取得其书面同意;在患者处于昏迷等无法自主作出决定的状态或者病情不宜向患者说明等情形下,应当向患者的近亲属说明,并取得其书面同意。紧急情况下不能取得患者或者其近亲属意见的,经医疗机构负责人或者授权的负责人批准,可以立即实施相应的医疗措施。

医疗机构应当按照国务院卫生主管部门的规定,填写并妥善保管病历资料。因紧急抢救未能及时填写病历的,医务人员应当在抢救结束后6小时内据实补记,并加以注明。任何单位和个人不得篡改、伪造、隐匿、毁灭或者抢夺病历资料。

医疗机构应当建立健全医患沟通机制,建立健全投诉接待制度,设置统一的投诉管理部门或者配备专(兼)职人员,在医疗机构显著位置公布医疗纠纷解决途径、程序和联系方式等,方便患者投诉或者咨询。

四、医疗法律风险处理的规定

发生医疗纠纷,医患双方可以通过下列途径解决:(1)双方自愿协商;(2)申请人民调解;(3)申请行政调解;(4)向人民法院提起诉讼;(5)法律、法规规定的其他途径。

发生医疗纠纷,医疗机构应当告知患者或者其近亲属下列事项:(1)解决医疗纠纷的合法途径;(2)有关病历资料、现场实物封存和启封的规定;(3)有关病历资料查阅、复制的规定;(4)患者死亡的,还应当告知其近亲属有关尸检的规定。

发生医疗纠纷需要封存、启封病历资料的,应当在医患双方在场的情况下进行。封存的病历资料可以是原件,也可以是复制件,由医疗机构保管。病历尚未完成需要封存的,对已完成病历先行封存;病历按照规定完成后,再对后续完成部分进行封存。医疗机构应当对封存的病历开列封存清单,由医患双方签字或者盖章,各执一份。病历资料封存后医疗纠纷已经解决,或者患者在病历资料封存满3年未再提出解决医疗纠纷要求的,医疗机构可以自行启封。

疑似输液、输血、注射、用药等引起不良后果的,医患双方应当共同对现场实物进行封存、启封,封存的现场实物由医疗机构保管。需要检验的,应当由双方共同委托依法具有检验资格的检验机构进行检验;双方无法共同委托的,由医疗机构所在地县级人民政府卫生主管部门指定。疑似输血引起不良后果,需要对血液进行封存保留的,医疗机构应当通知提供该血液的血站派员到场。

现场实物封存后医疗纠纷已经解决,或者患者在现场实物封存满3年未再提出解决医疗纠纷要求的,医疗机构可以自行启封。

患者死亡,医患双方对死因有异议的,应当在患者死亡后48小时内进行尸检;具备尸体冻存条件的,可以延长至7日。尸检应当经死者近亲属同意并签字,拒绝签字的,视为死者近亲属不同意进行尸检。不同意或者拖延尸检,超过规定时间,影响对死因判定的,由不同意或者拖延的一方承担责任。

发生重大医疗纠纷的,医疗机构应当按照规定向所在地县级以上地方人民政府卫生主管部门报告。涉嫌违反治安管理行为或者犯罪行为的,医疗机构应当立即向所在地公安机关报案。

协商解决医疗纠纷应当坚持自愿、合法、平等的原则,尊重当事人的权利,尊重客观事实。医患双方应当文明、理性表达意见和要求,不得有违法行为。协商确定赔付金额应当以事实为依据,防止畸高或者畸低。医患双方经协商达成一致的,应当签署书面和解协议书。

对分歧较大或者索赔数额较高的医疗纠纷,鼓励医患双方通过人民调解的途径解决。申请医疗纠纷人民调解的,由医患双方共同向医疗纠纷人民调解委员会提出申请;一方申请调解的,医疗纠纷人民调解委员会在征得另一方同意后进行调解。

医患双方申请医疗纠纷行政调解的,应当参照《医疗纠纷预防和处理条例》的规定向医疗纠纷发生地县级人民政府卫生主管部门提出申请。发生医疗纠纷,当事人协商、调解不成的,可以依法向人民法院提起诉讼;当事人也可以直接向人民法院提起诉讼。

五、法律责任

医疗机构篡改、伪造、隐匿、毁灭病历资料的,对直接负责的主管人员和其他直接责任人员,由县级以上人民政府卫生主管部门给予或者责令给予降低岗位等级或者撤职的处分,对有关医务人员责令暂停6个月以上1年以下执业活动;造成严重后果的,对直接负责的主管人员和其他直接责任人员给予或者责令给予开除的处分,对有关医务人员由原发证部门吊销执业证书;构成犯罪的,依法追究刑事责任。

医疗机构将未通过技术评估和伦理审查的医疗新技术应用于临床的,由县级以上人民政府卫生主管部门没收违法所得,并处5万元以上10万元以下罚款,对直接负责的主管人员和其他直接责任人员给予或者责令给予降低岗位等级或者撤职的处分,对有关医务人员责令暂停6个月以上1年以下执业活动;情节严重的,对直接负责的主管人员和其他直接责任人员给予或者责令给予开除的处分,对有关医务人员由原发证部门吊销执业证书;构成犯罪的,依法追究刑事责任。

医疗机构及其医务人员有下列情形之一的,由县级以上人民政府卫生主管部门责令改正,给予警告,并处1万元以上5万元以下罚款;情节严重的,对直接负责的主管人员和其他直接责任人员给予或者责令给予降低岗位等级或者撤职的处分,对有关医务人员可以责令暂停1个月以上6个月以下执业活动;构成犯罪的,依法追究刑事责任:(1)未按规定制定和实施医疗质量安全管理制度;(2)未按规定告知患者病情、医疗措施、医疗风险、替代医疗方案等;(3)开展具有较高医疗风险的诊疗活动,未提前预备应对方案防范突发风险;(4)未按规定填写、保管病历资料,或者未按规定补记抢救病历;(5)拒绝为患者提供查阅、复制病历资料服务;(6)未建立投诉接待制度、设置统一投诉管理部门或者配备专(兼)职人员;(7)未按规定封存、保管、启封病历资料和现场实物;(8)未按规定向卫生主管部门报告重大医疗纠纷;(9)其他未履行《医疗纠纷预防和处理条例》规定义务的情形。

医患双方在医疗纠纷处理中,造成人身、财产或者其他损害的,依法承担民事责任;构成违反治安管理行为的,由公安机关依法给予治安管理处罚;构成犯罪的,依法追究刑事责任。

本章小结

  医疗风险控制是指医疗风险管理者采取各种措施和方法,消灭或减少医疗风险事件发生的各种可能性,或者减少医疗风险事件发生时造成的损失。医疗风险控制的法律法规从医疗机构、医疗卫生技术人员、医疗技术、医疗器械、医疗用品、医疗质量、医疗法律风险处理等方面,结合医疗风险的形成因素、医疗过程的各个环节,从医源性与非医源性要素为医疗风险控制提供了行为规范。我国的医疗风险控制管理立法分为六大类:一是对医疗机构的管理,二是对医务人员的管理,三是对医疗技术的管理,四是对医疗用品的管理,五是对医疗质量的管理,六是对医疗纠纷预防和处理的管理。

思考题

1. 医疗机构管理的哪些制度设计有利于规制医疗法律风险?
2. 医师执业规则的规定怎样影响了医疗法律风险?
3. 如何看待我国医疗器械的分类管理制度与医疗法律风险的关系?
4. 我国《医疗质量安全核心制度要点》的内容是什么?
5. 如何看待我国医疗法律风险处理法律的发展与变迁?
6. 发生医疗纠纷,医患双方可以通过哪些途径解决?

案例思考

  朱某因身体不适至某县计划生育服务中心看病,被诊断为甲亢,服务中心为其开了一些药品进行前期治疗。半年后,朱某又来到该计划生育服务中心要求做甲状腺切除手术。该中心检查后认为朱某病情基本得到控制,同意为其进行手术,朱某即预交2000元押金准备做手术。次日,该中心在未经朱某家属签名的情况下作了手术,手术过程较为顺利,术后第二天早上,朱某出现呼吸困难,经抢救无效死亡。后经市医疗事故技术鉴定委员会鉴定认为,患者术后并发器官阻塞、急性呼吸衰竭致死,属于一级医疗事故。事故发生后,该计划生育服务中心主动给付死者母亲陈某3.5万元,作为对陈某的精神补偿。经查,该计划生育服务中心隶属于县计划生育局,不具备法人资格。

  陈某向法院起诉,认为该中心的医疗行为构成医疗事故,应赔偿自己的经济损失,同时,由于朱某死亡给自己带来的巨大精神痛苦,该中心应给予足额赔偿和抚恤金共 35 万元。

被告县计划生育局及计划生育服务中心认为,死者和黄某(死者舅母,是该计划生育服务中心职工)曾多次到县计划生育服务中心要求为死者做甲亢切除手术。计划生育服务中心劝说死者到市里大医院做手术,死者执意要求外科主治医师李某为其做手术,原告陈某也知道此事,并交了 2000 元押金。计划生育服务中心要求家属签名,陈某不在场,黄某则说其在此就行,不用签名了。因此,原告也存在一定过错,也应承担部分责任。

案例讨论
1. 被告计划生育服务中心是否存在过错,若存在过错,具体有哪些过错?
2. 该案的赔偿责任应该由谁承担?

第三章 医疗法律关系

第一节 医疗法律关系概述

一、医疗法律关系的概念

广义的医疗法律关系是指由医事法调整的、在医疗卫生管理和医药卫生预防保健服务过程中国家机关、企事业单位、社会团体或者公民之间发生的权利与义务关系,即通常所说的医事法律关系。狭义的医疗法律关系仅指基于双方约定或法律直接规定而在医患之间发生的就患者疾病的诊断、治疗、护理等医疗活动所形成的法律上的权利义务关系。本章所述仅指狭义的医疗法律关系。

对医疗法律关系的性质,学界存在着诸多争议,归纳起来主要有以下一些观点:认为医患法律关系是一种民事法律关系,即"横向说"[1];认为医患之间是一种行政法律关系,即"纵向说"[2];认为医患之间既不是民事法律关系,也不是行

---

[1] 医疗法律关系"横向说",经历了三个发展阶段。第一个阶段是医患法律关系是民事法律关系的主张初步确立。主要代表学者有民法学家梁慧星,他指出医患关系就是民事法律关系,是横向平等主体之间的民事关系,应该由民法来调整。随后曹永福也从驳斥医患关系行政法律关系说的角度力证医患关系属于民事法律关系。第二个阶段着力于医患法律关系是特殊民事法律关系的研究。指出医患法律关系虽从我国现有的法律体系来看确属于民事法律关系,但基于其主体、客体、内容以及国家医疗卫生事业等方面的因素,医疗法律关系又不同于普通的民事法律关系,具有其特殊性。第三个阶段认为基于现有法律医患法律关系具有契约性质与侵权性质,存在侵权责任和违约责任竞合的情况,正常状态下的医患关系是一种契约关系,在发生损害的情况下,存在违约责任和侵权责任的竞合,此时请求权人只能选择其一而行使之,即"混合责任说"。参见梁慧星:《给法官们的建议》,载《公民导刊》1999 年第 2 期。

[2] 主要代表学者有胡晓翔。胡晓翔指出国家主体医疗卫生事业中的医患法律关系是行政法律关系,认为国家主体医疗卫生事业的本质、医疗单位的性质及医疗服务的特征同行政法律关系的特征完全符合。国家医疗卫生事业是公益性福利事业,属于纵向调整范畴,并驳斥医患关系是合同契约关系的观点。参见胡晓翔、邵祥枫:《论国家主体医疗卫生事业中医患关系的法律属性》,载《中国医院管理》1996 年第 4 期;胡晓翔:《二论国家主体医疗卫生事业中的医患关系的法律属性——驳"医患关系是合同契约关系"的观点》,载《中国卫生事业管理》1996 年第 11 期;胡晓翔:《三论国家主体医疗卫生事业中医患关系的法律属性——析医患关系为行政合同关系》,载《中国卫生事业管理》1997 年第 2 期。

政法律关系,而是一种独立的法律关系,是社会法律关系即"斜向说"[①];认为医患关系是完全符合消费关系的特性,因而医患法律关系属于消费关系[②]。这些学说都从一定程度上揭示了医疗法律关系某一方面的特征,但也都存在一定的局限性。

我们认为,随着2002年修订的《医疗事故处理条例》将医疗纠纷案件的诉讼模式,由1987年的《医疗事故处理办法》所确立的行政诉讼模式修改为民事诉讼模式,特别是《侵权责任法》及《民法典》的颁布与实施,从部门法的角度来看,医疗法律关系就成为一种特殊的民事法律关系,这种特殊性体现在医方的缔约自由受到限制,一般不能拒绝患者的就诊要求,对于急危患者,医师应当采取紧急措施进行诊治,这就使得医疗法律关系在特定的情况下具有了行政法的色彩,兼具私法和公法的性质。

二、医疗法律关系的类型

根据医疗法律关系的发生原因、当事人权利义务及相应的法律责任的不同,可将医疗法律关系分为医疗服务合同关系、医疗事务无因管理关系以及强制医疗关系三类。其中医疗服务合同关系是基本的医疗法律关系,而无因管理关系以及强制医疗关系则是医疗法律关系的特殊情形。

而《侵权责任法》规定的医疗侵权损害赔偿关系,是从侵权法的角度、从医疗相关行为侵害患者权益的后果角度进行的分类。明确医疗法律关系包括医疗侵权损害赔偿关系,使之从医疗违约与医疗侵权的竞合中独立出来,可以警示医务人员审慎行医、高度注意,避免在高技术风险的执业中造成低劣的伤害。但应当

---

① "斜向说"即社会法律关系说是随着将我国法律体系从公法、私法二分法发展为公法、私法、社会法三分法而逐渐在医患法律关系属性之争中显现,且呼声越来越高。这里所指的社会法律关系包含医事法律关系,盖因医事法律关系本质上是社会法律关系在医疗领域的具体体现。主要代表学者有王镭、张赞宁、潘荣华等。早在1988年王镭等人及1992年刘平、刘培友等就提出了卫生法是一个独立的法律体系之观点,并认为卫生法是属于社会法下面的一个二级法律体系。张赞宁认为医患关系既不具备民事法律关系三大特征即主体平等、意思自治以及等价有偿中任一特征,医方和患方也不是行政主体与行政相对人的关系,首次提出医事法律关系是并列于民法、行政法的,是独立的斜向法律关系。潘荣华提出片面地认为医患关系属于民事法律关系极可能损害卫生事业的公益性,错误地认为是行政管理关系,强调医方特权,就有可能侵犯病人基本人权,因而必须充分考虑医患关系的独立性。参见王镭主编:《中国卫生法学》,中国人民大学出版社1988年版;刘平、刘培友主编:《医学法学》,广西人民出版社1992年版;张赞宁:《论医患关系的法律属性》,载《医学与哲学》2001年第4期。

② "消费关系说"的提出是基于更大程度地保护患者的权益。认为在医患关系中存在严重的地位失衡和信息偏在的现象,而纠正地位失衡、消除信息偏在、保障实质正义是《消费者权益保护法》的立法宗旨,从现行立法规定看患者是消费者,医方(主要指医院)是经营者,医院属于广义上的经营者,其收费行为应当认定为经营行为,在当时现实情况下,适用《消费者权益保护法》是可取之径。参见黄军辉:《医患关系的法律规制》,载《法律与医学杂志》2002年第1期;徐鹏:《"消法"有用武之地——在医患法律关系中的适用》,载《甘肃农业》2006年第11期。

明确的是,在医疗民事法律关系中,医疗服务合同关系是基础,医疗服务合同关系确定了医患双方的基本权利义务,认定和处理医疗侵权损害赔偿关系也要以这些基础权利义务关系为基础。

(一)医疗服务合同关系

1. 医疗服务合同关系的含义

医疗服务合同关系是指医方与患方之间就患者疾病的诊断、治疗、护理等医疗活动形成的真实意思表示的民事法律关系。在实践中,最为常见的医疗法律关系就是基于医疗服务合同的存在,在医患双方之间发生的医疗服务合同关系,这一法律关系是医患双方最基础的法律关系。

通常认为,医方的医疗行为是履行合同义务的行为,是以一定的作为即具有特殊的技术性、专业性和知识性的医疗行为为给付内容的,医务人员履行医疗诊治义务的范围是由医疗服务合同的性质决定的。因此,医疗服务合同是一种以医方提供适当医疗行为为内容的合同。

2. 医疗服务合同的特征

医疗服务合同和其他民事合同一样,都属于合同法领域,但是,由于医疗行为的特殊性,医疗服务合同与其他合同相比具有一定的特殊性。具体说,主要体现在以下几个方面:

第一,医疗服务合同当事人的意思自治受到公法及道德上的某些限制。医患之间的医疗关系,虽然主要表现为契约性,但却不能与一般的契约关系一样,单纯基于当事人的意思自治行为。由于医疗行为的道德性,使当事人尤其是医方的意思自治受到公法的约束,医方所负的强制诊疗义务使其在缔结医疗服务合同时,其缔约自由受到了限制。公法上医方不得拒绝诊疗义务的规定,是基于医方负有治病救人的社会职责,和充分保护患者的生命健康权的义务。我国《医疗机构管理条例》第31条规定:"医疗机构对危重病人应当立即抢救。对限于设备或者技术条件不能诊治的病人,应当及时转诊。"可见在我国法律上明确规定了患者处于危急之际医方的"强制缔约义务",社会也普遍认可医方人道主义的救助义务,当其见死不救时,将会受到社会舆论的谴责。

第二,医疗服务合同的内容具有高度的专业性和双方当事人能力的不对等性。医疗行为是医疗服务合同的基本内容,该行为具有高度的专业性,它以医方拥有的专业知识和医疗技术为条件,以医方具有的必要的技术设施为基础,这就决定了合同双方当事人能力上的不平等。作为医方当事人,拥有医疗上的专业技术人员,具有独特的业务技能;而作为患者的另一方当事人,通常是对医学知识缺乏了解的普通人。所以,在医疗服务合同中,医方与患者之间存在着医学认知及掌控上的差异。

第三,医疗服务合同具有供方主导性。大多数患者对自己的疾病或健康机制了解不够,自己无法选择或确定治疗方案,医疗供应的量与质,一般由医疗服务供给者(医方)在明确患者疾病的性质和健康状况的前提下,因人而异地实施治疗。因此,在医疗服务过程中,供方占据主导地位。患者在合同履行过程中,只能基于对医方的信赖,期待医方依其技能而对患者做出适当的治疗。

第四,医疗服务合同中医方应该尊重患者的决定权。由于医疗行为具有高度专业性的特点,医方在合同履行中具有高度的裁量权,通常不需要按照患者的要求和指示来履行义务。但是,因为诊疗是以患者自身不可替代的生命、身体为对象进行的,而且通常会对患者身体产生侵袭和痛苦,有时甚至可能造成生命危险,却不能获得良好的结果。因此,在诊疗过程中,最大限度地尊重患者对于自己命运的决定权,逐渐成为医疗服务合同的一项内容。当然对患者决定权的尊重并非绝对,它以调和医疗过程中权利义务的对等性为目的,以保护患者的权益为目标。

第五,医疗服务合同当事人双方对合同得以履行相互负有协力的义务。任何合同的履行都需要各方当事人共同协助,当事人的协力义务在医疗服务合同中体现得更为重要。因为诊疗是对作为合同当事人的患者自身进行的,患者就诊时,要向医方说明情况、病史等,对医方的提问要尽可能详细准确地回答。在治疗过程中,患方要谨遵医嘱,按时服药、检查、注意保养等。患方还需要调整自己的情绪,结合医方的物理和病理疗法,注重用心理疗法加快自己的康复。如果患方在诊疗过程中不予协力,医方即使有再高的医术也无法实现合同的目的,因患方不配合而导致治疗失败时,不能追究医方的法律责任。

第六,医疗服务合同是"手段债务",而非一般民事合同中的"结果债务",它只是要求医方提供合乎当时医疗水平的、尽到注意义务的医疗服务,而不能按照患者的期望约定良好的结果;更不能以治疗结果的成败来判断医方是否存在违约行为。

3. **医疗服务合同的成立**

关于医疗服务合同的成立,学界有两种不同的观点。一种观点认为,在我国,患方就医往往先行挂号,挂号行为即相当于订立合同的要约,是患方做出的希望医方同意为其治疗的意思表示,医方接纳之并同意为其治疗的行为相当于承诺。另一种观点则认为,医方是要约方,其开业并标明挂号费以及自己服务项目的行为应视为要约,而患方挂号的行为是承诺。我们同意后一种观点。

从表面上看,患方提出诊疗疾病的请求,医方提供诊疗疾病的服务,似乎符合要约与承诺的条件。但是,患方对自己疾病症状不确定,挂号时要约缺乏确定和完整的内容,即患者无法提出完整而确定的要约,医方也无法实现承诺。而且根据医疗自然法则,医方只能接受患方的选择,而没有选择患者的自由,即出现医方只能接受要约而不能拒绝要约的情形,这就不符合承诺的基本要求。

现代合同法理论认为,在合同订立过程中,某些向不特定人发出的愿意缔结的意思表示也可作为要约。根据我国《民法典》的规定,要约是希望与他人订立合同的意思表示,该意思表示应当符合下列条件:一是内容具体确定;二是表明经受要约人承诺,要约人即受该意思表示约束。在医疗合同中,医方向不特定人表明自己的级别、医疗水平、收费标准的行为就符合这两个条件。患方前往医院挂号,说明患方相信并能接受该医疗机构的条件,并具有承担自己选择可能带来的医疗风险的心理准备。医方作为要约方、患方作为承诺方,双方对标的即医疗诊治行为、价格、地点等没有异议,对合同的主要条款实际上已达成共识,这样医疗合同关系即可成立。同时,根据合同法原理,要约一经发出,一般情况下不得撤回亦即不得拒绝承诺,据此,如果医院拒绝为病人挂号治疗,应视为发出要约后拒绝承诺,是一种违法行为,因此是法律所禁止的。

合同订立的方式可以是明示的,也可以是默示的,医疗服务合同是通过医患双方默示的方式表现出来的。通常情况下,在实行挂号制的医院中,患者向医院或诊所办理挂号,经医院或诊所受理挂号,从而成立医疗合同;不实行挂号制的医院,医方一旦有对患者治疗的意思表示即成立合同关系。对于急救行为,医方立即采取急救措施,医疗合同即告成立。根据我国《民法典》的规定,承诺应当以通知的方式作出;但是根据交易习惯或者要约表明可以通过行为作出承诺的除外。因此,医疗合同作为民事合同的一种形式,具有其本身的特殊性。

(二)医疗事务无因管理关系

无因管理,是指没有法定或约定的义务,为避免他人利益受损失,自愿管理他人事务或为他人提供服务的行为。医疗事务的无因管理,是指医方在没有约定义务和法定义务情况下,为避免患者的生命健康利益受到损害,自愿为患者提供医疗服务的行为。这种管理他人医疗事务的行为使得医疗机构或医务人员与患者之间产生了一种特殊医疗法律关系。

管理人没有法定的或者约定的义务,为避免他人利益受损失而管理他人事务的,可以请求受益人偿还因管理事务而支出的必要费用;管理人因管理事务受到损失的,可以请求受益人给予适当补偿。管理事务不符合受益人真实意思的,管理人不享有前款规定的权利;但是,受益人的真实意思违反法律或者违背公序良俗的除外。

1. 医疗事务无因管理的构成要件

第一,管理他人的医疗事务。医疗事务无因管理是对患者身体健康进行诊疗,与患者本人不可分离,医方只有在患者无法为意思表示、患者违反法律强行性规定或违背公序良俗时,才可能成立适法的医疗事务无因管理关系。而其他行为的无因管理,通常与本人身体处于分离状态,管理人在无法通知本人时才能成立。

第二，医方没有约定或法定义务。没有约定或法定义务是无因管理成立要件之一，医疗事务无因管理的成立也不例外。约定义务是指医患之间医疗服务合同的签订。如果医疗机构与患者之间事先就存在医疗服务合同，那么医疗机构的救治行为属于履行合同的行为，而不构成无因管理。法定义务是指法律、法规规定的医疗机构和医务人员的救治病人的义务。虽然我国的医事法普遍规定了医方的救死扶伤的基本义务，但是都把患者到医院就医作为这项义务生效的默认前提。作为管理人的医疗机构虽然有法定或约定义务，但在履行义务的过程中，超出了义务范围而对患者进行诊疗，且不属于诚实信用原则的必然要求的，仍属于无因管理。

第三，管理人有为他人管理的意思。即管理人有使其管理事务所生的利益归于他人的意思。在医疗事务无因管理中，"为他人管理"即为患者一方谋利益的意思，简称为管理意思，这是构成无因管理的主观要件。在医疗事务中，医方应有以其医疗行为所生利益归属于患者的意思。由于医疗行为具有高度技术性，患者本人或者普通社会成员对急需医疗救护的患者所需要的管理方式和手段缺乏必要的认识，所以在医疗事务无因管理中，作为管理人的医方主观性更强。

2. 成立医疗事务无因管理的情形

在临床实践中，常见的医疗事务无因管理关系主要有以下三种情形：(1) 医务人员在医疗机构外，发现患者而加以治疗，如医生在火车上遇到行将分娩的孕妇加以诊疗；(2) 对自杀未遂而不愿就医者，予以救治；(3) 无监护人在场的情况下，医疗机构直接针对无行为能力的"非急危"患者进行的诊疗行为。[①] 这三种情形，又可以分为两类：一类是医疗场外的无因管理，这类医疗事务无因管理较为多见，它与普通的无因管理没有实质区别，但由于医疗场所外环境和设备的限制，其对医方注意义务的要求低于医疗场所内的医疗行为，医方仅在故意和重大过失的情况下才承担责任。另一类是医疗场所内的无因管理，这类无因管理不应降低医方的注意义务程度，医方仍应尽善良管理人的注意义务。

3. 医疗事务无因管理中医方的注意义务

作为无因管理法律关系中的医疗机构，应当秉承善意的注意义务，即医疗机构和医务人员在医疗服务过程中对被管理人的生命与健康利益的高度善意，对被管理人的人格利益尊重。[②] 医方作为管理者应履行如下注意义务：

(1) 适当管理义务。医方应当履行的适当管理义务的内容包括：① 管理人应不违背本人的意思进行管理，应依本人可以推知的意思管理；② 管理人应依

[①] 李圣隆：《医护法规概论》，台湾华杏出版公司 1976 年版，第 33—36 页。
[②] 史尚宽：《债法总论》，中国政法大学出版社 2000 年版，第 57—66 页。

有利于本人的方法进行管理,这种有利的方法应以客观上能否避免患者利益受损为标准;③ 应根据本人利益的需要进行继续管理。

(2) 将管理事实通知本人的义务。医方管理人在管理开始后,应将管理开始的事实通知本人。如果医方不知本人是谁,或本人昏迷或不知本人的住址或因其他原因无法通知,则不负通知义务。如果等候本人的指示会使本人的利益受到损失时,则不应坐等指示,应直接管理。①

(三) 强制医疗关系

在医疗法律关系中最特殊的,就是强制医疗关系。强制医疗关系是指国家基于医疗的特殊性和对国民生命和身体健康的维护,在法律上赋予医疗机构或医务人员的强制诊疗和患者的强制治疗义务为主要内容的特殊医疗法律关系。与前两种医疗关系不同的是,强制医疗关系一般涉及三方当事人:卫生行政主管机关(国家)、患者和医疗机构。是在特定的情况下,卫生行政主体(卫生行政机关和医疗机构)基于法律授权或行政机关委托,代表国家对特定患者实施强制性医疗活动的一种行政行为,应受行政法调整。

在我国,强制医疗主要是针对某些传染病、吸毒、卫生免疫接种等实施的强制诊疗的一种措施。我国的《传染病防治法》《突发公共卫生事件应急条例》《强制戒毒办法》《艾滋病防治条例》以及《国境卫生检疫法》等都规定了适用强制医疗的法定情形。强制医疗关系的表现形式包括强制留置、强制隔离、强制观察及强制治疗等。

由于强制医疗措施要临时性地对患者的人身自由予以强制限制和强制治疗,而且运用时多在紧急情况下,适用不当会给相对人带来不必要的损害,因此,实施强制医疗措施时一定要严格按照法律规定适度地进行。具体的条件是:强制医疗主体必须符合法律规定;强制医疗对象必须符合法定条件;强制医疗措施应该符合法律规定,不能超越范围;采取强制措施时要依照法定程序进行。

强制医疗属于行政性行为,强制医疗关系也应属于行政法律关系,所以不会发生医疗服务合同的法律后果:被采取强制医疗措施的患者,不因医疗机构的治疗行为而支付医疗费用,医疗机构也不能向患者收取费用,因强制医疗所支出的费用由国家拨款。在理论上,大陆法系国家把这种行政法律关系称为特别权力关系,它是指基于特别的法律原因,为实现公法上的特定目的,行政主体在必要范围内对相对人具有概括(或不确定)的支配权力,而相对人负有服从义务的行政法律关系。②

世界上多数国家医疗卫生立法都规定了强制医疗的损害赔偿问题。其中,

---

① 江平主编:《民法学》,中国政法大学出版社 2000 年版,第 721—723 页。
② 杨临宏:《特别权力关系理论研究》,载《法学论坛》2001 年第 4 期。

国家基于防治传染病的目的而行使的预防接种行为,发生损害的情况较多。德国、日本的立法都规定,对因预防接种而受害的人,由国家给予赔偿。我国《传染病防治法》对各种传染病的预防和治疗作了明确的规定,较全面地规范了强制治疗的各种情形,规定了不认真实施传染防治有关人员和机构的法律责任。但是,没有规定因对患者进行强制治疗而造成的损害赔偿问题。目前在司法实践中由医方赔偿较为常见,对此,我们认为,在目前相关卫生法律法规不健全的情况下,从法理上讲可以适用《国家赔偿法》的有关规定,因为对患者的强制医疗义务是由国家公权力来行使的。

第二节 医疗法律关系构成

医疗法律关系的构成是指医疗法律关系应由哪些要素组成。同其他法律关系一样,医疗法律关系在静态上也是由主体、内容、客体三方面的要素构成的,但其具体内涵有所不同。

一、医疗法律关系的主体

法律关系的主体是指法律关系的参加者,即在法律关系中享受权利承担义务的人。医疗法律关系的主体是指在医疗法律关系中享受权利承担义务的人。一般情况下是医方和患方,但在强制医疗关系中还包括医疗卫生行政部门。

(一) 医疗法律关系中的医方

根据现行的行政法规的规定,医疗法律关系中医方主体一般可分为医疗机构和个体开业医师(个体诊所)两种,主要包括医院和个体医师。前者一般都具有独立的法人资格或从属于某些法人单位,后者则以个人开业并承担责任的形式对外提供医疗服务。

1. 医院

根据我国医疗管理的法律法规,有资格向社会提供医疗服务的医疗机构主要是医院,因此医院是医疗服务合同最主要的主体类型。患者到医院寻求医疗服务时,就与医院产生了医疗服务合同关系。而医务人员在医疗服务合同中的地位,应当认为是医疗合同履行的辅助人。因为在我国,医院和医务人员之间是劳动雇佣关系,与其他国家医师独立执业、医师可以和多家医疗机构建立合作关系是不同的。即使在多点执业的情况下,从人事管理上看,医务人员与医院之间也是雇员和雇主的关系。因此,医务人员在医疗服务合同中并不是独立的一方主体,而是履行辅助人,医院承担合同主体的权利和义务。

2. 个体医师(个体诊所)

个体医师是依照法律规定取得医师资格并经诊所注册或备案,自己从事医疗业务并进行独立核算的个人开业医师。个体医师对于前来求诊的患者进行诊疗时,医疗法律关系就在患者和个体医师之间发生,个体医师是独立享受权利承担义务的一方法律关系主体。

(二)医疗法律关系中的患方

医疗法律关系中的患方主要是患者及其家属,患者本人作为自然人主体是该关系中的患方主体,不论其是否具有民事行为能力;患者死亡的,其近亲属为损害赔偿的请求权人。

患者具有完全民事行为能力,通常是自己前往医院就诊而与医院缔结医疗服务合同。此时,患者本人为医疗法律关系的一方当事人,具有主体资格;当患者是未成年人、精神病人或处于昏迷状态时,其监护人、近亲属是否能成为医疗关系的主体?我们认为不能。具体而言:

第一,患者有民事行为能力的情形。患者具有民事行为能力,但在昏迷状态被其近亲属护送前往就诊时,其近亲属仅为代理人,由他们代为决定医疗服务合同的具体内容并垫付费用,医疗法律关系的一方主体仍是患者本人。

第二,患者不具有完全民事行为能力的情形。依据我国《民法总则》的规定,父母是未成年子女的监护人;无民事行为能力或者限制民事行为能力的成年人的监护人依次是配偶、父母、子女、其他近亲属或其他愿意担任监护人的个人或者组织。监护人的职责是代理被监护人实施民事法律行为,保护被监护人的人身权利、财产权利以及其他合法权益等。在医疗法律关系中,当患者本人是无民事行为能力人或限制民事行为能力人时,其监护人只是代理人,主体仍是患者本人。

第三,社会医疗保险中医疗服务合同的当事人。在社会医疗保险的情形下,作为被保险人的患者,到保险公司指定的医疗机构进行治疗,这时存在保险公司、医疗机构与患者三方的关系。在此情形下,医疗服务合同仍是建立在医院与患者双方合意的基础上,形成的医疗法律关系仍是在医院与患者之间缔结的合同关系。因此,医疗法律关系的主体只能是医院与患方,保险公司不能成为该医疗法律关系的一方主体。

二、医疗法律关系的客体

法律关系的客体是法律关系主体的权利和义务所共同指向的对象。它是联系法律关系主体间的权利和义务的中介,包括物、行为、智力成果。医疗法律关系作为民事法律关系的一种,是患者因其恢复健康、提高生活质量的需要向医方寻求医疗诊治,由此而形成的医患双方的法律上的权利义务关系。其客体就是诊疗护理管理服务行为,即医疗行为。

(一)医疗行为的概念

医疗行为即诊疗护理管理服务行为,是指以诊疗疾病为目的的诊断治疗护理行为和医方对诊疗过程中的管理行为。

目前,我国法律中没有明确规定医疗行为的概念。一般认为医疗行为是指以疾病的预防、患者身体状况的把握和疾病原因的发现以及因疾病引起的痛苦减轻、患者身体及精神状况的改善等为目的对身心所做的诊断治疗行为。简单地说,就是以治疗疾病为目的的诊断治疗行为。但由于医疗科学技术的不断发展,许多医疗领域的发展范围,已远远超过了传统的以诊疗疾病为目的的诊断治疗行为的观念。为了适应变化了的新情况,我国台湾地区学者吴建梁先生提出"广义的医疗行为"的概念,认为医疗行为包括临床性医疗行为、实验性医疗行为、诊疗目的性医疗行为、非诊疗目的性医疗行为四种类型。我们认为,作为医疗法律关系客体的医疗行为除包括以上四种类型的诊疗行为外,还应包括医方的管理服务行为。

(二) 医疗行为的特点

医学科学是一门最高深、最复杂、未知领域最多、涉及知识领域最广的专门性和综合性相统一的科学。具体说,医疗服务行为是一种"高科技""高风险"的工作,表现出其独有的特点:

1. 医疗行为具有高度的专业性

医疗行为是运用医学科学理论和技术对疾病做出诊断治疗,恢复人体健康,提高生活质量的高技术职业行为。医学科学的专门性、复杂性、综合性,要求从业者必须经过专门的教育培训,通过资格考试取得从业资格。疾病的治疗需要借助于药物或手术方法,而这些方法在治疗疾病的同时,也损害正常人体机能。因此,医疗职业行为是一项有高度专业性的职业,国家制定了严格的任职考试批准制度。对于不具备相应的专业知识而擅自从事医疗活动的违法行为,依据相关法律、法规追究法律责任。

2. 医疗行为具有局限性和高风险性

医疗行为究其实质,是一门受到仪器设备、药物、治疗手段和手术方法、对疾病本质认识等高度局限的探索性科学行为。因此,医疗行为充满风险性。风险性即医务人员承担职业风险,就医者承担医疗风险。这种风险主要有:来自医疗器械和设备能力有限造成的潜在风险;对疾病发生、发展认识局限性造成的风险;对就医者临床症状表现与疾病性质认识局限性造成的风险;医师的认识水平局限性造成的风险等。医疗行为的结果,从该行为开始时就同时存在"获益"和"致害"的双向可能性。作为医师,无论其有多么高超的医术,都无法绝对保证他所实施的医疗行为会向"获益"的方向发展。

3. 医疗行为的侵袭性与"可允许的范围内"原则

医疗行为虽然是以拯救患者生命健康为目的,但采用的诊疗方法,都对身体具有侵入性和损害性。如穿刺注射、手术切割、肿瘤放射性疗法和化学性疗法等,都具有医疗行为的侵袭性。在医学上,对这种具有伤害特点的侵袭行为,具有严格的限制,只有在公认的医学标准范围内才属于法律允许的行为,并受到法律的保护。它在一定程度上具有侵害社会利益的合法性,这种侵袭性的结果大部分应该是可知和可预测的,这也就是遵循法学上认同的"可允许的范围内"原则。一般认为,"可允许的范围内"判断标准为:

(1) 主观上实施侵袭性医疗行为的主体有无履行注意义务,即是否履行足够的谨慎和勤勉的注意义务。

(2) 客观上实施侵袭性医疗行为的主体在实施前有无认真地全面检查患者身体状况,确定具体的实施方案和防范危险结果出现的措施。在实施医疗行为时,是否严格按照医疗规章制度和诊疗操作规范、常规进行,实施过程中发现与实施前诊断不相符的医学问题时,在无生命危险的情况下有无及时向患者方说明并取得同意,变更的侵袭性医疗行为是否获得许可。

(3) 实施侵袭性医疗行为的方法和手段是否成熟、稳定,是否得到医学界的认可。医学上对于实施研究性、具有伤害与侵袭性的医疗行为作了严格的控制。必须在经过完整的动物实验研究基础上,获得专门机构与部门的认可,才能实施临床行为。

例:某女,38岁,因患上腹部疼痛2年之久,于1993年2月10日住院治疗。门诊检查初步诊断为"慢性胃炎",住院后经药物治疗两周效果不佳。随后患者出现上腹疼痛加剧情况,X线发现十二指肠降部有约5×3厘米的钡斑,压之不动。医师与外科会诊疑十二指肠穿孔,急行剖腹探查术,结果术中发现十二指肠降部组织坏死,并有钡块附于表面。十二指肠无法保留,须行胰腺十二指肠切除、消化道重建术。术后患者病情好转,住院半年后出院休养。后来,患者方认为损害是由于经治医师操作失误引起的,提出赔偿3万元并免费终身治疗的要求。经调查:医师采用的推注造影钡剂的方法,在当时国内未见任何报道,属于该医师的"创新"方法,而这种"创新"方法的实施未向上级主管部门汇报。对此,医疗机构表示认可并道歉,给予患者方免费治疗达4年之久,对有关医师也给予了相应的行政处罚。[①]

(4) 在紧急医疗状态下实施侵袭性医疗行为,具有相当的风险性和结果未知性,其目的是为了保护患者的生命权。因此,不能要求医师采用了这种紧急侵袭性医疗行为,就必须达到恢复健康状况的目的,更不能将这种医疗行为认定为医疗过失而承担责任。

三、医疗法律关系的内容

医疗法律关系的内容是指在医疗法律关系中医患双方基于医疗服务合同的

---

① 参见何颂跃主编:《医疗纠纷与损害赔偿新释解》,人民法院出版社2002年版,第44—45页。

约定或法律的规定而确定的权利和应承担的义务,它是医疗法律关系中最核心的因素,具体包括医方权利、医方义务、患方权利和患方义务四个方面,其内容详见本章第三节、第四节。

医方权利、医方义务、患方权利、患方义务这四者一般来说是统一的,但是会出现分离和矛盾的情况。现将四者关系分述如下:

(一) 医方义务与患方权利的关系

医方义务与患方权利在总体上讲应该是一致的,患方的基本权利也就是医方的义务。如患方享有医疗的权利,医方有治疗的义务;患方有知情同意的权利,医方有告知与说明的义务;患方有要求为其保守秘密的权利,医方有不把患方隐私泄露给他人的义务等。但是,患方权利也常常同医方的义务发生矛盾,一般有以下两种情况:一是患方权利与医方对患者的义务相矛盾。患方有权拒绝治疗,当这一行为后果会伤害患方自身时,便与医方保护患方健康的义务发生了矛盾。二是患方权利和医方对他人和社会应尽义务的矛盾。如患方有要求医方为其保密的权利,但当为患方保密可能危害社会利益时,患方的权利便与医方对社会的义务发生了矛盾。

(二) 患方义务与医方权利的关系

患方义务与医方权利的指向目标是一致的。患方履行义务和医方行使权利,目的都是为了实现患者的身心健康。患方履行自己的义务也就赋予了医方的权利;患方履行自己的义务,有利于患方自身的利益,也有利于医方行使诊疗权。在医疗过程中,只有患方切实履行相关义务,医方才能有针对性地进行有效的诊断治疗。但是,在治疗过程中,患方并不是完全被动的,除了医方的努力外,如果没有患者的积极配合,有的治疗是难以成功的。

(三) 医方权利与医方义务的关系

医方的义务是医方行使其权利的前提,即医方行使其权利是为了尽一个医务工作者对患方和社会的义务,偏离或摆脱对患者和社会尽义务的权利使用,是不符合法律规定的。例如利用诊断治疗、处方等权利,向患方索取财物。这里,医方所具有的特殊权利,成了向患方索取而不是为患方尽其义务的工具。因此,医生的权利的行使必须以对患方尽义务为前提。同时,要对患方尽义务就需要保护医方权利的完整性,任何医疗之外的因素都不能干扰医方独立、自主地行使其权利。

(四) 医方权利与患方权利的关系

首先,医方权利和患方医疗权利应该是一致的,而且医方的权利服从于患方的医疗权利。因为,医方的权利是维护和保证患方实现医疗权利,是维护患方健康的权利。实践中,有些不理解这一基本关系的医师,公然对某些同自己发生了争吵的患方说什么"我有权利拒绝给你治疗""我有权拒绝给你开药"等,均是医方对其权利的歪曲和滥用。倘若拒绝为患方治疗而造成不良后果,医方要承担相应的法律责任。其次,医方权利与患方权利也可能不一致,这种不一致性是由于患方权利与医方义务冲突造成的。

(五) 医方义务与患方义务的关系

医方义务是为了患方的利益,是对患方的健康负责并支持医学科学的发展。患方在享有权利的同时,应当履行其应尽的义务,这不仅仅是为自身的健康负责,也是对医方的劳动的尊重以及人格的尊重,同样也是对社会的负责。

第三节 医方的权利与义务

一、医方的权利

医学技术的专业性决定了医方必须拥有相应的权利,以期充分发挥其专业优势,取得理想的诊疗效果。医方权利的实现有利于医疗服务的目的和患者权益的最终实现。因此,医疗服务活动中医方应当具有以下几项权利:

(一) 诊疗权

诊疗权是指执业医师为促进患者恢复或维持健康,利用自己的专门知识与技能为患者提供诊疗行为的权利。这是执业医师最基本的执业权利。因此,享有诊疗权的前提必须是依法取得执业医师资格或者执业助理医师资格,成为经注册在医疗、预防、保健机构中执业的专业医师人员。我国《执业医师法》第21条规定,执业医师在执业活动中享有在注册的执业范围内进行医学检查、疾病调查、医学处置、出具相应的医学证明文件,以及选择合理的医疗、预防、保健方案的权利。一方面,医师依据国家法律规定,在国家规定的医疗服务活动范围内行使诊疗权;另一方面,医师在为患者提供医疗服务的活动中,在患者同意及授权的范围内行使诊疗权。医师诊疗权的内容主要包括:

1. 疾病调查权

疾病调查权是指在医疗机构为患者提供医疗服务或执行国家医疗保健任务中,医师有权对患者自身与疾病有关的情况进行询问、身体检查以及居住环境检查等,也享有对与患者生活密切相关的人员进行调查与检查的权利。这是诊疗权的首要权利。医师对患者的调查及结果,原则上应当在病历中或医嘱中进行记录并保存。涉及患者的隐私,可以不在病历中记录。严禁录音、录像,但得到患者的同意或法律另有规定的情况除外。

2. 自主诊断权

自主诊断权是指经过临床医学调查和其他必要的调查、检查之后,医师有权在自主判断的基础上,对患者的健康状况或疾病状况做出诊断的权利。任何人或部门不得指使、妨碍医师的自主诊断权。医师的诊断,应当以书面病历的形式做出;特殊情况下,为快速治疗疾病的需要,可以进行口头诊断,但事后必须补写记录。因诊断失误而导致侵犯患者人格权、生命健康权、名誉权、隐私权等后果的,应承担相应法律责任。在疑难病例会诊讨论中,医务人员可以坚持个人的医学诊断,但在治疗方面应当按照会诊讨论形成的诊断意见实施。

3. 医学处方权

医学处方权是指医师对患者疾病进行治疗而采取的一切医学方法与措施的权利,如药物治疗、物理治疗、手术治疗、人身自由限制等。医学处方权的行使者必须是经治医师本人,该权利不得转让于其他未亲自参与诊治的执业医师或其他非法执业者。医学处方权的行使必须坚持经济性、合理性、有效性、合法性的原则,不得滥用药物特别是抗菌药物或滋补药物,不得使用非法药物。经治医师对于开具的处方有向患者说明的义务。

(二)获取医疗费用权

获取医疗费用权是指在医疗服务合同关系中或者医疗事务无因管理中,医方享有的请求患方支付医疗费用的权利。而在强制医疗关系中,医方为患方治疗而支出的医疗费用由国家支付。

(三)特殊干预权

通常而言,医师的一般权利常常服从于患者权利的基本要求。但在特定的情况下,出于对患方根本利益负责需要限制患方的自主权利,实现医师的意志,以完成医师对患方应尽的义务。这种权利称为医师的特殊干预权。从临床医学的角度看,医生的特殊干预权常常适用于下列情况:

1. 患者拒绝治疗

一般情况下,患方拒绝权必须在患方有理智决定、法律允许、医生讲明利害之后,且符合社会公序良俗的情况下,方可使用。如果是在下述情况中患者拒绝治疗,主治医师可以行使特殊干预权:

(1)拒绝治疗将给患者带来严重后果或不可挽救的损失;

(2)拒绝治疗是无行为能力或限制行为能力的人所做出的;

(3)拒绝治疗是患方的精神情绪处于极不稳定的状态下所做出的;

(4)拒绝治疗是在药物对思维、认识能力产生影响的作用下所做出的;

(5)近亲属拒绝发表意见或近亲属达不成一致意见的。

2. 必要的行为控制

对发作期的精神病和法律规定的某些疾病患者,如鼠疫、霍乱、非典等传染病人,医生可以行使干预权,并依法采取合理的、有效的、暂时的和适度的强制措施,强制患方住院并接受治疗。

(四) 医学研究权

医学研究权是指医务人员在临床医学实践中,对疾病的治疗与预防进行研究的权利。我国《执业医师法》第 21 条规定,医师在执业活动中,享有从事医学研究、学术交流、参加专业学术团体的权利。医务人员行使医学研究权是一项具有限制性的权利,必须坚持尊重患者生命的原则,坚持社会公益的原则,坚持诚实研究的原则。此外,临床医学研究往往涉及患者的许多个人资料,医务人员必须坚持保守秘密的原则,尊重患者的人格和名誉权、隐私权。

(五) 人格尊严权

医务人员与患者一样,都是社会公民,其人格理应受到尊重。我国《执业医师法》第 21 条规定,医师在执业活动中,享有人格尊严、人身安全不受侵犯的权利。患者应尊重医务人员的人格尊严,不向医务人员提供虚假情况,不得有意误导、骗取医学证明文件,不向医务人员提出不合理及违法的要求;病情明确之后,在知情同意的前提下,对自己的治疗做出负责任的决定,不随意猜测、责怪医务人员;对出现的医疗问题,应与医务人员配合协商,遵循法定程序进行处理;不侮辱、不殴打医务人员,不破坏医疗机构的财物。

二、医方的义务

医方的义务是指在医疗法律关系中医方应履行的职责。概括而言,就是正确地诊疗患者所患疾病,对患者实行尽可能妥当的诊疗行为,促使患者恢复身体健康,即医方应尽到善良管理人的义务。医疗机构的义务主要由医生实施,但并不限于医生,还包括护士和其他医疗技术人员。医方的义务主要包括以下几个方面:

(一) 诊疗护理义务

诊疗护理义务是指医方根据患者的疾病状况,正确运用医学知识和技术手段,诊断患者病因,制定治疗方案并实施,尽最大努力地为患者治疗疾病。具体包括:医疗机构负有使用最简明、迅速以及具有增加医疗效果的医疗方式的义务;不能以任何政治的、社会的等非医疗理由来推脱为患者治病的义务。医疗机构诊疗义务的核心是注意义务。判断医方是否充分履行了诊断治疗义务的标准,是看医方诊断治疗疾病时,是否尽到了"专家的高度注意义务"。

1. 诊疗护理义务的内容要求

诊疗护理义务的具体内容因每个合同的主体不同、病情不同而有所区别,但都必须包含以下内容:

(1) 适当原则(又称安全原则)。诊疗义务的履行是为了患者生命健康权利的实现,因此,医方的诊疗护理服务必须是有利于患者生命健康的,即是适当的安全的。为此,该原则包括四项内容:

第一,医方提供的诊疗护理服务应当符合保障患者安全的要求;对可能危及人身安全而又必须采用的治疗方法,例如有可能发生并发症的手术等,应当向患者作出真实的说明和明确的警示,并制定预防危险的方案。

第二,医方已知其提供的诊疗护理服务受现有医学水平限制而存在严重缺陷,可能危害患者人身安全的,应当依据制度规定报告并及时告知患方,能够采取补救措施的,应采取补救措施,尽可能减少和预防危害后果的发生。

第三,医方不得违反法律实施医疗行为;并且除必须并已经患者同意外,不得采取可能危害患者的治疗方法。例如,为保全患者生命而实施截肢手术;为治疗而使用麻醉药品、有毒副作用的药品、精神药品、放射性药品等。

第四,未经审批和征得患方的同意,不得进行实验性临床医疗。

(2) 医德原则。诊疗护理服务必须符合医院、医护人员的职业道德规范,不得有违反诚实信用等职业道德的行为。这一原则包含适当、及时、忠实三个方面:

首先,诊疗护理服务应当适当,既要有利于患者的身体健康,又要尽量为患者的经济利益考虑。严禁开具超出病情需要的大处方以牟取经济利益。

其次,诊疗护理服务应当及时。

最后,诊疗护理服务应当忠实。医师要尽其所能提供治疗方案;医方要按合同约定指派医护人员履行义务;提供给患方的有关病情、疗效等信息要真实不能虚假;出具的有关医疗文件如疾病证明书、健康证明、死亡证明等均应真实;执行治疗方案应遵照计划和医嘱进行,不得偷工减料;医院的设施应与等级和收费标准相符,使患者享受到应有的方便。

(3) 高度注意原则。医方履行诊疗护理义务为患者提供诊疗护理服务时应当以仁爱之心去关照患者,高度注意自己的职责是否到位。这一原则包括以下四个方面:

第一,时刻关注患者的病情变化,及时采取相应的治疗措施。

第二,按照最优化原则,从患者的利益出发,选择合理的诊疗护理方案,尽可能减少负面影响。

第三,遵守各种规章制度和技术操作规范。

第四,依法使用医疗器械、药品。

(4) 告知原则。医方对涉及患者或第三人利益的重大事项均负有告知义务,以维护患者或第三人的合法权益。其内容包括以下六个方面:

第一,应当及时向患方告知药物服用、医疗器械使用方法。

第二,及时向患方告知治疗方案的缺陷及危险性药品的毒副作用,以及应采取的预防或补救方法。

第三,及时向患方通报患者的重大病情变化。如告知患者本人,不利于治疗的,应与患者家属沟通。

第四,及时向患者告知医院设施中存在的可能危害患者安全的缺陷,必要时应设立警示牌或书面通知。

第五,及时告知要求患者遵守的规章制度和医嘱。

第六,如因客观条件限制不能提供原已约定的服务时,应及时告知患方,并做适当的解释工作。

(5)接受监督原则。医方作为提供诊疗护理服务机构,需要不断改进服务。其在履行合同义务时,应当服从患者和社会的监督,以保证诊疗义务的全面履行和服务水平的提高。

2. 善尽诊疗护理义务的判断标准

医疗机构中的医务人员作为专业人士,对其注意义务的要求自然不同于普通人之一般注意标准,而是遵循与其专业身份、专业知识、专业技能相匹配的高度注意义务标准,具体标准认定应考虑如下几方面内容:

(1)一般医疗标准。这是指医师为特定病人所为的诊断和治疗应当符合当时医学界之一般的平均质量水平,尽到专家注意义务。这里首先要注意的是,一般医疗标准不同于学术最高标准,医学界中各个不同专业的最高学术组织经常会发布某些疾病之治疗方案,这些诊断治疗方法往往是医学界最新研究成果,发布的目的是为了推广和普及该项技术以提高整体诊疗水平。因此,这个标准可以称之为"学术最高标准"。由于此标准并未普及,不宜作为衡量一般医疗机构是否充分履行诊断治疗义务的一般标准,而应当以医学界已经普遍应用的一般诊断治疗标准作为衡量指标,即"一般医疗标准"。

一般医疗标准的具体判断可以参考以下指标:① 医学界已经有普遍应用的明确的规章制度和技术指南的,应遵循其规定;② 没有详细的技术指南,但已经有诊断治疗流程上和操作步骤上之规定的,须遵循其程序性规定;③ 对其他医疗病例,应遵循医学界通行之方法或者约定俗成之方法,但存在特别理由需要改变通常医疗方案的除外。

(2)客观条件差异。这是对一般医疗标准进行校正的一个指标,就是在判断医疗机构是否充分履行诊断治疗义务时,要考虑到医疗机构所具备的客观条件的差异性。这其中包含由于地区差异、医院级别差异所造成的医院拥有的医疗设备、器材、药品存在的差异性,而这一差异必然影响医学诊断治疗的质量。不能以具备良好客观物质条件的医疗机构所能达到的诊断治疗标准,要求不具备此种条件之医疗机构,对前者的诊断治疗标准应相应提高,对后者的诊断治疗标准应相应降低,当然这其中的一个前提是,此客观条件差异是由于不可归责于该医疗机构的社会原因所造成的。

(3)医疗情况紧急性差异。在紧急医疗的情况下,医务人员缺乏慎重考虑判断的时间条件,所有医学处置措施必须当机立断地做出。因此,其诊疗质量较之普通非紧急病人可能有所降,考虑到病例本身的紧急性,考虑到医务人员被赋予强制缔约义务必须立即救治病人的现实情况,应当以医疗情况紧急性程度为矫正指标,适当降低一般医疗标准。

(4) 经济性差异。对同一种疾病,医疗费用投入的不同对最终的效果是有很大影响的。一般而言,经济上的高投入有助于提高诊断治疗的质量,因此,经济性差异对诊断治疗的标准会产生影响。考虑到一般医务人员在具体医疗活动中必须考虑患方的经济承受能力,并参照其经济承受力制定诊疗方案的现实,那么应当在医方尽到说明义务、患者不反对的前提下,对于经济投入不足的案例,适当降低医疗标准。

(二) 告知义务

告知义务又称为"说明义务",是指医疗机构和医务人员对于患者的病情信息、诊疗措施信息、替代性方案信息、医疗指导信息和医疗风险信息等,负有向患者告知的义务。医方履行说明义务有利于患者及时了解自己的病情和将要实施的医疗行为,进而行使自我决定权以实现自身权利。对医方来说,在向患者详细说明并取得同意后,再实行医疗行为便有理有据,也有利于取得患者配合以获得更好的医疗效果。如今,发达的医疗技术已经使许多疾病可以通过各种不同手段进行处置和治疗,具体采用何种方法在医方履行其说明义务后,患方可根据自身状况、经济实力、忍耐程度甚至宗教信仰等情况做出自己的选择。从本质上讲,这体现了医患关系模式从"善良家父"模式向"权责对等"模式的转变,是患者权利意识增强要求掌握医疗主导权的表现。

我国的《民法典》《执业医师法》《医疗机构管理条例》等法律都对医方的说明义务作出了明确规定,要求医疗机构及其医务人员应当如实向患者告知病情、医疗措施、医疗风险等,并及时解答患者的咨询;在医疗机构实施手术、特殊检查或者特殊治疗时,必须征得患者或其家属的同意并签字。从这些规定来看,说明义务可以从以下几个方面予以理解:

第一,基于病情的如实告知义务。此种义务的来源是患者及其亲属对患者所患疾病的真实情况有了解的权利。因此,医方对于其掌握的病情信息有向患方及时地、真实地披露的义务。但此种病情信息披露义务的履行有时候会与患者保护性医疗(即避免患者因获知疾病事实遭受严重心理打击)相冲突。因此,实践中此种义务履行的标准应为"合理"标准,医方应按照一般生活常理决定是否向患者本人透露真实病情信息,但医方向患者家属履行的病情告知义务则应当遵循"充分"标准。另外,即使对于患者本人,"合理"标准也有例外,即患者曾经对病情知情权提出特殊要求的个例中,医方应尊重患者本人的意见。因为即使身患绝症,患者本人也可能希望知晓真实情况以便及时安排其本人和家庭、工作中的各种事务。

第二,基于诊断治疗措施的告知义务。医方对于其拟定的或者正在实施的诊断治疗方案向患者告知,有利于患者对自己治疗过程的理解、把握和配合。但在此义务的履行标准上,应遵循"有限"告知标准而不能达到让患者完全理解的"充分"标准。理由在于医学知识复杂艰深,医务人员尚需数年至数十年之知识和经验积累才能掌握到一定程度,而要患者或家属在短时间内去"充分认识和理解"诊疗方案是不现实和不可能的。因此,这里将基于病情的告知义务与基于诊断治疗措施的告知义务分离,对前者在不考虑保护性医疗的前提下应当要求医方"充分"履行,对后者则仅要求医方"有限"履行,其限度应按照一般之习惯标准。

第三,基于医疗风险决策的告知义务(简称"医疗风险告知义务")。这是最重要的一类告知义务,韩国学者称之为"贡献性说明义务",即"贡献于患者行使自己决定权并保障其完整利益的一种保护义务"。此类告知义务发生的前提是患者即将面临一项抉择,自主决定是否采用某类具有较高风险的医疗措施(如手术、具有侵害性的操作等),为使患者能在信息充分的情形下做判断。法律要求医方对具有高风险的医疗措施的风险性向患者告知,同时也应当告知不进行该医疗措施所面临的健康风险。我们认为,医务人员在医疗风险告知上只能尽到"有限"的告知义务。并且法律应当允许医生在告知的同时表达自己的倾向性意见,只要这种倾向性意见不明显违反医疗常规,就应当得到责任豁免。也即患方受到医务人员影响选择了该意见并且有不良后果出现,患者也不能追究医生意见倾向性之责任,除非证实医生的意见明显违反了医学常规。

第四,基于医疗指导的告知义务。在医疗活动中,医师对于患者的用药、饮食、随诊等指导和提示的义务,即为基于医疗指导的告知义务。这部分告知义务的履行实际上是医学上治疗措施的延续,只不过由于此类信息的非专业性而被归于告知义务的范畴。在此类告知义务的履行保证上,应遵循"充分"告知标准,以最大限度保护患者的健康利益。

另外,我国《民法典》第1220条规定,因抢救生命垂危的患者等紧急情况,不能取得患者或者其近亲属意见的,经医疗机构负责人或者授权的负责人批准,可以立即实施相应的医疗措施。从理论上讲,该条涉及医生治疗干预权的问题,规定医生此项特权并严格限定其范围,属于法律上的利益衡量范畴,体现着法律的价值取向,即在某些特殊情况下,即便不存在患者的明示同意,亦可推定患者实际接受了治疗行为。

值得注意的是,本条规定的"不能取得患者或者近亲属意见",主要是指患者不能表达意思,也无近亲属陪伴,又联系不到近亲属的情况。主要包括下列情形:① 近亲属不明的;② 不能及时联系到近亲属的;③ 近亲属拒绝发表意见的;

④ 近亲属达不成一致意见的;⑤ 法律、法规规定的其他情形。但患者或者近亲属明确表示拒绝采取医疗措施的情况不属于此种情形。因此,2007年发生的"男子拒签字致产妇死亡"案①就不属于本条规范的范围。

(三) 医疗记录制作与保管义务

医疗记录有广义与狭义之分。狭义的医疗记录仅指病历,广义上的医疗记录还包括护理记录、检验记录、医疗设备检查诊断记录及医学影像照片资料等。从患者的继续治疗方面来说,病历是转诊时其他医师诊断的依据和参考,对于同一医师继续诊疗或将来诊疗,病历也是重要的信息来源;从病历具有诉讼上的证据功能来说,病历能提供据以认定医疗过失和因果关系的基本事实。同样,病历以外的其他医疗记录对医方和患方也是十分重要的资料。因此,医师必须在亲自诊断和检查后,依照医疗记录制作和保存的目的亲自制作并精心保存。

在我国,目前规定医疗机构的门诊病历至少保存15年,住院病历的保存期不得少于30年。病历资料书写是否规范对医疗损害案件处理结果具有重要影响。实践中,由于病历资料书写不规范而导致医疗机构承担责任的案件时有发生。我国《民法典》第1225条规定,医疗机构及其医务人员应当按照规定填写并妥善保管住院志、医嘱单、检验报告、手术及麻醉记录、病理资料、护理记录等病历资料。依据本条规定,医疗机构及医务人员要严格依照病历书写基本规范书写病历资料,病历资料必须客观真实反映患者病情和诊疗经过,不能臆想和虚构病历资料;要使用国内甚至国际通用的医学词汇和术语,要精练准确;同时,医疗机构必须妥善保管病历资料,要防止病历资料毁损和丢失,并依法对患者履行查阅、复制客观病历资料的义务。

至于医疗机构是否充分履行了"制作、保管和为患者复制病历的义务",应当综合以下标准加以评判:(1) 发生医学诊断治疗行为时必须制作病历;(2) 病历中包含的基本信息应当完整,必须符合卫生行政部门规定的《病历书写规范》关于病历形式上的要求;(3) 书写的病历资料内容应当字迹清晰可辨认;(4) 病历中的改动应当符合《病历书写规范》对病历修改的要求。

关于医疗记录的所有权归属问题,学界有所争论,但从医疗记录的专业性和知识性的角度考虑,医疗记录具备一定的原创知识的性质,尤其是对特殊医疗手段如传统中医处方、医学实验数据记录等,其中不乏医师的研究成果。因此,医疗记录属医方所有较为合理,但患方有复制医疗记录的权利。

(四) 转诊义务

转诊义务又称为转医义务,是指医方因技术能力、医疗设施限制或患者病症超出自身专业领域等因素,无法做出明确诊断和完成有效治疗时,建议患者转至

---

① 《男子拒签字致产妇死亡》,http://news.sina.com.cn/z/zfjqzzcfsw/,访问时间:2019年5月6日。

其他有条件的医疗机构诊疗,并安全迅速地配合患者就诊的义务。《医疗机构管理条例》第31条规定:"……对限于设备或者技术条件不能诊治的病人,应当及时转诊。"《医院工作制度》第30项制度即转院、转科制度,对医方履行转诊义务作了较为具体的规定。

1. 医方履行转诊义务的情形

(1) 患者的病症属于医方专门领域之外的;

(2) 医方对患者的病症无诊疗能力或能力不充分;

(3) 医方在医疗设备或诊疗设施上欠缺;

(4) 其他医疗机构存在更适当的诊疗方法能取得明显改善的医疗效果且患者方便转诊的;

(5) 医方向患方说明有多种医疗行为可供选择后,患方选择的医疗行为医方尚无法实施的。

转诊指示做出后得到患者或其家属的同意,并不意味着医方已履行转诊义务,只能认为医方已经履行了转诊说明义务。无论是医方进行转诊说明后患方同意转诊或者患方自己要求转诊,医方均需保证患者安全、快速地转至其他医疗机构就诊。转诊义务包括转院、转科、换医生以及提供资料等义务。但是,在患者处于危险或紧急状况下,医方必须先进行必要处置,稳定患者的病情,再视具体情况配合患方转诊。

2. 医方履行转诊义务的构成要件

对行动能力受限制或病情变化随时可能出现危险的患者,医方确实履行转诊义务应当具备以下要件:(1)医方已经做出转诊指示并得到患方同意;(2)患者体征稳定可以运送;(3)已联系转入医院并安全运送患者就诊;(4)向转入医院交付必要的医疗记录及相关资料。

对于行动能力尚自由可以自行就医的患者,医方需在确定患者暂无危险并明确说明转诊注意事项后,方可视为履行转诊义务。

(五) 保密义务

根据我国《执业医师法》第22条的规定,医师的义务包括"关心、爱护、尊重患者,保护患者的隐私"。该法第37条还规定了侵犯患者隐私的处罚。除该法外,一系列的法律、法规、规章以及医师的职业道德规范都规定了对公民隐私权的保护。

隐私,是自然人的私人生活安宁和不愿为他人知晓的私密空间、私密活动、私密信息。患者隐私权,侧重于患者自身健康状况、既往病史、身体肌肤形态、自身的隐私部位、身体缺陷、特殊经历、遭遇等情况。上述隐私内容也可称为个人秘密。如果医护人员将上述情况泄露出去,即违反保密的义务,构成违约或侵权;如造成损害后果,还将承担损害赔偿责任。不过这种责任有时会由医疗机构承担,其承担责任的区分标准是该泄密行为是否是职务行为。

(六)医疗机构的管理、监督医护人员使之适任的义务

现代医疗中,医疗机构已非仅供医护人员使用的场所,并兼具提供照护、医疗支援与服务的整体机能,为使医护人员能适法地执行其医疗业务,医疗机构有依照法律法规及内部规章制度管理、监督医护人员的义务。

(七)安全保障义务

安全保障义务是指经营者在经营场所对消费者(包括潜在的消费者)或者其他进入服务场所的人之人身、财产安全依法承担的安全保障义务。我国《民法典》第1198条规定,宾馆、商场、银行、车站、机场、体育场馆、娱乐场所等经营场所、公共场所的经营者、管理人或者群众性活动的组织者,未尽到安全保障义务,造成他人损害的,应当承担侵权责任。因第三人的行为造成他人损害的,由第三人承担侵权责任;经营者、管理人或者组织者未尽到安全保障义务的,承担相应的补充责任。

医疗机构作为一个特殊的营业性公共场所,医疗机构的就诊区域、住院病房等场所,应属法律规定的公众场所。医疗机构与患者之间建立了医疗服务关系,对患者就诊及住院期间的人身和财产安全负有合理限度范围内的安全保障义务;其对第三人造成的损害赔偿责任以"能够防止或制止损害的范围内"为限。医院的安全保障义务只是一般性的保护义务。在确定医疗机构是否应对患者受到的第三人的伤害承担补充赔偿责任时,关键是判断医疗机构在安全保障方面是否存在过错。若在管理上存在过错,就应该承担相应的赔偿责任。医疗机构在承担此种补充赔偿责任后,可以依法向第三人追偿。

(八)遵守法律、行政法规、规章以及其他有关诊疗规范的义务

众所周知,遵守法律、行政法规、规章是所有法律关系主体双方的义务,作为医疗法律关系主体的医方和患方也概莫能外。鉴于医疗领域的专业性,有关诊疗规范亦具有法律规范的性质,亦是医方应遵守的义务内容。近年来,我国从规范诊疗行为、遏制过度医疗等目的出发,在国家卫生行政管理部门主持下,出台了100余种疾病的临床路径,这些临床路径既具有诊疗规范的性质,也构成医方义务的内容。对于不履行以上义务的法律后果,根据《民法典》第1222条的规定,违反法律、行政法规、规章以及其他诊疗规范的规定,直接推定医方有过错。同时,根据该法第1218条规定,患者在诊疗活动中受到损害,医疗机构及其医务人员有过错的,由医疗机构承担赔偿责任。

第四节 患方的权利与义务

一、患方的权利

随着社会文明程度的提高和医学知识的普及,以医疗专业人士自主权为中

心的传统医学伦理被打破,患者纷纷要求参与到医疗活动中来,尊重病人的自主权被确立为现代医学道德的重要原则,成为构建和谐医患关系的基础。患者权利的兴起源自于患者自我决定权的确立,也促使医患关系走向了一种平等、双向、互动的状态。患者在医疗法律关系中的权利主要有:

（一）生命权

生命权是一项独立的人格权,是指自然人的生命安全不受侵犯的权利。公民的生命非经正当法律程序,任何人不得随意剥夺。不允许在医疗服务过程中发生侵害公民生命权的行为,要求医务人员不得实施我国法律尚未明文规定的"安乐死"等人为终止患者生命的行为。

（二）健康权

健康权是指自然人以其器官乃至整体功能利益为内容的人格权,它的客体是人体器官及各系统乃至身心整体的安全运行以及功能的正常发挥。健康权不仅仅是一项重要的民事权利,更是一项强调国家责任的社会权利。体现在医疗活动中,患者的健康权要求医务人员以最善意的注意义务谨慎地开展医疗活动,依法尊重并维护患者的生命与健康利益,尽量避免医疗损害、医疗产品损害事件等不良事件的发生。

（三）人身自由权与人格尊严权

我国《宪法》第37条、第38条规定了公民的人身自由和人格尊严不受侵犯的权利。即使在封闭式精神病院住院的精神病人,其人身自由受到一定限制,尤其在病情发作期间其人身还要受到一定约束,但其应享有的人身自由权应得到尊重和保障。对于拖欠医药费的患者,医院不得以留置患者作为支付其医药费的担保,否则可能构成非法拘禁,侵犯了患者的人身自由权。患者的人格尊严应受到尊重和保护,对精神病人、艾滋病患者或身体残疾的患者不得歧视。未经患者或其家属同意,不得对患者录音、录像、摄影等,并做成广告宣传手段以招揽业务。将患者或其病理标本用以教学、科研,虽不以营利为目的使用,也需要征得患者同意并注意保护患者的人格尊严及其他人身权利。

（四）身体权

身体权是自然人依法维护其身体完整,并支配其身体器官和其他组织的权利。身体权与健康权既相互联系,又有严格的区别。其区别有三:首先,身体权以身体为客体,健康权以健康为客体;其次,身体权侧重强调身体组织的完整性,健康权则侧重于身体功能的完整性;最后,身体权是公民对自己身体组织部分的支配权,健康权则没有明显的支配性质。

（五）平等医疗保健权

人类生存的权利是平等的,因而医疗保健享有权也是平等的。平等医疗保健权是指每个患者对医疗资源（包括机构、设备、人力）所享有的权利,不因地位、财富、性别、疾病状况等的不同而有所不同,应一律平等;每个患者都能获得适当的医疗护理、紧急救治及避免过度医疗等。

平等医疗保健权包括实质意义和形式意义两个层面的内容。实质意义的平等医疗保健权,是指社会各成员都具有平等享受合理质量医疗资源的机会,在国家提供的医疗卫生服务面前享有一律平等的权利。政府实施全民医疗保障计划就是为了全民能够平等地普遍地享有医疗资源。形式意义的平等医疗保健权,是指相同个案的处理,以相同方式为之,适用相同准则,不能有不同的标准;不同个案则适用不同的方式处理,并遵循先来先接受服务及急症重症优先原则。每个人的一生中都要面临生老病死、患病求医。保持健康和维持生存是人的基本权利,发展医疗卫生事业是国家保障公民获得基本医疗服务的重要手段。医疗服务的公平,对公众而言体现为公众的"平等医疗保健权",对国家而言体现为国家对公众的"国家照顾义务"。

（六）知情同意权

患者的知情同意权利是患者最重要的一项权利,也体现了患者积极参与自身疾病治疗的医患关系的发展趋势。患者知情同意权包括最重要的两个方面:知情权和决定权。

患者知情权是指患者享有从医疗机构和医务人员处知悉自己病情、诊疗方法和手段、医疗风险、诊疗效果、预后等方面信息的权利,有权知道负责其治疗的医生的身份和专业地位,有权查阅、复印病历资料,有权得到详细的医疗费用情况等信息。

患者决定权是指患者在真实认知的基础上有权对医疗诊治方案、医学实验做出理性的自主决定。这既是一种自主决定权也是一种选择权。通常所说的患者同意权只是患者自主决定权或选择权的一个方面。另外,患者决定权还包括对医疗单位、医务人员的选择等。患者自主决定权的实现是建立在患者充分知情的基础上,一方面要求医务人员应该充分履行告知说明义务;另一方面还需要患者具有一定的自主能力,达到一定年龄和具备良好的精神状态。但患者的决定如果对自身、他人和社会带来严重危害,患者的自主决定权要受到限制,可能就会受到医务人员的干涉。

（七）隐私权

隐私是一种与公共利益、群体利益无关的,当事人不愿他人知晓或他人不便知道的信息以及当事人不愿他人干涉或他人不便干涉的个人私事和当事人不愿他人侵入或他人不便侵入的个人领域,包括身体秘密、私人空间、个人事实和与社会无关的个人生活等内容。

患者隐私是指患者在就医过程中向医生公开的,但不愿意让其他人知道的信息、空间和活动。在医疗活动中,患者的隐私权更应得到尊重和保护。因为,医疗活动的特点和患者对医务人员的信任,决定了医务人员可以了解更多患者隐私,例如查体、询问既往史、各种诊疗措施的实施等。这就要求医务人员保守患者的个人隐私,如自身缺陷、传染病史等。但对患者隐私权的保护会影响到公共利益或严重损害他人利益时,这种权利会受到一定限制,如患严重传染病的患者要求医生对任何人保密,医生就不能满足其要求,而应及时上报有关部门并采取预防、控制措施。

二、患者的义务

义务是指法律关于权利主体负有某种作为或不作为的约束。[①] 患者在享有前述权利的同时,必须履行相应义务。但医患关系中,因医患双方在医学知识与经验上的不平衡,双方的权利义务更多表现出医师的义务性和患者的权利性特征,即对医师而言,更强调义务的履行;对患者而言,则着重于其权利的保障。患者的义务是指患者在医疗法律关系中应承担的责任。根据我国现有法律的规定,患者需要承担如下义务:

(一)协力配合诊疗的义务

疾病是医师与患者的共同敌人,疾病的治愈是医师与患者的共同目标。寻医就诊是患者自由选择的结果,而医疗服务活动是需要患者与医务人员相互配合才能顺利开展的。为了治疗疾病,医患双方应该相互尊重、各行其责、诚实互信,建立良好医患伙伴关系。因此,在治疗过程中,患者应积极配合医务人员的诊疗需要,遵从医嘱,力求达到治疗效果。这正是治愈疾病、恢复与维持健康的重要基础。与医疗服务人员密切合作,必须是医患双方在相互信任的基础上进行。因此,应注意以下几点:

(1)如实、全面地提供病史,使接诊医师能够全面、准确地了解患者的疾病史以及疾病发生、发展的有关医学信息,从而能够在这些医学信息的基础上,做出科学、客观的分析。如果涉及个人的特别情况,可以向医务人员提出保密要求。

(2)遵从医嘱,按时服用医嘱药物和接受治疗。只有接受正规的药物治疗,才能实现治疗疾病的目的,不按时服药或表面服用医嘱药物,实际上未服医嘱药物或服用私下寻求的偏方、土方等,是对自己不负责任的行为。

(二)接受医学检查的义务

医学检查的目的是明确病情,以便对症治疗,这也是医务人员进行医疗行为的必要手段。因此,患者自入院就诊时起就要承担此义务。接受医学检查,患者必须严格按照医学检查的要求实施吞食、注射、灌注以及其他侵袭性或非操作性的医学行为,以保证检查的顺利进行。在进行检查的过程中,患者应当听从医师的指令。

---

① 曾庆敏:《法学大辞典》,上海辞书出版社1998年版,第70页。

（三）支付医疗费用的义务

医疗服务行为是一种有偿的服务行为，医疗服务关系是合同关系。因此，医疗机构为患者提供医疗服务，患者理应交纳合理的医疗服务费用。所谓合理的医疗费用是指患者治疗疾病所必须、且向患者告知并获得同意的情况下，所实施的门诊或住院检查、治疗等医疗服务的费用。

（四）遵守医疗机构规章制度的义务

患者由于疾病或为了恢复、维持健康状况去就医，医疗机构通过正当的医疗管理制度的运作来保证患者的就医权利得以实现。因此，患者就医时必须自觉遵守医院的规章制度，如门诊挂号制度、进出院登记制度、医院探视制度、急诊制度以及维持医疗机构的安静、秩序等的有关规定。任何人不得利用特权故意违反医疗机构的规章，干扰、破坏医疗机构服务行为的正常进行，更不能有意滋事、毁坏医疗机构的公有财产和给医疗服务人员造成人身伤害。如果违反有关的规章制度，将可能受到行政法规或刑事法律的处罚。

（五）尊重医务人员人格与工作的义务

医务人员是提供医疗服务行为的主体，其工作、人格必须得到尊重。尊重医务人员的人格与工作，也是保证医疗服务工作得以正常进行的基础。因为医务人员的情绪、判断能力与做出正确医学诊断、检查与治疗行为有密切关系。

（六）接受强制医疗的义务

强制医疗是针对患者患有医疗法律法规规定的，必须对患者的人身自由加以限制、进行专门性隔离治疗的疾病而实施的一种特殊行为。其目的是为了保证社会安全与社会生活有序。接受强制医疗，是国家法律规定患者应该履行的义务即法定义务，患者家属也有积极配合患者履行该项义务的责任。例如，对于患有严重的精神疾病和法定严重传染病者，因其对他人和社会存在危害，为防止出现疾病蔓延，法律规定患者必须接受强制治疗。为了控制和预防疾病，法律不仅规定患有法定严重传染病者有接受强制治疗的义务，而且还规定患有疑似法定严重传染病的人或人群，也有接受强制检查、诊断与治疗的义务。

本章小结

本章所述医疗法律关系是指基于双方约定或法律直接规定而在医患之间发生的，就患者疾病的诊断、治疗、护理等医疗活动所形成的法律上的权利义务关系。医疗法律关系本质上是一种特殊的民事法律关系，其主要有三种类型：医疗服务合同关系、医疗无因管理关系以及强制医疗关系。医疗法律关系由主体、客体、内容三部分构成。医方的权利包括诊疗权、获取医疗费用权、特殊干预权、医学研究权和人格尊严权。医方的义务主要包括以下几个方面:诊疗护理义务、告知义务、医疗记录制作与保管义务、转诊义务、保密义务及安全保障义务等。患方的权利包括生命权、健康权、人身自由权与人格尊严权、身体权、平等医疗保健权、知情同意权及隐私权等。患方的义务主要包括协力配合诊疗的义务、接受医学检查的义务、支付医疗费用义务、遵守医疗机构规章制度的义务、尊重医务人员人格与工作的义务等。

思考题

1. 什么是医疗法律关系?医疗法律关系主要有哪些类型?
2. 医疗合同有哪些特征?
3. 医疗法律关系的客体具有哪些特点?
4. 医方的义务有哪些?
5. 患方的权利有哪些?

案例思考

1995年8月4日,年仅3岁的彬彬(化名)因患急性黄疸型肝炎到某县医院治疗时,输入了不具备国家规定的采供血资格的A卫校血站非法向医院提供的血浆100ml。2005年2月,经省艾滋病防治研究所HIV抗体检测确认,彬彬感染了艾滋病。彬彬父母认为,彬彬自从出生以来仅仅在某县医院输过一次血,肯定是那次输血感染了艾滋病,于是找到医院要求赔偿。医院经查得知,当时儿科所用血浆均由A卫校血站(该血站无合法证照,不具备国家规定的采供血资格)供给,认为血浆是A卫校血站供给的,责任应由卫校承担,因此拒绝赔偿。彬彬的父母找到A卫校,A卫校却和医院互相推诿,拒不承担赔偿责任。协商无果,彬彬的父母将某县医院和A卫校诉至法院。

某市中级人民法院认为,某县医院作为合法的医疗机构,在给患者使用血浆时,没有依法严格进行审查,致彬彬因输入血浆被感染艾滋病,应承担一定的赔偿责任。A卫校无合法证照,擅自非法向县医院提供血浆,给患者造成巨大的伤害,对此应承担主要赔偿责任。据此,法院判决A卫校、某县医院分别按照65%和35%的比例赔偿彬彬医疗费、护理费、精神损失费等共计10.65万元,并按照同等比例预付彬彬后期治疗费15万元。

案例讨论

1. 本案中涉及的法律关系有哪些?
2. 请运用医疗法律关系构成要素的理论分析这个医疗损害争议案件。

第四章　医疗法律风险的民事责任

第一节　医疗法律风险民事责任概述

医疗法律风险是指医疗参与者基于医疗损害后果需要承担法律责任的可能性。那么,医疗法律风险的民事责任就是指医疗参与者基于医疗损害后果需要承担的民事法律责任的可能性。在我国的法律框架下,医疗法律风险的承担以我国法律规定为限,主要表现为医疗损害的民事责任,而医疗意外等因为我国目前并没有相关的医疗意外救济的法律,所以并不在本章讨论的范围中。

一、医疗损害民事责任的概念

医疗损害是指因医疗行为对患者产生的人身上不利的事实。民事责任是指根据民法规定,民事主体侵犯他人的民事权利或违反自己所负有的民事义务时所应承担的法律后果。医疗损害民事责任是指因医方不履行所承担的义务或者侵害患方的权利而给患方带来不利的事实时,依法应该承担的民事责任。

二、医疗损害民事责任的特征

（一）发生在医疗活动中

医疗损害责任发生在医疗活动中,在其他场合不能发生此种民事责任。医疗活动不仅仅局限于诊疗行为,还包括在医疗机构进行的身体检查,进行的医疗器械的植入,对患者的观察、诊断、治疗、护理、康复等。当然,医疗活动具有时间性,有时医疗活动可能已经结束,但是医护人员的过失所造成的损害后果一时还没有显现,必须等到一定时间,损害才能为人所察觉。

（二）是医方违反民事义务所应承担的法律责任

我国《民法典》第176条规定:"民事主体依照法律规定或者按照当事人约定,履行民事义务,承担民事责任。"从上述规定可以看出,承担民事责任必须以民事义务的存在为前提,没有民事义务也就谈不上民事责任。《民法典》第1219条规定:"医务人员在诊疗活动中应当向患者说明病情和医疗措施。需要实施手术、特殊检查、特殊治疗的,医务人员应当及时向患者说明医疗风险、替代医疗方案等情况,并取得其明确同意;不能或者不宜向患者说明的,应当向患者的近亲属说明,并取得其明确同意。医务人员未尽到前款义务,造成患者损害的,医疗机构应当承担赔偿责任。"在医疗法律关系上,如果医方违反谨慎诊疗的注意义务,造成患者的人身损害,医方就应当承担相应民事责任。

(三) 主要内容是财产责任

违反民事义务主要是给对方造成财产损害,所以民事责任的内容主要是财产责任。在医疗损害中,无论是违约责任还是侵权责任,主要的责任形式都是损害赔偿。但其他民事责任形式在医疗损害民事责任承担中也有运用,比如赔礼道歉、恢复名誉、返还医药费、支付违约金等;在损害即将发生时,当患者家属有所发现时,可以要求医方消除危险或者排除妨碍;在损害已经发生,并在继续进行时,患方可以要求停止侵害。

(四) 当事人对医疗损害民事责任可以协商

民法的平等、自愿原则决定了民事责任当事人之间可以协商。对于医疗违约的民事责任,当事人可以在法律规定的范围内,约定违约金的数额、损害赔偿数额的计算方法和免责条款;对于医疗侵权的民事责任,在责任承担上,如损害赔偿金的数额、支付方式等可以进行协商。这是医疗损害民事责任不同于行政责任和刑事责任的重要特征。但是,当事人协商的内容不得违反法律、行政法规,侵害国家、集体和他人的合法权益。

(五) 基本形态是替代责任

替代责任也称为间接责任、转承责任、延伸责任,是指责任人为他人的行为和为他人的行为以外的自己管领下的物件所致损害承担赔偿责任的侵权责任形态。[1] 替代责任的最基本特征,是责任人与行为人相分离,行为人实施侵权行为,责任人承担侵权责任。医疗损害责任就是替代责任。造成患者人身损害的行为人是医务人员,但其并不直接承担赔偿责任,而是由造成损害的医务人员所属的医疗机构承担赔偿责任。[2] 从这一层意义上来说,医疗损害民事责任乃是典型的替代责任。即发生医疗损害之后,患者可以要求医疗机构进行赔偿;在医疗机构进行了赔偿之后,医疗机构可以要求相关医务人员承担一定责任,这样做的意义是增强医务人员的风险意识和责任感,有利于减少医疗损害事件的发生。

第二节 医疗损害民事责任性质

就民事责任体系而言,主要分为违约责任和侵权责任,医疗损害民事责任的性质也存在医疗损害违约责任说和医疗损害侵权责任说。另外,由于违约责任和侵权责任常常发生竞合,又产生了医疗损害民事责任竞合说。医疗损害赔偿纠纷究竟属于何种性质的民事责任,当前理论和实践中存在较大的分歧。本节

---

[1] 杨立新:《〈中华人民共和国侵权责任法〉精解》,知识产权出版社2010年版,第131页。
[2] 杨立新:《医疗损害责任概念研究》,载《政治与法律》2009年第3期。

结合民法学基本原理,对这三种理论进行辨析,以便更好地把握医疗损害民事责任的性质问题。

一、关于医疗损害民事责任性质的不同认识

(一) 违约责任说

违约责任说认为,医疗机构或医师与患者依合意形成契约关系,医疗机构或医师未尽谨慎治疗义务导致发生医疗损害,应依契约承担赔偿责任。① 违约责任说认为,虽然在医师与患者之间一般存在医疗契约关系,但是,医师一方具有专门的知识和技术,了解或者能够预知医疗契约关系中可能出现的发展变化;相反,患者一方往往对医疗专业知识知之甚少,在这种信息不对称的条件下,患者更多的是基于对医师的信赖而将自己的生命健康相托付。因此,医师与患者之间存在一种特殊的信任关系,即医师从患者处得到信赖。② 患者对医师的信赖有两种,其一,认为医师有对于其专门领域的工作具备最低基准的能力,此信赖来源于对医师教育背景、服务经验和人格等的认同;其二,医师关于其身体的判断,也得到患者的信赖。由于患者的这两种信赖,医师对患者就负有高度注意义务和忠实义务。如果违反这两种义务,就应负违约责任。

(二) 侵权责任说

侵权责任说认为,导致医疗损害发生的医疗人员的过失行为是侵权行为。这种学说认为,医疗机构因过失行为造成患者人身损害的,应依照其过错程度向患者或其亲属承担侵权损害赔偿责任。美国、法国等国家的法律和学说主张采取侵权责任说。如在美国,认为医生的医疗过失责任,属于侵权责任,只能提起侵权之诉。但根据合同法中默示条款制度,医生又负有不使病人病情加重的义务,因此也不排除医生承担违约责任的可能。法国医疗损害责任自1936年Mercier案开始,其性质由侵权责任转变为合同责任,但医疗合同责任理论由于忽略了医患关系的伦理性以及有限的包容性,一直受到质疑,2002年法国《患者权利与健康体系质量法》的实施,表明法国的立法、学理及判例,都逐渐抛弃了统领法国医疗损害领域长达近七十年的医疗合同责任理论,宣告了医疗损害责任从合同责任走向了法定责任。③ 这种法定责任指出医疗损害赔偿的责任基础既不是民法典侵权责任的规定,也不是民法典违约责任的规定,而直接是这部法律的规定。

---

① 龚赛红:《论医疗损害责任的竞合》,载《北京化工大学学报·社会科学版》2003年第4期。
② 张新宝:《中国侵权行为法》,中国社会科学出版社1998年版,第417页。
③ 叶名怡:《医疗合同责任理论的衰落——以法国法的演变为分析对象》,载《甘肃政法学院学报》2012年第6期。

我国《民法典》侵权责任编也采纳了这种观点,认为医疗损害赔偿是一种侵权民事责任。按照这种观点,医疗机构及其医务人员由于过失的医疗行为,导致了医疗损害的事实发生,侵害了患者的生命健康权,应承担侵权的民事责任。

(三)责任竞合说

由于违约责任和侵权责任本身就可能会发生竞合,又由于医疗行为中既可能存在某些合同,也可能不存在此类合同,出现模棱两可的状态。在法律实践中,当事人也可能自主选择对自己最有利的维权方式,因此出现了责任竞合说。违约责任与侵权责任的竞合,是合同与侵权责任这两种不同的行为规范针对行为人的同一违法行为进行调整的结果。

为了解决责任竞合问题,学者们提出了法条竞合说、请求权竞合说和请求权规范竞合说三种学说。[①] 这三种学说对各国司法实践处理责任竞合问题,产生了很大影响。

法条竞合说认为,违约责任是侵权责任的特别形态,侵权责任违反的是一般义务,而违约责任违反的是基于契约而产生的特别义务,当同一事实具备侵权责任和违约责任时,依特别法优于一般法的原则,只能适用违约责任的规定,即合同,仅发生契约上的请求权,而不能主张侵权责任的请求权。

请求权竞合说认为,一个事实同时具备侵权行为与违约行为的构成要件,应就各个规范进行判断,由此产生两个独立并存的请求权。在医疗损害责任中,受害人既享有合同上的请求权,又享有侵权责任上的损害赔偿请求权,受害人可以选择行使一种请求权。

请求权规范竞合说认为,在同一当事人间,某一特定事实符合侵权行为和违约行为的要件,仅产生一个统一的请求权。这个统一的请求权兼具违约行为和侵权行为两种性质,基于两个法律依据而成立,其内容应综合各个规范而决定。根据《民法典》第186条的规定,在违约责任与侵权责任竞合的情形下,受损害方有权选择要求其承担违约责任或者侵权责任。通说认为,《民法典》第186条采用的是请求权竞合说的观点。这种学说认为受害者在医疗损害发生后,既享有契约上的请求权,又有侵权责任上的损害赔偿请求权,受害者可以选择行使一种请求权。[②]

二、我国现行法律的解决办法

由于医疗行为一方面是基于医患之间存在医疗合同而发生的,患者所受的

[①] 艾尔肯:《论医疗损害赔偿中违约责任与侵权责任竞合问题》,载《新疆大学学报·哲学社会科学版》2005年第4期。

[②] 王利明:《侵权责任法与合同法的界分——以侵权责任法的扩张为视野》,载《中国法学》2011年第3期。

损害是医方的债务不履行所导致,同时,不得非法侵害他人的人身及财产利益,乃是一项法定义务。2011年2月18日,最高人民法院发布的《关于修改〈民事案由规定〉的决定》中,医疗民事法律风险诉讼的案由包括医疗服务合同纠纷、医疗损害责任纠纷两类。我国《民法典》第186条规定:"因当事人一方的违约行为,损害对方人身权益、财产权益的,受损害方有权选择请求其承担违约责任或侵权责任。"医疗损害赔偿责任应是违约责任和侵权责任的竞合,是违约请求权和侵权请求权的竞合,因医方履行合同的行为——医疗行为不当,侵害了患者的生命权和健康权,而给患者带来了肉体上、精神上或财产上的损害,构成侵权行为。

当事人选择何种请求权,对于其利益实现具有重要意义。例如,受害人甲到乙美容院做美容手术,在手术前,乙向甲承诺该手术会达到一定的美容效果,并许诺该美容手术没有任何风险,成功率100%。并且,乙在其散发的宣传单上明确承诺,"美容手术确保顾客满意""手术不成功包赔损失"。据此,甲同意乙为自己做美容手术。结果该手术失败,导致甲面部受损,甲因此承受了极大的精神和肉体痛苦。后甲提起诉讼要求赔偿。在该案中,适用《民法典》侵权责任编或合同编会导致不同的法律后果。从侵权责任角度出发,医方对于患者的人身安全负有不得侵犯的义务;而从合同来看,医方应当履行其对患者所作出的在无任何风险的情况下完成美容项目的义务。既然医疗方承诺"美容手术确保顾客满意""手术不成功包赔损失",这就构成了约定义务的内容,即达到一定的美容手术效果。未能达到此种效果,就应当构成违约。尽管在该案中存在着医疗合同关系,但长期以来,司法实践一直将其作为侵权案件处理,并要求按医疗损害责任进行技术鉴定。[①]

《侵权责任法》专章规定医疗侵权责任类型后,更进一步促使了医疗侵权责任的扩张趋势。从我国司法实践来看,当事人大多选择提起侵权之诉,人民法院在审理医疗损害赔偿案件时,也根据当事人的选择按侵权责任处理。这减少了法院在援引法律、确定责任等方面的麻烦。

每种学说的提出都有其存在的理由和价值,无论把医疗损害赔偿限定为以上哪类责任,对受害人的保护都是不够充分的,均只能顾及一方面的利益。因此,应该区分不同的情况分别对待:首先应该确定当事人的诉因问题,然后根据当事人不同的诉因,来确定医疗损害赔偿类案件中民事责任的性质;患者选择起诉的诉因不同,承担的责任形式就不同,归责原则亦会不同。

---

① 王利明:《侵权责任法与合同法的界分——以侵权责任法的扩张为视野》,载《中国法学》2011年第3期。

第三节 医疗损害民事责任的归责与构成

民事责任构成要件是指民事主体承担民事责任所必须具备的条件,它因承担民事责任的方式不同而有所不同。医疗损害民事责任的构成要件,是指某一民事主体承担医疗损害民事责任所必须具备的主客观要件的总和。它是受害人向医方要求损害赔偿的前提和基础,只有具备医疗损害民事责任的构成要件,损害赔偿的承担才成为可能。

一、医疗损害违约责任的归责与构成

违约责任适用严格责任,即只要当事人未按约定履行义务,且不具有有效的抗辩事由,就必须承担违约责任。我国《民法典》第 577 条规定:"当事人一方不履行合同义务或者履行合同义务不符合约定的,应当承担继续履行、采取补救措施或者赔偿损失等违约责任。"非违约方只需举证证明违约方的行为不符合合同的规定,便可以要求其承担责任,并不需要证明其主观上是否具有过错。从违约责任角度来看,医疗损害适用严格责任原则。所以,医疗损害中违约责任的构成要件应包括违约行为、医疗损害事实、违约行为与医疗损害事实之间具有因果关系。

(一)违约行为

医疗损害中的违约行为是指医疗机构及其医务人员在诊疗过程不履行义务、履行合同义务不符合约定或法律规定及迟延履行的行为。但不履行义务仅指因医方主观因素拒绝履行,而不包括因客观因素导致不能履行,如医方因患者病情超出其服务领域而履行不能时,不能判定医方违约,对此我国《民法典》第 580 条规定了履行的除外情况,即法律上或者事实上不能履行的不能要求履行方履行。另外,医疗合同只能是一种医方对诊疗过程负责的合同,不可能是医方对诊疗结果负责的合同,因为限于医学发展的局限性,许多疾病根本无法治愈。因此,一般来说,判定医方在医疗损害中违约行为的标准应是医方是否尽到了其应尽的注意义务,只要医方严格按照诊疗规范、常规操作,尽了其应尽的注意义务,即使患者未能治好,也不能认为医方违约。

(二)医疗损害事实

医疗损害事实既包括给患者所造成的人身损害,如患者的死亡、残疾、组织器官功能障碍及其他身体损害,也包括对患者隐私权、名誉权的侵害及在造成患者伤亡、侵害其人格权时的精神损害,还包括在延长了患者病程、小病大治、短病长治、甚至无病也治时给患者所造成的财产损失。《民法典》第 996 条规定:"因当事人一方的违约行为,损害对方人格权并造成严重精神损害,受损害方选择请求其承担违约责任的,不影响受损害方请求精神损害赔偿。"因此,符合一定条件的医疗违约案件也可以主张请求精神损害赔偿。

(三)违约行为与医疗损害事实之间有因果关系

所谓违约行为与医疗损害事实之间有因果关系,是指违约行为与医疗损害事实之间存在引起与被引起的关系,亦即违约行为是医疗损害事实发生的原因,而医疗损害事实则是医方违约行为所产生的结果。

就合同责任而言,虽然因果关系也是损害赔偿的要件,但是,其重要性远远不及侵权责任中的因果关系。一方面,合同责任大量适用约定的责任,只要当事人构成违约,就可以执行约定的责任条款,而不需要就因果关系进行举证。另一方面,即使就损害赔偿责任而言,当事人也可能约定了损害赔偿的范围和计算方法,此时,就不需要更多地考虑因果关系,进而得以确定损害的范围。

在前述"美容案"中,乙在其散发的宣传单上明确承诺,"美容手术确保顾客满意""手术不成功包赔损失"。该宣传单在合同订立后已经成为合同的内容,虽然乙许诺"手术不成功包赔损失",在损害赔偿的计算方法上仍然不甚明确,但其确定了赔偿范围,即手术不成功所造成的损失。我们认为,只要手术不成功造成的财产损失,都是被告可以合理预见到的财产损失,依据我国《民法典》第584条的规定,都应当属于赔偿的范围。因而,受害人不必单独举证证明因果关系。[①]

二、医疗损害侵权责任的归责与构成

我国《民法典》第1218条的规定涉及两个基本问题,一是医疗损害侵权责任的归责原则,二是医疗损害侵权责任的构成。这两个问题也是医疗法律风险民事处理的基本问题,对于这两个问题的不同回答,将会导致医疗侵权处理机制的不同。下面分别加以分析:

(一)医疗损害侵权责任的归责原则

医疗损害侵权责任的归责原则,是指确定医疗机构承担医疗损害责任的一般准则,是在受害患者的人身损害事实已经发生的情况下,为确定医疗机构对自己的医疗行为所造成的损害是否需要承担赔偿责任的准则。[②]《民法典》侵权责任编中规定了一般侵权责任归责原则后,又规定了医疗损害侵权责任归责原则,这对解决、认定、处理医疗损害责任具有重大的理论价值和现实意义。

1.《侵权责任法》实施前我国医疗损害责任的归责原则

《侵权责任法》颁布之前,我国对于处理医疗损害责任行为的法律规范,主要

[①] 王利明:《侵权责任法与合同法的界分——以侵权责任法的扩张为视野》,载《中国法学》2011年第3期。

[②] 杨立新:《医疗损害责任研究》,法律出版社2009年版,第51—52页。

有1987年实施的《民法通则》及其司法解释、1987年实施的《医疗事故处理办法》、2002年国务院制定的《医疗事故处理条例》，还有2002年4月最高人民法院的《关于民事诉讼证据的若干规定》。

依据1987年1月1日起施行的《民法通则》第106条规定，民事责任归责原则主要包括过错责任原则和无过错责任原则，一般侵权行为适用过错责任原则，特殊侵权行为适用无过错责任原则。由于医疗损害侵权责任不属于《民法通则》明确规定的"法律规定应当承担民事责任的，应当承担民事责任"特殊侵权的范围，因此，在《民法通则》体系下，医疗损害侵权责任采用过错责任原则。这在一定程度上平衡了医患双方的利益，既保护了社会大众的合法权益，又促进了医学技术的发展。可是，由于《民法通则》在法律上没有对医疗损害侵权责任作出特别规定，为同年实施的行政法规《医疗事故处理办法》对医疗损害侵权责任作出不一致其至矛盾的规定提供了机会，因而导致了医疗损害侵权责任法律适用的二元化。

依据2002年国务院制定的《医疗事故处理条例》第2条的规定，"本条例所称医疗事故，是指医疗机构及其医务人员在医疗活动中，违反医疗卫生管理法律、行政法规、部门规章和诊疗护理规范、常规，过失造成患者人身损害的事故"，以及第49条的规定，"不属于医疗事故的，医疗机构不承担赔偿责任"，可以看出上述条文一方面规定了医疗损害侵权责任采用过错责任原则，另一方面也规定了过错认定的客观标准。这些规定，体现了过错责任原则的思路。

2002年4月1日起施行的最高人民法院《关于民事诉讼证据的若干规定》第4条第1款第8项规定："因医疗行为引起的侵权诉讼，由医疗机构就医疗行为与损害结果之间不存在因果关系及不存在医疗过错承担举证责任。"可以看出，我国的司法机关在处理此类案件时对责任认定采用的是过错推定原则。这样，行政法规和司法解释就存在较大的矛盾，前者要考量医疗行为的特点，后者要给受害患者以更优越的民事诉讼地位；一个旨在减轻医疗机构的责任，一个旨在加强对受害患者的权利保护。[①]

2.《民法典》关于医疗损害的归责原则

根据《民法典》侵权责任编的相关规定，我国医疗损害的归责原则体系，由过错责任原则、无过错责任原则构成。

（1）一般情况下适用过错责任原则。所谓过错责任，是指以行为人的过错作为归责的根据和最终要件，并依据过错的程度确定行为人的责任范围和形式。[②]调整受害患者、医疗机构和全体患者之间的利益关系，最好的平衡器就是

[①] 杨立新：《中国医疗损害责任制度改革》，载《法学研究》2009年第4期。
[②] 王利明：《民法学》，法律出版社2011年版，第723—724页。

《民法典》侵权责任编的过错责任原则。

我国《民法典》第1218条规定:"患者在诊疗活动中受到损害,医疗机构或者医务人员有过错的,由医疗机构承担赔偿责任。"可见,我国明确规定以"过错责任原则"作为确定医疗损害责任的一般归责原则。《民法典》第1218条的规定,是关于医疗损害责任认定的一般条款,在医疗损害责任认定中处于核心地位,使常见的医疗损害责任赔偿案件回归到过错责任的适用范围。根据《民法典》第1218条以及最高人民法院《关于审理医疗损害责任纠纷案件适用法律若干问题的解释》(以下简称《医疗损害责任纠纷司法解释》)第4条的规定,对于一般情况下的医疗损害行为,患者应当承担初步的举证责任,应当提交到该医疗机构就诊、受到损害的证据。患者无法提交医疗机构及其医务人员有过错、诊疗行为与损害之间具有因果关系的证据,依法提出医疗损害鉴定申请的,人民法院应予准许。所以在判断一般医疗损害责任纠纷案件时,医方有过错的才需要承担赔偿责任,无过错就无须承担赔偿责任;并不是说患者在诊疗活动中只要受到损害,就可以要求医疗机构赔偿。

《民法典》第1222条规定了医疗机构过错推定的情形:"患者在诊疗活动中受到损害,有下列情形之一的,推定医疗机构有过错:(一)违反法律、行政法规、规章以及其他有关诊疗规范的规定;(二)隐匿或者拒绝提供与纠纷有关的病历资料;(三)遗失、伪造、篡改或者违法销毁病历资料。"《民法典》第1165条第2款规定,依照法律规定推定行为人有过错,其不能证明自己没有过错的,应当承担侵权责任。依据《民法典》第1165条第2款规定,《民法典》第1222条应属于法律规定的推定。这一法律规定的推定可以被反驳,即可以由医方举出反面证明予以推翻。《医疗损害责任纠纷司法解释》第6条第2款规定:"患者依法向人民法院申请医疗机构提交由其保管的与纠纷有关的病历资料等,医疗机构未在人民法院指定期限内提交的,人民法院可以依照侵权责任法第五十八条第二项规定推定医疗机构有过错,但是因不可抗力等客观原因无法提交的除外。"(《侵权责任法》第58条现为《民法典》第1222条)这里的"医疗过错推定",患方首先要证明损害后果存在,其次证明医方存在《民法典》第1222条规定的三种情形之一,才推定医方存在医疗过错,然后由医方提出证据证明医疗行为无过错。这是有条件的过错推定,既缓和了患者医疗举证能力不足的缺陷,也一定程度上平衡了医患双方的利益。

(2)特别案件适用无过错责任原则。所谓无过错责任原则,是指无论行为人有无过错,法律规定应承担民事责任的,也应当承担民事责任。无过错责任是一种严格责任,只有在法律有明文规定的情况下才能适用。

《民法典》第1223条规定:"因药品、消毒产品、医疗器械的缺陷,或者输入不合格的血液造成患者损害的,患者可以向药品上市许可持有人、生产者、血液提供机构请求赔偿,也可以向医疗机构请求赔偿。患者向医疗机构请求赔偿的,医疗机构赔偿后,有权向负有责任的药品上市许可持有人、生产者、血液提供机构追偿。"这是我国现有法律中唯一的关于医疗损害责任认定适用无过错责任原则的法律条款。该条款表明,无论医方对其使用的医疗产品缺陷的产生有无过错,医方都不能以缺陷并非由于其产生而作为抗辩事由,都要向因此受到损害的患者承担医疗损害赔偿责任。在其责任构成中无须具备过错要件。

根据《医疗损害责任纠纷司法解释》第7条的规定,患者依据《民法典》第1223条的规定请求赔偿的,应当提交使用医疗产品或者输入血液、受到损害的证据。患者无法提交使用医疗产品或者输入血液与损害之间具有因果关系的证据,依法申请鉴定的,人民法院应予准许。医疗机构、医疗产品的生产者、销售者或者血液提供机构主张不承担责任的,应当对医疗产品不存在缺陷或者血液合格等抗辩事由承担举证证明责任。《医疗损害责任纠纷司法解释》第22条规定的是缺陷产品生产者、销售者与医疗机构承担连带责任的规则。在这里应当明确,医疗产品损害责任也是产品责任,是特殊的产品责任,其中最为特殊之处,就是医疗机构参与了这种侵权损害赔偿责任法律关系,成为一方责任人,与缺陷医疗产品的生产者承担不真正连带责任。①

(二)医疗损害侵权责任的构成

由于侵权责任构成理论是侵权责任的核心,所以在医疗损害侵权责任领域内,最为核心的问题便是医疗损害侵权责任之构成。依照我国《民法典》第1218条的规定,构成医疗损害侵权责任应当具备四个要件,即医方存在违法行为、患者有损害后果、医方违法行为与患者的损害后果之间具有因果关系,以及医疗机构以及医务人员主观上存在过错。

1. 医方存在违法行为

侵权行为的中心问题,为行为之违法性。具体而言,侵权行为的违法性表现为违反法定义务、违反保护他人的法律和故意违背善良风俗而损害于他人。医疗机构及其医务人员在诊疗活动中的违法诊疗行为,简称违法诊疗行为,是构成医疗损害侵权责任的首要要件。作为医疗损害侵权责任的诊疗行为违法性具体是指医疗机构及其医务人员在诊疗行为中违反了对患者的生命权、健康权、身体权、自我决定权以及隐私权等民事权利不得侵害的法定义务构成的形式违法。②由于医疗行为涵盖较广,所以在实践中违法诊疗行为在《民法典》侵权责任编有诸多不同表现形式,主要包括:违反第1219条的医疗告知义务的行为,违反第

---

① 杨立新:《〈侵权责任法〉改革医疗损害责任制度的成功与不足》,载《中国人民大学学报》2010年第4期。

② 杨立新:《医疗损害责任构成要件的具体判断》,载《法律适用》2012年第4期。

1220条规定的紧急情况救助义务的行为,违反第1222条遗失、伪造、篡改或者销毁病历资料的行为和违反第1226条患者隐私和个人信息保密义务的行为。

医务人员具有上述违法性的医疗侵权行为,通常具体体现为以下情况:(1)过错性误诊。根据患者的实际情况、医疗机构的设备和有关的操作规定,以一个合格的医师应有的注意本来应当诊断出来患者所患疾病,但是由于医师未遵守操作规定或未能正确使用医疗设备,导致对患者疾病的错误认识。(2)贻误治疗。医师虽然对患者疾病作出了正确的诊断,但未对患者进行及时有效的治疗。(3)不当处方。对于已经确诊的患者,给予错误的处方。(4)不当手术和处置。包括对不需要和不应当手术处置的患者进行手术。如错误切除不应当切除的器官或组织,在手术和处置中将器具药棉等遗留在患者体内。(5)治疗中使用不合格的材料,导致患者的伤害或其他损失;等等。上述医疗侵权行为既表现为积极的作为,也表现为消极的不作为。前者指的是不当治疗行为,后者指的是拖延治疗或拒绝治疗。

2. 患者有损害后果

损害是侵权行为的构成要件之一。损害后果必须是法律明确规定的后果,必须是侵犯了患者的受法律保护的合法权利。医疗损害责任构成中的患者受到损害后果要件,是医疗机构及其医务人员在诊疗活动中,造成患者的人身损害事实和财产损害事实以及精神损害事实。从理论上分析,患者受到的损害事实一般包括以下内容:

(1)侵害患者生命健康权。

生命权是以自然人的生命安全和生命尊严利益为内容的权利,是自然人最基本的人格权。侵害生命权是指医方侵害患者身体导致患者死亡的侵权行为。《民法典》第110条第1款规定,自然人享有生命权、身体权、健康权、姓名权、肖像权、名誉权、荣誉权、隐私权、婚姻自主权等权利。《民法典》第1002条规定:"自然人享有生命权。自然人的生命安全和生命尊严受法律保护。任何组织或者个人不得侵害他人的生命权。"医疗损害中对患者生命权的侵害表现为由于医疗机构的过失行为导致患者死亡的行为,对于这种行为,医疗机构在承担相应的法律责任的同时,还要对患者家属承担民事损害赔偿责任。

此处的健康权主要指身体健康权。健康权是指公民以其机体生理机能正常运作和功能完善发挥,维持人体生命活动的利益为内容的人格权,包括健康维护权和劳动能力。健康的损害往往导致患者出现明显的器官、组织损伤或功能障碍,对健康损害程度的判断通常根据日常生活能力、劳动能力的丧失和影响程度进行判断。

身体权是指患者维护其身体完整并支配其肢体器官和其他组织的人格权,以身体权作为侵害客体的侵权行为,就是侵害患者身体权的侵权行为。身体权与健康权虽然分属两种不同的人格权利,二者具有不同的内容,但人的身体权与健康权又是紧密相连、相辅相成的,人的健康是以其身体的完整为前提的,一旦身体的完整性遭到破坏,那么健康权也就同时受损。如医生的不当手术致使患者身体组织破坏,侵害了其身体权,但同时该患者的健康权亦遭到侵害。因此,在很多情况下,侵害患者身体权时,可参照侵害患者健康权的规定。

(2) 侵害患者名誉权、隐私权、知情同意权。

医疗行为对患者名誉权的侵害主要表现为,在诊断过程中对一些社会舆论认为有伤风化的病的误诊,并未履行保守秘密的义务而致使受害人所处的群体对其社会评价的减损。在医疗实践中,侵犯患者隐私权行为的表现形式,主要有以下三种情形:一是故意泄露或传播患者的隐私信息;二是故意暴露患者的隐私部位;三是非法侵入或窥视患者的隐私。[①] 对此,在《民法典》第1032条规定的隐私权的基础上,《民法典》第1226条规定,医疗机构及其医务人员应当对患者的隐私和个人信息保密,此条规定对确保患者隐私利益免受非法侵犯具有非常重要的现实意义。

知情同意权是指患方在选择和接受诊断与治疗过程中有权获得必要的信息,并在理性的情况下作出决定的权利。[②] 根据《民法典》第1219条的规定,医务人员在诊疗活动中应当向患者说明病情和医疗措施。在医方诊查后,还应当及时告知患者有关疾病的检查和诊断的结果;如果医方未尽到告知说明义务,就应当承担相应的赔偿责任。另外《民法典》第1219条对于手术、特殊检查和特殊治疗,知情同意权主体要在知情、理解的基础上以明确的形式将自己同意的意思表达出来。

(3) 患者及其近亲属的财产损害。

财产损害是指行为人的不法行为侵害了受害人的财产权、人身权及其他权利,从而导致了受害人所拥有的财产价值的减少和可得利益的丧失。财产损害是一种实际的物质财富损失,是直接可以用金钱的数额来衡量的。医疗过错行为使患者近亲属所遭受的财产损害,主要表现为:应当赔偿医疗费、护理费、交通费、营养费、住院伙食补助费等为治疗和康复支出的合理费用,以及因误工减少的收入;造成残疾的,还应当赔偿辅助器具费和残疾赔偿金;造成死亡的,还应当赔偿丧葬费和死亡赔偿金。

(4) 患者及其近亲属的精神损害。

精神损害是指受害人在受到侵害后导致精神上的痛苦和肉体上的疼痛等方

[①] 艾尔肯:《论医疗损害责任构成要件》,载《西部法学评论》2010年第3期。
[②] 杨立新:《医疗损害责任研究》,法律出版社2009年版,第30页。

面的损害。① 确定患者的精神损害,首先,医疗损害责任构成的患者损害后果要件中包含的精神损害,包括两个方面:一是侵害物质型人格权造成的精神痛苦的精神损害,二是侵害隐私权等精神型人格权造成的精神利益的损害;其次,依照《民法典》第1183条的规定,造成的精神损害应当达到严重的程度,或者医务人员具有故意或者重大过失。②

3. 医方违法行为与患者的损害后果之间存在因果关系

构成医疗损害侵权责任,医疗违法行为与患者人身损害后果之间必须具有因果关系。由于医疗损害侵权责任因果关系的复杂化和多样化,认定是否存在因果关系的相关理论学说主要有条件说、必然因果关系说、二分法因果关系说、相当因果关系说、可预见性理论等。③

二分法因果关系说是我国目前的通说。二分法将因果关系分为事实上的因果关系和法律上的因果关系。事实上的因果关系是指仅从事实角度来考察加害人的加害行为与受害人的损害结果之间的客观联系。法律上的因果关系是指在界定事实上的因果关系的前提下,确定加害人是否应当承担法律责任的问题。事实因果关系解决的是侵权责任是否成立;法律上的因果关系解决的是在多大范围内承担赔偿责任的问题。在对事实上的因果关系的界定上,大体上是运用普通法上的必要条件理论和实质要件理论。而在对法律上的因果关系进行界定时,运用的是相当因果关系说。医疗损害侵权责任因果关系的确定包括事实因果关系的判定和法律上因果关系的判定。

(1) 事实因果关系的判定。

在医疗损害侵权责任事实因果关系的判定上,可采用认定或推定的方法。事实因果关系的认定是指直接确认因果关系事实的存在。依认定依据的不同,事实因果关系的认定又可分为事实本身证明说认定和技术鉴定方法认定两种。

通常情况下,如果医疗机构违反民事义务的行为和对患者造成的损害后果之间的因果关系联系是较为明确的,没有介入外来的、不确定因素的影响,原被告双方对医疗机构违反义务的行为与损害后果间的因果关系也没有争议。对这类案件可以事实本身证明认定两者间的因果关系。事实证明说适用于被告的违反义务的行为与其造成的损害后果比较明显的情况。依据《民法典》第1222条的规定,医方出现违法违规操作或遗失、伪造、篡改或者违法销毁病历资料等严重不当行为时,其行为本身便直接可以说明医方违反了其承担的诊疗义务,对这类案件可以事实本身证明认定两者间的因果关系。但是,大多数情况下对医疗

---

① 张新宝:《中国侵权行为法》,中国社会科学出版社1998年版,第103页。
② 杨立新:《医疗损害责任构成要件的具体判断》,载《法律适用》2012年第4期。
③ 艾尔肯:《论医疗损害责任构成要件》,载《西部法学评论》2010年第3期。

损害因果关系判定是专业性极强的问题,仅凭经验方法是不可能判定的,必须借助医学会、司法鉴定机构等专业鉴定机构才能确定。医疗损害鉴定中分析、判断的因果关系就是事实因果关系。对存在争议的事实因果关系,需要委托有关的专家和鉴定机构运用科技手段和专业知识进行鉴别、监测和分析后制成鉴定意见。在一般情况下,医疗损害责任纠纷案件都可以对诊疗行为与损害后果之间是否存在因果关系以及医疗机构对患者造成损害的原因力大小进行鉴定。在原因力的判断上,医疗机构以及医疗损害侵权责任鉴定通常叫作"医疗损害参与度"鉴定。① 在通常情况下,原因力大小是采用全部原因、主要原因、同等原因、次要原因和无原因力的说法来表述。这是医疗损害侵权责任鉴定的必要事项。

事实因果关系的推定是指即使通过技术鉴定的方法也无法对事实因果关系做出认定的情况下,根据已知的事实或公认的科学原理,对未知的事实所进行的判定和推断,以解决事实因果关系的判定问题。② 其基本要点是保护弱者,在受害人处于弱势,没有办法完全证明因果关系要件时,只要受害人举证证明达到一定程度,就推定行为与损害之间存在因果关系,然后由被告负责举证,证明自己行为与损害发生之间没有因果关系。

(2)法律上因果关系的判定。

医疗损害侵权责任中法律因果关系是指在确定了医疗过失行为与损害结果之间存在事实因果关系的前提下,由法官依法认定医疗过失行为是否具有违法性,从而最终确定医方是否应当依法承担赔偿责任的问题。其目的在于法律对医疗过错行为与损害结果之间的因果关系所作出的价值判断,是将事实上的因果关系与医疗损害侵权责任相衔接的重要环节。

民法理论的通说为用相当因果关系说来评价法律因果关系。判断相当因果关系,要依行为时的一般社会经验和智识水平作为判断标准,认为该行为有引起该损害结果的可能性,而在实际上该行为又确实引起了该损害结果,则该行为与该结果之间为有因果关系。如某一重症服毒自杀患者,即使经医方全力抢救也会死亡,但医师怠于施救,使这种不作为行为与死亡结果之间仍存在因果关系,因为医师主观上有过失、客观上违反了积极施救的义务。

相当因果关系说对医疗损害侵权责任中因果关系的认定具有重要意义。适用相当因果关系学说判断医疗损害责任因果关系,关键在于掌握违法诊疗行为是发生患者损害事实的适当条件。如在给某一患者做切除其病变组织手术时,本应一次性全部切除,由于病理检验报告有误,医师只进行了部分切除,导致患

---

① 杨立新:《〈最高人民法院关于审理医疗损害责任纠纷案件适用法律若干问题的解释〉条文释评》,载《法律适用》2018年第1期。

② 刘鑫:《医疗损害鉴定之因果关系研究》,载《证据科学》2013年第3期。

者进行第二次手术。虽然未造成事实上的重大损害,但实质上增加了产生损害的可能性,使患者又一次陷入产生损害的危险之中。在法律因果关系考量的因素中,除了被告医疗机构的医疗侵害行为之外,如果还有其他因素介入,就可能使得原告患者所受损害与被告医疗机构的医疗行为之间相距甚远,使得二者之间的这种关联性减弱,从而降低或者免除了被告的赔偿责任。[①]

总之,考察医疗损害侵权责任法律上的因果关系的目的是,在所有造成损害的原因事实中,找出与医疗机构具有法律上联系的事实。医疗机构只对自己违反义务的行为承担民事责任。考察医疗损害侵权责任中的法律因果关系,就是考察在造成患者损害的所有原因事实中,是否存在医疗机构违反义务的原因行为。

4. 医疗机构及其医务人员主观上存在过错

过错是医方承担民事责任的构成要件,医方只有在主观上有过错的情况下才承担民事责任。医方存在过错,说明其行为本质上具有不可原宥性,由此决定了其必须对自己的过错承担责任。

一般说来,医疗机构及其医务人员在医疗活动中承担高度注意义务,确定医方是否有过错应当以其是否尽到与当时医疗水平相应的诊疗注意义务为标准。[②] 有鉴于此,我国《民法典》第1221条规定:"医务人员在诊疗活动中未尽到与当时的医疗水平相应的诊疗义务,造成患者损害的,医疗机构应当承担赔偿责任。"这一规定就是对医疗过错的明确规定。由于医学水平是医学科学发展的最高水平,医疗水平则是损害发生时临床所能够达到的医疗技术水平。所以,《民法典》第1221条明确规定以"当时的医疗水平"作为判断医疗过错的标准,而不是医学水平。凡是医疗机构或者医护人员从事病情的检验诊断、治疗方法的选择,治疗措施的执行以及病情发展过程的追踪或术后照护等医疗行为中,不符合当时的临床医疗专业知识或技术水准的懈怠或疏忽就是医疗技术过失。[③] 依据《医疗损害责任纠纷司法解释》第16条的规定,认定医疗机构及其医务人员过失的基本要求,是依据法律、行政法规、规章以及其他有关诊疗规范的规定,凡是违反上述规范的,就构成医疗技术过失。在适用上述认定医疗技术过失的基本确定标准的基础上,还要综合考虑患者病情的紧急程度、患者个体差异、当地的医疗水平、医疗机构与医务人员资质等因素。

---

① 薛贵滨:《医疗损害因果关系的法理研析——以英美法为视角》,载《江西社会科学》2010年第9期。

② 梁慧星:《论〈侵权责任法〉中的医疗损害责任》,载《法商研究》2010年第6期。

③ 陈忠五:《法国法上医疗过错的举证责任》,载朱柏松等:《医疗过失举证责任之比较》,台湾元照图书出版公司2008年版,第125页。

第四节 医疗损害责任的类型

在医患法律关系中,医疗损害责任是一种综合性的责任,主要包括两种不同的民事责任:一是基于合同产生的违约责任;二是基于合同以外责任,包括非合同医疗关系(无因管理和强制治疗)所产生的债务责任和侵权行为所致的债务责任。

一、医疗损害违约责任

医疗损害违约责任主要包括以下情形:

(1)拒绝履行和履行不能。债务人不履行合同既可能是故意毁约行为,也可能是因履行不能所致。在医疗合同的履行过程中,如果医疗机构或医师有能力救治而拒绝对患者予以诊疗,或出于患者不能承担医疗费,而拒绝为患者提供治疗的,就属于不履行行为。

(2)延误履行。延误履行指医方未按照医疗合同的约定及时履行其义务。因为医疗合同一般并未约定履行期限,对此一般应根据交易习惯予以确定。对于门诊患者,医师应根据挂号顺序对患者进行治疗;对于急诊患者,则应立刻采取抢救治疗措施,不得迟延;对于持续接受治疗的患者,应根据患者疾病的发展、病情的诊断结果及诊疗规范,及时给予适当的治疗,如不当延误,都属于诊疗债务的迟延履行。[①]

(3)不完全履行。不完全履行是指合同当事人虽有履行义务的行为,但不符合合同的约定或法律的规定。它在范围上包括了不适当履行、部分履行、违反附随义务等各种违约行为。

医疗活动中的不适当履行,是指医方的履行质量不符合约定或法律的规定。不适当履行是医疗违约行为最主要的一种形态,实践中多数医疗违约行为都可纳入此类。由于医疗行为的对象是患者的身体,如有债务的不适当履行,往往导致患者其他人身健康损害,系加害给付行为,从而出现违约责任和侵权责任的竞合。

医疗活动中医方的部分履行是指医方仅对患者的疾病作了部分处理,而遗漏了其他部分从而给患者造成损害的行为。

我国《民法典》第509条第2款规定,当事人应当遵循诚实信用原则,根据合同的性质、目的和交易习惯履行通知、协助、保密等义务。该款规定的通知、协助、保密等义务,在理论上即称为附随义务或者附从义务,即都属于根据诚信原

---

① 陈绍辉、俞大军:《论医疗违约行为的认定及其标准》,载《医学与哲学》2014年第11A期。

则所派生的并根据合同的性质、目的和交易习惯应当履行的义务,是附属于主债务的从属义务。这种义务是诚信原则在合同履行中的体现,并且随着合同履行的状况而变化。在医疗合同中,根据医疗合同的性质及诚信原则,医方应负有对患者告知与说明病情、医疗措施、医疗风险的义务。医方一旦没有尽到其告知与说明义务,应当承担相应的赔偿责任。

二、医疗损害侵权责任

依据我国《民法典》侵权责任编的规定,以损害发生的不同原因为分类标准,可将医疗损害侵权责任分为医疗技术损害责任、医疗伦理损害责任、医疗产品损害责任、医疗管理损害责任、过度医疗损害责任。

(一) 医疗技术损害责任

医疗技术损害责任,指医疗机构及医务人员从事病情检验、诊断、治疗方法的选择,治疗措施的执行,病情发展过程的追踪以及术后照护等医疗行为,存在不符合当时医疗水平的过失,造成患者损害,医疗机构所应当承担的侵权赔偿责任。

医疗技术,是指医疗机构及其医务人员以诊断和治疗疾病为目的,对疾病作出判断和消除疾病、缓解病情、减轻痛苦、改善功能、延长生命、帮助患者恢复健康而采取的医学专业手段和措施。违反《医疗技术临床应用管理办法》,将导致一定的损害风险,不利于对患者权益的保护。对医疗技术规定的违反本身即是一种过错,《民法典》第1218条规定的是医疗损害的最为基本、最为常见的类型。另外,根据《民法典》第1221条的规定,不论采取的医疗措施是否经患者一方同意,只要在诊疗活动中,医务人员未尽到与当时的医疗水平相应的诊疗义务,医疗机构就应对由此造成的损害承担责任;相反,只要医务人员在诊疗活动中尽到与当时医疗水平相应的诊疗义务,即使造成损害,也不发生医疗损害侵权责任。

(二) 医疗伦理损害责任

医疗伦理损害责任,指医疗机构和医务人员违背医疗良知和医疗伦理的要求,违背医疗机构和医务人员的告知或保密义务,具有医疗伦理过失,造成患者人身损害以及其他合法权益损害的医疗损害侵权责任。《民法典》第1219条规定的是违反告知义务的损害责任,是医疗伦理损害责任的基本类型。《民法典》第1226条规定的违反保密义务的损害责任也是医疗伦理损害责任的类型。

1. 违反告知义务的损害责任

在医患关系中,患者享有知情权和同意权,医务人员负有相应的说明义务。因此,《民法典》第1219条规定:"医务人员在诊疗活动中应当向患者说明病情和医疗措施。需要实施手术、特殊检查、特殊治疗的,医务人员应当及时向患者说明医疗风险、替代医疗方案等情况,并取得其明确同意;不能或者不宜向患者说明的,应当向患者的近亲属说明,并取得其明确同意。医务人员未尽到前款义务,造成患者损害的,医疗机构应当承担赔偿责任。"依此规定,只要医务人员未按照规定尽到说明义务或者取得患者一方同意而实施手术、特殊治疗、特殊检查的,医疗机构就应对因此而造成的损害承担医疗损害责任。《民法典》第1220条规定:"因抢救生命垂危的患者等紧急情况,不能取得患者或者其近亲属意见的,经医疗机构负责人或者授权的负责人批准,可以立即实施相应的医疗措施。"这两条规定确立了知情同意规则,它有助于实现患者的自主决定权,保障患者能够参与到医疗活动之中,确保医务人员的医疗行为的利他性,防止医务人员的特权滥用。[①]

2. 违反保密义务的损害责任

患者享有隐私权,医疗机构对患者的隐私负有保密义务。实践中侵犯患者隐私权的主要情形有:(1)超出知情范围刺探患者隐私;(2)故意泄露、公开传播或直接侵扰患者的隐私;(3)医务人员非诊疗职责需要而知悉患者隐私;(4)直接侵入患者身体侵害隐私;(5)医方擅自允许对治疗过程的教学观摩;(6)未经患者同意公开其病历资料及有关资料。根据《民法典》第1226条的规定,只要泄露患者的隐私和个人信息或者未经患者同意公开患者的病历资料,给患者造成损害,医疗机构就应承担侵害患者隐私的医疗损害侵权责任,而不论其是为何泄露患者隐私和个人信息的,也不论公开患者病历资料的主要目的为何。

(三) 医疗产品损害责任

医疗产品损害责任,是指医疗机构在医疗过程中使用有缺陷的药品、消毒产品、医疗器械以及血液及制品等医疗产品,因此造成患者人身损害的,医疗机构或者医疗产品的药品上市许可持有人、生产者、销售者所应当承担的侵权赔偿责任。

医务人员在对患者实施诊疗活动中必不可避免地需要使用药品、消毒产品、医疗器械,或者输入血液,因这些医疗用品有缺陷或者不合格,也会对患者造成损害,由此而发生医疗损害侵权责任。《民法典》第1223条确立了医疗产品责任的独立地位,但并非医疗产品责任规则的全部。医疗产品责任原则上适用《民法典》侵权责任编第四章"产品责任"的有关规定和《产品质量法》关于产品责任的一般规则。医疗机构在主体意义上准用销售者责任规则;对不合格血液致害在致害物意义上准用缺陷产品责任规则,这间接地将销售者责任和生产者责任准

[①] 周友军:《论中国侵权法上的知情同意规则》,载《北京航空航天大学学报(社会科学版)》2011年第4期。

用于医疗机构和血站。① 因医疗用品缺陷造成患者损害的,患者有选择权,可以选择向药品上市许可持有人、生产者或者血液提供机构请求赔偿,也可以选择向医疗机构请求赔偿。对此,《医疗损害责任纠纷司法解释》第 21 条作出了明确规定。患者请求医疗机构赔偿的,医疗机构不能以损害是因医疗用品缺陷造成而免责,也不论其有无过错,应承担赔偿责任。医疗机构向患者承担责任后有权向生产者或者血液提供机构追偿。医疗机构或者医疗产品的药品上市许可持有人、生产者、销售者承担赔偿责任后,向其他责任主体追偿的,应当根据诊疗行为与缺陷医疗产品造成患者损害的原因力大小确定相应的数额。

(四) 医疗管理损害责任

医疗管理损害责任是指医疗机构和医务人员违背医政管理规范和医政管理职责的要求,具有医疗管理过错,造成患者人身损害、财产损害的医疗损害责任。医疗管理损害责任的构成,是须具备医疗管理过错,即医疗机构及医务人员在医政管理中,由于疏忽或者懈怠甚至是故意,不能履行管理规范或者管理职责,造成患者人身损害或者财产损害。例如,某医院正在进行手术,因突然停电,手术被迫中断,欲接通备用电源继续手术,但值班电工擅离职守不知去向,致使手术耽搁,以致患者因衰竭而死亡。这其实是典型的医疗管理损害责任,应当依照医疗管理损害责任追究医疗机构的赔偿责任。

医疗管理损害责任主要包括违反病历资料管理职责致害责任、救护车急救不及时的损害责任、违反管理职责致使产妇抱错孩子的致害责任、违法处理患者医疗废物侵害患者权利的责任、医务人员擅离职守的致害责任、医疗机构违反安全保障义务的致害责任等类型。②

(五) 过度医疗损害责任

过度医疗一般是指,在医疗过程中,医师对患者的疾病实施不必要的诊疗措施,致使患者的医疗费用明显超过疾病诊疗实际需求的医疗行为或医疗过程。过度医疗认定的关键,在于把握过度医疗行为与适度医疗行为的界限,并且应将其与保护性医疗和防御性医疗加以严格区分。③ 这一立法对于过度医疗及防御性医疗进行法律规制无疑具有进步意义。然而,过度医疗的范围不仅仅表现在"实施不必要的检查"一个方面,还表现在过度治疗、过度用药、过度保健等其他诸多方面,这些方面的过度医疗行为同样会给患者人身、财产权益带来严重损害从而侵犯患者的合法权益,这无疑也是这一立法的局限所在。④

---

① 王竹:《论医疗产品责任规则及其准用——以〈中华人民共和国侵权责任法〉第 59 条为中心》,载《法商研究》2013 年第 3 期。
② 杨立新:《医疗管理损害责任与法律适用》,载《法学家》2012 年第 3 期。
③ 王安富:《论过度医疗侵权行为及其法律规制》,载《法学论坛》2012 年第 4 期。
④ 石悦:《过度医疗侵权责任的构成、归责及赔偿》,载《贵州社会科学》2012 年第 7 期。

第五节 医疗损害责任的豁免

责任豁免,在侵权责任法中一般称之为抗辩事由或免责事由,指的是行为人对其行为所导致的损害基于某种法定理由而不承担责任的情形。[1] 在《民法典》中,免责事由是被告对抗原告诉讼请求、免除或减轻自身责任的重要途径,是被告维护自身权益的重要法律武器。免责事由主要具有以下特点:免责事由是免除责任的事由;免责事由主要由法律规定;免责事由一旦成立,就导致责任人的责任免除。由于医疗侵权行为自身的特殊性,医疗损害责任的免责事由与一般侵权责任的免责事由并不完全相同。医疗损害责任的免责事由可以分为两类:一是特殊法定免责事由,二是一般法定免责事由。具体分析如下:

一、特殊法定免责事由

医疗损害责任的特殊法定免责事由,是指仅用于医方对抗患者或其近亲属提出的医疗损害责任的豁免事由。

1. 患方过错

根据《民法典》第1224条第1款第1项的规定,患者或其近亲属不配合医疗机构进行符合诊疗规范的诊疗,造成患者人身损害后果的,医疗机构不承担赔偿责任。患方过错,是受害人过错的一种特殊情形。受害人过错,是指损害的发生或扩大不是由于行为人的过错,而是由于受害人的过错引起或发生的。其原则是,如果受害人的过错是损害发生的唯一理由,构成免除责任的抗辩事由。在医疗实践中,如果是患者没有遵守医嘱,或患者的虚假回答导致误诊,或者患者延误治疗而导致损害的发生,医务人员可因此免责,但前提条件是医务人员履行了其注意义务。如果医务人员只具有轻微过失,亦构成免除责任的抗辩事由。

2. 紧急医疗救治

根据《民法典》第1224条第1款第2项的规定,医务人员在抢救生命垂危患者等紧急情况下已经尽到合理诊疗义务的,可以作为免责事由。紧急医疗救治,是紧急避险抗辩事由在医疗损害责任案件中的适用。在此情形下,医师的思维能力、判断能力和预见能力均低于正常情形,同时由于时间的紧急性也不可能对患者进行全面的检查,所以医师的注意义务也应低于一般的医疗情形。根据《民法典》的规定和紧急避险理论,医疗行为构成紧急医疗救治须符合下列条件:患者存在生命危险紧急情况;紧急医疗措施应当限于当时别无选择、迫不得已;医方必须履行了及时、全面和必要的紧急救治义务,对损害的发生没有重大过失;

---

[1] 王利明:《侵权责任法研究(上卷)》,中国人民大学出版社2010年版,第414页。

对患者的损害应当控制在最小限度内,即紧急救治措施所导致的损害应当以挽救患者生命需要为界限。① 结合上述情况,如果医务人员已经尽到了在紧急救治情况下医务人员通常应尽的诊疗义务,医疗机构就不应当承担责任;否则即便是抢救生命垂危的患者,医务人员未尽到紧急救治情况下医务人员应尽到的合理诊疗义务,医疗机构仍难以免除其赔偿责任。②

3. 医疗水平限制

当今医学技术已取得很大的发展,以往一些所谓的不治之症和医学难题逐步为现代医学所攻克,但是医疗技术和医学水平总是有局限性的。正因如此,限于当时的医疗水平难以诊疗的病症,医务人员无法治愈,就是正常的。

《民法典》侵权责任编一方面将当时的医疗水平作为确定医疗技术过失的标准,另一方面将限于当时的医疗水平难以诊疗的情形作为免责事由,在这个问题的两端作出了合理的规定。这一免责事由的规定也是出于鼓励和促进医学科学发展的需要,考虑到广大患者利益以及整个医疗行业健康发展的需要,而在法律制度上有所平衡。③

4. 医疗干预权

医疗干预权,又称医方特殊干预权或者医疗特权,是指在特殊情况下,医师为了不损害患者或社会他人利益,对患者自主权进行干预和限制,并由医师作出医疗决定的权利。

《民法典》侵权责任编规定:"因抢救生命垂危的患者等紧急情况,不能取得患者或者其近亲属意见的,经医疗机构负责人或者授权的负责人批准,可以立即实施相应的医疗措施。"此规定赋予医疗机构在特殊情况下享有的医疗特权,使医疗机构不至于因未获得患方知情同意这个程序上的疑似瑕疵而不敢作为,从而浪费患者最佳救治时间,其主旨是维护患者生命健康利益。④ 这一规定确定了行使特殊干预权必须同时符合的两个条件:第一,患者处于生命垂危的紧急状态,需要进行抢救;第二,不能取得患者或者其近亲属的意见。

《医疗损害责任纠纷司法解释》第18条第1款是对《侵权责任法》第56条(现为《民法典》第1220条)关于抢救生命垂危患者紧急情况规定的解释。具体规定为:"因抢救生命垂危的患者等紧急情况且不能取得患者意见时,下列情形可以认定为侵权责任法第56条规定的不能取得患者近亲属意见:(一)近亲属不明的;(二)不能及时联系到近亲属的;(三)近亲属拒绝发表意见的;(四)近

---

① 陈志华:《医疗损害责任深度释解与实务指南》,法律出版社2010年版,第111页。
② 王胜明:《中华人民共和国侵权责任法解读》,中国法制出版社2010年版,第298页。
③ 杨立新:《〈中华人民共和国侵权责任法〉精解》,知识产权出版社2010年版,第250页。
④ 赵敏:《论患者决定权与医疗干涉权冲突的法律选择》,载《医学与哲学》(人文社会医学版)2011年第9期。

亲属达不成一致意见的;(五)法律、法规规定的其他情形。"

医方行使干预权时还必须符合程序上的要求,即必须由医务人员报经患者所处的医疗机构的负责人或者医疗机构授权的负责人批准以后才能实施。批准之后,医务人员应当立即对患者实施相应的医疗措施。医务人员经医疗机构负责人或者授权的负责人批准立即实施相应医疗措施,患者因此请求医疗机构承担赔偿责任的,不予支持;医疗机构及其医务人员怠于实施相应医疗措施造成损害,患者请求医疗机构承担赔偿责任的,应予支持。

二、一般法定免责事由

根据《民法典》的有关规定,医疗损害责任的一般法定免责事由,是侵权责任一般规定上的免责事由在医疗损害赔偿中的具体运用,其包括患者故意、第三人过错、不可抗力、医疗意外等。

1. 患者故意

根据《民法典》第 1174 条规定,若损害是因受害人故意造成,行为人就不承担责任。受害人故意,是指受害人明知自己的行为会造成其自身的损害结果,仍然追求或放任损害后果的发生。患者故意系属受害人故意表现形式之一。在临床工作中,患者故意比较典型的情况是患者在医疗机构场所内自杀。如果医方对于患者的自杀不存在医疗过失,而完全是由于患者自身因素所导致的结果,那么医方就不应承担责任。但是若医方对于患者的自杀具有过失,医方还是应负相应的民事责任。在医疗损害赔偿责任中,医方应当注意的问题是由其承担受害人存在故意情形的证明责任。医疗机构能够证明受害人的损害后果是因为受害人故意而造成时,医疗机构就能够以此作为抗辩事由,不承担法律责任。[①]

如果被侵权人对同一损害的发生或者扩大有过错的,应当根据《民法典》第 1173 条规定,可以减轻侵权人的责任。即根据双方的过错程度和原因力程度确定医疗机构一方承担相应的赔偿责任。所以,医疗活动的顺利进行,需要医患双方的相互配合。

2. 第三人的过错

根据《民法典》第 1175 条的规定,如果损害是因第三人造成,则第三人就应当承担侵权责任。依据《民法典》的上述规定,第三人的过错可以作为行为人减轻或免除民事责任事由。第三人过错是指除双方当事人之外的第三人,对原告损害的发生或扩大具有过错,具体包括第三人的故意和过失。

---

① 刘鑫、张宝珠、陈特:《侵权责任法"医疗损害责任"条文深度解读与案例剖析》,人民军医出版社 2010 年版,第 89 页。

在医疗活动中,与第三人过错有关的医疗损害案件主要是患者在就医期间因第三人缘故所导致的人身伤害或财产损失的情况。在上述情况下就涉及医方是否应就第三人过错造成的损害后果承担法律责任。从法律的层面而言,就是指医院是否应对患者承担安全保障义务,保证患者在医院就医期间不受到医疗行为以外的其他不当侵害。

《民法典》第1198条规定:"宾馆、商场、银行、车站、机场、娱乐场所等经营场所、公共场所的经营者、管理者或者群众性活动的组织者,未尽到安全保障义务,造成他人损害的,应当承担侵权责任。因第三人的行为造成他人损害的,由第三人承担侵权责任;经营者、管理者或者组织者未尽到安全保障义务的,承担相应的补充责任。经营者、管理者或者组织者承担补充责任后,可以向第三人追偿。"根据上述规定,医方的就诊区域、住院病房等场所,属于法律规定的公众场所,医方应对在此处就医的患者承担相应的安全保障义务。但是,医方对其承担的安全保障义务应该有合理限度,其对第三人造成的损害赔偿责任以"能够防止或制止损害的范围内"为限。在判定医方是否应对患者受到的第三人的伤害承担补充赔偿责任问题时,关键是判断医方在安全保障方面是否存在不当行为。若在管理上存在过错,就应承担相应的赔偿责任。医疗机构在承担此种补充赔偿责任后,还可以依法向第三人追偿。若在管理上不存在过错,就应由第三人独立承担责任。

3. 不可抗力

所谓不可抗力,是指人力所不可抗拒的力量,包括自然原因如地震、台风、海啸和社会原因如武装冲突、战争等。在医疗损害责任中,《民法典》没有把不可抗力作为医疗损害责任的特殊免责事由做出明确规定,但也没有明确规定禁止适用不可抗力规则。《民法典》第180条被放在总则中。在侵权责任法中处于总则地位,根据立法的一般规则,总则规定的内容也同样适用于分编,所以第180条关于不可抗力的规定可适用于医疗损害责任。因此,在医疗损害责任中,如果因不可抗力造成不良后果的,应当依据《民法典》第180条的规定免除责任或减轻责任。例如,医务人员在手术过程中发生地震,造成患者死亡或者不良后果,则可以免除责任。确定适用不可抗力免责或者减轻责任,应当是医疗机构在正常的医疗活动中造成患者的损害的直接原因是不可抗力而不是医疗过失。如果不可抗力与医疗过失作为造成损害的共同原因,则应当根据过错的程度和原因力的分析,确定医疗机构减轻责任。

4. 医疗意外

医疗意外是指因医务人员无法预料的原因造成的,或者根据实际情况无法避免的医疗损害后果。通常是在医疗活动中,由于患者病情异常或者患者体质特殊而发生医疗意外。医疗意外有两个主要的特征:一是医务人员或医疗机构对损害的发生没有过失,通常是由于病情特殊或病人体质特殊引起的。二是损害后果的发生是医疗机构或医务人员难于防范的。具备这两个特征的医疗损害后果,构成医疗意外。《民法典》侵权责任编没有明确规定医疗意外是免责事由。但是,既然构成医疗意外,那么就能够证明医疗机构没有过失,既然没有医疗过失,医疗机构当然就不承担侵权责任。因此,即使没有明文规定医疗意外作为医疗损害责任的免责事由,但由于医疗技术损害责任实行过错责任原则,医疗意外没有过失,当然也就没有责任。

三、医方签订的事先免责条款无效

医疗知情同意书是医务人员在实施医疗行为之前对患方详细告知有关医疗信息,征得患方或者代理人同意后与其签订的医疗信息文书。《民法典》侵权责任编对于知情同意权的行使形式做出了明确的要求,即对于手术、特殊检查和特殊治疗等,知情同意权行使主体要在充分知情、详细理解的基础上以明确的形式将自己同意的意思表达出来。根据《医疗损害责任纠纷司法解释》第5条第2款的规定,实施手术、特殊检查、特殊治疗的,医疗机构应当承担说明义务并取得患者或者患者近亲属书面同意,但属于《民法典》第1220条(原《侵权责任法》第56条)规定情形的除外。医疗机构提交患者或者患者近亲属书面同意证据的,人民法院可以认定医疗机构尽到说明义务,但患者有相反证据足以反驳的除外。

从法律角度讲,医疗知情同意书是医方履行告知说明义务、患方行使知情同意权以及责任承担的有效证明资料。它是保障患者知情同意权利和医方履行告知义务的具体体现,但并不具有使医疗机构免除法定责任的功能。因为医疗知情同意书不是医疗合同,所以不能完全按照合同法规则来调整医方滥用医疗知情同意书的现象。书面同意的预先免责条款并不能免除有关责任主体侵权责任的承担,并且根据《民法典》第497条规定,有下列情形之一的,该格式条款无效:具有本法第一编第六章第三节和本法第506条规定的无效情形;提供格式条款一方不合理地免除或者减轻其责任、加重对方责任、限制对方主要权利;提供格式条款一方排除对方主要权利。因此,凡出现在医疗知情同意书中"医院概不负责"或"医院概不承担任何责任"等说明,因违反法律禁止性的规定是不具有法律效力的。[1]

---

[1] 岳远雷:《〈侵权责任法〉视野下的医疗损害责任免责事由解读》,载《南京医科大学学报(社会科学版)》2013年第2期。

本章小结

医疗法律风险民事责任在我国的法律框架下主要表现为医疗损害的民事责任。医疗损害民事责任是指因医方不履行所承担的义务或者侵害患方的权利而给患方带来不利益的事实时,依法应该承担的民事责任。医疗损害民事责任的性质是违约责任与侵权责任的竞合,但在司法实践活动中比较倾向于按侵权责任处理。医疗损害民事责任的构成要件包括医方存在违法行为、患者有损害后果、医方违法行为与患者的损害后果之间存在因果关系、医疗机构及其医务人员主观上存在过错。

医疗损害民事责任主要包括两种不同的民事责任:即医疗损害违约责任和医疗损害侵权责任。根据损害发生的不同原因,医疗损害侵权责任可以分为医疗技术损害责任、医疗伦理损害责任、医疗产品责任、医疗管理损害责任及过度医疗损害责任五种类型。医疗损害责任的免责事由分为特殊法定免责事由和一般法定免责事由,前者包括患方过错、紧急医疗救治、医疗水平限制、医疗干预权,后者包括患者故意、第三人的过错、不可抗力、医疗意外等。

思考题

1. 医疗损害民事责任的特征是什么?
2. 怎么理解医疗损害民事责任的性质?
3. 医疗损害侵权的归责原则包括哪些?
4. 怎么把握医疗损害侵权责任的构成要件?
5. 医疗损害侵权责任的类型包括哪些?
6. 医疗损害责任的豁免事由有哪些?

案例思考

2011年4月25日下午,田某夫妇8岁的儿子在玩耍时不慎吞下笔帽,田某立即将孩子送往山西省太原市某医院。在耳鼻喉科,一位实习医生开了透视单,透视结果证明是气管有异物。实习医生立即去找值班大夫任某,但任某当时在不远处的家中看电视,实习医生将情况说明之后,任某很不高兴地说:"没有床,不能救,叫他们走。"约20分钟后,任某不紧不慢赶到了医院。此时孩子已经呈现出缺氧状态,但任某没有对孩子立即进行检查和治疗,甚至连科室的门都未进,只对田某说:"我说过了,没有床,你们走吧。"田某苦苦哀求,任某仍无动于衷。无奈田某只好抱着儿子前往山西医科大学某附属医院,在途中,孩子停止了呼吸,甚至连心跳也无法探测到。到山西医科大学某附属医院后,因情况紧急,来不及进手术室和病房,医生就在地板上进行手术,并用一把连消毒都来不及做的剃须刀切开孩子的喉部,再用一个普通的钳子把那个卡在孩子喉咙处一个多小时的笔帽取了出来。笔帽虽然取出,但因为窒息的时间过长,孩子仍然没有心跳和呼吸,经过人工呼吸,20分钟后,孩子的心跳渐渐恢复,但仍没有呼吸。继续抢救十几个小时后,孩子的呼吸才慢慢恢复正常,但孩子已经因为脑部长时间的缺氧而成了植物人。田某遂以山西省太原市某医院和山西医科大学某附属医院为被告提起诉讼。

案例讨论

1. 本案中山西省太原市某医院是否应承担赔偿责任?试以医疗损害责任构成要件分析之。

2. 本案中山西医科大学某附属医院是否应承担赔偿责任?为什么?

第五章　医疗法律风险的行政责任与刑事责任

第一节　医疗法律风险的行政责任

一、医疗法律风险行政责任的概念和特征

(一) 医疗法律风险行政责任的概念

医疗法律风险的行政责任是指在发生或处理医疗法律风险时,相关机构或人员因违反行政法,其中主要是卫生法律、法规、部门规章或诊疗护理操作规范,所应承担的行政法律后果。根据承担责任的主体的不同,医疗法律风险的行政责任分为医疗机构及其医务人员的行政责任、卫生行政部门及其工作人员的行政责任、尸检机构的工作人员的行政责任、参加医疗事故技术鉴定工作的人员的行政责任、患者及其亲友等人的行政责任。

(二) 医疗法律风险行政责任的特征

1. 违反卫生法律、行政法规或规章

行政责任是指主体因违反行政法,而依法应当承担的行政法律后果。我国行政法在形式上与民法、刑法有较大的不同,它不具有系统的、完整的、统一的法典,而是散见于具有行政性质和内容的宪法、法律、法规和规章中。具体医疗法律风险行政责任所违反的行政法,有法律、法规和规章,其中主要是指卫生法律、行政法规和规章。例如:《中华人民共和国执业医师法》《医疗纠纷预防和处理条例》《医疗事故处理条例》《医疗机构管理条例》《医疗机构管理条例实施细则》《医院工作人员职责》《医疗事故技术鉴定暂行办法》《医疗事故分级标准(试行)》《病历书写基本规范》《医疗事故争议中尸检机构及专业技术人员资格认定办法》等等。医疗法律风险行政责任的确定,以违反了这些行政法律规范为前提。

2. 行政责任只适用于特定的人和机构

医疗法律风险行政责任的主体,是指在医疗法律风险的发生以及处理过程中有着特定职责的机构或人员或者是与医疗法律风险的处理结果有着密切关系的患者或其亲友。如:发生医疗法律风险的医疗机构以及相关医务人员,医疗机构所在地的卫生行政部门及其工作人员,参加医疗事故鉴定的鉴定人员等,这些机构或人员对医疗法律风险的发生和处理有着特定的职责,患者或其亲友与医疗法律风险的处理结果有着密切关系。因此,医疗法律风险行政责任的主体涉及医患双方和处理医疗法律风险的相关机构。

3. 行政责任只能由法定机关追究

医疗法律风险行政责任的追究机关会因主体的不同而有所不同。医疗机构和医务人员行政责任的追究机关是卫生行政部门；卫生行政部门及其工作人员的行政责任的追究则由对该卫生行政部门有管辖权的监察机关或与之有行政隶属关系的上级主管部门来进行；患者及其亲友因故意扰乱医疗秩序而产生的行政责任的追究，根据《中华人民共和国治安管理处罚法》的相关规定则由公安机关来进行处理。

现实中，在处理某些医疗法律风险时，相关行政责任被弱化，出现有行政责任不予追究，或者以民事责任代替行政责任，即以赔代罚的做法，其在本质上是对行政责任本身特征的错误的解读。

二、医疗法律风险行政责任承担的条件和方式

(一) 承担医疗法律风险行政责任的条件

1. 有违反行政法律的行为

有违反行政法律的行为主要是指在医疗法律风险中，有关机构或责任人有违反卫生法律、法规、规章的行为。例如，行为人违反了《中华人民共和国执业医师法》《全国医院工作条例》《医院工作人员职责》等。

2. 违法行为超过一定限度

一般来说医疗法律风险行政责任中违法行为超过一定限度是指超过批评教育但还没有达到触犯刑法的程度，当然也有例外，如：医务人员的行为构成医疗事故罪，则该医务人员既要承担刑事责任，又要承担行政责任。总之当违法行为超过一定限度时，则必须追究其行政责任。

3. 主观上有过错

过错包括故意和过失，医疗法律风险行政责任中主观要件既有故意也有过失。如医务人员违反诊疗操作规范，而导致的行政责任，一般为过失；而卫生行政部门的工作人员在处理医疗事故过程中利用职务上的便利收受他人财物或者其他利益，滥用职权，玩忽职守，或者发现违法行为不予查处，应追究其行政责任的，其主观上既有故意也有过失。

对行政责任而言，损害事实不是必备要件，其更注重行为本身，只要有违法行为，即使没有损害后果，有时也要承担行政责任。

(二) 承担医疗法律风险行政责任的方式

承担医疗法律风险行政责任的方式分为行政处分与行政处罚两种。行政处分是国家机关或者其他组织依照行政隶属关系，对违法失职的公务员或者所属人员实施的惩戒措施。行政处罚是国家行政机关对实施行政违法行为的公民、

法人或其他组织实施的行政法上的制裁。在医疗法律风险行政责任中,对卫生行政部门及其工作人员违反行政法律、法规及操作规范,造成严重后果,尚不构成刑事犯罪的,可施以行政处分;对医疗机构主管人员或其他直接责任人员既可以进行行政处分又可以进行吊销执业证书的行政处罚;患者及其亲友故意扰乱医疗秩序的,一般施以行政处罚。

1. 行政处分

(1) 行政处分的概念和特点

行政处分是国家机关或者其他组织依照行政隶属关系对违法失职的公务员或者所属人员实施的惩戒措施。行政处分具有如下特点:① 行政处分用于调整国家行政职务关系;② 行政处分的主体是公务员所在的行政机关、上级主管部门或监察机关;③ 行政处分是一种内部责任形式。行政处分是国家行政机关对其行政系统内部的公务员实施的一种惩戒,不涉及一般相对人的利益。

医疗法律风险处理中的行政处分是发生在医疗卫生系统内部的一种惩戒。例如,发生医疗事故后,为了减轻、逃避责任,护理人员私自涂改护理纪录的,卫生行政主管部门给予其警告的行政处分。

(2) 行政处分的形式

行政处分的形式有六种:警告、记过、记大过、降级、撤职和开除。警告是指对于违法失职和违反纪律但情节比较轻微的干部或职工的书面、正式谴责。记过、记大过是指对违法行为的过错予以记载,适用于虽有违法乱纪行为且应受处分,但仍可继续担任现职的人员。对于受到警告、记过、记大过处分的人员,在处分满半年后,如没有新的违法乱纪行为,不影响其评奖、提级。降级、撤职是指对违法者的职务进行降级或撤销的处罚,适用于违法乱纪行为较严重,不能继续担任现职的人员。对于受到撤职处分的人员,必要时可以同时降级。受到撤职处分的人员1年内不得提职、提级。开除是指对违法者强制解除劳动关系的处罚,适用于严重违法失职,屡教不改,不适合继续留在原单位工作的人员。

例如,2017年浙江某医院一位技术人员在某次技术操作中严重违反"一人一管一抛弃"操作规程,在操作中重复使用吸管造成治疗者交叉污染,导致部分治疗者感染艾滋病病毒,造成重大医疗事故。经疾控机构检测,确诊5例。有关部门对该医院的相关责任人做出了严肃的处理:免去院长的行政职务和党委副书记职务,给予党内严重警告处分;免去党委书记的党内职务和副院长的行政职务;撤销分管副院长职务,免去其党委委员的党内职务并给予党内严重警告处分。撤销检验科主任职务;免去医务部主任职务;免去感染科科长职务。直接责任人以医疗事故罪,被杭州市×区一审法院判处有期徒刑2年6个月。①

2. 行政处罚

(1) 行政处罚的概念和特点

行政处罚是指行政机关或其他行政主体依照法定权限和程序对违反行政法规,尚未构成犯罪的相对方给予行政制裁的具体行政行为。行政处罚有以下特征:

第一,行政处罚的主体是行政机关或法律、法规授权的其他行政主体。医疗法律风险行政责任中,行政处罚的主体,通常是卫生行政部门和公安机关。

第二,行政处罚的对象是作为相对方的公民、法人或其他组织,就医疗法律风险行政责任的相对方来说,一般是医疗机构、医务人员、患者及其亲友。

第三,行政处罚的前提是相对方实施了违反行政法律规范的行为。只有相对方实施了违反行政法律规范的行为,才能给予行政处罚,法律法规没有规定的不能处罚。

(2) 行政处罚的种类

行政处罚的种类有:警告、罚款、没收违法所得、没收非法财物、责令停产停业、吊销、暂扣许可证和执照、行政拘留、法律规定的其他行政处罚。在医疗法律风险行政法律关系中,卫生行政部门对违反行政法的医疗机构通常给予警告、罚款、停业整顿直至吊销《医疗机构执业许可证》的行政处罚,对应负直接责任的医务人员,则视情节轻重给予警告、暂停6个月以上1年以下的执业活动直至吊销执业证书的行政处罚。

警告是指行政主体以书面形式对违法行为人予以谴责和告诫。在医疗法律风险行政责任中,属于一种轻微的、经常被使用的行政处罚措施。它由法定机关依照法定程序进行,具有强制性,目的是声明行为人的行为已经违法,如违法者仍不纠正违法行为,就将受到更加严厉的制裁。

罚款是指行政主体强制违法相对方承担金钱给付义务的处罚形式。如《医疗机构管理条例》第47条规定:违反本条例第27条规定,诊疗活动超出登记范围的,由县级以上人民政府卫生行政部门予以警告、责令其改正,并可以根据情节处以3000元以下的罚款;情节严重的,吊销其《医疗机构执业许可证》。罚款一般针对被处罚人的合法收入,非法收入一般不作为罚款的收入,没收违法所得则是针对被处罚人的非法收入。此外,对发生医疗事故的医疗机构及其医务人员予以行政处罚,不用罚款这一形式。罚款无法有效地制裁和处理已经发生的违法行为,而且还会使违法者产生只要交了罚款就可以使违法变成合法的错误

---

① 参见《浙江省卫计委通报一起重大医疗事故》,http://www.zjwjw.gov.cn/art/2017/2/9/art_1202194_5503810.html,访问时间:2019年5月5日。

观念。

吊销、暂扣许可证和执照是指行政机关依法收回或暂扣违法者已获得的从事某种活动的权利或资格的证书,限制或剥夺其从事该活动的权利或资格的处罚形式。在医疗法律风险行政责任中通常体现为暂停执业活动、吊销执业证书或资格证书。例如,医疗机构诊疗活动超出登记范围,情节严重的,可予以吊销《医疗机构执业许可证》。

行政拘留是对违反治安管理的人,依法在短期内限制其人身自由的一种处罚。行政拘留的决定和执行由公安机关进行,一般期限为15日以下。在医疗法律风险行政责任中,通常针对的是患者及其亲友违反医疗秩序的行为。

综上,行政处罚和行政处分是医疗风险相关行政责任的两类处罚方式,它们共同构成了医疗法律风险行政责任。其主要区别在于:第一,行政处罚的对象既可以是医务人员、患者及其亲友等个人,也可以是医疗机构这样的法人;而行政处分的对象一般只能是医务人员等个人。第二,行政处罚属于外部行政行为,相对方不服可以提起行政诉讼或行政复议;行政处分属于内部行政行为,被处分者不服,只能申诉,不能提起行政诉讼。

三、医疗法律风险行政责任的承担

医疗法律风险行政责任的承担,也即行政责任由谁来承担,以及怎样承担的问题,本节将结合《医疗事故处理条例》和《医疗纠纷预防和处理条例》等相关法条来进行分析。

(一)医疗机构及其医务人员的行政责任的承担

1. 医疗机构及其医务人员就医疗事故本身所应承担的行政责任

根据《医疗事故处理条例》第55条的规定,医疗机构发生医疗事故的,由卫生行政部门根据医疗事故等级和情节,给予警告;情节严重的,责令限期停业整顿直至由原发证部门吊销执业许可证,对负有责任的医务人员依照刑法关于医疗事故罪的规定,依法追究刑事责任;尚不够刑事处罚的,依法给予行政处分或者纪律处分。对发生医疗事故的有关医务人员,除依照前款处罚外,卫生行政部门并可以责令暂停6个月以上1年以下的执业活动;情节严重的,吊销其执业证书。

由此可知,对发生医疗事故的医疗机构,卫生行政部门可以根据情节轻重,依法给予警告、停业整顿直至吊销医疗机构执业许可证的行政处罚。对发生医疗事故的医务人员,卫生行政部门可以根据情节轻重,依法给予警告、暂停执业活动乃至吊销执业证书的行政处罚。

例如,2009年11月3日中午,婴儿徐宝宝因高烧、眼眶部肿胀等症状进入南京市儿童医院住院治疗,次日清晨5点多钟不治身亡。据婴儿家属反映,婴儿住院病情恶化时,他们几次向值班医生反映病情,由于医生打游戏、睡觉等原因,都未得到及时有效救治,由此导致了婴儿病情急剧恶化最终死亡。11月12日下午,南京市卫生局再次召开新闻发布会,公布了由专家、网民、记者等组成的联合调查组调查的最终结果:患儿家属的投诉情况基本属实。上网玩游戏的当事医生被吊销医师执照。①

2. 在预防和处置医疗法律风险中医疗机构及其医务人员的行政责任

《医疗纠纷预防和处理条例》第47条规定,医疗机构及其医务人员有下列情形之一的,由县级以上人民政府卫生主管部门责令改正,给予警告,并处1万元以上5万元以下罚款;情节严重的,对直接负责的主管人员和其他直接责任人员给予或者责令给予降低岗位等级或者撤职的处分,对有关医务人员可以责令暂停1个月以上6个月以下执业活动:

(1) 未按规定制定和实施医疗质量安全管理制度;

(2) 未按规定告知患者病情、医疗措施、医疗风险、替代医疗方案等;

(3) 开展具有较高医疗风险的诊疗活动,未提前预备应对方案防范突发风险;

(4) 未按规定填写、保管病历资料,或者未按规定补记抢救病历;

(5) 拒绝为患者提供查阅、复制病历资料服务;

(6) 未建立投诉接待制度、设置统一投诉管理部门或者配备专(兼)职人员;

(7) 未按规定封存、保管、启封病历资料和现场实物;

(8) 未按规定向卫生主管部门报告重大医疗纠纷;

(9) 其他未履行本条例规定义务的情形。

负有责任的主管人员和其他直接责任人员,一般是指直接从事医疗事故预防和处置工作的人员以及主管这项工作的管理人员,如院长、医疗服务质量监控部门的负责人或专(兼)职人员等。

此外关于医务人员的行政责任,我国《执业医师法》第37条规定,医师利用职务之便,索取、非法收受患者财物或者牟取其他不正当利益的行为,情节严重的,由县级以上人民政府卫生行政部门吊销其执业证书。

3. 医疗机构破坏病历资料的行政责任

《医疗纠纷预防和处理条例》第45条规定,医疗机构篡改、伪造、隐匿、毁灭病历资料的,对直接负责的主管人员和其他直接责任人员,由县级以上人民政府卫生主管部门给予或者责令给予降低岗位等级或者撤职的处分,对有关医务人员责令暂停6个月以上1年以下执业活动;造成严重后果的,对直接负责的主管人员和其他直接责任人员给予或者责令给予开除的处分,对有关医务人员由原

---

① 李新月:《医生渎职无异于杀人》,载《扬子晚报》2009年11月13日。

发证部门吊销执业证书；构成犯罪的，依法追究刑事责任。

病历资料作为对患者疾病治疗经过及其治疗效果的原始记录，不仅对指导患者疾病的诊疗具有现实意义，而且在医疗法律风险争议发生后，还是重要的证据材料。因此，《医疗纠纷预防和处理条例》不仅规定医疗机构应当按照国务院卫生行政部门规定的要求，书写并妥善保管病历资料，而且严禁篡改、伪造、隐匿、销毁或者抢夺病历资料。

4. 医疗机构滥用医疗技术的行政责任

医疗机构将未通过技术评估和伦理审查的医疗新技术应用于临床的，由县级以上人民政府卫生主管部门没收违法所得，并处5万元以上10万元以下罚款，对直接负责的主管人员和其他直接责任人员给予或者责令给予降低岗位等级或者撤职的处分，对有关医务人员责令暂停6个月以上1年以下执业活动；情节严重的，对直接负责的主管人员和其他直接责任人员给予或者责令给予开除的处分，对有关医务人员由原发证部门吊销执业证书；构成犯罪的，依法追究刑事责任。

（二）医疗法律风险处理中其他机构或人员的行政责任的承担

1. 卫生行政部门及其他有关部门工作人员的行政责任

《医疗纠纷预防和处理条例》第52条规定，县级以上人民政府卫生主管部门和其他有关部门及其工作人员在医疗纠纷预防和处理工作中，不履行职责或者滥用职权、玩忽职守、徇私舞弊的，由上级人民政府卫生等有关部门或者监察机关责令改正；依法对直接负责的主管人员和其他直接责任人员给予处分。

卫生行政部门的工作人员的违法包括以下四种情形：（1）利用职务上的便利收受他人财物或者其他利益，是指利用本人职务上主管、分管、负责医疗风险的处理，主动索取或接受与医疗法律风险的处理有利害关系的人的财物或其他利益。（2）滥用职权，是指负责处理医疗法律风险的卫生行政人员超越职权范围或者违背法律授权的宗旨、违反条例规定的处理程序行使职权。（3）玩忽职守，是指负责处理医疗法律风险的卫生行政人员严重不负责任，不履行或不正确履行条例规定的正确、及时处理医疗法律风险的职责，通常表现为放弃、懈怠职责，或者在工作中马虎草率，敷衍塞责，不认真、正确地做好本职工作。（4）发现违法行为不予查处，从严格意义上讲，也是一种玩忽职守的表现。但是二者还是有区别的。玩忽职守是出于一种疏忽大意或者轻信能够避免造成损害的过失，而发现违法行为不予查处既有可能是出于疏忽大意或者轻信能够避免造成损害的过失，也有可能是故意放纵违法行为。

对卫生行政部门的工作人员行政责任的追究，由违法行为人所在单位有管辖权的监察机关或与之有行政隶属关系的上级主管部门依照《行政监察法》《公务员法》或者卫生行政系统内部的有关管理规定，对有关违法行为人给予降级或者撤职的行政处分。

2. 卫生行政部门违反法定义务所应承担的行政责任

《医疗事故处理条例》第54条规定,卫生行政部门违反本条例规定,有下列情形之一的,由上级卫生行政部门给予警告,并责令限期改正;情节严重的,对负有责任的主管人员和其他直接责任人员依法给予行政处分:(1) 接到医疗机构关于重大医疗过失行为的报告后,未及时组织调查的;(2) 接到医疗事故争议处理申请后,未在规定时间内审查或者移送上一级人民政府卫生行政部门处理的;(3) 未将应当进行医疗事故技术鉴定的重大医疗过失行为或者医疗事故争议移交医学会组织鉴定的;(4) 未按照规定逐级将当地发生的医疗事故以及依法对发生医疗事故的医疗机构和医务人员的行政处理情况上报的;(5) 未依照本条例规定审核医疗事故技术鉴定书的。

由此可知如果发生上述情形,应当处理卫生行政部门,而不是其工作人员,只有当情节严重时,才涉及对负有责任的主管人员和其他直接责任人员给予行政处分的问题,也即本条的责任主体是卫生行政部门。这是因为上述的违法行为虽然是卫生行政部门的工作人员作出的,但都是卫生行政部门履行职责时的行为,因此其后果应当由卫生行政部门来承担。

判断责任主体一般有两个标准:一是行政行为是由工作人员以什么样的名义作出;二是违法行为的过错程度。如果负有责任的主管人员和其他直接责任人员违法情节严重,则仍要与行政机关承担连带责任,即依法承担行政处分的法律责任,因为他们对这些违法行为主观上有过错,并且未尽到法律规定的义务。

对卫生行政部门的处罚形式有:(1) 警告,是指上级卫生行政部门对实施了《医疗事故处理条例》规定的违法行为的卫生行政机关提出告诫,使其认识到其行为的违法性的一种行政处分形式。(2) 责令其限期改正。限期改正不是行政处罚的方式,是对违法行为的纠正和制止。源自《中华人民共和国行政处罚法》第23条的规定:行政机关实施行政处罚时,应当责令当事人改正或者限期改正违法行为。

对违法情节严重的负有责任的主管人员和其他直接责任人员只规定了行政处分的责任形式而没有规定行政处罚。

3. 医学会、司法鉴定机构、尸检机构的行政责任

《医疗纠纷预防和处理条例》第48条规定,医学会、司法鉴定机构出具虚假医疗损害鉴定意见的,由县级以上人民政府卫生、司法行政部门依据职责没收违法所得,并处5万元以上10万元以下罚款,对该医学会、司法鉴定机构和有关鉴定人员责令暂停3个月以上1年以下医疗损害鉴定业务,对直接负责的主管人员和其他直接责任人员给予或者责令给予降低岗位等级或者撤职的处分;情节

严重的,该医学会、司法鉴定机构和有关鉴定人员 5 年内不得从事医疗损害鉴定业务或者撤销登记,对直接负责的主管人员和其他直接责任人员给予或者责令给予开除的处分;构成犯罪的,依法追究刑事责任。

《医疗纠纷预防和处理条例》第 49 条规定,尸检机构出具虚假尸检报告的,由县级以上人民政府卫生、司法行政部门依据职责没收违法所得,并处 5 万元以上 10 万元以下罚款,对该尸检机构和有关尸检专业技术人员责令暂停 3 个月以上 1 年以下尸检业务,对直接负责的主管人员和其他直接责任人员给予或者责令给予降低岗位等级或者撤职的处分;情节严重的,撤销该尸检机构和有关尸检专业技术人员的尸检资格,对直接负责的主管人员和其他直接责任人员给予或者责令给予开除的处分;构成犯罪的,依法追究刑事责任。

4. 医疗纠纷人民调解员的行政责任

《医疗纠纷预防和处理条例》第 50 条规定,医疗纠纷人民调解员有下列行为之一的,由医疗纠纷人民调解委员会给予批评教育、责令改正;情节严重的,依法予以解聘:(1) 偏袒一方当事人;(2) 侮辱当事人;(3) 索取、收受财物或者牟取其他不正当利益;(4) 泄露医患双方个人隐私等事项。

5. 关于寻衅滋事、扰乱医疗秩序的行政处罚

《医疗纠纷预防和处理条例》第 53 条规定,医患双方在医疗纠纷处理中,造成人身、财产或者其他损害的,依法承担民事责任;构成违反治安管理行为的,由公安机关依法给予治安管理处罚。

我国《治安管理处罚法》第 23 条第 1 款第 1 项规定,扰乱机关、团体、企业、事业单位秩序,致使工作、生产、营业、医疗、教学、科研不能正常进行,尚未造成严重损失的,处警告或者 200 元以下罚款,情节严重的,处 5 日以上 10 日以下拘留,可以并处 500 元以下罚款;第 2 款规定:聚众实施前款行为的,对首要分子处 10 日以上 15 日以下拘留,可以并处 1000 元以下罚款。

第二节 医疗法律风险的刑事责任

一、医疗法律风险刑事责任的概述

(一) 医疗法律风险刑事责任的概念

学者陈兴良认为刑事责任有三层含义,第一层含义为刑事法律后果,第二层含义为应受处罚的地位,第三层含义为归责。刑法中所称的刑事责任主要是指第一层含义,以及个别情况下是指第二层含义,而刑法理论上所研究的刑事责任

是指归责意义上的刑事责任。[①]

本书所讲的刑事责任主要是责任的第一层含义,即刑事法律后果。因此医疗法律风险刑事责任即指在发生或处理医疗法律风险时,相关人员因违反刑事法律、法规,所引起的刑事法律后果。这里的相关人员主要是指医务人员、患者及其亲友、处理医疗事故的卫生行政部门工作人员、参加医疗事故技术鉴定工作的人员以及承担尸检工作的机构的负责人等。

(二)医疗法律风险刑事责任的特征

刑事责任具有强制性、严厉性的特征,所谓强制性是指刑事责任是一种强制犯罪人向国家承担的法律责任,责任一经确定,它不允许犯罪人和被害人之间"私了"。严厉性是指刑事责任是一种最严厉的处罚方式,它不仅可以剥夺犯罪人的财产权利与人身自由,甚至可以剥夺其生命权利。医疗法律风险刑事责任除了具有上述刑事责任的一般特征之外,还有:

第一,医疗法律风险刑事责任的主体具有特殊性。责任主体一般为医务人员或争议处理中的相关人员,如鉴定人、卫生行政机构工作人员、患者等。

第二,医疗法律风险刑事责任的犯罪种类多样。医疗法律风险发生、发展和解决可能是一个漫长的过程,在这个过程中所发生的各种犯罪都应承担医疗法律风险刑事责任,比如诊疗护理过程中医务人员的医疗事故罪、强奸罪、故意杀人罪等,处理争议中鉴定人员的受贿罪,不满处理结果的患者的故意伤害罪和故意杀人罪等,都是医疗法律风险相关的犯罪,都应承担医疗法律风险刑事责任。

(三)与医疗法律风险有关的刑罚

在医疗法律风险相关犯罪中,较常见的几种刑罚的种类有:

(1)拘役,适用于情节较轻的犯罪,是一种短期剥夺犯罪分子的人身自由,就近实行劳动改造的刑罚方法。

(2)有期徒刑,适用于一般的犯罪,即剥夺犯罪分子一定期限的自由,实行强制劳动改造的刑罚方法,同时根据情节的严重程度不同,可以分别处以3年以下或3年以上7年以下的有期徒刑。

(3)罚金,适用于单位犯罪或者个人涉及经济的犯罪,即人民法院判处犯罪分子向国家缴纳一定数额金钱的刑罚方法。

(4)没收财产,即将犯罪分子个人所有财产的一部分或者全部强制无偿地收归国有的刑罚方法。

[①] 参见陈兴良:《从刑事责任理论到责任主义——一个学术史的考察》,载《清华法学》2009年第2期。

二、医疗法律风险中的主要犯罪

犯罪是一个抽象的概念,而犯罪构成则在犯罪本质的基础上阐明了犯罪的成立要件。犯罪构成是启动刑事追究的前提和基础,只有构成犯罪,才可能谈到追究刑事责任的问题。"认定犯罪-确定责任-决定刑罚",乃是我国刑事司法的作业逻辑。[①]

(一)医疗事故罪

我国《刑法》第335条规定,医疗事故罪是指医务人员由于严重不负责任,造成就诊人死亡或者严重损害就诊人身体健康的行为。

医疗事故罪是医疗法律风险中最常见的犯罪,它一般发生在诊疗护理过程中,表现为医务人员由于严重不负责任导致的业务过失,结果是严重侵害了患者的生命健康权。它的构成要件为:

1. 客体要件

医疗事故罪规定在刑法的"妨害社会管理秩序罪"中的"危害公共卫生罪"一节中,本罪侵犯的客体是国家对医疗工作的管理秩序和就诊人的生命及健康权。医疗工作的管理秩序和就诊人的生命及健康权是受我国刑法所保护的,但是在医疗事故罪中,由于医务人员的严重不负责任,违反诊疗护理规范,破坏了医疗管理秩序,造成就诊人的生命及健康权受到侵犯,其危害的既可以是就诊人的生命健康,也可以是不特定多数的患者的生命健康。

2. 客观要件

本罪在客观方面表现为严重不负责任,造成就诊人死亡或者严重损害就诊人身体健康的行为。具体可以从以下几个方面来理解:

(1)医务人员在医疗活动中存在严重不负责任的行为。严重不负责任,是指在诊疗护理工作中违反医疗操作规范和诊疗护理常规的行为,包括作为和不作为。2008年最高人民检察院、公安部《关于公安机关管辖的刑事案件立案追诉标准的规定(一)》第56条第2款,对医务人员"严重不负责任"进行了列举。具有下列情形之一的,属于本条规定的"严重不负责任":① 擅离职守的;② 无正当理由拒绝对危急就诊人实行必要的医疗救治的;③ 未经批准擅自开展试验性医疗的;④ 严重违反查对、复核制度的;⑤ 使用未经批准使用的药品、消毒药剂、医疗器械的;⑥ 严重违反国家法律法规及有明确规定的诊疗技术规范、常规的;⑦ 其他严重不负责任的情形。

(2)严重不负责任的行为导致患者的身体健康严重损害或发生死亡的结果。本罪是结果犯,即必须要造成患者的身体健康严重损害或死亡的结果。这

[①] 参见高铭暄:《关于中国刑法学犯罪构成理论的思考》,载《法学》2010年第2期。

种结果的发生可以是在诊疗护理过程中,也可以是在诊疗护理结束后。

造成就诊人死亡,构成医疗事故罪,这一标准比较好判断,那么如何认定因"严重损害就诊人身体健康"而构成的医疗事故罪呢?"严重损害就诊人身体健康"是否就是指达到重伤的标准呢,刑法没有明文规定。理论界至今观点不一。实务中最高人民检察院和公安部在2008年发布《关于公安机关管辖的刑事案件立案追诉标准的规定(一)》第56条第3款指出:"严重损害就诊人身体健康",是指造成就诊人严重残疾、重伤、感染艾滋病、病毒性肝炎等难以治愈的疾病或者其他严重损害就诊人身体健康的后果。严重残疾和重伤具体又是指什么情况?实务中法院对医疗事故罪的认定往往依赖医学会或司法鉴定机构的鉴定。

(3) 严重不负责任行为与患者身体健康严重受损、死亡之间必须存在刑法上的因果关系。所谓刑法上的因果关系是指刑法上认可的因果关系,即只有医疗行为严重违反医疗规章制度,并导致了患者的伤亡结果,两者之间有必然的因果联系,才能承担刑事责任。

3. 主体要件

本罪的犯罪主体是特殊主体,我国《刑法》第335条明确规定,医疗事故罪的主体是医务人员,包括各级各类医疗机构的医务人员及合法开业的个体医务人员。

医务人员具体是指经过考核和卫生行政部门批准和承认,取得相应执业证书的各级各类卫生技术人员,按照业务性质分为:医疗防疫人员、药剂人员、护理人员及其他技术人员。但就医疗机构的行政、后勤服务等工作人员可否构成本罪的主体的问题,理论界一直存在争议。

持赞成观点的学者认为,由于诊疗护理工作是群体性活动,构成医疗事故的行为人,还应包括从事医疗管理、后勤服务等人员。[①] 也有学者认为,医疗事故罪的主体,除前述卫生技术人员外,医疗单位中其他负有为保障公民的生命健康权益而必须实施某种行为的特定义务,由于不履行或不认真履行这种义务,以致就诊人身体健康严重受损或死亡的人员,也可以成为医疗事故罪的主体。[②] 该观点有条件地认可了医疗机构的行政、后勤服务工作人员构成本罪的主体,即只有负有特定义务才可以构成。

持否定观点的认为我国《刑法》规定的医疗事故罪,在法定刑上远低于其他责任事故犯罪,这是考虑到诊疗护理工作的特殊性而给予其的一种立法上的宽容。因此,有资格享受这种特殊对待的只能是同诊疗护理的特殊性有关的人员。医疗单位从事非诊疗护理工作的人员,因其从事的工作并不具有诊疗护理工作

[①] 参见张明楷:《刑法学》,法律出版社2003年版,第850页。
[②] 参见赵秉志:《新编刑法简明教程》,中国人事出版社1997年版,第701页。

的特殊性,不应享受立法上的这种特殊对待。①

我们认同否定观点。理由是:(1)将非医务人员与医务人员同等对待,同罪同罚,有悖于立法精神。(2)扩大医务人员的范围有违罪刑法定原则。既然刑法规定医疗事故罪的主体是医务人员,便不应随意扩大解释,将医疗机构中的非医务人员也包括进来。司法实践中,也严格限定了医疗事故罪的主体为医务人员。

4. 主观要件

本罪在犯罪主观方面表现为过失。根据我国《刑法》的规定,过失分为疏忽大意和过于自信的过失。疏忽大意的过失是指行为可能发生危害社会的结果,因为疏忽大意没有预见,以致发生损害结果的心理态度。过于自信的过失是指已经预见自己的行为可能发生危害社会的结果,但抱有侥幸心理,以致发生损害结果的心理态度。医疗事故中的过失,既可以是疏忽大意的过失,也可以是过于自信的过失。

(1) 医疗事故罪的疏忽大意的过失。是指医务人员应当预见到自己违反规章制度或诊疗护理常规的行为,可能造成就诊人死亡或严重损害就诊人身体健康的后果,但由于疏忽大意而没有预见,以致损害结果发生的心理态度。

例如,手术医生因疏忽大意将纱布遗忘在患者体内,造成患者感染死亡;护士给患者打青霉素,忘记先做皮试,导致患者过敏性休克死亡等。

(2) 医疗事故罪的过于自信的过失。是指医务人员已经预见到自己违反规章制度或诊疗护理常规的行为,可能发生就诊人死亡或严重损害就诊人身体健康的后果,但轻信能够避免,以致损害结果发生的心理状态。

例如,田某因患右侧中耳炎引起面瘫,需手术治疗,由某医院麻醉医师林某对其施行全身麻醉。手术中,林某擅离岗位,去院长办公室接长途电话,他自认为凭借其多年的麻醉经验,离开一会儿,患者不会有事,然而其结果是患者因麻醉时间过长而深度昏迷,虽经全力抢救,终因脑缺氧时间过长,造成脑萎缩,左侧上颌窦炎。经鉴定为二级甲等医疗事故。

本案就属于过于自信的过失而导致的医疗事故罪,第一,林某预见到了自己的行为可能导致危害结果的发生;第二,他轻信自己能够避免;第三,危害结果还是发生了。医疗事故罪与一般医疗事故的质的界限主要在于,医疗事故行为造成的危害结果的严重性是否达到造成就诊人死亡或者严重损害就诊人身体健康的程度。

医疗事故罪的刑事责任,我国《刑法》第 335 条规定,医务人员由于严重不负

---

① 冯卫国:《医疗事故罪若干问题探析》,载《贵州警官职业学院学报》2003 年第 5 期。

责任,造成就诊人死亡或者严重损害就诊人身体健康的,处 3 年以下有期徒刑或者拘役。

(二) 非法行医罪

非法行医罪,是指未取得医生执业资格的人非法行医,情节严重的行为。

1. 客体要件

本罪侵犯的客体是国家医疗管理秩序及公众的生命健康安全。本罪是复杂客体,主要客体是国家对医疗机构和医务从业人员的管理秩序,次要客体是公共卫生。[1] 为了加强对医疗秩序的管理,促进医疗卫生事业的发展,保障公民健康,国家制定了一系列的法律法规,用来规范医疗卫生秩序。如《医疗机构管理条例》《执业医师法》对医疗机构的设置、医师的执业条件及审批程序、法律责任等都做了明确的规定。非法行医不仅扰乱了业已建立的良好的医疗卫生管理秩序,而且往往由于非法行医者不具备执业的基本条件,医疗服务质量差,同时也侵犯了不特定就诊人的身体健康和生命安全。

2. 客观要件

本罪的客观方面表现为:行为人在没有取得医生执业资格的情况下,擅自从事医疗活动,情节严重的行为。

首先,必须有擅自从事医疗活动的行为。"医疗活动"的认定可参照《医疗机构管理条例实施细则》中的"诊疗活动""医疗美容"的认定。诊疗活动是指通过各种检查,使用药物、器械及手术等方法,对疾病作出判断和消除疾病、缓解病情、减轻痛苦、改善功能、延长生命、帮助患者恢复健康的活动。医疗美容是指使用药物以及手术、物理和其他损伤性或者侵入性手段进行的美容。擅自从事医疗活动主要是指违反国家对医疗秩序的管理,没有取得执业医师资格而从事医疗活动。实践中出现的江湖游医利用巫术、封建迷信、气功行医,私自开办牙科诊所、性病诊所等,均属于擅自从事医疗活动的表现。

例如,被告人江湖女郎中李某仗着自己略有一些药理知识,在家乡也为周围的邻居看过一些小毛病,甚至多次为村里的妇女接生的经验,在上海市×区开设了一家"私人诊所"。2004 年 4 月,经电话联系,被告人到一产妇家中为其接生,婴儿产下后,产妇出现昏迷等症状,被告人慌忙将产妇送到医院抢救,最终产妇虽然得救,但却因此而失去了子宫,上海市×区人民法院判处被告人非法行医罪 3 年有期徒刑,并处罚金 1000 元。[2] 本案中,李某既无执业医师资格,又无医疗

---

[1] 张明楷:《非法行医罪研究》,载陈兴良主编:《刑事法判解》(第 2 卷),法律出版社 2000 年版,第 63—64 页。

[2] 改编自金贤、方芳、李郭平:《江湖女郎中非法接生酿险情》,载《新闻晨报》(上海)2004 年 9 月 7 日。

机构经营许可证,属于典型的擅自从事医疗活动。

其次,擅自从事医疗活动须达到"情节严重"的程度。情节严重是定罪情节,而非单纯的量刑情节,也即只有达到情节严重,才能构成非法行医罪,否则,只构成一般违法而非犯罪。那么如何认定情节严重,最高人民法院《关于审理非法行医刑事案件具体应用法律若干问题的解释》第2条规定,具有下列情形之一的,应认定为《刑法》第336条第1款规定的"情节严重":① 造成就诊人轻度残疾、器官组织损伤导致一般功能障碍的;② 造成甲类传染病传播、流行或者有传播、流行危险的;③ 使用假药、劣药或不符合国家规定标准的卫生材料、医疗器械,足以严重危害人体健康的;④ 非法行医被卫生行政部门行政处罚两次以后,再次非法行医的;⑤ 其他情节严重的情形。

最后,严重损害就诊人身体健康,处3年以上10年以下有期徒刑,并处罚金。根据最高人民法院《关于审理非法行医刑事案件具体应用法律若干问题的解释》第3条的规定,"严重损害就诊人身体健康"是指:① 造成就诊人中度以上残疾、器官组织损伤导致严重功能障碍的;② 造成3名以上就诊人轻度残疾、器官组织损伤导致一般功能障碍的。其中"轻度残疾、器官组织损伤导致一般功能障碍""中度以上残疾、器官组织损伤导致严重功能障碍",参照《医疗事故分级标准(试行)》认定。

根据最高人民法院《关于审理非法行医刑事案件具体应用法律若干问题的解释》第4条的规定,非法行医行为系造成就诊人死亡的直接、主要原因的,应认定为《刑法》第336条第1款规定的"造成就诊人死亡"。非法行医行为并非造成就诊人死亡的直接、主要原因的,可不认定为《刑法》第336条第1款规定的"造成就诊人死亡"。但是,根据案件情况,可以认定为《刑法》第336条第1款规定的"情节严重"。

3. 主体要件

本罪主体只能是未取得医生执业资格的人,既可以是中国人,也可以是外国人。未取得医生执业资格的人非法行医具体是指哪些?根据《最高人民法院关于审理非法行医刑事案件具体应用法律若干问题的解释》第1条的规定,有以下四种情形:① 未取得或者以非法手段取得医师资格从事医疗活动的;② 被依法吊销医师执业证书期间从事医疗活动的;③ 未取得乡村医生执业证书,从事乡村医疗活动的;④ 家庭接生员实施家庭接生以外的医疗行为的。

在这里需要注意的是,①中提到"未取得或者以非法手段取得医师资格",这里的"医师资格"是仅指通过国家统一考试而取得的"医师资格",还是指通过国家统一考试而取得的"医师资格"与经注册登记而取得的"执业资格"的统一?理论上认为应是两者的统一,但是在刑事司法实践中仅指前者。

4. 主观要件

本罪在犯罪主观方面表现为故意,即行为人明知自己无医生执业资格却擅自行医,其结果会扰乱医疗管理秩序,危害公共卫生,而行为人却希望或放任这种危害结果的发生。由于本罪存在结果加重犯,对于结果加重犯行为人的心理态度,我们认为是过失或间接故意。

例如,马某无医师执业资格并私自开设诊所,某日,为前来就诊的王某接生,造成王某产后子宫下段撕裂,致羊水栓塞、失血性休克,经送医院抢救无效于当日死亡。

本案中马某明知自己无医生执业资格,也无医疗机构执业许可证,却擅自开设诊所,扰乱医疗管理秩序,危害公共卫生,马某在主观方面是故意,但对造成就诊人死亡的加重结果,他是持过失或间接故意的心理态度。

非法行医罪应承担以下刑事责任:未取得医生执业资格的人非法行医,情节严重的,处3年以下有期徒刑、拘役或者管制,并处或者单处罚金;严重损害就诊人身体健康的,处3年以上10年以下有期徒刑,并处罚金;造成就诊人死亡的,处10年以上有期徒刑,并处罚金。

实施非法行医犯罪,同时构成生产、销售假药罪,生产、销售劣药罪,诈骗罪等其他犯罪的,依照刑法处罚较重的规定定罪处罚。

(三)伪证罪

伪证罪是指在刑事诉讼中,证人、鉴定人、记录人、翻译人对与案件有重要关系的情节,故意作虚假证明、鉴定、记录、翻译,意图陷害他人或者隐匿罪证的行为。

1. 客体要件

本罪侵犯的客体是公民的人身权利与司法机关的正常活动。

2. 客观要件

本罪的客观方面表现为在刑事侦查、起诉、审判中,对与案件有重要关系的情节,作虚假的证明、鉴定、记录、翻译的行为,或者隐匿罪证的行为。所谓作虚假的证明、鉴定、记录、翻译,指证人作了虚假的证明,鉴定人作了不符合事实真相的鉴定,记录人作了不真实的记录,翻译人作了歪曲原意的翻译。所谓隐匿罪证,指掩盖歪曲事实真相、毁灭证据,将应该提供的证据予以隐匿。所谓与案件有重要关系的情节,主要是指对案件是否构成犯罪、犯罪的性质或者对罪行轻重有重大影响的情节。如果伪证的事实无关紧要、对案件的处理影响不大,不能以伪证罪论处。

3. 主体要件

伪证罪的主体是特殊主体,即只能是在刑事诉讼中的证人、鉴定人、记录人和翻译人。在刑事诉讼过程中,"证人",是指根据司法机关的要求,陈述自己所知道的案件情况的人,"鉴定人",是指司法机关为鉴别案件中某些情节的真伪和事实真相而指派或聘请的、具有专门知识或者特殊技能的人,"记录人",是指为案件的调查取证,询问证人、被害人或审问犯罪嫌疑人、被告人等作记录的人。"翻译人",是指司法机关指派或聘请为案件中的外籍、少数民族或聋哑人等诉讼参与人充当翻译的人员,也包括为案件中的法律文书或者证据材料等有关资料作翻译的人员。

4. 主观要件

伪证罪在主观方面必须出自直接故意,即行为人明知其虚假陈述是与案件有重要关系的情节,但为了陷害他人或者隐匿罪证而为之。如果行为人不是出于陷害他人的意图或者隐匿罪证,就不能以伪证罪论处。

关于伪证罪的刑事责任,我国《刑法》第305条规定,在刑事诉讼中,证人、鉴定人、记录人、翻译人对与案件有重要关系的情节,故意作虚假证明、鉴定、记录、翻译,意图陷害他人或者隐匿罪证的,处3年以下有期徒刑或者拘役;情节严重的,处3年以上7年以下有期徒刑。

三、医疗法律风险相关的其他犯罪

(一) 卫生行政部门工作人员的犯罪

1. 滥用职权罪、玩忽职守罪

滥用职权罪,是指国家机关工作人员在使用职权时逾越职权、不正当行使职权,致使公共财产、国家和人民利益遭受重大损失的行为。玩忽职守罪,是指国家机关工作人员违反职责、不尽职责、不正确履行职责,致使国家和人民利益遭受重大损失的行为。这两种犯罪在卫生行政部门工作人员的犯罪中,一般表现为某工作人员在工作中,由于滥用职权、玩忽职守或因收受贿赂,发现违法行为不予查处,造成严重后果的,在这种情况下,应当追究该卫生行政部门工作人员的刑事责任。

《刑法》第397条第1款规定:国家机关工作人员滥用职权或者玩忽职守,致使公共财产、国家和人民利益遭受重大损失的,处3年以下有期徒刑或者拘役;情节特别严重的,处3年以上7年以下有期徒刑。本法另有规定的,依照规定。

2. 受贿罪

受贿罪是指国家工作人员利用职务上的便利,索取他人财物,或者非法收受他人财物,为他人谋取利益的行为。受贿罪侵犯了国家工作人员职务行为的廉洁性及公私财物所有权。

关于受贿罪的刑事责任,我国《刑法》第386条规定:"对犯受贿罪的,根据受贿所得数额及情节,依照本法第383条的规定处罚。索贿的从重处罚。"具体如下:

(1) 受贿数额较大或者有其他较重情节的,处 3 年以下有期徒刑或者拘役,并处罚金;(2) 受贿数额巨大或者有其他严重情节的,处 3 年以上 10 年以下有期徒刑,并处罚金或者没收财产;(3) 受贿数额特别巨大或者有其他特别严重情节的,处 10 年以上有期徒刑、无期徒刑或者死刑,并处罚金或者没收财产;数额特别巨大,并使国家和人民利益遭受特别重大损失的,处无期徒刑或者死刑,并处没收财产。对多次受贿未经处理的,按照累计受贿数额处罚。

受贿数额较大或者有其他较重情节的,处 3 年以下有期徒刑或者拘役,并处罚金。根据 2016 年最高人民法院和最高人民检察院联合发布的《关于办理贪污贿赂刑事案件适用法律若干问题的解释》(以下简称《解释》)第 1 条可知,"数额较大"是指受贿数额在 3 万元以上不满 20 万元的。"其他较重情节"是指受贿数额在 1 万元以上不满 3 万元,且具有下列情形之一:(1) 多次索贿的;(2) 为他人谋取不正当利益,致使公共财产、国家和人民利益遭受损失的;(3) 为他人谋取职务提拔、调整的;(4) 曾因贪污、受贿、挪用公款受过党纪、行政处分的;(5) 曾因故意犯罪受过刑事追究的;(6) 赃款赃物用于非法活动的;(7) 拒不交待赃款赃物去向或者拒不配合追缴工作,致使无法追缴的;(8) 造成恶劣影响或者其他严重后果的。

受贿数额巨大或者有其他严重情节的,处 3 年以上 10 年以下有期徒刑,并处罚金或者没收财产。根据《解释》第 2 条可知,"数额巨大"是指受贿数额在 20 万元以上不满 300 万元。"其他严重情节"是指受贿数额在 10 万元以上不满 20 万元,且具有下列情形之一:(1) 多次索贿的;(2) 为他人谋取不正当利益,致使公共财产、国家和人民利益遭受损失的;(3) 为他人谋取职务提拔、调整的。

受贿数额特别巨大或者有其他特别严重情节的,处 10 年以上有期徒刑、无期徒刑或者死刑,并处罚金或者没收财产;数额特别巨大,并使国家和人民利益遭受特别重大损失的,处无期徒刑或者死刑,并处没收财产。根据《解释》第 3 条可知,"数额特别巨大"是指受贿数额在 300 万元以上的。"其他特别严重情节"是指受贿数额在 150 万元以上不满 300 万元,且具有下列情形之一:(1) 多次索贿的;(2) 为他人谋取不正当利益,致使公共财产、国家和人民利益遭受损失的;(3) 为他人谋取职务提拔、调整的。

(二) 医务人员利用医疗之便的犯罪

在医疗过程中,极个别医务人员有时也会利用医疗之便,实施犯罪行为,最常见的有:故意伤害罪、故意杀人罪,侵犯公民个人信息罪。

1. 故意伤害罪、故意杀人罪

故意伤害罪、故意杀人罪是指医务人员故意伤害或剥夺他人生命的行为。客观上可以表现为医务人员未经患者本人同意摘取其器官,帮助他人实施积极安乐死,遗弃急诊患者等,主观上行为人对患者的伤害或死亡持希望或者放任的心理态度。根据《刑法修正案(八)》第 37 条第 2 款的规定,未经本人同意摘取其器官,或者摘取不满 18 周岁的人的器官,或者强迫、欺骗他人捐献器官的,依照故意杀人或故意伤害罪的规定定罪处罚。

根据我国《刑法》第 232 条的规定,故意杀人的,处死刑、无期徒刑或者 10 年以上有期徒刑;情节较轻的,处 3 年以上 10 年以下有期徒刑。根据我国《刑法》第 234 条的规定,故意伤害他人身体的,处 3 年以下有期徒刑、拘役或者管制。犯前款罪,致人重伤的,处 3 年以上 10 年以下有期徒刑;致人死亡或者以特别残忍手段致人重伤造成严重残疾的,处 10 年以上有期徒刑、无期徒刑或者死刑。本法另有规定的,依照规定。

2. 侵犯公民个人信息罪

随着网络和电信技术的发展,公民个人信息被侵犯的现象越来越多,引起了全社会的关注。在医疗领域,表现为一些医疗机构或医务工作人员,违反国家的相关法律及职业道德的规定,将其掌握的病人的信息,出售或非法提供给儿童摄影、保险公司、母婴用品企业等,严重干扰了他人的生活。

为此,2015 年,全国人大常委会通过了《刑法修正案(九)》,其中第 17 条就是专门针对这一现象所作的立法。具体条文为:在《刑法》第 253 条后增加一条,作为第 253 条之一:

国家机关或者金融、电信、交通、教育、医疗等单位的工作人员,违反国家规定,将本单位在履行职责或者提供服务过程中获得的公民个人信息,出售或者非法提供给他人,情节严重的,处 3 年以下有期徒刑或者拘役,并处或者单处罚金。

窃取或者以其他方法非法获取上述信息,情节严重的,依照前款的规定处罚。

单位犯前两款罪的,对单位判处罚金,并对其直接负责的主管人员和其他直接责任人员,依照各该款的规定处罚。

由此可知,侵犯公民个人信息罪,本罪的主体既可以是医务工作人员,也可以是各级各类医院、保健院、卫生院、门诊部、急救中心等。客观上表现为,医务人员或医疗单位将合法取得的他人信息,在未经患者本人同意的情况下,非法出卖给他人或非法无偿提供给他人,并且情节严重的行为。关于"情节严重",有权机关尚未作出相关的司法解释,学理上一般认为是指大批量地提供公民个人信息、多次提供公民个人信息和提供公民个人信息,供获得信息者进行违法犯罪活动,造成严重后果的。一般的泄露公民个人信息行为不构成犯罪。

例如,重庆市×区某孕妇在妇幼保健医院生产之后,出院回家,接二连三地接到一个个突如其来的推销儿童摄影和奶粉、尿片的骚扰电话,甚至一天之中,有两位陌生人敲开房门,直呼家长姓名并说免费给小孩照相,严重影响了产妇的康复及其家人的生活。经过问讯,商家坦言信息是医院给的。当地卫生局在接到投诉后,责令该保健医院整改。

本案虽未通过刑事途径来解决,但是如果经司法机关查证确实构成情节严重,理论上,应当可以构成出售、非法提供公民个人信息罪。

3. 盗窃、侮辱尸体罪

盗窃尸体罪,是指秘密窃取尸体,置于自己实际支配下之行为。侮辱尸体罪,是指以暴露、猥亵、毁损、涂画、践踏等方式损害尸体的尊严或者伤害有关人员感情的行为。本罪的行为对象是尸体。所谓尸体,是指自然人死亡后所遗留的躯体。尚未死亡的被害人的身体,不是尸体;无生命的尸体如已蜕化分离的,则为遗骨或遗发,不能称为尸体。本罪主观方面为故意。本罪侵犯的客体是社会风尚和公共秩序。根据《刑法修正案(八)》第37条的规定,医务人员违背本人生前意愿摘取其尸体器官,或者本人生前未表示同意,违反国家规定,违背其近亲属意愿摘取其尸体器官的,依照盗窃、侮辱尸体罪的规定定罪处罚。根据我国《刑法》第302条的规定,盗窃、侮辱尸体的,处3年以下有期徒刑、拘役或者管制。

4. 非国家工作人员受贿罪

非国家工作人员受贿罪,是指公司、企业或者其他单位的工作人员利用职务上的便利,索取他人财物或者非法收受他人财物,为他人谋取利益,数额较大的行为。

本罪名由《刑法修正案(六)》对原有的公司、企业人员受贿罪修订而来。《刑法修正案(六)》将该罪的犯罪主体由公司、企业人员扩大到了其他单位工作人员。为惩治商业贿赂,维护市场经济公平竞争秩序,推进党风廉政建设,2008年最高人民法院、最高人民检察院联合发布了《关于办理商业贿赂刑事案件适用法律若干问题的意见》(以下简称《意见》),其中第4条针对医务人员收受贿赂作出了全新的司法解释:

医疗机构中的国家工作人员,在药品、医疗器械、医用卫生材料等医药产品采购活动中,利用职务上的便利,索取销售方财物,或者非法收受销售方财物,为销售方谋取利益,构成犯罪的,依照《刑法》第385条的规定,以受贿罪定罪处罚。

医疗机构中的非国家工作人员,有前款行为,数额较大的,依照《刑法》第163条的规定,以非国家工作人员受贿罪定罪处罚。

医疗机构中的医务人员,利用开处方的职务便利,以各种名义非法收受药品、医疗器械、医用卫生材料等医药产品销售方财物,为医药产品销售方谋取利益,数额较大的,依照《刑法》第163条的规定,以非国家工作人员受贿罪定罪处罚。

非国家工作人员受贿罪的刑事责任,根据《刑法》第163条的规定,犯公司、企业、其他单位人员受贿罪,受贿数额较大的,处5年以下有期徒刑或者拘役;受贿数额巨大的,处5年以上有期徒刑,可以并处没收财产。

根据2016年最高人民法院和最高人民检察院联合发布的《关于办理贪污贿赂刑事案件适用法律若干问题的解释》第11条的规定，《刑法》第163条规定的非国家工作人员受贿罪的"数额较大""数额巨大"的数额起点，按照本解释关于受贿罪、贪污罪相对应的数额标准规定的2倍、5倍执行。受贿罪、贪污罪"数额较大""数额巨大"数额起点分别为：3万元以上不满20万元、20万元以上不满300万元，因此非国家工作人员受贿罪的"数额较大""数额巨大"数额起点应分别为6万元以上不满40万元、100万元以上不满1500万元。

（三）患者及其家属的犯罪

近年来医疗纠纷一直处于上升趋势，有些纠纷中，患者及其亲友会出现一些过激的行为，如暴力殴打医生或在医院门口停尸、实施医闹，造成严重后果或情节严重的，便会触犯刑法，构成犯罪。

1. 聚众扰乱社会秩序罪

《医疗事故处理条例》第59条规定：以医疗事故为由，寻衅滋事、抢夺病历资料，扰乱医疗机构正常医疗秩序和医疗事故技术鉴定工作，依照刑法关于扰乱社会秩序罪的规定，依法追究刑事责任；尚不够刑事处罚的，依法给予治安管理处罚。

依据《刑法修正案（九）》第31条及《刑法》第290条的规定，聚众扰乱社会秩序，情节严重，致使工作、生产、营业和教学、科研、医疗无法进行，造成严重损失的，对首要分子，处3年以上7年以下有期徒刑；对其他积极参加的，处3年以下有期徒刑、拘役、管制或者剥夺政治权利。

多次组织、资助他人非法聚集，扰乱社会秩序，情节严重的，依照前款的规定处罚。

2. 故意伤害罪、故意杀人罪

在医疗风险发生后，一些患者或其亲友的情绪失控，往往会对医务人员大打出手。如有些患者的亲人，手持砍刀，冲进医务人员的办公室，肆意砍杀，造成医务人员重伤或死亡。因此行为人可能会构成故意伤害罪或故意杀人罪。到底构成哪一种犯罪，要看行为人的主观心理态度及犯罪结果等犯罪构成要件。根据我国《刑法》第232条的规定，故意杀人的，处死刑、无期徒刑或者10年以上有期徒刑；情节较轻的，处3年以上10年以下有期徒刑。根据我国《刑法》第234条的规定，故意伤害他人身体的，处3年以下有期徒刑、拘役或者管制。犯前款罪，致人重伤的，处3年以上10年以下有期徒刑；致人死亡或者以特别残忍手段致人重伤造成严重残疾的，处10年以上有期徒刑、无期徒刑或者死刑。本法另有规定的，依照规定。

本章小结

医疗法律风险行政责任是指在发生或处理医疗法律风险时,相关机构或人员因违反行政法,其中主要是卫生法律、法规、部门规章或诊疗护理操作规范,所应承担的行政法律后果。根据承担责任的主体的不同,医疗法律风险行政责任分为医疗机构及其医务人员的行政责任、卫生行政部门及其工作人员的行政责任、尸检机构的工作人员的行政责任、参加医疗事故技术鉴定工作的人员的行政责任、患者及其亲友等人的行政责任。行政处罚和行政处分是医疗法律风险行政责任的两类处罚方式。

医疗法律风险刑事责任是指在发生或处理医疗法律风险时,相关人员因违反刑事法律、法规,所引起的刑事法律后果。"相关人员"主要是指医务人员、患者及其亲友、处理医疗事故的卫生行政部门工作人员、参加医疗事故技术鉴定工作的人员以及承担尸检工作的机构的负责人等。定罪判刑方式是实现刑事责任的最常见、最基本的方式。

思考题

1. 什么是医疗法律风险行政责任?
2. 医疗法律风险行政责任有哪些?
3. 什么是医疗法律风险刑事责任?
4. 哪些人可以构成医疗事故罪?
5. 医疗事故罪与非法行医罪的区别有哪些?

案例思考

2011年12月28日,产妇陈某在福建省原长乐市医院妇产科办理完入院手续后,离院回家待产。在此期间进行了产前检验,但由于该院交接班问题,陈某"红细胞比容43.8%、纤维蛋白原5.76、白蛋白21.4、尿蛋白3+"的检验结果异常无人知晓。31日14时陈某因宫缩返院待产,21时24分陈某分娩下女婴后出现阴道出血不止情况,21时37分,医生李某接产房电话后前往处理,发现其宫缩欠佳,注射药液后宫缩转好,但阴道仍见持续性出血,便通知二线值班医生王某,王某检查后,与李某缝合伤口。术后,王某决定给予产妇陈某输血800毫升和输液、血检等检查。23时,产妇陈某开始输血,王某认为产妇陈某病情稳定,便离开产房,并叮嘱李某有情况随时汇报。2012年1月1日1时,李某见产妇陈某尿量少,给陈某开出一支20毫克呋塞米针剂后,产妇陈某尿量仍未见明显增多,李某电话请示王某,王某指示李某继续输液,2时,陈某排尿300毫升,阴道出血10毫升,2时35分,产妇陈某被送出产房,2时45分,产妇陈某出现面色苍白,较烦躁状态,3时20分,产妇陈某出现谵妄,李某接到报告后立即电话通知医生王某,3时29分,王某赶到病房后通知三线医生实施抢救,3点40分陈某心电波消失,4点30分产妇陈某被宣告死亡。

2013年1月17日,李某被开除党籍、吊销医师执照、调离原长乐市医院,2013年9月原长乐市公安局以李某和另外两名大夫涉嫌医疗事故罪,向原长乐市人民检察院移送审查起诉,同年10月,原长乐市人民检察院提出公诉,起诉李某一人。2015年2月4日,医方和家属就民事赔偿部分达成和解协议,一次性赔偿150万元人民币。2017年12月4日,福州市仓山区人民法院作出一审判决:被告人李某犯医疗事故罪,免予刑事处罚。[①]

案例讨论

你认为此案是否构成医疗事故罪?为什么?

---

① 张倩:《福建首例医疗事故获刑事件调查:谁将一线医生李建雪推上"被告席"?》,载《北京青年报》2015年4月9日。

第六章　诊断治疗护理中的相关法律风险

医疗法律风险虽然原因十分复杂,但是如果从临床过程来看法律风险主要集中在诊断、治疗及护理等环节,有其固有的规律,只要掌握其规律就能够把风险降到最低。

第一节　诊断中的相关法律风险

一、诊断的概念及其法律风险

(一)诊断的概念

从词性角度,"诊断"一词既可以做动词使用,又可以做名词使用。在做名词使用时,"诊断"系指具体的疾病名称或综合征名称,例如高血压病、糖尿病、肾病综合征等。在本书中,"诊断"一词取其动词之意,系指具有相应资质的医务人员,通过询问患者的病史、体格检查、实验室检查以及其他辅助检查手段,根据自己掌握的专业知识,对患者的健康状况做出判断的过程。从此定义可以看出诊断活动具有如下特点:

(1)诊断是一种医疗行为,是诊疗活动或医疗活动的重要组成部分。医疗行为即诊疗护理管理服务行为,是指以诊疗疾病为目的的诊断治疗护理行为和医方对诊疗过程中的管理行为。与医疗行为最为相近的概念是"诊疗活动"。《医疗机构管理条例实施细则》第88条第1款规定,诊疗活动是指通过各种检查,使用药物、器械及手术等方法,对疾病作出判断和消除疾病、缓解病情、减轻痛苦、改善功能、延长生命、帮助患者恢复健康的活动。

(2)诊断只能由具有相应资质的医务人员进行,其他人不得从事诊断活动。此处所指的医务人员,系参考原卫生部于1979年2月23日发布的《卫生技术人员职称及晋升条例(试行)》[①],特指已获得相应资格的医生、护士、药剂人员和其他专业技术人员。一般情况下,只有医师享有诊断权,包括临床医师、影像科医师、病理医师等。对于部分特定疾病患者,我国法律对医师的资质还做了特别规定。例如,我国《精神卫生法》第29条第1款规定,精神障碍的诊断应当由精神

---

①　《卫生技术人员职称及晋升条例(试行)》已被原卫生部于1998年4月13日发布的《卫生部门规章废止目录(含规范性文件)》所废止。

科执业医师作出。

(3) 诊断手段具有高度专业性。医师在做出诊断时,需要询问患者的病史,进行系统的体格检查,必要时参考实验室检查以及其他辅助检查结果。无论是问诊还是查体,均需要医师接受过系统的教育和训练,具有高度的专业性。同时,随着医学科学技术的发展,各类新实验室检查以及其他辅助检查技术不断出现,可以极大地提高医师诊断的准确性。

(4) 诊断服务对象具有特定性。诊断服务对象是患者,此处所指的患者,不仅包括怀疑或被怀疑可能患有某种疾病的就诊者,也包括为检查健康状况、医疗美容等目的而与医疗机构形成医疗服务合同关系的相对人。

(5) 诊断结果具有不确定性。尽管医师对患者进行诊断的目的,是判断其是否患有某种疾病,但由于医疗科学有限性的特点,医师无法保证其一直能够做出正确的诊断;在医师已经尽到审慎注意义务的情况下,如果因患者病情复杂或现有医学技术的限制而未做出正确诊断,则医师不应当被认定为存在医疗过错。

(二) 诊断的法律风险

就诊者到医院就医,其首要目的是查明自己的健康状况,确定是否患有某种疾病。然而,由于客观及主观因素的限制和影响,医生有时不能作出或不能及时作出明确的诊断,甚至直至患者死亡、对尸体进行了解剖检验亦无法作出明确的诊断。在临床工作中,与诊断相关的法律风险主要是误诊所带来的法律风险。

二、误诊的概念及其分类

(一) 误诊的概念

误诊,错误诊断的简称,是指医师没有对患者所患疾病或健康状态作出正确的判断。广义的误诊,还包括遗漏诊断,通常又被简称为漏诊。由于人们对人体及其生理、病理等机制的认识限制,误诊是无法完全避免的。同时,误诊是医患双方发生争议的重要原因之一,是与诊断相关的最主要、最严重的法律风险。

有学者对北京市医疗纠纷人民调解委员会从 2011 年 5 月 31 日至 2014 年 8 月 25 日调解结案的 5445 件医疗纠纷进行了分析研究,发现存在误诊误治、漏诊、诊断错误(B 超、CT、病理、检验)案件共 617 件,占 5445 件医疗纠纷的 11.3%。漏诊、误诊误治在二级医院相对较高,约占总数的 50%。[1]

通常情况下,误诊的直接后果,是医师基于错误的诊断实施了错误治疗。但是,现实中亦有这种情形存在,即诊断错误,但治疗方法却是一致的。例如,临床

---

[1] 王卫东、范贞、张云林:《北京市 5445 件非诉讼医疗纠纷大样本分析》,载《中国医院》2015 年第 1 期。

上常见的对症治疗。

（二）误诊的分类

误诊可以分为有责的误诊及无责的误诊，两者区分的主要标准就是误诊是客观原因还是主观原因导致的。误诊属于诊疗行为中的一环，所以对于误诊中发生的侵权和违约纠纷，一般采取的归责原则是过错归责原则。即只有因过错所导致的误诊才能产生相应的法律责任，这也是诊断最主要的法律风险所在。

1. 有责的误诊

有责的误诊，是由于医方过失等主观因素导致的，所以医方需要为此承担责任。这里的主观因素，包括但不限于诊断前问诊不全面、没有完善必要的辅助检查、对患者的观察有疏漏、没有能根据病情的变化及时修正自己的诊断行为等。

导致误诊的主观因素中比较重要的因素之一，在于医师过于自信的心理，从而可能会对一些患者的状况盲目下结论。特别是针对一些疑难病例，需要进行讨论的不按规定进行讨论，盲目自大地下结论，从而出现误诊的现象。这也是医方未尽到审慎注意义务的表现。

2. 无责的误诊

无责的误诊，是指因客观因素导致的误诊。这是医学发展自身有限性的特点所决定的。通常情况下，此类误诊不需要医方承担相应的法律风险，而多由患者承担医学发展有限性所带来的风险；但是，当医方存在过错的时候，也需要为自己的过错行为承担相应的法律风险。

客观的因素，一般是指医疗条件的限制、地区医疗发展水平、医疗设施的设置、技术力量的布置等。这些因素一般受经济发展所制约，所以由于这些因素出现的误诊而导致的法律风险不应该由医方承担。但是，在条件所能及的情况下，如果医方未能做到对所依据条件的准确、充分地判断，就属于有过错的状况，就可能承担一定的责任。

三、误诊可能发生的诊疗环节

误诊可以发生于诊断所涉及的各个临床工作环节，包括问诊、体格检查、实验室及辅助检查等。同时，误诊发生的原因亦非常复杂，有医学科学发展的限制等客观因素，亦有医师专业知识缺乏、责任心不强等主观因素。

（一）问诊环节

问诊，是医生通过与患者或有关人员交谈，了解疾病的发生、发展情况，诊治经过，以往健康情况等，经过分析、综合，提出初步临床判断的一种诊断方法。问诊是诊断疾病的一个重要步骤，通过问诊可全面了解疾病的发生、发展、诊疗过程、既往健康状况等。

问诊的内容主要包括：(1)患者一般情况，包括姓名、性别、年龄、民族、婚姻状况、出生地、职业、入院时间、记录时间、病史陈述者;(2) 主诉,是指促使患者就诊的主要症状(或体征)及持续时间;(3) 现病史,是指患者本次疾病的发生、演变、诊疗等方面的详细情况,内容包括发病情况、主要症状特点及其发展变化情况、伴随症状、发病后诊疗经过及结果、睡眠和饮食等一般情况的变化,以及与鉴别诊断有关的阳性或阴性资料等;(4) 既往史,是指患者过去的健康和疾病情况。内容包括既往一般健康状况、疾病史、传染病史、预防接种史、手术外伤史、输血史、食物或药物过敏史等;(5) 个人史、婚育史、月经史、家族史等。

如果医生没有详细询问患者的病史等内容,就有可能造成误诊,包括漏诊。问诊缺陷与误诊具有正相关的关系。

有研究表明,因问诊不详造成的误诊比例高达20.8%左右。[1] 再如,有学者检索了1990—1999年200种国内公开发行的临床医学期刊,发现恶性肿瘤误诊文献5281篇,延误诊断的病例总数为60417例,统计出文献报道的误诊率为39.77%。经分析,总体误诊原因有16条[2],但主要原因是临床医生问诊及体格检查不细致,并过分依赖辅助检查结果。

(二) 体格检查环节

体格检查,常被简称为查体,是指医生运用自己的感官和借助简便的检查工作,如体温表、血压计、叩诊锤、听诊器、检眼镜等,客观地了解和评估人体状况的一系列最基本的检查方法。

许多疾病通过体格检查,再结合病史,就可以作出临床诊断。体格检查的方法有五种,包括视诊、触诊、叩诊、听诊和嗅诊。体格检查的内容包括体温、脉搏、呼吸、血压,一般情况,皮肤、黏膜,全身浅表淋巴结,头部及其器官,颈部、胸部(胸廓、肺部、心脏、血管),腹部(肝、脾等),直肠肛门,外生殖器,脊柱,四肢,神经系统等。同时,对于专科的患者,还需进行专科检查,例如产科检查、骨科检查等,以确定其专科特殊情况。

在临床工作中,因体格检查不详细或不亲自触诊而导致误诊病例时有发生。例如,某患者应诊断为包皮阴茎头炎感染化脓,但却被医生误诊为淋球菌尿道炎。究其原因,是医生过分相信分泌物涂片的检查结果,没有认真检查包皮阴茎,而该病通过检查包皮阴茎头即可明确诊断。[3] 再如,主动脉夹层相对少见,临床表现复杂多变,误诊、漏诊率仍然较高,由此导致的短期内死亡风险及相关不良后果严重。但是,如果医生能够进行系统详细的问诊和查体,还是有可能早

---

[1] 陶利洪:《误诊与问诊的关系分析》,载《现代医药卫生》2008年第11期。
[2] 陈晓红:《60417例恶性肿瘤文献病例的误诊原因分析》,载《中国肿瘤》2002年第6期。
[3] 米敬轩、高魁:《查体粗疏导致误诊四例报告》,载《临床误诊误治》2006年第3期。

期发现相关的体征并做出判断,抢救患者的生命。[①]

(三)实验室检查环节

实验室检查,是指通过在实验室进行物理的或化学的检查来确定送检的物质的内容、性质、浓度、数量等等特性。实验室检查是医学诊断中的重要组成部分,检查材料取自人体的血液、体液、分泌物、排泄物、脱落细胞等。实验室检查为病因、病理变化、器官功能提供科学依据,在诊断、治疗及判定预后等方面有重要意义。

实验室检查主要分为临床血液学检查、临床生物化学检查、临床免疫学检查、临床病原学检查、体液与排泄物检查,以及其他检查等类别。临床常见的实验室检查有:血常规,尿常规,便常规,血气分析,血电解质(钾、钠、氯、钙等),肝功能,肾功能,血脂,心肌酶,甲状腺功能,血糖等。

在临床上,对于部分疾病,医生可以直接根据实验室检查结果做出诊断。例如,根据实验室检查HIV抗体由阴性转为阳性,即可做出艾滋病的诊断意见。但是,并非所有的疾病均是如此。对于绝大部分疾病,医生需要结合患者的病史、临床表现、体格检查结果等进行综合分析,才能做出相应的诊断。有时,许多疾病具有同样或类似的实验室检查结果。单纯依赖实验室检查结论来做出诊断,就有可能导致误诊。

此外,还存在实验室检查结论错误的情形,实验室检查大多是依靠仪器设备来完成的。目前,科学技术的进步已经使得这些检测仪器的准确程度很高,但是,也不能保证不会出错。由于操作人员的失误或者仪器设备本身的错误,可能会导致结果与实际情况的不一致。当医务人员没能发现这样的错误时,很可能会因为实验室检查结果的错误而导致最终诊断的错误。

(四)辅助检查环节

辅助检查,系指辅助临床做出诊断的各项检查。包括病理组织学检查、X线检查、心电图检查、超声检查、同位素检查、心电图检查、脑电图检查、纤维内窥镜检查、CT检查等。

随着医学科学技术的发展,新的辅助检查方法亦在不断出现。但是,辅助检查对医生做出诊断仅起辅助作用,各类检查机器、仪器不能代替医生的能动思维,过分依赖辅助检查结果亦是医生误诊的原因之一。同时,辅助检查结果亦可能出现错误。一是因为检查手段和方法本身的限制;二是对同一检查结果,不同的医生亦可能做出不同的判断;三是医生的知识水平、临床经验,以及责任心等都可能对辅助结果的判断造成影响。

---

① 邵亮、马俊、王新:《询问病史及查体纠正胸腹主动脉夹层误诊一例》,载《临床误诊误治》2009年第1期。

以新生儿错误出生为例，尤其是产前检查的误诊导致的错误出生，更显示出辅助检查中的误诊所造成的法律风险。随着医学水平的不断提高，通过产前医学检查预先判断胎儿出生后是否会带有先天缺陷成为可能，这也给医疗机构带来了更高的要求。由此带来的错误出生风险也逐渐增多。具体来讲，错误出生，是指由于医务人员的过失，未能检查出胎儿存在的先天性缺陷，或者未向孕妇及家属进行充分告知，致使孕妇没有选择实施堕胎手术生下缺陷婴儿。

例如，马某的妻子张某怀孕后，于2017年3月在山东省某市某甲医院建立了孕产期保健档案，并按照某甲医院医师的要求，先后进行了13次B超检查，其中两次B超检查为专门针对胎儿心脏和心脏畸形的排查检查、一次中孕期唐氏综合性血清学筛查、一次胎儿染色体非整倍无创基因检测。在上述所有的检查中，某甲医院的工作人员为张某出具的检验报告单均未发现胎儿存在畸形或其他异常情况。2017年12月某日，张某在某甲医院顺利产下孩子，取名马某某。次日，某甲医院医生在对马某某进行初生检查时诊断发现，马某某存在先天性心脏病，并临床诊断书中载明为"完全性肺静脉异位引流及混合性心梗阻、先天性房间隔缺损、动脉导管未闭、肺动脉高压、左心功能不全等"。马某、张某夫妇为救治马某某，到处寻访医院，前后花费医疗费20多万元。在这个案例里面，医务人员未能对胎儿可能存在的异常情况作出专业诊断并提出专业的医学指导和意见，致使张某存在先天性心脏病的孩子出生，存在误诊的情形。

（五）临床分析判断环节

临床分析判断，是指在收集临床资料的基础上，对患者所患疾病做出判断并不断进行修正的过程。前述的问诊、体格检查、进行实验室及辅助检查，均是收集临床资料的过程。但是，除个别疾病外，医生往往无法根据这些临床资料直接进行治疗，还需要医生对这些临床资料进行综合的分析判断，并根据患者病情的发展演变不断进行修正。

然而，疾病的性质、医学科学的发展水平、医生对疾病的认识水平、医生的主观能动性、责任心等因素，均可能会影响医生对临床资料的分析判断，因而有可能作出错误的诊断。

四、误诊法律风险防范

（一）加强继续教育，提高业务水平

误诊的最主要原因，是医师对所误诊疾病的发病原因、发展演变规律等缺乏足够的认识和了解。因此，对医学科学及相关疾病的足够了解和认识，是防范误诊的最为重要的措施，亦是最为可行的方法。医学是一个需要终身学习的学科，继续教育对临床医生的发展和提高有着至关重要的作用。为此，医师应当不断地接受继续教育，学习新知识，了解各类疾病的最新研究成果、最新的医学科学技术及其发展,不断提高自己的业务水平。具体形式包括自学、学术交流、脱产进修学习、网络在线学习等。

(二)加强问诊工作,获取准确病史

问诊往往是临床诊疗工作的开始,对于作出准确的临床诊断具有极其重要的意义。因此,医师应当加强临床问诊工作,问诊应该完整、确切,详细地采集病史,尽可能全面地获得患者的疾病相关信息;重视原有病历资料;而不是只依赖患者的体征和辅助检查,从而获取尽可能准确和详尽的临床资料。为此,医师要详细地询问患者的主诉不适、现病史、既往史、家族史、个人史、生育史等信息。问诊是一门看似简单,其实复杂的工作。它要求医生要有丰富的临床经验,扎实的理论基础,高超的问诊技巧,客观的科学态度,敏锐的判断能力,才能收集到真实、有意义的资料,为临床判断提供重要的证据。

另外,为了避免事后医患双方对病史记录内容产生争议,建议医师在作出书面记录后请患者或病史陈述者签字确认。

例如,一名20岁的男性患者,因为右下腹疼痛急诊入院,医生根据其右下腹疼痛和血常规白细胞增高等资料,诊断为急性阑尾炎,并立即行阑尾切除术,术中发现阑尾正常,未发现阑尾发炎表现,医生只能关腹再作其他检查。术后详细询问患者病情,患者告知发病后有血尿史,遂行腹部超声检查确诊为右侧输尿管结石,予以体外震波碎石后痊愈出院。

(三)规范体格检查,查明身体状况

在问诊基础上,对患者进行身体检查的目的,是为了查明患者的身体状况,以便查明相应的体征,作出相应的临床判断。查体应该仔细、全面,如外科医生更应坚持查体检查,如果查体不仔细不全面,只关注本专业的专科情况,或者只看辅助检查报告根本就不查体,就容易出现误诊、漏诊等情况。规范而系统的体格检查,对于防范误诊具有重要意义。例如,几乎所有的主动脉夹层患者首发症状都有剧烈的胸和(或)腹痛,近期文献报道误诊率达65.4%[①],误诊原因与对本病认识不足及缺乏警惕性、未认真查体、未详细询问病史以及医技检查结果的干扰有关。

然而,在临床实践中,部分医师在进行临床查体时仅仅是走过场,甚至部分病历记录的体格检查项目根本没有实施,而是凭着医师的感觉而任意填写。另外,在表格化病历中部分未勾画项目亦会导致医患双方发生争议,而医师因该项目为空白而无法证明其实施了相关体格检查。

例如,一车祸致脑外伤患者收入神经外科,经CT等检查诊断为急性硬膜外血肿、鼻骨骨折,经硬膜外血肿清除术后数日转耳鼻喉科进行相应治疗,在患者

---

① 周建龙、吴刚、金骁琦等:《纠正主动脉夹层误诊的体会》,载《临床误诊误治》2007年第12期。

住院期间医生只对患者进行了神经外科和耳鼻喉专业的专科情况的检查,未作全身的检查,患者出院后一直右脚不能站立,后就诊于骨科方诊断患者车祸伤并发右股骨颈骨折,此时股骨颈已经坏死,只能进行全髋关节置换了。

(四) 疑难病例讨论,尽快明确诊断

疑难病例讨论制度,是指由科主任或具有副主任医师以上专业技术任职资格的医师主持、召集有关医务人员对疑难病例进行研究、讨论的过程。疑难病例讨论可以减少临床误诊、误治的发生率,保障患者的生命健康权,减少医患纠纷。随着医学的学科发展,临床的专业学科越分越细。医生虽然充分掌握了基本知识和本身的专业理论知识与医学实践的技能,但是对其他学科的知识则知之较少,对其他专业的新知识、新技术就更是知道较少。一旦遇到疑难病例,若仅仅从单一的专科角度进行诊治,在有限的就诊时间内,很容易导致误诊或者误治,从而失去最佳的治疗时机。疑难病例的讨论制度可以在很短的时间内召集各科不同专业的医生,再根据病人的不同病情发展进行全面的分析、讨论,在最短的时间内为病人制定一个较为合理的诊疗方案,使患者取得更加及时、有效的治疗。

(五) 及时邀请会诊,相互取长补短

会诊,是指出于诊疗需要,由本科室以外或本机构以外的医务人员协助提出诊疗意见或提供诊疗服务的活动。规范会诊行为的制度称为会诊制度。按会诊范围,会诊分为机构内会诊和机构外会诊。按病情紧急程度,会诊分为急会诊和普通会诊。机构内急会诊应当在会诊请求发出后 10 分钟内到位,普通会诊应当在会诊发出后 24 小时内完成。会诊意见的处置情况应当在病程中记录。前往或邀请机构外会诊,应当严格遵照国家有关规定执行。

目前,医疗机构临床分科越来越细。这在一定程度上促进了专科的发展,但也使专科医生的思维变得局限起来;而即使是经验丰富的专科医生,独自面对现代的许多疑难病症也是束手无策或是诊断不准确、不及时。因此,需要通过组织不同学科和专业的专家对临床中遇到的难题进行会诊。会诊可以集思广益,发挥集体智慧,相互弥补不足,提供诊断依据,减少临床误诊误治。

第二节 治疗中的相关法律风险

一、药物治疗的法律风险

(一) 药物治疗概述

药物治疗,是指使用各类药品预防、治疗、诊断人的疾病,有目的地调节人的生理机能。药品包括中药材、中药饮片、中成药、化学原料药及其制剂、抗生素、生化药品、放射性药品、血清、疫苗、血液制品和诊断药品等。

药物治疗是人类最古老、最常用的治疗方法。由于医学知识的普及和传播，尤其是在互联网时代，许多没有医学背景的人都或多或少地了解部分疾病的药物治疗方法。与此同时，新的药物亦在不断地被研发和销售，使得人类可以更为有效地预防和对抗疾病。

但是，药物治疗与其他所有治疗方法一样，在治疗疾病的同时，亦会给人体造成一定的损害，有时甚至是致命的损害。因此，患者应当在医生的指导下使用药物。同时，医生亦应根据患者疾病性质，按照药品的适应症或者功能主治、用法和用量，合理用药，以最大化地发挥药物的治疗作用，尽可能地减少其不良反应。对于特殊药物治疗，医生还应尽到告知义务，充分尊重患者的知情同意权。

（二）特殊药物治疗的法律风险

特殊药物治疗，是指具有下列情形之一的药物治疗活动：(1) 有一定危险性，可能产生不良后果的药物治疗；(2) 由于患者体质特殊或者病情危笃，可能对患者产生不良后果和危险的药物治疗；(3) 临床试验性药物治疗；(4) 收费可能对患者造成较大经济负担的药物治疗。

最典型、最常见的特殊药物治疗，是对各类肿瘤患者实施的化学药物治疗，又通常被简称为化疗。化疗是目前治疗癌症最有效的手段之一，和手术、放疗一起，并称癌症的三大治疗手段。但是，这种治疗方法通常在治疗癌症、杀死癌细胞的同时，亦会产生杀死人体的正常细胞、人的机体抵抗力下降等严重副作用。因此，医生在实施化疗等特殊药物治疗时，应当向患者或者其近亲属说明药物的副作用及注意事项，由患者签署书面的知情同意书。

在临床上，还有一类常见的特殊药物治疗，即费用较高、可能会对患者造成较大经济负担的药物治疗。这类药物一般具有较好的治疗效果，但是费用也可能非常昂贵。在这种情况下，医生应当事先向患者进行说明，并由后者签署书面的知情同意书。另外，对于不属于基本医疗保险报销范围的药物，医生亦应事先向患者进行说明，由患者签署自费药品协议书或类似书面知情同意文件。

（三）抗菌药物使用的法律风险

抗菌药物，一般是指具有杀菌或抑菌活性的药物，包括各种抗生素、磺胺类、咪唑类、硝基咪唑类、喹诺酮类等化学合成药物。抗生素和合成抗菌药物的发明和应用是20世纪医药领域最伟大的成就之一。人类应用抗生素和合成抗菌药物有效地治愈了各类严重的细菌感染性疾病，卓有成效地降低了各种严重细菌感染性传染病的死亡率。但是，与此同时，对抗菌药物的滥用亦产生了日趋严重的问题，愈来愈多的致病细菌对抗生素产生了耐药性，药物的治疗效果下降，甚至不再有效。

国务院卫生行政主管部门对此问题非常重视，发布了一系列旨在控制抗菌药物滥用的法律规范。如《抗菌药物临床应用指导原则(2015年版)》《医疗质量管理办法》,将抗菌药物分级管理制度列为18项医疗质量安全核心制度之一。

所谓抗菌药物分级管理制度,是指根据抗菌药物的安全性、疗效、细菌耐药性和价格等因素,对抗菌药物临床应用进行分级管理的制度。该制度根据抗菌药物的安全性、疗效、细菌耐药性和价格等因素,将抗菌药物分为非限制使用级、限制使用级与特殊使用级三级。医疗机构应当严格按照有关规定建立本机构抗菌药物分级管理目录和医师抗菌药物处方权限,并定期调整。

不按规定使用抗生素、超出医师权限使用抗生素、使用抗生素的时候未能充分考虑药物不良反应和患者特殊的病理生理状况等,这些情况均可能导致患者受到损害,引发一定的法律风险。不按规定使用抗生素,是指没有按照《抗菌药物临床应用指导原则》《抗菌药物临床应用管理办法》等规定对抗生素进行使用,具体表现有未遵循抗生素特点和病原菌种类选择药物、无适应证用药等等,会引起患者病情迁延、治疗失败等法律风险。超出医师权限使用抗生素在临床中亦很常见,而根据原卫生部《抗菌药物临床应用指导原则》规定,抗生素的使用必须是临床医师开出的,特别是应用限制使用的抗生素,需要具有主治医师以上专业技术职务任职资格的医师同意并签名;应用特殊使用抗菌药物,应具有严格临床用药指征或确凿依据,经抗感染或有关专家会诊同意,处方需经具有高级专业技术职务任职资格医师签名。

(四)超药品说明书用药的法律风险

所谓超药品说明书用药,又称药品未注册用法,是指药品使用的适应症、给药方法或剂量不在药品监督管理部门批准的说明书之内的用法。药品未注册用法的具体含义包括给药剂量、适应人群、适应症或给药途径等与药品说明书不同的用法。[①]

原国家食品药品监督管理总局于2006年3月5日发布、同年6月1日生效的《药品说明书和标签管理规定》规定,药品说明书和标签由国家食品药品监督管理总局予以核准;药品说明书应当包含药品安全性、有效性的重要科学数据、结论和信息,用以指导安全、合理使用药品;药品生产企业应当主动跟踪药品上市后的安全性、有效性情况,需要对药品说明书进行修改的,应当及时提出申请。因此,在我国,药品说明书对医师处方具有约束力。临床医师应当按照药品说明书中规定的药品适应症、药理作用、用法、用量、禁忌、不良反应和注意事项等开具处方。

但是,在临床工作中,对于部分患者,按照药物说明书所规定的剂量、给药途径或适应症使用药物,无法取得良好的治疗效果。同时,根据大量的临床实践,

---

[①] 中国药理学会:《超说明书用药专家共识》,载《药物不良反应杂志》2015年第2期。

在特定情况下超药品说明书使用药物反而获得了意想不到的疗效。在这种情况下,对超药品说明书用药的研究和立法成为必要。

如在一起眼科案件中,法院认定:汤某双眼青光眼术后眼压增高,安徽省某医院给予局部钝性分离和氟尿嘧啶处理,而根据该院提供的"氟尿嘧啶注射液说明书"(双燕牌,国药准字 H12020959),在青光眼的治疗方面,用法上无局部眼内注射的使用方法。安徽省某医院超说明书使用药物,属于特殊治疗,根据国务院《医疗机构管理条例》第 33 条的规定,医疗机构施行手术、特殊治疗时,必须征得患者或其家属、关系人的签字同意,在无法取得患者或其家属、关系人同意的情况下,应取得医疗机构负责人或者被授权负责人员的批准后实施。安徽省某医院未能举证证明其进行"氟尿嘧啶处理"时依法履行了特殊风险告知义务,侵害了汤某的知情权、选择权。临床上使用氟尿嘧啶局部注射治疗方法与超说明书使用药物的特殊风险告知义务并不矛盾。最终法院认为,安徽省某医院超说明书用药存在一定的过错,并且与汤某的损害后果有一定的因果关系,判决安徽省某医院承担了部分赔偿责任。

我国目前尚无关于超药品说明书用药的专门立法。但是,我国现有法律也没有绝对禁止医生采用如此的用药方式。原卫生部于 2007 年 2 月 24 日发布、自同年 5 月 1 日起施行的《处方管理办法》第 6 条第 9 项规定,药品用法用量应当按照药品说明书规定的常规用法用量使用,特殊情况需要超剂量使用时,应当注明原因并再次签名。也就是说,我国现有法律允许医生在特殊情况下超过药品说明书规定剂量使用药物。

尽管如此,超药品说明书用药仍然具有很大的法律风险,需特别加以注意。针对如何防范这些风险的问题,广东省药学会特别建议,在临床工作中,使用"药品未注册用法"应具备以下条件:(1)在影响患者生活质量或危及生命的情况下,无合理的可替代药品;(2)用药目的不是试验研究;(3)有合理的医学实践证据;(4)经医院药事管理与药物治疗学委员会及伦理委员会批准,但紧急情况除外;(5)保护患者的知情权,在使用"药品未注册用法"时,应告知患者治疗步骤、预后情况及可能出现的危险。[①]

(五) 联合用药的法律风险

联合用药(drug combination)是指为了达到治疗目的而采用的两种或两种以上药物同时或先后应用。主观上讲联合用药一般是为了尽快治愈,或为了满足患者的愿望,担心某一种药物效果难以达到尽快治愈的目的,但是,用药品种偏多,使药物相互作用的发生率增加,影响药物疗效或毒性增加。因此在给患者用药时,应十分小心,应尽量减少用药种类,减少药物相互作用引起的药物不良

---

① 《关于印发〈药品未注册用法专家共识〉的通知》,载《今日药学》2010 年第 4 期。

反应。

联合用药往往会发生体内或体外药物的相互影响。药物在体外发生相互影响称为配伍禁忌(incompatibility)，指将药物混合在一起发生的物理或化学反应，尤其容易发生在几种药物合在一起静脉滴注时。药物在体内发生相互影响称为相互作用(interaction)，主要发生在药动学和药效学方面的一些环节上。这种相互作用主要表现为：一是使原来的效应增强称为协同作用(synergism)，二是使原有的效应减弱，称为拮抗作用(antagonism)。在协同作用中又分为相加作用(addition)和增强作用(potentiation)。相加作用指两药合用时的作用等于单独用药时的作用之和。增强作用指两药合用时的作用大于单用时的作用之和。拮抗作用中又分为相减作用(subtraction)和抵消作用(counteraction)。相减作用指两药合用时的作用小于单用时的作用。抵消作用指两药合用时的作用完全消失。

合理使用联合用药，防范医疗风险的出现，必须要关注本学科药物的发展，掌握本学科每一种药物的使用方法，了解药物配伍禁忌，遵循联合用药的规范，尽量减少多种药物的同时使用。违规使用联合用药，造成患者损害，要承担相应法律责任。

二、手术治疗的法律风险

手术治疗，是指以手术为主要手段的治疗方法，系临床治疗中的一种常见方法。手术治疗方法最突出的特点，就是对人体的侵入性和破坏性，它会不同程度地破坏人体的正常组织。也正是由于手术治疗的这一特点，医生在实施手术治疗时，应当取得患者的书面同意，充分尊重患者的知情同意权。

手术相关法律风险，根据其发生时间不同，可以分为术前风险、术中风险和术后风险等，以上每个环节均可能引发医患双方的争议。

术前风险，通常涉及患者诊断是否明确，是否有手术指征；术前各项准备是否充分，例如是否备血等；是否进行了有效的术前谈话和沟通，患者或家属是否签署知情同意书；对术中、术后可能出现的问题是否有足够的预见和告知等。最常见的是术前讨论不充分，未能规范贯彻术前讨论制度。具体包括对病情的严重性估计不足、术前准备不充分，手术指征不足、手术时机选择不当、未将术前讨论内容告知患方、术式选择不当等。

术中风险，主要涉及手术操作是否正确，对术中出现的意外情况的应对是否得当、术中配合是否协调、术中保障是否到位等。可以表现为手术操作不当、术中护理不到位等。手术过程中未对可能触及的脏器予以保护、某些不必要的重复操作增加了对脏器的损伤等，造成一些并非无法避免的并发症。另外，在手术过程中，如果涉及术式改变，则需要及时告知患者或者家属，术中术式改变时，应于术中或术后及时与患者或家属沟通。

术后风险,主要涉及的是术后的观察、防感染、并发症、护理等问题。对术后患者未予足够关注,或者未进行积极的检查,未充分尽到注意义务等。还包括患者术后是否及时苏醒,伤口是否存在感染,是否出现了术后并发症等。

任何手术均具有一定的风险,患者对于是否愿意承担这种风险享有自主选择的权利。风险是客观存在的,因此在临床工作中,一些医务人员在手术同意书中向患者特别提示了这种风险的存在,同时要求患者自己承担这种可能出现的风险。例如,有的手术同意书中载有"如出现以上问题,医院概不负责"或"医院不承担任何责任"等免责条款。那么这种免责条款是否具有法律效力呢?

手术同意书具有合同或协议的某些特点,因此人们有时又将手术同意书称为"手术协议书"。根据我国《民法典》第506条的规定,合同中有关造成对方人身伤害的免责条款无效。因此,上述手术同意书中"医院概不负责"或"医院不承担任何责任"部分因违反了法律禁止性规定而归于无效。如果医务人员在为患者手术过程中存在医疗过错并造成了患者人身损害的后果,那么医疗机构仍应承担相应的民事责任。手术同意书不具有免除医务人员因医疗过错而给患者造成损害后果应承担的民事责任的法律效力。

三、放射治疗的法律风险

放射治疗,简称放疗,是指用各种放射线(α、β、γ、X线及各种高能粒子射线等)的作用,破坏细胞或抑制其生长进行治疗的方法。此类治疗方法又可分为体外照射、体内照射、内用同位素3种。放疗依病情及放射剂量,又分为根治性放疗、姑息性放疗、术前放疗及术后放疗4种。X线治疗可按电压高低分为超高压、深度和浅度治疗。在临床工作中,与放疗有关的医疗风险可以分为以下几类:

第一类,是与医方因素相关的风险,包括医生放疗适应症选择不当、放射技师选择部位错误或摆放特定体位错误;放疗仪器设备操作不当,导致放疗部位及周围组织损伤;或放疗剂量掌握不当,剂量过高和剂量不足引发疗效不良或正常组织过量受损。此类风险还包括在放疗过程中,患者出现各类紧急情况,但放疗科室缺乏足够的抢救设备,相关人员亦缺乏抢救经验,造成患者死亡或其他严重后果。

第二类,与患方因素相关的风险,包括患者体质特殊导致过敏、特殊的解剖变异或生理、病理改变等。另外,患者对放疗治疗效果过高的期望值,亦是导致医患双方产生争议的原因之一。

第三类,是与医疗设备相关的风险,包括医疗设备老化或维护不当,图像模糊,治疗操作中突然停电导致治疗操作失败等。如果出现机器失灵难以控制,会造成接受治疗的患者砸伤甚至危及生命事故,如治疗床失控导致患者坠床或误伤患者的危险。针对此种医疗风险,医疗机构及其医务人员应当通过各种方法,例如制定相关的规章制度和操作流程,将风险降至最低。

四、麻醉的法律风险

麻醉(anesthesia)是指应用药物或其他方法来消除手术时的疼痛。麻醉的目的是消除手术疼痛,保障患者安全,并为手术创造条件。在现代麻醉工作中,消除手术疼痛已不是麻醉的全部内容,在急救复苏、重症监测治疗、急性和慢性疼痛治疗等方面也有了临床应用。然而,麻醉是一项复杂的技术,同时麻醉是对有病机体实施,手术又是不良的刺激,因此在麻醉过程中,仍会出现一些难以预料的问题,如对麻醉剂发生过敏、痉挛、心律失常、心搏骤停、死亡等。麻醉可能引发的法律风险有:

第一,麻醉意外,是指在诊疗过程中,由于当前医疗水平的限制,患者出现难以预料和防范的不良后果。常见的麻醉意外多见于患者体质或特殊病情等原因导致的难以预料和防范的不良后果,包括死亡、残疾、器官功能障碍等。麻醉意外比较罕见,因医方不存在过错,所以不承担法律责任。

第二,麻醉并发症,是指麻醉中发生了可以预料的,却难以完全避免的另一种症状的不良后果。常见的麻醉并发症有:插管困难所致损伤,深静脉穿刺造成气胸等。如果麻醉医师已尽到相应注意义务,没有过失,那么医方是不负法律责任的。

第三,麻醉过错,是指由于麻醉医师疏忽大意或技术水平不高没有尽到应有的注意义务造成患者损害的情形。常见的麻醉过错有:气管插管误入食道、全脊髓麻醉未及时发现、麻醉用药过量导致呼吸抑制等。因医方存在过错导致患者损害,应负相应的法律责任。

第四,麻醉失败,是指实施某种麻醉方法后其结果并未达到预期的麻醉目的。麻醉风险出现的原因多与以下几方面有关:首先,患者的年龄与疾病因素,一般而言年龄越小的儿童危险性越大,年龄>70岁的心源性死亡率为常人的10倍;许多疾病如心血管疾病患者,实施麻醉的风险性大大增加。体质状态也影响麻醉风险的发生。其次,手术因素。手术种类和创伤大小、手术时机及不规范的手术操作都会影响麻醉风险程度,如未纠正的严重贫血、重症高血压、糖尿病、严重的心律失常、急性心肌梗死行急诊手术、粗暴的腹腔或胸腔探查、体位不当压迫神经等,都会增加麻醉风险的发生。再次,麻醉因素。麻醉时机、方法、药物选择不当、管理失误等因素,如严重体液和电解质失衡和酸碱平衡紊乱未予纠正、心肌梗死后6个月内行择期手术、严重休克患者行椎管内麻醉,麻醉相关机械故障、麻醉药品管理缺乏规范等都会引发麻醉风险,从而引发麻醉法律风险的发生。最后,环境因素。如手术室通风不良、湿热流汗、灯光刺眼、声音嘈杂、谈论与手术无关事宜等,致使医护人员精力分散,都可能影响麻醉医师的操作,发生过失或意外。

五、输血治疗的法律风险

输血(blood transfusion)作为一种替代性治疗,可以补充血容量、改善循环、增加携氧能力,提高血浆蛋白,增进机体免疫力和凝血功能。正确掌握输血的适应症,合理选用各种血液制品,有效防止输血可能出现的并发症,对保证外科治疗的成功、患者的安全有着重要意义。

输血可发生各种不良反应和并发症:发热反应;过敏反应;溶血反应;细菌污染反应;循环超负荷;疾病传播;输血相关性移植物抗宿主病、输血相关性的急性肺水肿、免疫抑制、大量输血致低体温、酸碱平衡和电解质紊乱等、异型输血差错事故等。急性的不良反应能够引起器官和机能的迅速改变,处理和抢救稍不及时将带来严重的后果,甚至危及生命;慢性的并发症,如疾病传播等,也会带来极为严重的后果。

造成输血法律风险发生的原因主要有:试剂检测存在一定的漏检率,可能将一些检测结果为阴性但带有病毒的血液用于临床注射;献血者处于感染的窗口期,造成漏检;在血液采集或输注过程中因疏漏造成血液的细菌性污染;血液交叉配血结果错误;血液输注错误或输注速度过快;由于医学技术的局限性而造成输血感染一些现阶段人类未知的病毒等等。

在我国现有的法律制度下,对输入合格血液造成患者损害的,如果是因为医学技术有限性所带来的风险,依法由患者自己承担,或者依据公平责任进行适当的法律救济;但输入不合格血液导致患者的健康严重受损的,依《侵权责任法》规定由血站或医疗机构承担相应法律责任。

为了防范输血带来的法律风险,应采取以下措施:

第一,严格把握适应症。输血在某些时刻是挽救生命的有效方式,但是输血终究是有风险的,能不输血就不输血。故必须严格按照《临床输血指南》掌握输血的适应症,无明确适应症者不应滥用输血。

第二,规范输血程序。患者需要输血,经治医师要认真填写《临床输血申请单》,按照医院规定履行申报手续,由上级医师核准签字后报输血科。

第三,认真履行输血前告知程序。临床中由于治疗需要必须进行输血治疗前,经治医生要向患者说明输血的不良反应和经血传播疾病的可能性,征得同意,并在《输血治疗同意书》上签字。

第四,严格输血前的检查。对受血者进行严格检查,以便为其选择适合的血液成分;同时对受血者输血前是否存在 HIV(人类免疫缺陷病毒)、HAV(甲型肝炎病毒)等进行检测,对防范医疗法律风险有积极的作用。

第五,对血液检测结果保密。抽取的血标本按要求送检并及时取回结果,存入病历,其阳性结果不得随意议论或告知患者,尤其是医院检测的 HIV 阳性结果属初筛而不是最后结果,要待国家实验室确认阳性后,由规定的医务人员告知患者或家属,不得向无关人员泄露,以免引起不必要的纠纷。

第六,妥善保存血袋标签。血袋标签内容标明供血机构名称、许可证号、供血者姓名或条形码编号和血型、血液品种容量、采血日期、血液成分的制备日期、有效期、血袋编码/条形码、储存条件等。我国《献血法》第 13 条规定,医疗机构对临床用血必须进行核查,不得将不符合国家规定标准的血液用于临床。血袋标签内容是证明输注血液来源和血液质量的直接依据,可使患者输注的每单位血液追溯到献血者,帮助发现和解决以后出现的问题。护士在为患者输血后应从血袋上取下标签贴在病历中,完整而规范地保存。

第七,保管输血医疗文件。根据《临床输血技术规范》的要求,在病历中应该保存：输血治疗同意书、交叉配血报告单、患者输血前血液五项检测报告单、血袋标签和各种输血护理记录的登记签字。输血医疗文书是患者输血过程的原始资料,是解决输血法律风险争议的证据。因此,要注意患者住院病历中输血文书的完整性和规范性。

第八,严格查对制度。输血前要严格执行"三查、八对",需两名医护人员对输血申请单、交叉配血报告单和血袋上的标签内容仔细核对,认真检查有无破损、渗漏,血液有无溶血、浑浊及凝块等,确认无误后同时签名。遇有严重的输血反应,特别是疑有溶血反应时,应立即停止输血,采取常规处理措施,注意保留血袋、输血器,必要时抽取患者的血样,以进行输血前后样本的血清或血浆颜色对比。

六、其他治疗的法律风险

(一) 关于心理治疗的特别规定

1. 心理咨询人员不得从事心理治疗或者精神障碍的诊断、治疗

我国《精神卫生法》第 23 条第 2 款、第 3 款规定：心理咨询人员不得从事心理治疗或者精神障碍的诊断、治疗。心理咨询人员发现接受咨询的人员可能患有精神障碍的,应当建议其到符合本法规定的医疗机构就诊。

在立法过程中,对于心理咨询人员能否从事心理治疗、心理治疗是否属于医疗行为,存在着很大争论。立法者最终采纳了医疗行业人士的意见,认为只有取得心理治疗师执业资格者才能从事心理治疗,禁止未取得该资格的心理咨询人员从事心理治疗。尽管目前心理咨询行业人士对此意见极大、议论纷纷,但既然法已颁布,则均应认真遵守之,否则将承担相应的法律责任。相反,人们对精神

障碍的诊断、治疗属于医疗行为,必须由精神专科医生进行,心理咨询人员不得从事此类活动没有异议。

2. 从事心理治疗的人员不得在医疗机构以外开展心理治疗活动

从目前精神卫生立法本意来看,立法者将心理治疗认定为一种医疗活动,将心理治疗人员按照卫生技术人员类别进行管理。根据我国相关法律规定,医疗活动应当在医疗机构内进行。因此,根据《精神卫生法》第51条的规定,心理治疗活动应当在医疗机构内开展。违反上述法律规定,则应承担相应的法律责任。

3. 专门从事心理治疗的人员不得从事精神障碍的诊断

精神障碍诊断的特殊性就在于,其诊断结果不仅涉及患者的治疗与康复,更会涉及其生活、工作,甚至影响其一生。因此,精神障碍的诊断必须由接受过专业训练的精神专科医师作出,其他任何人不得从事此项活动,包括获得过心理治疗资格的心理治疗人员。因此,根据《精神卫生法》第51条的规定,专门从事心理治疗的人员不得从事精神障碍的诊断。

(二)关于新技术和新项目准入制度

所谓新技术和新项目准入制度,是指为保障患者安全,对于本医疗机构首次开展临床应用的医疗技术或诊疗方法实施论证、审核、质控、评估全流程规范管理的制度。

为了将新技术和新项目应用的风险降至最低,医务人员在临床工作中应当注意:

(1)医疗机构拟开展的新技术和新项目应当为安全、有效、经济、适宜、能够进行临床应用的技术和项目;

(2)医疗机构应当明确本机构医疗技术和诊疗项目临床应用清单并定期更新;

(3)医疗机构应当建立新技术和新项目审批流程,所有新技术和新项目必须经过本机构相关技术管理委员会和医学伦理委员会审核同意后,方可开展临床应用;

(4)新技术和新项目临床应用前,要充分论证可能存在的安全隐患或技术风险,并制定相应预案;

(5)医疗机构应当明确开展新技术和新项目临床应用的专业人员范围,并加强新技术和新项目质量控制工作;

(6)医疗机构应当建立新技术和新项目临床应用动态评估制度,对新技术和新项目实施全程追踪管理和动态评估;

(7)医疗机构开展临床研究的新技术和新项目按照国家有关规定执行。

(三) 特殊人群治疗的法律风险

1. 接诊未成年患者的法律风险

在我国，未成年人是指未满 18 周岁的公民。对未成年患儿的治疗存在以下风险：在诊断方面，未成年人欠缺独立自主能力，特别是儿童理解能力有限且往往不能准确地表述自己的病情，而由父母代为述说，医务人员同患儿本人的沟通存在问题，主要依赖医师的个人诊疗能力与经验，误诊的风险加大。在用药方面，未成年人的药物使用有特殊性，药物选择与剂量把握等方面有很高要求；在住院治疗中，未成年患儿容易发生院内感染，且未成年患儿的病情发展迅速，需要特别关注。这些医疗风险的存在极易引发医疗法律风险。

一般而言，未成年人的诊断治疗工作应当由儿科医师承担，儿科医师应该严格遵循儿科诊疗规范；接诊婴幼儿时除了询问病史更要仔细查体；尽量使用儿科用药，如果没有儿科药物必须使用成人药物时，应注意用法用量，并进行必要的说明。

2. 接诊孕产妇患者的法律风险

孕产妇指的是妊娠和产后处于围生期的妇女。孕产妇有其特殊性，其风险主要包括：

首先，妊娠期流产的风险。遗传基因缺陷、环境因素、母体因素、胎盘内分泌功能不足、免疫因素等多方面原因皆可能导致流产，但某些流产可以通过医学手段予以避免；对于已经流产的孕妇，如处理不当或处理不及时，可能遗留生殖器官炎症，或因大出血而危害孕妇健康，甚至威胁生命。

其次，孕产期用药的风险。孕期，特别是妊娠前 3 个月应特别谨慎使用药物，若使用药物不当，可能由于药物副作用导致胎儿流产、发育不良、器官功能受损等；产期，特别是在哺乳期同样需要慎重使用药物，以避免药物通过乳汁被婴儿吸收而导致不良影响。如，对怀孕初期孕妇治疗使用了对胎儿有影响的药物。

再次，分娩的风险。胎儿巨大、体位不理想、孕产妇基础疾病（如妊高征等）、产后出血等皆是威胁母婴安全的风险。而分娩医疗措施的不得当，会造成母婴的损害，导致医疗法律风险的发生。如分娩措施不得当致婴儿窒息时间过长。

最后，错误出生的风险。由于产前检查结果的不准确或者医师判断的错误，没能发现胎儿的残疾或疾病状况，使得医师没能准确告知胎儿的真实状况，导致有疾病或有残疾的孩子出生，引发医疗法律风险。

七、治疗法律风险防范

(一) 观察仔细，首诊负责

临床观察指对患者症状、体征的观察、体格检查和病情变化的观察。医师通过视诊、触诊、叩诊和听证来完成初步的临床诊断。细致、全面的临床观察，有助于对疾病进行正确的判断,防止漏掉重要的体征和症状,避免误诊、漏诊等风险的发生。因此,要求医师应该对患者进行仔细的临床观察。

首诊负责制,是指首诊科室和首诊医师应对其所接诊患者,特别是对危、急、重患者的诊疗、会诊、转诊、转科、转院、病情告知等医疗工作负责到底的制度。首诊负责制包括门诊首诊负责制和急诊首诊负责制,急诊首诊负责制包括护士分诊与各科接诊、首诊医师接诊后的抢救、申请会诊或转科、疑难病例的科内会诊和科间会诊、危重患者的抢救、急诊患者的管理与转院等多方面内容。"首诊负责制"可防止各种因医生不了解病情而出现的"头痛医头、脚痛医脚"现象,同时可避免医生与医生之间、科室与科室之间可能出现互相推诿的现象发生,从而避免医疗法律风险的发生。若经检查后判断患者病情属他科疾患或涉及多科情况,应耐心解释,介绍患者到他科就诊或请他科会诊。如遇危重患者需抢救时,首诊医师必须先抢救病人并及时报告相关诊疗组、上级医师或科主任,参与抢救工作。严禁在患者及家属面前争执、推诿。

(二) 规范用药,充分告知

在对患者用药的时候,应当做到"对症下药",不乱用药、不多用药;针对不良反应和副作用在用药前应当充分告知,必要时,由患者签署书面的知情同意书。此外,对于药物价格,应当按照物价部门的规定和相关政策严格执行,在可供选择的情况下,医师在开药前,应当事先告知患者,由其进行选择确定。

(三) 特殊治疗,程序规范

医师采取特殊治疗方法时,应该严格遵守相关规定,履行相关监管手续。针对新技术和新项目的临床应用,卫生行政部门发布了相关特别规定。医师在采用这些治疗方法时,应当认真学习和遵守相关规定;必要时,要履行完善的报批、报告、登记、备案等手续。如麻醉告知,应在手术前一天接到手术通知后访视患者,并与患者或受委托的家属签署麻醉同意书,麻醉同意书上包含的内容有患者的基本信息、所患疾病、手术名称、术中麻醉方式、麻醉意外及并发症。同意书上只印有基本的条文,而细节问题则由麻醉师在空白处加以补充注解。在与患者沟通过程中还应告知使用药品的种类,如哪些是自费的;使用术后除痛泵也要得到患者同意;如手术过程中需要更改麻醉方式及由此引发的问题应重新告知并签字。告知要选择正确的告知对象,一般应该是患者本人,告知应该通俗易懂。

(四) 术前讨论,防范风险

术前讨论制度,对于防范手术风险具有非常重要的意义。所谓术前讨论制度,是指以降低手术风险、保障手术安全为目的,在患者手术实施前,医师必须对拟实施手术的手术指征、手术方式、预期效果、手术风险和处置预案等进行讨论的制度。该项制度的基本要求包括:

(1) 除以紧急抢救生命为目的的急诊手术外,所有住院患者手术必须实施术前讨论,术者必须参加。

(2) 术前讨论的范围包括手术组讨论、医师团队讨论、病区内讨论和全科讨论。临床科室应当明确本科室开展的各级手术术前讨论的范围并经医疗管理部门审定。全科讨论应当由科主任或其授权的副主任主持,必要时邀请医疗管理部门和相关科室参加。患者手术涉及多学科或存在可能影响手术的合并症的,应当邀请相关科室参与讨论,或事先完成相关学科的会诊。

(3) 术前讨论完成后,方可开具手术医嘱,签署手术知情同意书。术前讨论的结论应当记入病历。

(4) 做好术前准备工作。一般性准备包括安抚患者使之能以较好的心态接受手术和术后治疗;对患者生理状态及拟实施的手术对患者生理状态可能造成的影响的准备,包括适应性锻炼、输血补液、预防感染、胃肠道准备等。特殊准备是针对手术耐受力不良的患者作出特别准备,如针对营养不良、高血压、心血管疾病、呼吸系统疾病、肝肾脏疾病、内分泌疾病等做好特殊准备。还有相关配合的准备,如麻醉方案的制定与麻醉准备、后勤物资准备、电力准备、手术室人员准备等。

八、临床并发症的相关法律风险

(一) 并发症的概念

并发症的发生,是与治疗相关的一类重要法律风险。根据世界公认的权威《Merriam-Webster 医学辞典》的解释,所谓"并发症"(complication),是指在某种原发疾病或情况(condition)发展进程中发生的、由于原发疾病或情况或其他独立原因所导致的继发疾病或情况。这一定义揭示了并发症的发生原因,对于如何认识并发症有着重要的指导意义。从该并发症的定义可以看出,并发症的发生原因是多方面的,可能是因为原发疾病所导致,例如股骨远端骨折导致腘动脉损伤、肠梗阻导致小肠坏死等;也可能是因为诊断、治疗措施方法所导致,如食管胃肠吻合术后出现吻合口瘘等;还可能是不当的医疗行为所导致,如处理肩难产时手法不当可能会造成新生儿臂丛神经损伤。

(二) 并发症的特点

(1) 可预见性。从临床实践来看,绝大部分并发症是可以预见的。可预见性是并发症的一个重要特征,同时也是并发症与医疗意外主要区别之处,因为后者常常是难以预见的,当然这种区别是相对的。

(2) 不确定性。并发症的另一个特征是发生的不确定性。并发症是否发生,与现代医学科学技术发展水平、医务人员的诊疗水平、医疗条件、患者的自身体质及地域等诸多因素密切相关,这也是并发症较之医疗意外更为复杂的原因之一。

(3) 相对可避免性。并发症并非完全不可避免。随着医学科学技术的发展,人们对疾病认识程度的提高,愈来愈多的并发症通过医务人员的积极努力得以避免发生,使患者得以康复或病情得到缓解,这也是医学科学追求的终极目标。正是因为这一特点,国外有学者甚至将并发症归入"可防范风险"(normally prevented risks)之列。

(三) 并发症的防范

目前,我国法律对医疗损害的归责采用过错责任原则,即医疗机构及其医务人员只有在对医疗损害的发生存在医疗过错的情况下才承担民事责任,无过错无责任。实践中,人们又往往习惯将医疗过错称作医疗过失。从行为人应对他人尽到注意义务的角度分析,医疗过失是指医务人员在为患者诊疗护理过程中未能履行或适当履行其应尽的注意义务。学者们认为,临床医务人员的注意义务包括结果预见义务和结果回避义务,前者指医务人员应对将发生损害后果有预见的义务,而后者是指医务人员有采取措施避免这种损害后果发生的义务。如果应当预见损害发生而没有预见或已经预见而没有采用有效措施加以避免损害发生,就可认定医务人员存在医疗过失,当然,难以避免的损害情形除外。

因此,在判断医务人员是否应对患者并发症的发生承担法律责任时,应注意研究其是否对这种并发症的发生尽到了应尽的注意义务。相反,为避免对并发症的发生承担责任,医师应当尽到如下法律义务:

(1) 风险预见义务。并发症一般情况下是可以预见的,如股骨远端骨折可能会导致腘动脉损伤、食管癌切除术并食管胃吻合术后可能会发生吻合口瘘、甲状腺手术可能会损伤喉返神经等。如果应当预见而未能预见到并发症的发生,则说明医务人员未能尽到结果预见义务而构成医疗过失。

(2) 风险告知义务。医务人员应当将可能发生并发症的情形告知患者。如果医务人员未能向患者或家属告知其治疗措施可能带来的医疗风险,则可以认定其违反了法定的告知义务而构成医疗过失。

(3) 风险回避义务。医务人员应当采取相应的诊疗措施以尽可能避免并发症的发生,即是否履行了风险回避义务。并发症的相对可避免性决定了在一定的条件下,只要医务人员加以充分的注意并采取积极有效的防范措施,并发症在一定程度上是可以避免的。

例如,在剖宫产手术中,手术医生应特别注意防止损伤患者的输尿管。再如,在甲状腺切除手术中,经常发生喉返神经损伤,其发生率约为 0.5%,大多数是因手术处理甲状腺下极时,不慎将喉返神经切断、缝扎或挫夹、牵拉造成永久性或暂时性损伤所致。少数也可由血肿或瘢痕组织压迫或牵拉而发生。因此,在进行手术时,要求手术医生对甲状腺周围的神经予以充分的注意,以避免造成神经损伤。

但是,应当注意的是,并发症的可避免性是相对的,在临床实践中,有时即使医务人员对并发症予以充分的注意并采取预防措施仍难以避免并发症的发生。例如,如果甲状腺肿物与周围神经粘连非常密切,则在切除过程中将难以避免神经损伤的发生。还有,在腹肠手术后出现的肠粘连等并发症则是临床难以避免的。在上述情况下,只要医务人员能够证明其在手术中严格遵守了技术操作规范,并对不良后果的发生给予了充分的注意,那么即使发生了并发症,医务人员因对其发生不存在过失而无须承担责任。

(4) 医疗救治义务。医务人员在并发症发生后,应当采取积极的治疗措施以防止损害后果的扩大。还是以甲状腺中喉返神经损伤为例。因切断、缝扎导致的喉返神经损伤属永久性损害,而因挫夹、牵拉、血肿压迫所致者多为暂时性的,经过适当的理疗等及时处理后,一般可能在3—6个月内逐渐恢复。因此,对于后者,医务人员应当采取积极有效的治疗措施,以最大程度地减少并发症的损害后果。

第三节 护理中的相关法律风险

一、护理及其内涵演变

(一) 护理的定义

护理(nursing),是由拉丁文"nutricius"演绎而来,原为抚育、扶助、保护、照顾残疾、照顾幼小等涵义。对护理的定义,由于历史背景、社会发展、环境和文化以及教育等因素的不同,人们有不同的解释和说明。纵观护理发展历史,其概念和内涵随着其理论研究和临床实践的发展,逐步从简单的"照料、照顾"向纵深方向拓展和延伸。护理的对象不再仅限于病人,而是扩展到处于疾病边缘的人以及健康的人。护理工作的着眼点是人而不仅仅是疾病,除完成治疗疾病的各项任务外,还担负着心理、社会保健任务。护理的目标是在尊重人的需要和权利的基础上,提高人的生命质量。它是通过"促进健康,预防疾病,恢复健康,减轻痛苦"来体现的。

(二) 医学护理与生活护理

所谓医学护理,是指由具有医学专业知识和技能者(主要是护士)提供的护理服务。它以保证健康、生命安全和有利于康复为目标,以专业化的知识和技能为基础,包括但不限于健康咨询、营养指导、预防保健、康复指导、心理疏导等服务。医学护理具有专业性和服务性,实施执业准入制度,只能由护士实施。

所谓生活护理,是指由非专业人士提供的基本生活方面的照顾和帮助,不需要或仅需要极少的医学知识即可完成。生活护理具有服务性,但不具有专业性。

对提供者的资质要求较低,不实行严格的执业准入。此类工作可以由护工或其他不具有医学专业知识的人实施。

(三) 护工和专业护理公司

所谓护工,系指为患者提供生活护理、协助护士从事非护理技术操作工作者,系患者生活照护者。护工属临时工作人员,不属于护士编制,不属于卫生技术人员。根据原卫生部的规定,护工的主要职责是:外送病人(途中无危险者)进行各种检查,送取各类检查化验标本、报告单及病房用物,规定物品的清洗、消毒,在护士指导下对病人进行简单生活护理和床单的清洁消毒等工作。护工不能从事护理技术性操作及对危重病人的生活护理。严禁以护工代替护士从事护理工作。

在以往,卧床住院病人大多由亲友临时陪护。而现代,人们工作学习繁忙,陪伴照顾病人常常成为病人亲属的一个困扰。尤其对于康复期较长的病人家庭成员,更是一项难以解决的矛盾。一方面要陪伴照顾病人,另一方面又不能放弃学习和工作,精力上难以承受,时间上更是不能兼顾,于是寻求社会帮助服务便成为必然。以提供生活护理服务为主要内容的专业护理公司应运而生。同时,医院为了节约成本、省却管理压力,将护工服务外包,为专业护理公司提供了生存空间。但同时,因护理公司派遣的护工引发的生活护理不当的风险亦不断增多。

护理公司提供的"护工",并不是我国现有法律所规定的护工,只能称为专业生活护理人员。在现实中,此类"护工"素质差,普遍缺乏必要的培训;"护工"与其公司之间矛盾诸多,责任不明;"护工"出现后,因护理公司多系皮包公司,可能出现将责任转嫁医院的情况,而医院因收取了管理费而致其法律风险增大。因此,医院应当加强管理,采取措施以规避风险。例如,尽量由患方与护理公司直接签约等。

二、护理相关法律风险

在临床实践中,护士是和患者接触时间最长的医务人员,除了日常照料之外,在医生下了医嘱之后还要执行医嘱。在护理工作中,基础操作多、时间长,所以特别容易引发纠纷。

首先,因为护士对患者及其家属不尊重,忽视其人格尊严、隐私,不尊重其知情同意权等会引发的护理纠纷。

其次,在执行医嘱的时候不认真、不严格,导致执行医嘱错误引发法律风险。一种是执行医嘱时失误,比如未严格执行查对制度将医嘱中的药物剂量或名称看错,或者将患者姓名、床号看错而发错药、打错针,将肌肉注射误认成是静脉注射等等;另一种是医生医嘱有误,护理人员本该发现,但是由于护理人员未认真查对就执行了错误的医嘱,也会有相应的风险。

再次,护理人员业务水平不够,也容易带来一定的法律风险,比如在抽血时如果不能做到"一针见血",就有可能产生医患纠纷。

最后,护理人员如果责任心不够或者疏忽大意,擅离职守、没有认真巡视病房,对一些特殊患者没能尽到高度注意义务,造成一些患者摔倒、坠床等,损害患者人身健康。

不同级别护理对护士的要求在下文的分级护理制度中做详细介绍,下面通过一个案例,我们先来认识一下违反护理分级的法律风险。

例如,2009年12月26日上午,原告郑某因与人斗殴头部被打伤,左手腕被菜刀划伤,被送到被告某市某医院治疗。被告于当天15时40分开始,为原告行左手腕清创探查与肌腱修补手术,16时20分结束。术后医嘱"骨科护理常规、一级护理、陪客一人"等。次日早晨7时左右,原告从被告3楼病房走到4楼,从4楼窗口跳下,摔成重伤。被告对原告进行了抢救,随后即转到某市某医院治疗,诊断为腰1椎体压缩性骨折等,住院至2010年4月1日出院。后患者及家属诉至法院。

在审理过后,法院认为医院在患者手术后明知应对患者进行一级护理、陪护一人,但是医院提供的长期医嘱单等证据并不能证明医院履行了每60分钟巡视病人一次、及时准确填写护理记录等一级护理所要求的护理义务,故医院对患者的护理方面存在过错,并与患者的损害存在一定的因果关系,医院应当对患者的损害承担部分赔偿责任。

三、护理法律风险防范

防范护理风险发生的最佳路径,是严格遵守相关规章制度,包括与护理相关的医疗安全核心制度。在临床上,与护理工作直接相关或关系较为密切的医疗安全核心制度,有分级护理制度、查对制度、手术安全核查制度、值班和交接班制度、急危重患者抢救制度、危急值报告制度、病历管理制度等。

需要特别说明的是,下述部分制度不仅仅适用于护理工作,同时亦适用于医疗、后勤、管理等工作。例如,查对制度就可能会涉及临床科室、手术室、药房、输血科、检验科、病理科、医学影像科、理疗科及针灸室、供应室、特殊检查室(心电图、脑电图、超声波等)及其他科室等;手术安全核查制度还涉及手术医师和麻醉医师;而值班和交接班制度则涉及医疗、护理、行政管理等多个环节。

(一)分级护理制度

分级护理制度,是指医护人员根据住院患者病情和(或)自理能力对患者进行分级别护理的制度。医疗机构应当按照国家分级护理管理相关指导原则和护理服务工作标准,制定本机构分级护理制度。原则上,护理级别分为特级护理、一级护理、二级护理、三级护理4个级别。医护人员应当根据患者病情和(或)自理能力变化动态调整护理级别。

护士应当遵守临床护理技术规范和疾病护理常规,并根据患者的护理级别和医师制定的诊疗计划,按照护理程序开展护理工作。

护士实施的护理工作包括:(1)密切观察患者的生命体征和病情变化;(2)正确实施治疗、给药及护理措施,并观察、了解患者的反应;(3)根据患者病情和生活自理能力提供照顾和帮助;(4)提供护理相关的健康指导。护士在工作中应当关心和爱护患者,发现患者病情变化,应当及时与医师沟通。

1. 特级护理及护理要点

具备以下情况之一的患者,可以确定为特级护理:(1)病情危重,随时可能发生病情变化需要进行抢救的患者;(2)重症监护患者;(3)各种复杂或者大手术后的患者;(4)严重创伤或大面积烧伤的患者;(5)使用呼吸机辅助呼吸,并需要严密监护病情的患者;(6)实施连续性肾脏替代治疗(CRRT),并需要严密监护生命体征的患者;(7)其他有生命危险,需要严密监护生命体征的患者。

对特级护理患者的护理包括以下要点:(1)严密观察患者病情变化,监测生命体征;(2)根据医嘱,正确实施治疗、给药措施;(3)根据医嘱,准确测量出入量;(4)根据患者病情,正确实施基础护理和专科护理,如口腔护理、压疮护理、气道护理及管路护理等,实施安全措施;(5)保持患者的舒适和功能体位;(6)实施床旁交接班。

2. 一级护理及护理要点

具备以下情况之一的患者,可以确定为一级护理:(1)病情趋向稳定的重症患者;(2)手术后或者治疗期间需要严格卧床的患者;(3)生活完全不能自理且病情不稳定的患者;(4)生活部分自理,病情随时可能发生变化的患者。

对一级护理患者的护理包括以下要点:(1)每小时巡视患者,观察患者病情变化;(2)根据患者病情,测量生命体征;(3)根据医嘱,正确实施治疗、给药措施;(4)根据患者病情,正确实施基础护理和专科护理,如口腔护理、压疮护理、气道护理及管路护理等,实施安全措施;(5)提供护理相关的健康指导。

3. 二级护理及护理要点

具备以下情况之一的患者,可以确定为二级护理:(1)病情稳定,仍需卧床的患者;(2)生活部分自理的患者。

对二级护理患者的护理包括以下要点:(1)每2小时巡视患者,观察患者病情变化;(2)根据患者病情,测量生命体征;(3)根据医嘱,正确实施治疗、给药措施;(4)根据患者病情,正确实施护理措施和安全措施;(5)提供护理相关的健康指导。

4. 三级护理及护理要点

具备以下情况之一的患者,可以确定为三级护理:(1) 生活完全自理且病情稳定的患者;(2) 生活完全自理且处于康复期的患者。

对三级护理患者的护理包括以下要点:(1) 每3小时巡视患者,观察患者病情变化;(2) 根据患者病情,测量生命体征;(3) 根据医嘱,正确实施治疗、给药措施;(4) 提供护理相关的健康指导。

(二) 查对制度

查对制度,是指为防止医疗过错,保障医疗安全,医务人员对医疗行为和医疗器械、设施、药品等进行复核查对的制度。医疗机构的查对制度应当涵盖患者身份识别、临床诊疗行为、设备设施运行和医疗环境安全等相关方面。每项医疗行为都必须查对患者身份。应当至少使用两种身份查对方式,严禁将床号作为身份查对的标识。为无名患者进行诊疗活动时,须双人核对。用电子设备辨别患者身份时,仍需口语化查对。医疗器械、设施、药品、标本等查对要求按照国家有关规定和标准执行。在输血时采用双人核对来识别患者的身份。对手术、传染病、药物过敏、精神病人、意识障碍、语言障碍等特殊患者应有身份识别标识(如腕带、床头卡、指纹等)。

(三) 手术安全核查制度

手术安全核查制度,是由具有执业资质的手术医师、麻醉医师和手术室护士三方(以下简称"三方"),分别在麻醉实施前、手术开始前和患者离开手术室前,共同对患者身份和手术部位等内容进行核查的工作制度。该制度适用于各级各类手术,其他有创操作可参照执行。

实施手术安全核查的内容及流程如下:

(1) 麻醉实施前:三方按《手术安全核查表》依次核对患者身份(姓名、性别、年龄、病案号)、手术方式、知情同意情况、手术部位与标识、麻醉安全检查、皮肤是否完整、术野皮肤准备、静脉通道建立情况、患者过敏史、抗菌药物皮试结果、术前备血情况、假体、体内植入物、影像学资料等内容。

(2) 手术开始前:三方共同核查患者身份(姓名、性别、年龄)、手术方式、手术部位与标识,并确认风险预警等内容。手术物品准备情况的核查由手术室护士执行并向手术医师和麻醉医师报告。

(3) 患者离开手术室前:三方共同核查患者身份(姓名、性别、年龄)、手术方式、术中用药、输血的核查,清点手术用物,确认手术标本,检查皮肤完整性、动静脉通路、引流管,确认患者去向等内容。

(4) 三方确认后分别在《手术安全核查表》上签名。手术安全核查必须按照上述步骤依次进行,每一步核查无误后方可进行下一步操作,不得提前填写表格。关于术中用药、输血的核查,由麻醉医师或手术医师根据情况需要下达医嘱并做好相应记录,由手术室护士与麻醉医师共同核查。

住院患者《手术安全核查表》应归入病历中保管,非住院患者《手术安全核查表》由手术室负责保存一年。手术科室、麻醉科与手术室的负责人是本科室实施手术安全核查制度的第一责任人。医疗机构相关职能部门应加强对本机构手术安全核查制度实施情况的监督与管理,提出持续改进的措施并加以落实。

(四) 值班和交接班制度

值班和交接班制度,是指医疗机构及其医务人员通过值班和交接班机制保障患者诊疗过程连续性的制度。本制度的基本要求包括:

(1) 医疗机构应当建立全院性医疗值班体系,包括临床、医技、护理部门以及提供诊疗支持的后勤部门,明确值班岗位职责并保证常态运行;

(2) 医疗机构实行医院总值班制度,有条件的医院可以在医院总值班外,单独设置医疗总值班和护理总值班。总值班人员需接受相应的培训并经考核合格;

(3) 医疗机构及科室应当明确各值班岗位职责、值班人员资质和人数。值班表应当在全院公开,值班表应当涵盖与患者诊疗相关的所有岗位和时间;

(4) 当值医务人员中必须有本机构执业的医务人员,非本机构执业医务人员不得单独值班。当值人员不得擅自离岗,休息时应当在指定的地点休息;

(5) 各级值班人员应当确保通信畅通;

(6) 四级手术患者手术当日和急危重患者必须床旁交班;

(7) 值班期间所有的诊疗活动必须及时记入病历;

(8) 交接班内容应当专册记录,并由交班人员和接班人员共同签字确认。

(五) 急危重患者抢救制度

急危重患者抢救制度,是指为控制病情、挽救生命,对急危重患者进行抢救并对抢救流程进行规范的制度。其基本要求包括:

(1) 医疗机构及临床科室应当明确急危重患者的范围,包括但不限于出现以下情形的患者:病情危重,不立即处置可能存在危及生命或出现重要脏器功能严重损害的后果;生命体征不稳定并有恶化倾向等。

(2) 医疗机构应当建立抢救资源配置与紧急调配的机制,确保各单元抢救设备和药品可用。建立绿色通道机制,确保急危重患者优先救治。医疗机构应当为非本机构诊疗范围内的急危重患者的转诊提供必要的帮助。

(3) 临床科室急危重患者的抢救,由现场级别和年资最高的医师主持。紧急情况下医务人员参与或主持急危重患者的抢救,不受其执业范围限制。

(4) 抢救完成后6小时内应当将抢救记录记入病历,记录时间应具体到分钟,主持抢救的人员应当审核并签字。

(六) 危急值报告制度

危急值报告制度,是指对提示患者处于生命危急状态的检查、检验结果建立复核、报告、记录等管理机制,以保障患者安全的制度。其基本要求包括:

(1) 医疗机构应当分别建立住院和门急诊患者危急值报告具体管理流程和记录规范,确保危急值信息准确,传递及时,信息传递各环节无缝衔接且可追溯。

(2) 医疗机构应当制定可能危及患者生命的各项检查、检验结果危急值清单并定期调整。

(3) 出现危急值时,出具检查、检验结果报告的部门报出前,应当双人核对并签字确认,夜间或紧急情况下可单人双次核对。对于需要立即重复检查、检验的项目,应当及时复检并核对。

(4) 外送的检验标本或检查项目存在危急值项目的,医院应当和相关机构协商危急值的通知方式,并建立可追溯的危急值报告流程,确保临床科室或患方能够及时接收危急值。

(5) 临床科室任何接收到危急值信息的人员应当准确记录、复读、确认危急值结果,并立即通知相关医师。

(6) 医疗机构应当统一制定临床危急值信息登记专册和模板,确保危急值信息报告全流程的人员、时间、内容等关键要素可追溯。

本章小结

诊断、治疗、护理是伴随患者治疗全过程的,任何一个环节都需要医务人员认真负责,否则便会增加法律风险发生的可能性。本章从诊断、治疗、护理这三个阶段来进行相关法律风险的分析,辨析相关概念,合理进行分类,最后有针对性地给出相应的防范措施。

诊断是诊疗活动或医疗活动的重要组成部分。其具有主体的特殊性、手段的高度专业性、服务对象的特定性、结果的不确定性等特点。所以,在实践环节,诊断的法律风险极易发生,最主要的体现就是误诊。误诊可以发生于诊断所涉及的各个临床工作环节,包括问诊、体格检查、实验室及辅助检查等。所以,在工作中,医务人员必须认真对待,防止法律风险发生。

治疗的法律风险具体又体现在药物治疗、手术治疗、放射治疗、麻醉治疗、输血治疗、心理治疗等方面,并且,还有发生相关并发症的危险。所以,医务人员在治疗中应该规范用药、充分告知等,对治疗持一种审慎的态度,尽量减少治疗阶段的法律风险。

护理的目标是在尊重人的需要和权利的基础上,提高人的生命质量。护理又区分为医学护理与生活护理、护工和专业护理。在护理工作中,基础操作多、时间长,所以特别容易引发纠纷。而防范护理风险发生的最佳路径,是严格遵守相关规章制度,包括与护理相关的医疗安全核心制度。

 思考题

　　1. 误诊分为哪两类?二者有什么不同?
　　2. 治疗过程中,为避免并发症带来的法律风险,医师应当尽到什么法律义务?
　　3. 与护理相关的医疗安全核心制度有哪些?每个制度的概念是什么?

案例思考

　　2011年10月16日,患者张某(女,63岁)因反复咳喘40余年、加重伴乏力10余天,入住被告山东省某医院。初步诊断:慢性喘息型支气管炎急性发作,阻塞性肺气肿,肺源性心脏病,支气管扩张,左心功能不全。入院后给予抗炎、解痉平喘、改善心功能及对症治疗。10月17日16时,护士将09床患者的头孢哌酮舒巴坦钠组液体误输给张某(医嘱为氨苄西林舒巴坦钠)。在张某输液25分钟后护士发现错误,立即停止此组液体输入,换用常规用药,并观察患者情况,患者无不良反应,无憋喘加重,生命体征尚平稳。同日22时30分,患者突然出现憋喘,不能平卧,神志恍惚。查体:口唇发绀。双肺呼吸音粗,可闻及广泛干湿性啰音。22时33分,医生给予长期医嘱:持续心电监护及血氧饱和度监测。10月18日,患者呼吸功能差,肺内感染严重,换用头孢吡肟、左氧氟沙星联合抗感染治疗。10月19日,患者病情无明显好转,呼吸衰竭严重。医生告知家属患者病危,呼吸衰竭严重,必要时需要气管插管、呼吸机辅助呼吸,建议转上级医院诊治,患者家属未表态。2011年11月4日18时30分,患者转院至青岛市某医院住院治疗。11月7日家属签字出院,次日患者死亡。事后,原告解某向法院提起诉讼。

　　患方认为:被告在给患者治疗过程中,因护士未遵守查对制度导致输错液体,给患者精神、心理造成严重创伤,导致其病情恶化而死亡,对患者的死亡负有不可推卸的责任,要求被告赔偿死亡赔偿金、精神抚慰金等。医方认为:患者的死亡是自身疾病造成的,与医院输注头孢哌酮舒巴坦钠没有因果关系。

案例讨论

　　1. 本案例中,医院的护士违反了哪项制度?
　　2. 为了防止此类护理法律风险的发生,你有什么好的建议?

第七章 临床伦理及管理中的法律风险

由于医疗市场环境的变化和医疗供求关系的新特点,在临床医疗伦理及管理的实践中暴露出了一些新情况和新问题,导致其中的法律风险不断加大。规避法律风险关键在于事前防范,即以适当的责任机制使其受到必要的约束。[①] 本章主要从告知与知情同意、医方的保密义务和患者的隐私权保护、医疗文书、临床试验、临终医疗决定以及医疗机构安全保障义务履行的角度,探讨相关概念、立法现状和法律风险,以促进法律风险的预防,使风险发生率降到最低,切实保障医疗安全。

第一节 告知与知情同意的法律风险

医疗法律风险的防范是一个比较复杂的问题。迄今为止,"知情同意"被认为是防范医疗风险的重要措施。从知情同意原则的发展轨迹中可以看出,知情权所保护的是患者的自主权和自我决定权,同时对医疗法律风险责任产生影响。

一、知情同意的内涵与沿革

(一) 知情同意理论的基本概念

知情同意最重要的法理基础是个人自决,即作为享有生命权的个体,有权决定对自己的身体做什么或者不做什么。患者知情同意权是指患者在知晓并理解医生提供其医疗决定所必需的足够信息的基础上自愿做出的医疗同意的权利。[②] 临床上,患者知情同意权在法律上分为两种情况:其一,如果医疗行为没有太大的风险,患者寻求医生的治疗,法律推定患者同意医生所采取的医疗措施;其二,如果医疗行为有很大的风险,就需要专业人员对患者说明,并征得书面同意。

(二) 知情同意理论的发展

知情同意理论直接源于 1946 年第二次世界大战后的纽伦堡审判,针对纳粹医生强迫受试者接受不人道的野蛮实验的情况,在审判后通过的《纽伦堡法

[①] 金自宁:《风险中的行政法》,法律出版社 2014 年版,第 172 页。
[②] 古津贤、强美英主编:《医事法学》,北京大学出版社 2011 年版,第 189 页。

典》中规定:"人类受试者的自愿同意是绝对必要的""……应该使他们对所涉及的问题有充分的知识和理解,以便能够作出明智的决定"。"知情同意"这一概念确立后被人们广泛关注,并在保护患方权益方面发挥了巨大的作用。

在医疗实践中,患方的决定包括两层含义:一是医师应于医疗行为之前将该医疗行为的效果、副作用、并发症以及风险等相关信息充分告知患方;二是患方在医师告知的基础上由自己决定是否接受该医疗行为。据此,患方的决定权逐渐演化为知情同意权。这项权利是 1957 年美国加利福尼亚州上诉法院在对 Salgo 一案的判决中首次以判例法的形式确立的。在判决中,法官一方面首次导入了"知情同意"这一词汇,另一方面,也承认了医师在告知的范围、程度上有很大的裁量权。Salgo 案 3 年后,堪萨斯州和密苏里州地方法院的判决,都以知情同意理论,即以没有履行说明治疗风险为由,否定了形式上存在的患者同意效力。由此,知情同意理论在判例法上得到了确立。

二、知情同意权的基本前提——医师的告知义务

(一) 医师告知义务的概念和法律性质

我国《民法典》第 1219 条明确规定了医疗机构的说明、告知义务:"医务人员在诊疗活动中应当向患者说明病情和医疗措施。需要实施手术、特殊检查、特殊治疗的,医务人员应当及时向患者说明医疗风险、替代医疗方案等情况,并取得其明确同意;不能或不宜向患者说明的,应当向患者的近亲属说明,并取得其明确同意。"医疗机构提交患者或者患者近亲属书面同意证据的,人民法院可以认定医疗机构尽到说明义务,但患者有相反证据足以反驳的除外。

从患者知情同意权实现的角度讲,医疗告知义务的履行是患者知情同意权实现的逻辑前提,没有医疗告知义务的履行,患者的知情同意权就无从实现。

从分配医疗风险的角度讲,医疗告知义务的履行构成了医疗行为违法性的阻却要件,即医疗告知是确定医疗行为正当性的前提,在同意的范围内,医疗行为具有正当性。医疗告知具有在医患之间分配医疗风险的功能。当医方已经充分有效地告知患者或其近亲属,且在诊疗过程中尽到应尽的注意义务时,患者或其近亲属的同意就意味着同意承担医疗固有风险和意外风险可能造成的损害,医方在告知的范围内对此类损害可以免责。

从医疗告知义务之对象的角度来讲,不同于以往的立法,我国《民法典》第 1219 条中明确规定了以患者同意作为第一顺位;只有当不能或不宜向患者说明时,才应当向其近亲属说明并取得同意。这体现了充分尊重患者的自主决定、患者的同意优先于近亲属同意的原则。同时也将有权代理患者同意的代理人范围从原来的"患者家属"限定为"患者的近亲属",但立法中未对不能或不宜说明的具体情形和近亲属之间的先后顺序做出进一步的详细规定。

从义务履行的角度讲,告知义务的主体是医疗机构及其医务人员,医方在诊疗活动全过程中都应尽告知义务,且应该使用患者能够理解的语言进行解释说明,尽量避免使用晦涩难懂的医用专业术语,且在需要实施手术、特殊检查和特殊治疗时,需要征得患者或其家属的书面同意。

从侵权责任的角度来讲,根据我国《民法典》的规定,医方未尽告知义务的侵权责任成立,必须有损害结果发生,且未尽告知义务行为与损害结果之间存在因果关系等构成要件。如虽未尽说明告知义务或者未取得书面同意,但并未造成患者损害的,不承担赔偿责任。在已经造成患者损害的情况下,即使尽到说明义务并征得书面同意,也不一定构成当然的免责。在有证据证明医务人员有过错情形下,书面同意的预先免责条款并不能阻却侵权责任的承担;并且根据我国《民法典》第497条,有下列情形之一的,该格式条款无效:(1)具有本法第一编第六章第三节和本法第五百零六条规定的无效情形;(2)提供格式条款一方不合理地免除或者减轻其责任、加重对方责任、限制对方主要权利;(3)提供格式条款一方排除对方主要权利。根据我国《民法典》第506条的规定,合同中的下列免责条款无效:(1)造成对方人身伤害的;(2)因故意或者重大过失造成对方财产损失的。

(二)告知义务的标准

告知义务的判断标准比较复杂,在法无明文规定的情况下,从世界各国情况看,有以下几个标准。

一是理性医生的判断标准,以具有中等专业水平和技能的医生在相同情况下应当向患者说明的内容为标准;

二是理性病人的判断标准,一位通常的理性病人在同等情况下,希望及需要获得哪些内容,以此来判断告知是否充分;

三是个案主观判断标准,一位普通病人在当时情况下需要被告知哪些内容才能做出合理的同意。

三类标准体现了对知情同意义务标准的不断提高的趋势,结合具体国情和司法实践,宜采取第二种,即理性病人的判断标准。但也不排除在一些特殊情形下,如涉及患者性别特征或预后生活质量等,必须重视个案患者的情况进行更具个性特征的告知。

(三)告知义务的范围

医务人员应该在评估患者病情发展状况、知情同意能力和心理承受能力之后,充分、准确、适当地向患者告知有关病情、医疗措施、医疗风险、替代性的医疗解决方案等信息。主要包括:

1. 法定告知义务

法定告知义务即一般情况下应告知疾病的名称、性质、诊断依据和严重程度、发展变化趋势等方面。具体包括以下内容：

(1) 患者所患疾病的概况及现在的发展状况、应当采取的诊断措施（包括侵入性诊断）和方法、这些诊断措施和方法可能引发的风险。

(2) 患者所患疾病的诊断或暂时不能确定诊断及其根据。

(3) 拟采取的治疗措施（包括药物治疗、手术治疗以及其他治疗）以及近期和远期治疗效果，包括可能出现的理想效果、某种程度的好转、可能出现的副作用及并发症，以及可预见的风险；如存在有多种可能的替代性治疗措施时，应同时向患者说明这些不同措施的效果及可预见的风险，并尽可能地向患者提供受到认可的实际效果的相关资料，以供其选择。

(4) 治疗过程中发生的病情变化及需要采取的处置措施。

(5) 诊断和治疗所要支出的费用。

(6) 患者及家属应该配合及注意的事项。

(7) 告知患者需要详读知情同意书上的内容，告知患者明确表明患者本人的意见。

(8) 告知负责主治患者的医师姓名、职称或职务，医院的相关情况和应遵守的院规。

2. 非法定告知义务

(1) 转医或转诊的告知义务，即医生对本领域之外的患者或者超出本人治疗能力的患者进行安全、快速转运到有条件加以治疗的科室或医院的义务。医务人员应及时向患者或家属说明必须转院或转诊的必要性，并履行提供拟转诊医院的义务，或者提供邀请外院专家来院会诊、治疗的建议。违反这些义务，通常认为是延误了最佳治疗时机，侵犯了患者就医的选择权。

(2) 后医疗行为的关注义务。医疗行为即将结束时，医院应将患者此后康复、复查、用药、功能锻炼、饮食起居等方面需要注意的情况向患者告知。

三、患者的同意

患者的同意是在知情的基础上做出的同意，是医师获得合法授权的合意结果，因此其意思表示必须真实。同意在医患关系中发挥着两种不同的作用：一是法律上的作用，是医疗行为合法的要件；二是临床上的作用，即获得患者的信任和合作。

(一) 患者同意的有效要件

通说认为，患者对医疗行为做出的有效同意必须满足三个要件。

1. 知情

知情以医方承担充分的说明义务为前提，即指由医方向患者提供做出同意所需的一切与医疗行为有关的信息，包括医方的职业状态、患者的病情、诊断、医疗措施和医学检查、治疗措施、治疗风险等与医疗行为相关的信息必须充分地向患方说明，让患方知情。

2. 患者具备同意能力

患者具备同意能力是指患者具有能够完全理解治疗后果、可能的不良反应及不进行治疗的预期后果的能力。在我国，对患者同意能力的判断标准主要存在三种学说，包括：以民事行为能力为标准、以刑事责任能力为标准和以有无识别能力为标准，通说一般采用民事行为能力为标准。按照《民法典》总则的相关规定，18周岁以上的自然人为成年人，成年人为完全民事行为能力人，可以独立实施民事法律行为，可以被视为具有同意能力。16周岁以上的未成年人，以自己的劳动收入为主要生活来源的，视为完全民事行为能力人。无民事行为能力人，限制民事行为能力人，由其法定代理人代理实施知情同意权。但是由于医疗活动涉及患者的生命与健康等切身重大利益问题，限制行为能力人是否均被视为无同意能力，国际上存在争议，有的国家出现认同限制行为能力人在医疗上具有一定同意能力的倾向。

3. 患者自主自愿的同意

患者自主自愿的同意是指患者基于自由意志，自主选择医生，自主决定是否接受或拒绝检查、治疗，或其他医疗行为，不受任何人的威胁、强迫及其他不当的影响的自由。在原则上，患者的知情同意应优先于家属的意见。

(二) 患者同意的方式

法律上的同意有明示同意和默示同意两种，无论采用何种同意方式，皆须使患方充分了解所同意的具体内容方为有效。同意不以书面形式为必要，只要有明示的意思表示即可。医疗同意的目的在于禁止违反患者意思的医疗行为和以同意作为某些侵袭性医疗行为的阻却违法事由。一般认为，只要不是积极表示拒绝，就应当推定患方存在默示同意的表示。但对于某些重大的医疗行为如重大手术，医患双方的合意应当以书面的形式即以患者在同意书上签字作为承诺的有效形式。这种同意书的内容应当以医方已完全履行说明义务，而患者也已充分了解特定治疗行为的实质内容，并正确行使同意的意思表示为必要。

(三) 代替同意

代替同意理论的含义在于，当患者没有做出医疗同意的能力时，法律允许患者的亲属或监护人代为做出同意。

美国大多数涉及代替同意的法律规定都产生于关于父母子女关系的法律。在很多州，没有决定能力的未成年人的医疗决定权通常由其父母或监护人行使，前提是父母或监护人必须精神健全，具有同意能力。父母代替同意的决定必须符合其子女的最佳利益。

四、知情同意原则临床适用的例外

（一）紧急情形

我国《民法典》第1220条规定："因抢救生命垂危的患者等紧急情况，不能取得患者或者其近亲属意见的，经医疗机构负责人或者授权的负责人批准，可以立即实施相应的医疗措施。"《医疗纠纷预防和处理条例》第13条第2款规定："紧急情况下不能取得患者或者其近亲属意见的，经医疗机构负责人或者授权的负责人批准，可以立即实施相应的医疗措施。"根据2017年最高人民法院颁布的《关于审理医疗损害责任纠纷案件适用法律若干问题的解释》第18条第1款的规定，不能取得患者近亲属意见的情形包括：近亲属不明的；不能及时联系到近亲属的；近亲属拒绝发表意见的；近亲属达不成一致意见的；法律、法规规定的其他情形。

此免责需要满足三个要件：

（1）患者的生命健康正面临严重威胁，不及时施救将造成严重的后果，导致患者死亡或其他严重后果。

（2）确实无法取得患者或者其近亲属的同意，或若在取得其同意后再采取措施将严重损及患者康复之希望。

（3）经过医疗机构的负责人或授权的负责人批准。

医务人员在抢救生命垂危的患者时，应以患者的生命健康利益为优先，此时可以免除医务人员的告知义务。

（二）强制医疗

基于公共卫生和公共安全利益的理由，患者的自主决定权需受到一定程度的限制。若患者个人利益与公共利益无法协调，且公共利益的重要程度明显超过个人利益时，对个人权益进行限制是具有正当性的。因此，在对传染病患者、精神病患者、药物滥用者等进行强制治疗时，患者的自主决定权可能被否定，从而在强制治疗的范围内，免除了医生必须先经患者同意才能进行治疗的义务。如《传染病防治法》在第39条第2款中规定，对甲类传染病的病人、病原携带者、疑似病人及其密切接触者，拒绝隔离治疗或隔离期未满擅自脱离隔离治疗的，可以由公安机关协助医疗机构采取强制隔离治疗措施。

（三）保护性医疗

当某些特殊疾病的诊断结果、诊断预测告知患者后，可能会对患者的心理、生命健康产生重大危害时，医务人员经家属的要求或同意，可以对患者刻意隐瞒病情或隐瞒与治疗、预后及风险等相关的信息。尽管在我国法律中并未明确规定，但是若干法律条款中却体现了对这一医疗措施的认同。如在《执业医师法》第26条第1款中，规定了医务人员在告知时应"注意避免对患者产生不利后果",以及《民法典》第1219条规定了"不能或者不宜向患者说明的,应当向患者的近亲属说明"。这都体现了对患者知情同意权的保留,医务人员对其经家属授意或同意的隐瞒行为不应承担违反告知义务的法律责任。但需要注意的是,医务人员对患者知情告知的保留并不意味着免除医务人员的告知义务。医务人员仍应向患者的近亲属进行充分的告知并取得其同意,并在患者亲属的配合下,根据患者病情和心理状况的发展,以适当的方式在适当的时机下向患者进行告知。

(四)医疗干预权

医疗干预权是在尊重患者自主权的基础上,当患者的自主决定违背国家、社会、他人或自身的根本利益等特殊情况时,赋予医生行使限制患者自主决定权的特殊权利。医疗干预权对于正确处理医患关系、保护医患双方的合法权益等均具有重要意义。

根据我国《民法典》第1220条的规定,在医疗活动中,医生干预权的行使应该具备以下几个条件:

第一,患者的自主决定明显是错误的,而且按照患者的决定实施医疗行为必然会对患者本人、他人或者社会的利益造成无法挽回的重大损失,这是行使干预权的前提条件。

第二,干预权的行使目的是为了尽可能地维护患者生命健康利益或是为了维护社会、他人的利益。在行使干预权的时候,医生应该以最有效的方式,最大化地保障患者的利益。

第三,医生在行使干预权之前,必须收集大量医疗决策所必需的相关信息,如进行相关的检查,对患者的病情进行综合评价、分析,并对这些收集到的信息进行必要的分析、加工和处理,得出明确结论并支持前两个条件。

(五)患者放弃或转让

患者对其知情同意权的放弃或让与的情况,常常出现在医方对患者进行了有效的告知说明以后,患者不能决定是否接受医师所提出的医疗建议,作出放弃自己作出同意的决定或转让给医师为其作出决定。

患者放弃或转让知情同意决定的原因可能是多方面的,如患者自身无法作出专业性和技术性的决定,或者患者不想为繁杂的医疗信息所影响,患者对医师高度信任而由其代为作出医疗决定等。但此时需要注意三点:

其一,患者无论基于何种原因作出放弃或转让的决定,其选择的这种决定行为的本身必须是自愿的。医师在其决定前有义务提醒患者有获得此方面的权利,而不能单以患者没有询问为由免除医师的说明义务。

其二,对于患者放弃或转让知情同意决定的适用范围是有限制的,一般应限于为取得患者有效同意而对有关医疗行为的风险因素的说明,而对其正在进行的治疗行为本身的说明义务并不在患者放弃或转让的范围内。

其三,医师对具有相当危险性的医疗行为进行有效告知后,患者对是否选择承担此种医疗风险仍犹豫不决时,医师应当明确地向其告知,如果患者不同意,就不能开展相应的检查或诊疗行为。

五、临床实践中知情同意实施中的法律风险

(一) 告知不足

告知义务履行方式在实践中存在的问题是,医方往往过分重视告知结果,即取得患方的签字同意书,而对告知过程不予重视。[①] 在实践中,未尽告知义务的情形主要表现如下:

第一,拒绝向患者或其家属告知与疾病和诊疗相关的信息;或未经患者或其家属同意就对患者进行治疗;或擅自改变预定的诊疗计划等。

第二,告知内容不全面,仅对医疗过程中的部分环节进行告知,而未贯穿于整个医疗全过程中的各个环节。

第三,态度生硬,言语简单,存在敷衍、草率、走过场的行为。

第四,告知信息虚假、不真实,向患者或其家属提供会导致其做出错误同意的信息,或有意夸大疗效、并发症,或者有其他不实之词。

第五,在告知过程中使用大量晦涩难懂的医疗术语,导致患者或其家属无法正确理解医生所提供的相关信息,做出违背自己意愿的同意等。

(二) 告知对象错误

我国法律对患者的知情同意权主体有所涉及,但规定得还比较混乱,尤其是表现在什么主体可以行使知情同意权的问题上。例如,《医疗纠纷预防和处理条例》第13条规定的主体是患者,只有在患者处于昏迷等无法自主作出决定的状态或者病情不宜向患者说明等情形下,才向患者的近亲属说明,并取得其书面同意。我国《执业医师法》第26条等有关法律法规规定的主体为患者或其家属;《临床输血技术规范》第6条、《医疗机构管理条例》第33条等规定了患者、关系人、医院负责人等其他主体。其中,《医疗机构管理条例》第33条是我国目前关于患者的知情同意权主体规定最全面的法律。

目前在医疗实务中,存在"有同意能力"的患者及其家属都能够行使知情同意权利的情况。知情同意的主体应该是患者本人,但在我国传统的思维中常把患者置于被动尴尬境地,即便有患者本人的亲口同意乃至亲笔签字,患者的有些愿望也仍然难以实现。特别是对于一些绝症、重症的患者,通常习惯把患者的知情同意权转移给家属。按通常的理解,家属能代表患者利益,当然也有利益不一

[①] 翟方明、张跃铭:《侵权责任法背景下的医疗告知义务与法律风险防控》,载《湖北社会科学》2011年第4期。

致的情况,或是家属的意见并不能完全代表患者的意见的情况。同时还存在的一个问题是家属的范围不明确,法律也没有明确的规定。

(三)医疗干预权履行不能

医疗干预权体现了在特定情况下,医生需要限制患者的知情同意权,以达到医生对患者善尽治疗义务和对患者根本利益负责的目的。医疗干预权履行不能,是指因种种原因,临床中一部分医生逐渐减少了医疗干预权的使用,或有权不会用、不敢用,甚至将此权放弃或作为推卸责任的理由,而使医疗干预权形同虚设,导致应该对某些患者的行为和自由进行适当限制时不限制,影响了患者、他人和社会重大利益的保护力度。具体原因及表现包括:

第一,法律规定冲突。我国《民法典》第1220条规定,因抢救生命垂危的患者等紧急情况,不能取得患者或者其近亲属意见的,经医疗机构负责人或者授权的负责人批准,可以立即实施相应的医疗措施。《医疗机构管理条例》第33条规定,医疗机构施行手术、特殊检查或者特殊治疗时,必须征得患者同意,并应当取得其家属或者关系人同意并签字;无法取得患者意见时,应当取得家属或者关系人同意并签字;无法取得患者意见又无家属或者关系人在场,或者遇到其他特殊情况时,经治医师应当提出医疗处置方案,在取得医疗机构负责人或者被授权负责人员的批准后实施。由此可见,无论是《民法典》,还是《医疗机构管理条例》,均将知情同意制度作为强制性法律规定予以明确,且相关的法律法规中从未提及可以不遵守上述规定。即使医院出于患者生命利益的考虑救活了患者,如果患者坚称医院侵犯了自己的知情同意权,那么在事实证据面前,医生仍面临违反强制性规定所必须承担的法律责任。

第二,医院政策偏倚。随着对患者权利的日益重视,法律法规对患者权利的规定及保护更加全面[①],而对医疗干预权的立法略显迟缓。一些医院为了最大限度地规避风险,管理制度严格而刻板,不利于鼓励医师冒险救治患者。如规定发生医疗纠纷责任由科室独自承担;医疗救助过程中的风险由科室独自承担等。

六、临床实践中应如何行使知情同意权

(一)注意告知的对象与技巧

明确知情同意权的主体应该是患者本人,所以告知的第一对象应该是患者本人。在患者不能亲自行使其知情同意权时,告知的对象才是患者授权的代理人或近亲属。

对患者的告知应注意不同文化背景、不同宗教信仰、不同种族和民族的差异,尊重他们的习俗和文化特点,以便他们更好地理解和接受。如遇到讲外语、

---

① 赵楠、王彩霞:《现代医生医疗干涉权弱化的伦理反思》,载《中国医学伦理学》2015年第2期。

地方话的患者,医患双方直接交流有困难的,应当设法通过翻译、文字书写等方法,让医患双方准确了解彼此表达的意思,避免发生误解。

对患者的告知,应尽可能将专业术语转化为通俗易懂的语言,可以运用图画、PPT等模型辅助讲解;并运用温和的语气与患者沟通。应鼓励患者提出自己的疑惑,并尽可能地解答患者的质疑,在医患双向交谈中完成对患者的告知。

(二)注意告知的内容

对患方的告知内容应当是真实的、准确的、充分的。应尽量保证告知内容的科学性,切忌夸大疗效、并发症,或低估疗效、并发症及其他不实之词,要实事求是、力求严谨。对某些暂时难以确定诊断、难以预测的预后或其他信息,也应如实向患方说明。如果是由于医学的局限性和疾病的多变性影响,医师的告知不可能是绝对准确的,也应向患者及其家属如实说明。

为了准确地行使知情同意,可将对患者告知的内容区分为"重要情况告知"与"一般情况告知"。对手术、特殊的和有损伤的检查与特殊治疗、替代性方案等,应视为重要情况的告知,要安排较为充分的时间,由主治医师、主刀医师与患者或家属做认真切实的交谈;其他如服药、注射等治疗常规应视为"一般情况告知",应在处置前向患者说明。

(三)紧急情形下积极行使医疗干预权

首先,应通过法律明确,当患者决定权对医方的限制可能损害患者及无辜第三者利益时,可排除患者决定权的限制。[1] 其次,应培养医生职业精神,正确行使干预权。医疗干预权具有特殊性,有时是以否定患者知情不同意为前提,在行使过程中会遇到阻力,因此需要医生具有良好的职业精神尤其是职业良知。

医疗干预权的行使,应注意:

第一,医疗干预权的出发点和归宿应当是患者的利益,对于那些具有危害性的患者及其家属的决定必须给予适当的干预,应该从患者角度出发做出正确的决策,防止危害的发生。

第二,行使干预权之前必须要有专业的医学判断,包括患者的病情、诊疗方案及预期效果等,需要对相关医疗信息及时做出全面评估,争取在最佳时期给予患者准确无误的诊疗。同时在压力和阻力面前,医生要始终将患者的生命健康放在首位。

第三,医生应秉承诚信原则,对患者真诚相待,切实为患者利益着想。同时在面对有限的医疗资源时,医生要做到平等、公平分配,不能偏袒。

---

[1] 赵敏:《论患者决定权与医疗干涉权冲突的法律选择》,载《医学与哲学(人文社会医学版)》2011年第9期。

第二节 医方保密义务与患者隐私权保护的法律风险

一、医方的保密义务

保守医疗秘密是一条古老的医德规范,早在两千五百多年前,希波克拉底曾说:"凡我所见所闻,无论有无职业关系,我认为应守秘密者,我愿保守秘密。"世界医学会1948年通过的《日内瓦宣言》规定:"我要保守一切告知我的秘密,即使病人死后,也这样。"世界医学会于1994年制定的《国际医学伦理准则》中也规定:"由于病人的信任,一个医生必须绝对保守所知病人的隐私。"据此可以总结出,医方的保密义务是指医方在医疗过程中所知悉的有关患者的隐私不得泄露和利用的义务。[1]

在现代社会中,医疗保密不仅是各国医疗机构和医务人员应该遵守的道德准则,也是医疗机构和医务人员必须履行的法律义务。医疗保密义务体现了对患者隐私权的尊重,有利于医患之间信任关系的建立,对保持良好的医患关系具有重要的意义。

我国原卫生部1988年颁布的《医务人员医德规范及实施办法》(2010年12月废止),规定了医疗机构应该为患者保密,不得泄露其隐私和秘密。我国《执业医师法》第22条规定:医师在执业活动中应当关心、爱护、尊重患者,保护患者隐私。该法第37条同时规定:医师泄露患者隐私,造成严重后果的,要承担相应的法律责任。我国《民法典》第1226条也明确规定了患者隐私的保密义务:"医疗机构及其医务人员应当对患者的隐私和个人信息保密。泄露患者隐私和个人信息,或者未经患者同意公开其病历资料的,应当承担侵权责任。"

二、患者的隐私权

(一)患者的隐私权的内容

隐私是自然人的私人生活安宁和不愿为他人知晓的私密空间、私密生活、私密信息。其内容包括三个方面:个人信息秘密、个人生活的不受干扰和个人私事决定的自由。患者的隐私尽管是在一般隐私概念的基础上产生和发展起来的,具有自然人隐私权所具有的一般特征,但患者作为一个特殊的群体,其隐私具有与一般隐私不同的特殊性。

在医疗活动中,与医方保密义务相对应的权利是患者的隐私权。患者隐私权是指患者拥有保护自身隐私部位、病史、身体缺陷、特殊经历、遭遇等隐私不受

---

[1] 古津贤、强美英主编:《医事法学》,北京大学出版社2011年版,第180页。

任何形式的外来侵犯的权利。患者隐私权包括以下内容：

一是患者的身体，如暴露于外时会引起个体羞耻心理的身体部位以及患者的身体残疾或缺陷；

二是患者的私人信息，包括医方在对患者询问、诊疗过程中所知晓的患者的病因、病历资料、生理特征、精神状况、经济状况、个人病史、性生活以及其他与疾病相关情况的信息，也包括一般自然人所享有的私人信息，如通信、与他人交谈的内容等；

三是患者的私人空间，患者因诊疗而需要暴露个人信息或隐私部位的空间与场所被视为患者的私人空间（如检查室、手术室），除直接从事诊疗行为的医务人员外，任何人无权介入。

（二）患者隐私权的特点

患者隐私权的特点表现在以下四方面：

第一，主体的特殊性。患者隐私权的权利主体仅限于到医疗机构就诊，接受医疗服务的自然人。患者隐私权的义务主体是医疗机构和医务人员，此处的医务人员应作广义理解，凡是在职务行为中能够接触到患者隐私的医疗机构的工作人员都是患者隐私权的义务主体。

第二，有限的让渡性。为了实现治疗疾病的目的，医师必须通过询问患者的病史、病况、生活状况等个人信息，并对患者的身体部位进行检查才能做出准确的诊断。医师知悉患者隐私的行为是医疗行为的特殊性所要求的，在通常情况下，患者必须要放弃自己的一部分隐私，将其让渡给医方，以此来实现对生命健康利益的维护。

第三，保护范围的特定性。患者的隐私权仅仅保护患者与诊疗活动密切相关的个人隐私，不保护与患者的医疗活动完全没有任何关系的其他隐私。

第四，保护期间的延续性。患者隐私权保护的期限并不以医患之间医疗服务关系的终止为限。当患者接受完诊疗或出院后，医方将在医疗活动期间知悉的患者隐私不适当地泄露或传播的，依然构成对其隐私权的侵害。

三、隐私权适用的例外

不受限制的权利是不存在的。尽管法律中没有明确规定，但学理上认为，当隐私权同患者的生命健康权、社会公共利益或第三人的利益发生冲突时，隐私权必须受到一定程度的限制。医疗机构及其医务人员因上述需要，不得不违反保密义务侵犯患者隐私的，将不承担法律责任，这就是违反保密义务的违法阻却事由。

（一）医疗职务行为的需要

医疗行为针对的是患者的身体，身体本身就是患者隐私的一部分，在诊疗过程中不可避免地要接触和获取患者的隐私,患者必须以放弃一部分的隐私权来获得诊疗。为了保障患者的生命健康利益,为了治愈患者的疾病,医师之间彼此交流信息、交换意见,相互协作的行为,不构成侵权。为了提高医学水平,实现救死扶伤的宗旨,通过临床教学向学生公开患者信息或进行学术交流,在事先经过患者同意的前提下,不构成对患者隐私权的侵犯。

(二) 出于公共利益的需要

当患者所患的疾病可能危害到社会公众的健康和相关利益时,对患者的隐私权保护应该让位于对公共利益的保护。如:当患者所患疾病是法定传染病时,医疗机构或医务人员应该如实向有关机关报告患者的疾病信息。根据我国《传染病防治法》的规定,任何个人都有义务接受预防、控制措施,并如实提供有关情况。医疗机构应当依法将发现的传染病疫情,向疾病预防与控制机构和卫生行政部门报告,否则应当承担法律责任;可能涉及刑事犯罪时,根据我国《刑事诉讼法》第110条第1款的规定,"任何单位和个人发现有犯罪事实或者犯罪嫌疑人,有权利也有义务向公安机关、人民检察院或者人民法院报案或者举报"。因此,医疗机构有义务在了解到相关犯罪信息后及时向公安机关报告,以保障打击刑事犯罪的及时性和有效性,此行为不构成对患者隐私权的侵犯。

(三) 对第三人合法利益的保护

当患者所患疾病可能危害到第三人的合法利益时,医务人员是否有向第三方披露相关信息的义务,这一点在理论上存在较大争议。对患者隐私权进行保护的同时,却可能侵犯了另一主体的知情权或重大的生命健康利益,例如:当患者不同意或不愿意的情况下,医生是否应该对艾滋病患者或病毒携带者的配偶进行告知;对患有精神疾病、遗传疾病或者传染病的患者,医生是否应该告诉其配偶或与其有密切生活关系的人?有学者认为当患者的隐私权与第三人的合法权益相冲突时,对患者的隐私权应该适当地放弃,在权衡利益的情况下,应该取其重者。在这种情况下,医方披露患者隐私的行为不构成侵权。但也有学者认为:对患者隐私的披露主体应该只限于患者自己,医方不应该未经患者同意向第三方披露其隐私。但不管哪种观点,都不影响医务人员向有关机关报告传染病疫情。

四、临床实践中侵犯隐私权的法律风险

(一) 教学中侵犯患者的隐私

在教学中,一些承担教学任务的医疗机构,因本身负有教学任务,往往在临床中发生未经患者同意而让学生进入到诊治患者的现场进行实习和观摩,甚至把患者当做教学案例的情形。殊不知,未经患者同意的教学观摩、实习以及案例教学就因侵犯患者的隐私权而具有了较大的法律风险。

（二）科研中侵犯患者的隐私

实践中,医疗实践和医学研究紧密联系,医师既是治疗患者的医生又是医学研究的科研工作者,医疗实践中的许多病例本身就具有医学研究的价值。在科研中,一些医生不征得患者的同意就直接引用患者的原始信息,或者对患者疾病及治疗信息不加处理就用在科研论文中公开发表;或者出于医学研究交流的目的,在未经患者同意的情形下,擅自在一定范围内传播患者的病情或通过视听媒体展示患者的身体资料等等。医方的行为虽并非出于一己私利,但仍然构成对患者隐私权的侵犯。

（三）泄露患者的隐私

医疗机构及医务人员在未取得患者同意的情形下,向其他第三方泄露患者的隐私,这是医患关系下侵害患者隐私最为常见的一种形式。此情形下不论医方是出于故意还是过失,都构成对患者隐私权的侵犯。医方擅自泄露患者隐私权,包括以下几种情形：

（1）医疗机构因管理不善,导致患者隐私的泄露。这主要表现在通过记录患者姓名、病情等详细的床头卡泄露患者隐私,甚至将患者的化验单、病历卡等载有患者详细病情的资料丢失、被人利用等。

（2）医务人员不分时间、场所,在一个相对开放的空间下,在不相干的人面前问诊或者是宣布、说明患者的病情病症信息。[1]

（3）在未经患者同意的情形下,将患者隐私告知第三人或者向他人谈论患者病情等。

（4）诊疗过程中,医方并未采取必要防范措施来确保患者身体的隐秘部位不被暴露在外。

（四）超职权打探并泄露与病情无关的患者的隐私

医方超出诊治病情的需要打探与病情无关的患者的隐私。基于治病救人的需要,医务人员对患者的病症起因、病状、既往病史等个人私密信息享有一定程度合理的知情权,但该知情权的享有必须控制在就诊需要的必要范围内。如果超出诊疗需要打探并泄露,就要承担法律责任,从而成为法律风险的来源。但由于医疗活动的多样性和差异性,在实践中却很难认定医务人员在诊疗过程中的知情权范围,从而对于是否超诊疗范围打探无从认定。这也是在司法实践中,对医方是否侵犯患者隐私权的问题争议较大的重要原因。

（五）非法利用患者的隐私

非法利用患者的隐私指医方未经患者同意,以营利为目的,宣传、出卖患者

---

[1] 翟方明、张跃铭：《侵权责任法背景下的医疗告知义务与法律风险防控》,载《湖北社会科学》2011年第4期。

隐私的行为。

患者到医疗机构就诊,因医疗的需要,会向医疗机构及医务人员披露自身一些必要的个人信息,如患者的姓名、联系方式、病情等等详细资料。这些个人信息都是患者隐私权保护的范围。然而,因为患者的上述这些个人信息对于某些商家来说是一种市场信息,患者可能是他们的潜在客户,具有重大商业价值。因此,有些医疗机构或医务人员出于营利的目的,会将患者的个人信息出售给生产相关产品或提供相关服务的商家。现实生活中,医疗机构为了进行推广宣传,常有将包含患者姓名、病症及治疗过程的病历资料、患者信息在广告等宣传资料上和盘托出的行为。这些行为无疑构成对患者隐私权的严重侵犯。根据《中华人民共和国刑法修正案(九)》第17条的规定,构成侵犯公民个人信息罪,是要承担刑事责任的。

五、临床中如何保护患者隐私权

(一)尊重患者隐私权、严守保密义务

医护人员应该平等对待患者,尊重患者的人格尊严和权利,在工作和生活细节中注重对患者隐私权的保护,主要包括以下几个方面:

(1)注意询问技巧。在询问患者个人信息和病史,尤其是涉及较为敏感的私隐问题(如性生活史或婚育史)时,应避免患者家属和其他不相关人员在周围旁听,如家属要求陪同的,应事先征得患者同意。

(2)对患者身体进行检查或治疗时,应将患者带入检查室或治疗室,在大病房、门诊或者急诊室时,应该注意使用屏风或者布帘进行遮挡,尽可能减少对患者身体的暴露,并禁止患者家属或其他人员进入,为患者提供一个安全、舒适的私人空间。男性医务人员为女性患者进行诊察时,最好有护士或家属陪伴。

(3)在临床教学的过程中,应对患者进行告知,在获取患者的同意后才能允许学生进行观摩和参与实践,并避免向学生透露与学习内容无关的患者信息。

(4)未经患者允许不能擅自公布或随意泄露患者的病历资料,尤其是患者的姓名、联系电话、家庭住址、工作单位等信息;出于学术研究和教学的目的,需要对患者病历信息进行讨论、交流或公布的,应尽量以匿名的、无明确指向的方式进行。

(5)不得向其他不参与诊疗的医护人员或患者以外的第三人泄露或散布患者的隐私,不应该对患者的私生活或者品行进行议论、评价或指责。

(二)加强医疗文书的管理

患者的信息、隐私都记录在医疗文书中。实践中,对医疗文书管理、保管不善导致的侵犯患者隐私权的案例不在少数,对患者的病历、化验单、检查单等资料应进行妥善保管。医护人员在书写完病历或诊疗记录后,应及时将其放回病历架归档,禁止在办公室、休息室或者其他场所随处放患者的病历资料或其他医疗记录。对工作区内的病历架进行严格的管理,禁止参与诊疗的医护人员之外的他人翻阅或复制患者的病历资料。对院内计算机系统中电子文书进行管理和维护,防止他人通过不法手段获取患者的资料和信息。未经合法程序或符合医院规章的程序,不得允许他人随意进入病案室,或调取、查阅和复制病案室中存放的患者病历资料。

第三节 医疗文书的法律风险

一、医疗文书的概述

(一)医疗文书的概念

医疗文书是指医疗机构和医务人员在医疗活动过程中,依据有关法律法规和专业技术规范要求制作的反映医疗服务关系、患者健康状况和医疗措施、过程及其结果等方面信息资料的规范文件。它是医务人员对患者的疾病进行诊断和鉴别处理的客观记录,也是对患者的治疗和转归进行全面系统科学的写实和总结,同时还是医疗科研方面的宝贵资料。在医患双方发生争议时,它将成为法律上判断责任承担的证据材料。

(二)医疗文书的类型

医疗文书通常包括三类:病历资料、医疗证明文件或医学诊断意见书以及其他民事文书。

1. 病历资料

根据《关于审理医疗损害责任纠纷案件适用法律若干问题的解释》,病历资料包括医疗机构保管的门诊病历、住院志、体温单、医嘱单、检验报告、医学影像检查资料、特殊检查(治疗)同意书、手术同意书、手术及麻醉记录、病理资料、护理记录、医疗费用、出院记录以及国务院卫生行政主管部门规定的其他病历资料。病历在医疗机构的诊疗活动、教学科研和医院管理中扮演着重要的角色,是医疗机构管理和卫生行政管理、卫生统计、医疗保险理赔、伤残鉴定以及医疗事故鉴定和民事诉讼的重要法律依据。

随着医疗卫生信息化建设的大力推进,电子病历已经在医疗系统推行。电子病历是使用电子设备计算机、网络、健康卡等保存、管理、运输和重现数字化的患者的医疗记录。具有传送速度快、共享性好、存贮容量大、使用方便、成本低等优点,在很大程度上提高了医务人员的工作效率和医疗质量。

2. 医疗证明文件或医学诊断意见书

医疗证明文件或医学诊断意见书是指包括出生证明、健康证明书、死亡证明、伤残证明、病假证明、疾病诊断书、暂缓结婚意见书、终止妊娠意见书等具有证明作用的文书,能够对患者产生赋予、限制或剥夺其权利的法律后果。

3. 其他民事文书

其他民事文书是指除病历资料中各类同意书之外的,能够反映患者对其民事权利进行处分,反映医患之间设立、变更或终止特定民事法律关系的文书。如患者的授权委托书、患者拒绝治疗的书面声明等。

二、电子病历的有关规定

(一) 电子病历的概念和特点

电子病历是指医务人员在医疗活动过程中,使用医疗信息系统生成的文字、符号、图表、图形、数据电子、影像等数字化信息,并能实现存储、管理、运输和重现的医疗记录,是病历的一种形式。

与传统纸质病历相比,电子病历具有存贮容量大、传送速度快、共享性好、工作效率高和成本低的优点。医务人员使用电子病历系统可以方便地存储、检索和浏览病历,迅速、准确地提取检查检验结果到病历中,极大提高了工作效率,有利于临床科研水平的提高。医务人员还可通过计算机网络远程快速存取患者病历,方便远程诊疗,节省了人力物力。①管理部门可以从中提取各种分析数据,用于指导管理政策的制定。因此,电子病历是信息技术和网络技术在医疗领域的必然产物,是医院现代化管理的必然趋势,其在临床的应用将极大地提高医院的工作效率和医疗质量。但正因为如此,电子病历更容易出现错误而导致法律风险的发生。

(二) 我国法律关于电子病历的规定

为规范医疗机构电子病历管理,保障医患双方的合法权益,根据《执业医师法》《医疗机构管理条例》《护士条例》等法律法规,以及原卫生部制定的《电子病历基本规范》,电子病历应符合以下基本要求和规范:

1. 电子病历的基本要求

电子病历是指医务人员在医疗活动过程中,使用信息系统生成的文字、符号、图表、图形、数字、影像等数字化信息,并能实现存储、管理、传输和重现的医疗记录,是病历的一种记录形式,包括门(急)诊病历和住院病历。《医疗机构病历管理规定》(2013年版)《病历书写基本规范》《中医病历书写基本规范》适用于电子病历管理。医疗机构使用电子病历系统进行病历书写,应当遵循客观、真实、准确、及时、完整、规范的原则。医疗机构应当为患者电子病历赋予唯一患者身份标识,以确保患者基本信息及其医疗记录的真实性、一致性、连续性、完

---

① 高靖、杨惠祥:《浅析电子病历的法律效力》,载《医学与哲学》2012年第7A期。

整性。

医疗机构应当为申请人提供电子病历的复制服务。医疗机构可以提供电子版或打印版病历。复制的电子病历文档应当可供独立读取,打印的电子病历纸质版应当加盖医疗机构病历管理专用章。有条件的医疗机构可以为患者提供医学影像检查图像、手术录像、介入操作录像等电子资料复制服务。

2. 电子病历的管理

医疗机构应当成立专门的技术支持部门和人员,负责电子病历相关信息系统建设、运行和维护等工作;具有专门的管理部门和人员,负责电子病历的业务监管等工作;建立、健全电子病历使用的相关制度和规程;具备电子病历的安全管理体系和安全保障机制;具备对电子病历创建、修改、归档等操作的追溯能力。

电子病历系统应当对操作人员进行身份识别,并保存历次操作印痕,标记操作时间和操作人员信息,并保证历次操作印痕、标记操作时间和操作人员信息可查询、可追溯。电子病历系统应当设置医务人员书写、审阅、修改的权限和时限。电子病历应当设置归档状态,医疗机构应当按照病历管理相关规定,在患者门(急)诊就诊结束或出院后,适时将电子病历转为归档状态。电子病历归档后原则上不得修改,特殊情况下确需修改的,经医疗机构医务部门批准后进行修改并保留修改痕迹。医疗机构应当受理下列人员或机构复印或者复制电子病历资料的申请:① 患者本人或其代理人;② 死亡患者近亲属或其代理人。

三、医疗文书相关法律风险

(一)病历书写不及时的风险

医务人员在病历的书写过程中,必须严格按照《病历书写基本规范》中规定的入院记录、首次病程、主治医师查房记录、日常病程记录等内容以及时限要求书写,如果病历书写不具有即时性或者不具有真实性,这就形成了"缺陷病历""虚假病历",如果是在诉讼中,其证据价值会下降,如果在鉴定中,对责任的判明就会对院方不利,从而带来巨大的诉讼风险。①

(二)病历记录不规范的风险

在诊疗活动中,病历是证明诊疗有无过错最直接、客观的证据。一份记录不完整或记录有错误的"缺陷病历",其证明价值会大大降低甚至完全丧失。"缺陷病历"证据价值的丧失和降低,将直接导致医疗机构、医务人员无法证明医疗行为无过错,无法证明医疗行为与损害后果之间不存在因果关系,根据我国《民法典》第1218条规定,"患者在诊疗活动中受到损害,医疗机构或者其医务人员有过错的,由医疗机构承担赔偿责任。"由此,对于医疗机构来说,病历记录不规范

---

① 邓虹、周楠、彭艳霞:《病历中的法律风险防范》,载《医学与法学》2015年第3期。

可能引发承担相应法律责任的风险。

(三) 病历修改不规范的风险

《病历书写基本规范》规定："病历书写过程中出现错字时,应当用双线划在错字上,保留原记录清楚、可辨,并注明修改时间,修改人签名。不得采用刮、粘、涂等方法掩盖或去除原来的字迹。上级医务人员有审查修改下级医务人员书写的病历的责任。""上级医师对下级医师病历的修改,也应当按照上述要求修改,并且在规定的时间内完成。"在病历书写过程中,如果医务人员未按照上述要求来修改病历,病历的准确性、规范性和真实性就会遭到质疑,医院就会被怀疑篡改、伪造病历,而《民法典》规定,伪造、篡改病历资料,推定医疗机构有过错。根据《执业医师法》第37条的规定,医师在执业活动中,如果违反规定,"隐匿、伪造或者擅自销毁医学文书及有关资料"的,由县级以上人民政府卫生行政部门给予警告或者责令暂停6个月以上1年以下执业活动;情节严重的,吊销其执业证书;构成犯罪的,依法追究刑事责任。

(四) 病历资料使用与保管的风险

病历资料使用与保管中存在的风险主要来自以下两方面:

1. 病历管理不规范

一些医院不重视病历资料的使用与保管工作,存在病历管理工作制度不完善、不重视或者执行不力的问题,如借阅后不及时归还、不及时整理、保管不善等,从而造成了病历缺损等问题。病历缺损,根据《医疗纠纷预防和处理条例》有关规定,"由县级以上人民政府卫生主管部门责令改正,给予警告,并处1万元以上5万元以下罚款;情节严重的,对直接负责的主管人员和其他直接责任人员给予或者责令给予降低岗位等级或者撤职的处分,对有关医务人员可以责令暂停1个月以上6个月以下执业活动;构成犯罪的,依法追究刑事责任";《医疗事故处理条例》的规定,医疗机构无正当理由未依照本条例的规定如实提供相关材料,导致医疗事故技术鉴定不能进行的,应当承担法律责任。

2. 病历丢失

在大多数医院中,医院的病历都处于开放状态,病房里的工作人员、实习医师、患者及其家属和相关人员等都有机会接触到病历,这使病历的安全性得不到保障。根据《医疗事故处理条例》的规定,医患双方应当按照本条例的规定提交相关材料。医疗机构无正当理由未依照本条例的规定如实提供相关材料,导致医疗事故技术鉴定不能进行的,应当承担责任。病历资料的丢失带来的风险就是医疗机构在医疗诉讼中举证不能或者使医疗事故技术鉴定不能进行,最终导致败诉,承担法律责任。

(五) 伪造、篡改、隐匿、毁灭、拒不提供病历的风险

根据我国《民法典》第1222条的规定,当医疗机构"隐匿或者拒绝提供与纠

纷有关的病历资料"或"遗失、伪造、篡改或者违法销毁病历资料"时，法律推定医疗机构有过错，患者无须对医疗机构的诊疗行为存在过错承担举证责任。其中，隐匿是指医疗机构和医务人员为了自身利益在医患纠纷或医疗诉讼中将对己方不利的病历藏匿起来的行为。伪造是指完全凭空捏造并不存在的病历的行为。篡改是指在原来真实存在的病历上对其内容进行修改或删增的行为。违法销毁是指医疗机构和医务人员为了自身利益将不利于己方的病历彻底毁掉的行为。以上几种行为均要求医疗机构和医务人员存在主观上的故意。

根据《医疗纠纷预防和处理条例》的规定，任何单位和个人不得篡改、伪造、隐匿、毁灭或者抢夺病历资料。医疗机构篡改、伪造、隐匿、毁灭病历资料的，对直接负责的主管人员和其他直接责任人员，由县级以上人民政府卫生主管部门给予或者责令给予降低岗位等级或者撤职的处分，对有关医务人员责令暂停6个月以上1年以下执业活动；造成严重后果的，对直接负责的主管人员和其他直接责任人员给予或者责令给予开除的处分，对有关医务人员由原发证部门吊销执业证书；构成犯罪的，依法追究刑事责任。

根据《关于审理医疗损害责任纠纷案件适用法律若干问题的解释》的有关规定，患者依法向人民法院申请医疗机构提交由其保管的与纠纷有关的病历资料等，医疗机构未在人民法院指定期限内提交的，人民法院可以依照《民法典》第1222条的规定推定医疗机构有过错，但是因不可抗力等客观原因无法提交的除外。医疗机构在没有提出其他证据证明自己不存在过错的情形下，因举证不能可能要承担败诉的风险。

四、医疗文书的风险防范

（一）严格遵守病历修改规范

病历书写过程中出现错字时，应当在错字上划双线，保留原记录清楚、可辨，并注明修改时间，修改人签名。不得采用刮、粘、涂等方法掩盖或去除原来的字迹。实习医务人员、试用期医务人员书写的病历，应当经过本医疗机构注册的医务人员审阅、修改并签名。

（二）加强临床医务人员病历书写的能力

《病历书写基本规范》等法律法规对病历书写要求都作了明确的规定。医疗机构应定期组织临床医师进行病历书写培训，定期组织医务人员学习病历管理相关法律法规，结合分析病历书写缺陷在法庭上举证不利的典型案例，提醒医务人员增强法律意识，切实保障患者以及自身合法权益。

（三）建立完整的病案管理体系

首先，加强质量监控，定期抽查病历。医疗机构要设置专职医疗安全质量监督员，由资深的专家组成质检小组，定期抽查病历，及时发现问题并妥善解决，对科室管理出现纰漏及时督促整改,将科室管理纳入医务人员的年终绩效考核,时刻将医疗安全放在首位。

其次,加强病历的保管。科室保管的病历应该加强防盗措施;增设专门的存放病历的地点;病案室应该建立病案借阅制度,病历借阅人、借阅时间均应该受到限制;建立特殊病历专门保管制度等。①

(四)严格遵守病历书写管理规范

根据《医疗纠纷预防和处理条例》《病历书写基本规范》的相关规定,对于新入院的病人必须书写一份完整病历,书写时力求详尽、准确,要求入院后24小时内完成,因紧急抢救未能及时填写病历的,医务人员应当在抢救结束后6小时内据实补记,并加以注明。

首次病程记录应当在患者入院8小时内完成。手术病人的术前准备、术前讨论、手术记录、术后总结等均应详细地填入病程记录内或另附手术记录单。

出院总结和死亡记录应在当日完成。出院记录是指经治医师对患者此次住院期间诊疗情况的总结,应当在患者出院后24小时内完成。内容主要包括入院日期、出院日期、入院情况、入院诊断、诊疗经过、出院诊断、出院情况、出院医嘱、医师签名等。

死亡记录应当在患者死亡后24小时内完成。内容包括入院日期、死亡时间、入院情况、入院诊断、诊疗经过(重点记录病情演变、抢救经过)、死亡原因、死亡诊断等。记录死亡时间应当具体到分钟。

第四节 临床试验中的法律风险

一、临床试验的概述

(一)临床试验的概念

根据《涉及人的生物医学研究伦理审查办法》的规定,临床试验是人体生物医学研究的重要内容。临床试验,又称为人体临床试验,是指通过生物医学研究形成的医疗卫生技术或者产品在人体上进行试验性应用的活动,是医学研究和医学实践不可或缺的重要环节。② 临床试验是一种特殊的,具有一定风险及未知性的医疗过程和医疗活动;它是在基础理论研究的动物试验以后进行的以人为受试对象、有控制地对受试者进行观察和研究的医学行为过程。临床试验的法律定位应当属于广义的医疗法律行为中的试验性医疗法律行为。

---

① 赵利、向清平:《电子病历临床使用中的法律问题及应对策略》,载《中国病案》2013年第8期。
② 古津贤、李耀文主编:《生命科技法律与伦理》,天津人民出版社2014年版,第162页。

（二）临床试验与一般医疗行为的区别

临床试验区别于一般的临床治疗行为，有以下不同：

一是目的不同：临床试验属于科学研究，其目的在于获得普遍化的知识，而治疗的目的在于救治具体的病人。

二是角色不同：作为临床试验的研究人员，必须在确保研究科学性的同时保障整个研究过程符合国际和国内的标准和规定，即确保研究合乎伦理，保障受试者的权利和利益。作为医务人员，则是运用医学专业知识和临床经验，以遵守医德规范、法律法规为前提，向患者提供医疗服务。

三是受益者不同：临床试验中受试者不一定获益，但研究结果必须是有利于他人，有利于医学发展和有利于社会的；在治疗中患者是受益者。

四是风险程度不同：临床试验中使用的药物或实施的医疗技术没有足够的临床病例来确定其有效性和可能引发的并发症，也无法根据人类现今能掌握的医药学知识得出必然的确定的结论，受试者面临着许多无法预料的和难以控制的高度风险。一般医疗行为使用的药物或实施的医疗技术相对于临床试验中使用的药物安全性和有效性都更加确定。因此，一般医疗行为使用的药物或实施的医疗技术的风险都相对更小，造成人身损害的可能性即潜在的损害特性也更小。

五是实施行为的对象不同：Ⅰ期临床试验的受试者多为健康人，Ⅱ、Ⅲ期临床试验的受试者为目标疾病患者。在一般治疗中，实施行为的对象通常是患者。

二、临床试验的国际规范和国内规范

（一）涉及临床试验的国际规范性文件

（1）1946年以纽伦堡审判为背景的《纽伦堡法典》是第一个国际性的伦理学法典，对人体试验做出了十项声明，规定了"受试者的自愿同意是绝对必要的"，"试验进行必须力求避免在肉体上和精神上的痛苦和创伤"，"试验的危险性，不能超过试验所解决的人道主义的重要性"等。

（2）1964年在芬兰赫尔辛基召开的第18届世界医学大会通过了关于医学研究伦理学准则的《赫尔辛基宣言》，宣言以《纽伦堡法典》为模板，对知情同意进行阐述，是指导医师进行涉及人的医学生物研究的建议和伦理原则，其精神已经被各国的医学界普遍接受。2013年，在第64届世界医学协会联合大会上，对《赫尔辛基宣言》进行了第9次修订。

（3）1978年美国国家保护生物医学和行为研究受试者委员会发表了《贝尔蒙报告》。该报告明确了人体试验的基本原则及其应用：尊重人的原则要求经过知情同意；有利原则要求进行风险/受益评估；公正原则要求受试者的选择在程序上和结果上都是公平的。

(4) 2002年,国际医学科学组织理事会与世界卫生组织对1982年制定的《涉及人的生物医学研究国际伦理准则》进行了修改完善,该《准则》共有21条,包括:伦理委员会、伦理审查、知情同意、利益与风险、保密、受试者获得治疗和赔偿的权利等内容,并在《准则》的第1条中指出:"涉及人的生物医学研究的伦理学论证基于有希望发现有利于人民健康的新途径。这类研究只有当它尊重和保护受试者,公平地对待受试者,并且在道德上能被进行研究的社区接受时,才能得到伦理的辩护。此外,科学上不可靠的研究必然是不符合伦理的。"

如今,于2013年完成第9次修订的《赫尔辛基宣言》仍在临床试验的国际规范中发挥举足轻重的作用。到目前为止,《赫尔辛基宣言》依旧作为国际医学科研机构开展药物临床试验的纲领性文件,已成为各个国家医学组织和个人所公认、遵循的人体试验研究的伦理学原则。

(二) 我国关于临床试验的法律规范性文件

1998年,原卫生部制定《医学研究伦理审查指导》。

1999年,原国家药品监督管理局颁布了《药品临床试验管理规范》。

2003年,新成立的国家食品药品监督管理总局发布的《药物临床试验质量管理规范》,是我国医学研究中临床试验方面的标志性立法。

2007年,原卫生部颁布了《涉及人的生物医学研究伦理审查办法(试行)》。

2010年,原国家食品药品监督管理总局颁布了《药物临床试验伦理审查工作指导原则》。

2016年,原国家卫生和计划生育委员会修订了《涉及人的生物医学研究伦理审查办法(试行)》,颁布了《涉及人的生物医学研究伦理审查办法》。其在内容方面进一步明确了医疗卫生伦理委员会的职责和任务;补充了伦理审查的原则、规程、标准和跟踪审查的相关内容;进一步阐述了知情同意的基本内容和操作规程。

三、临床试验中的风险

临床试验的风险是指在临床试验过程中出现的由于药物、试验本身以及操作者的原因引起的试验各方人身和财产方面的风险。临床试验的风险是由于其损失或收益发生的不确定性决定的,是一系列试验因素相互作用、相互影响的必然结果。根据2013年的《赫尔辛基宣言》,受试者风险通常包括以下几类:

(一) 对受试者身心造成双重侵害的风险

由于临床试验本身具有的试验性和不确定性,可能导致受试者身心遭受双重侵害。试验性和不确定性主要体现在临床试验经常涉及侵入性医疗手段,由此造成的轻微疼痛、不适甚至明显损伤,加之,试验药物可能出现的不良反应(包括严重不良事件),会给受试者造成身体、生理伤害。此外,参与研究可能导致思维过程和情感方面发生某些变化,如药物引发的抑郁或幻觉、紧张等心理上的不适。虽然绝大多数的伤害是暂时的,但仍不排除极小概率的发生永久性风险的可能性,从而侵害受试者的生命健康权。若研究方不积极防范、妥善处理,有可能需承担相应的民事赔偿责任,造成重大损失致人重伤或死亡的,可能追究其刑事责任。

(二)侵犯受试者的隐私权的风险

受试者的隐私就是指其在就诊过程中向承担诊疗任务的医生、护士、医技人员等医疗团队公开的,但不愿让其他人知道的个人信息、私人活动和私有领域等信息资料,包括所有特定的个人信息。《涉及人的生物研究伦理审查办法》中明确规定:"切实保护受试者的隐私,如实将受试者个人信息的储存、使用及保密措施情况告知受试者,未经授权不得将受试者个人信息向第三方透露。"研究者未对受试者的研究数据采取可靠的保密措施导致隐私泄露,或擅自将涉及受试者隐私的部分向社会公开散布,可能会导致受试者因其隐私而遭受社会的歧视或其他损失,给受试者带来极大的精神痛苦,构成对受试者隐私权的侵犯。

(三)侵害受试者的知情同意权的法律风险

临床试验的进行必须以受试者自愿同意为前提,临床试验的实施者存在告知义务履行不足,给受试者造成损害的,构成对受试者知情同意权的侵害。侵害受试者知情同意的情形包括:

1. 告知时间不及时

告知时间不及时是指在应进行告知时未履行告知义务,分为事前告知不及时和过程中告知不及时。事前告知不及时,即研究实施者未在试验开始前对受试者进行充分说明;过程中告知不及时,即研究实施者在出现新情况时未对受试者进行告知,或在试验过程中未对受试者提出的疑问进行适当的解答,使受试者失去了决定是否退出试验的选择权。《涉及人的生物医学研究伦理审查办法(试行)》第18条中明确规定:"当项目的实施程序或者条件发生变化时,必须重新获得受试者的知情同意,并重新向伦理委员会提出伦理审查申请。"并且受试者有随时退出试验的权利。

2. 告知内容不充分

告知内容不充分是指临床试验的实施者违反法律和临床试验伦理规范,未对受试者进行准确和充分的告知,包括完全没有告知和部分不告知,如未告知备选治疗、缺少必要的背景介绍、未说明某些不良反应等。《赫尔辛基宣言》中规定,受试者参与研究要求获得他们对下列各项的知情同意:研究目的、方法、资金来源;任何可能的利益冲突;参加研究的好处和可能的风险;有权在任何时候撤回对参加的同意而不受任何惩罚。

3. 告知方式不恰当

告知方式不恰当主要包括未用通俗易懂的文字表达；没有给受试者提供充足的机会和时间做出理性的思考和决定；未采用知情同意书的方式获得同意，违反了法律对知情同意的要式规定；研究者没有在知情同意书上签字或没有给受试者知情同意的副本；采用欺骗、利诱、胁迫等不正当手段获取受试者的同意；对无同意能力的人如未成年人和精神病患者进行研究没有获得其监护人的同意。

(四) 研究方案或程序瑕疵的风险

研究方案或程序瑕疵的风险包括未对试验设计的合理性、科学性进行分析或审查；为尽快谋取商业利益，研究方案只追求结果和效率，忽视对受试者权益的实际保护；在药品进入临床试验前未获得药监局的批准或者研究方案并未获得伦理委员会审查等。根据2016年修订的《涉及人的生物医学研究伦理审查办法》，研究者需对此承担相应的行政责任。

四、临床试验的风险防范

在临床试验中，受试者承受风险不可避免，有关人员应该采取降低风险程度的措施。在研究活动中，可以通过提高相关人员的认识水平，增强责任和防范意识、采取相应措施预防风险管理事件、减少事件可能发生的次数、风险转移或由涉及主体自行承担风险所造成的损失，来降低损害发生的可能性，或限制其严重程度和持续时间。具体来说，包括以下几个方面：

(一) 加强受试者隐私权的保护

临床试验中受试者个人隐私被泄露，多与研究者面临的利益引诱及职业道德的缺失密不可分，必须出台更加细化、更加严厉的规定，以避免泄露隐私行为的发生。首先，要建立个人信息授权书制度。除了既有的知情同意书之外，受试方必须签署受试者个人信息使用授权书，授权书内容包括患者基本资料、授权对象和期限、使用目的，并经伦理委员会审核通过后产生效力。研究机构若出现违约行为，将导致研究计划的延迟或终止、停止资金支持的后果，严重者将吊销职业执照。其次，研究者应尽到相应的充分注意义务。研究人员必须对临床试验研究尽到充分的注意义务。对受试者的名单、病历、所用药物等，应妥善存放保管。

(二) 完善履行受试者知情同意制度

首先，要规范知情同意的形式和内容。在告知的形式上，研究者应针对受试者或监护人的特点，使用电视短片等更有助于受试方理解的媒介方式进行告知。其次，试验过程中，如涉及修改知情同意书，需伦理审查委员会再次审批通过，并向受试方履行知情同意相关程序，确保知情同意权得到保障。最后，在临床试验签署知情同意书前，研究者应向受试方如实告知所有与试验相关的必要信息，如详细的治疗或试验方法,潜在的风险和利益,治疗延迟的不良后果及受损害的救济措施等事项,获得患者真正的理解与同意。

(三) 完善伦理审查管理机制

对临床试验来说,伦理审查委员会扮演着审批、监督和管理的重要角色,因此,保证伦理审查委员会工作的独立、公正和高效对于受试者权益保护必不可少。必须完善临床试验伦理审查制度。一方面,要规范伦理审查委员会的成员结构。临床试验单位要按国家有关规定设立由药学专业人员、药政管理部门、社区代表以及法学、伦理学、社会学等人文社会科学专业人员组成的伦理审查委员会,提高委员会成员的专业素质,实现伦理审查的严谨性、科学性、可行性。另一方面,实行严格的审查监督机制。在临床试验开始前,试验方案应经由伦理审查委员会召开专门的审查会议进行严格的审查,具体审查的内容包括受试者的选择是否符合伦理规范、知情同意流程是否完善等。在试验过程中,伦理审查委员会要进行全程监督与实地调查,更好地保障受试者在临床试验中的权益不受侵害,使法律风险最小化。[1]

第五节 临终医疗决定中的法律风险

生老病死是不可抗拒的自然规律。随着医疗技术的发展,医学上已存在很多技术和方法可以帮助即将走向死亡的患者延长生存的时间,但仍然不能改变生命终会走向尽头的自然规律。如何死亡、用怎么样的方式迎接死亡,变成了可供患者选择的权利。近年来,患者临终决定权的内容、使用范围以及使用的前提条件,成为法学研究的热点。尽管学界已经做出了种种努力,但各派学说争执不下,迄今为止仍然没有提出令人满意的解决方案。

一、临终医疗决定权概述

临终病人是指由于疾病或者意外事故而造成人体器官的生理功能趋于衰竭,生命活动趋向终结的状态,濒临死亡但尚未死亡者。[2] 临终医疗决定权是指患者在临终前对所接受的医学治疗、医疗手段和死亡方式进行选择的权利,主要包括:继续治疗的权利、放弃治疗的权利和进行临终关怀的权利。

(一) 放弃治疗

放弃治疗是指处于疾病终末期的临终患者,现有的医疗干预无法达到救治

---

[1] 廖芸佳、古津贤:《精神类药物临床试验中受试者权益保障的伦理思考》,载《中国医学伦理学》2017年第8期。

[2] 张金钟、王晓燕主编:《医学伦理学》,北京大学医学出版社2005年版,第178页。

目的,只能继续维持患者的状态或者导致患者情况越来越差,为了解除医学干预或疾病带来的痛苦,在患者或其代理人的要求下,由医生做出的不再使用或撤除激进的医疗干预的行为。放弃治疗具有两个基本要素:第一,放弃治疗的对象是不可治愈的临终患者,第二,不给予任何人为的维持生命的治疗。

此外,做出放弃治疗的决定还有以下要求:

首先,放弃治疗的理由必须符合理性标准。放弃治疗的决定一般要求由有能力的患者或其代理人在自主情况下做出知情同意的决定。这意味着有效的知情同意必须是:有能力的患者或其代理人充分了解病情,了解可供选择的医疗方案,权衡医疗方案带来的各种利弊之后,做出的不受强迫的、自主的决定。

其次,放弃治疗的决定必须建立在临床判断和价值判断的基础之上。临床判断是对患者病情的判断,应用或放弃任何医疗手段,必须以医学为基础,必须有可靠的信息支撑这种判断,例如,医疗干预是否能够延长患者生命、使之恢复知觉或者缓解疼痛,如果预后不明确,应该坚持积极治疗。

(二)临终关怀

临终关怀是指由医生、护士、心理师、社工和义工等专业人士组成团队,对无救治希望、存活期限不超过6个月的临终患者及其家属实施的,通过早期识别和全面评估并治疗患者的疼痛和其生理、心理和灵性层面的问题,预防并缓解痛苦,以提升临终患者生命质量及满足患者和家属心理、精神和感情需求的特殊医疗活动。临终关怀并不等于放弃治疗。临终关怀是为了"人"解决痛苦,更看重的是疾病背后的"人"。

临终关怀的意义在于,首先,临终关怀是人道主义在医学领域内的升华;其次,体现了生命神圣质量和价值的统一;再次,体现人类文明的进步。

目前主要的临终关怀原则包括:第一,做好心理护理;第二,维护临终患者的尊严和生命价值;第三,重视家属的安抚工作,取得配合;第四,控制疼痛;第五,做好基础护理;第六,协助家庭、社会尽量满足临终需要。从目前的实施总体效果来看,全方位、深层次的临终关怀有助于提升危重患者疼痛缓解程度及医疗满意度、稳定患者及其家属的心理状态。

二、临终医疗决定的法律风险

(一)违反告知义务的法律风险

临终患者作出临终医疗决定的前提是获得医生充分的说明告知。无论患者选择继续接受治疗、放弃治疗,医方都应该向患者或其家属(当患者无法做出知情同意时)进行准确、充分的说明,包括:医方拟采用的治疗方法或维持生命的医疗方式,医疗措施的风险、不利影响,放弃治疗将能给患者带来的痛苦或其他影响以及可能产生的危险,不用或撤去生命维持系统会导致死亡后果等。医方应该注意告知的方式,尽量采用患者能够接受的方式进行告知;对患者或其家属的决定应当以书面的形式记载,以便在日后的医疗纠纷中作为证据使用。如果医生未尽到如实告知义务的,构成对患者知情同意权的侵害,应该承担相应的法律责任。

对于患者做出有效临终医疗决定的情况下,医方是否免责的问题,需要区别对待:如果患者决定终止治疗的,医方对其不再履行救治义务,可以免责;如果患者决定继续治疗的,医方在医疗行为中存在过错的,仍应对其过错承担侵权责任。

(二) 患者授权的法律风险

对于患者是否有权授权医生或其家属代其做出临终医疗决定的情形,目前,法律上并无定论。支持这种授权的观点认为,患者的有效授权需满足五个条件:充分的告知、患者具有行为能力、患者的授权出自患者真实的意思表示、以书面形式授权、不违反公序良俗。目前在我国立法中并没有肯定患者可以通过授权的方式处分自己的生命健康权益,患者的这种授权是否有效尚未可知。在由于放弃治疗引发的医疗法律风险中,对患者授权是否有效的认定,法官享有较大的自由裁量权。如果授权被认定为无效,医方则会因为未尽到救治义务而被法律追究其责任。

(三) 帮助自杀的法律风险

临终关怀的法律风险在于,其在实施过程中可能被认定为是对他人死亡采取放任的态度,非法剥夺他人生命的行为。在这种情况下,有可能因为忽视了临终医疗决定的相关操作规程,而被认定为"放任危害结果发生的主观故意",在其主观方面支配下以不作为的方式采取放任的态度,导致法律风险的发生。具体来说,一方面,决定临终关怀的患者家属和实施临终关怀的相关医务人员都有被以"故意杀人罪"追究刑事责任的风险;另一方面,可能存在少数人为了实现其他目的,打着临终关怀的旗号,利用法律不完备的漏洞,实施故意杀人的行为。

三、临终医疗决定的风险防范

(一) 明确临终医疗决定权的适用程序

(1) 患者须书面申请(无民事行为能力人和限制民事行为能力人由家属或其代理人申请)。若患者及其家属未做出临终医疗决定,医疗机构不能以患者为临终患者而代替患者作出决定。

(2) 由具有相应医师资格的两名以上的医生确诊为临终病人。

(3) 为了避免患者在做出临终医疗决定后,因不了解服务性质而发生医疗纠纷,患者及其家属须签署知情同意书。知情同意书的内容包括临终医疗决定的性质、对象和内容。

(二)完善临终患者的资格审核

1. 患者本人自愿决定

具有完全民事行为能力的临终病人,可以根据自己的真实意思表示,提出申请,做出临终医疗决定,还可以委托代理人在其不能正确表达时代为签字。医院在接到申请时,需要审核患者是否为自愿,是否存在威胁、误解等非真实自愿的情况;同时,还需要审核患者是否满足前文所述的适用对象的条件。

2. 患者监护人或近亲属决定申请

患者为无民事行为能力人、限制民事行为能力人,不能自己决定的,由监护人或近亲属作出决定。此时,需要严格限制条件和程序来保障被监护人的权利。具体制度设计包括:第一,监护人或近亲属达成一致意见;第二,监护人或近亲属所提出的申请,不得与患者丧失民事行为能力之前的意思表示相背离;第三,申请须经医疗机构的医学伦理委员会审查通过。

3. 鉴定患者是否属于临终医疗决定权的主体

患者是否属于临终病人,需要专业人员的鉴定,这是确保临终医疗决定权依法行使的关键。借鉴我国台湾地区"安宁缓和医疗条例"第 7 条的规定,应由两位以上的医师确诊且至少一位医师具有相关专科的医师资格,才能认定临终病人。[①]

(三)加强同临终患者及其家属的沟通

临终患者的诊疗方案应在专业的医学知识和临床经验指导下,在医患双方充分沟通、共同协商下完成。患者及其家属向医师提出临终医疗决定时,医师应坚持最有利于患者原则,用医学专业知识和临床经验做出判断。

在沟通中,医生需注重患者及家庭成员的个体性喜好和需求,有利于防止潜在医患矛盾的可行性方法。在沟通中,强调优先考虑患者与家属的参与,强调与患者家属的合作;注重患者情况和病情的预测,关注患者家属的情绪状态,尽可能多地给予信息支持与情感方面的沟通。

第六节 医疗机构安全保障义务履行的法律风险

一、医疗机构安全保障义务概述

(一)医疗机构安全保障义务概念

医疗机构安全保障义务是指经营者在经营场所对消费者(包括潜在的消费者)或者其他进入服务场所的人之人身、财产安全依法承担的安全保障义务。安全保障义务是基于当事人之间存在一定的关系而产生的一种安全注意义务。义

---

① 陈颖、蔺汝云:《建立我国临终关怀法律制度的思考》,载《医学与法学》2016 年第 5 期。

务主体是场所的经营者,权利主体包括:消费者、潜在的消费者和实际进入该场所的人。根据我国《民法典》第1198条的规定,宾馆、商场、银行、车站、机场、体育场馆、娱乐场所等经营场所、公共场所的经营者、管理者或者群众性活动的组织者,未尽到安全保障义务,造成他人损害的,应当承担侵权责任。虽然医院在营利性质上和宾馆、餐饮、商场以及娱乐场所等不同,但是社会营利性并非是判断经营者是否需要承担安全保障义务的唯一标准。患者就诊问医,医生救治患者就是医院的日常经营活动,医院作为医疗服务场所的提供者和管理者,应当在合理限度内对患者及医疗服务的其他参与者尽到安全保障义务,在合理范围内保障其人身及财产安全。[①]

由此可见,医疗机构安全保障义务是指医疗机构在医疗服务场所对患者(包括潜在的患者)或者其他进入医疗服务场所的人之人身、财产安全依法负有的合理限度范围内的安全保障义务。

医疗机构安全保障义务的法理基础主要包括以下内容:

一是信赖关系理论:由于社会中危险活动大量增加,基于信赖原则即诚实信用原则,医院应该顾及进入其场所内进行活动的个体的人身和财产安全,尽到合理的注意义务。当事人由于与医院之间产生了某种关联关系(主要是医疗服务关系),而使得当事人对医院产生了合理的信赖,即相信自己在医院范围内活动时,人身和财产不会遭受侵害。如果医院怠于履行这种义务,受害人有权要求其承担赔偿责任。

二是危险控制说:医院对自己的场地、设施以及人员配置等环境信息最为清楚,对其范围内可能产生的危险具有比他人更大的控制能力,更有可能预见到可能发生的危险和损害,并最可能及时采取有效的措施防止、制止或减轻损害的发生。所以基于"分配正义"的要求,医院对其范围内发生的损害应该承担与其责任程度相当的赔偿责任。

三是成本效益说:该理论认为,由医疗机构承担保障义务的成本消耗最低,督促医疗机构完善其在硬件和软件方面的安全保障措施,更有利于在最低的成本范围内避免损害的发生。如果让进入医院的人都投入大量的时间、精力和金钱来考察医疗机构在安全保障设施方面是否存在瑕疵或缺陷,以避免自身安全受到不必要的损害,无疑是一种高社会成本的消耗,显然不经济也不合理。

无论是哪种学说,都认为医疗机构对患者负有安全保障的义务,如果医疗机构没有尽到安全保障义务,按照《民法典》和《医疗纠纷预防和处理条例》的有关规定,应该承担相应的法律责任。

---

① 王阳、李欣慧:《关于医疗机构安全保障义务的几点思考》,载《中国医院》2016年第5期。

(二) 医疗机构的安全保障义务的特点

医院的服务包括医疗服务和非医疗服务两类,医疗服务是指医疗机构为服务对象提供的直接的诊疗服务;非医疗服务是指为了配合医疗服务,为方便患者活动和患者的康复而向其医疗服务对象提供一个良好环境的必不可少的一种服务。医疗机构的安全保障义务主要是非医疗服务范围内的一种安全注意义务。不同于宾馆、商场、银行等经营场所,医疗机构对住院期间患者的安全保障义务具有如下特点:

第一,住院期间医疗机构的安全保障义务区别于医疗安全注意义务,并非由直接的诊疗行为所引起,不以"合理的职业标准"为判断义务的标准,而是在诊疗行为之外,在一定合理限度内负有的保障服务对象人身、财产安全的义务。

第二,住院期间医疗机构的安全保障义务仅限于医疗机构所能控制的范围之内,例如病房、走廊、庭院或专用停车场等。患者擅自离开或家属擅自带患者离开医疗机构可控范围的,医疗机构不再对其负有安全保障义务。

第三,住院期间医疗机构的安全保障义务具有个体化的特点,其权利主体主要是住院患者。对于不同类型的患者,医院所负有的安全保障义务的注意程度不同,患者在身体方面或精神方面的状况越不好,医疗机构的安全保障义务的注意程度就越高。

二、医疗机构安全保障义务的法律风险

最高人民法院《关于审理人身损害赔偿案件适用法律若干问题的解释》第6条第1款规定:"从事住宿、餐饮、娱乐等经营活动或者其他社会活动的自然人、法人、其他组织,未尽合理限度范围内的安全保障义务致使他人遭受人身损害,赔偿权利人请求其承担相应赔偿责任的,人民法院应予支持。"根据《民法典》第1198条的规定,医疗机构如因未尽到合理限度范围内安全保障义务致他人受损,将承担败诉的风险和相应的赔偿责任。

安全保障义务相关的法律风险包括预防设施不到位、提示与告知不完善、未尽到制止与救助义务三个方面。

(一) 预防设施不到位的法律风险

医疗机构作为一个半开放的公共场所,应对其控制内的物件尽到高度注意义务,避免对前来就医的患者人身或财产安全造成损害。若医院的建筑物、公共设施、器械设备等不符合国家设计及安全标准,且巡查、检修制度执行不力,设施设备存在安全隐患,将会触发安全事故而引发法律风险。

(二) 提示与告知不完善的法律风险

由于医疗机构服务对象的特殊性,要求医疗机构除了保证设施符合标准、设备安全运行之外,还要根据服务群体的特点,对可能存在危险义务的风险,加以提示或明显警示。若缺少明显的警示标识，造成因清洁地板后地面打滑导致患者摔伤、在病房探视时间人员来往复杂导致患者财物丢失、患者在医院公共饮水设备接水导致烫伤等事故，医院将面临法律风险，承担未在合理限度范围内尽到安全保障义务的责任。

（三）未尽到制止与救助义务的法律风险

这里是指在第三人侵权的情况下，医疗机构有在合理限度内对于违法行为的注意及制止义务。所谓"合理限度"，是指医疗机构对第三人造成损害的赔偿责任应以"其能够防止或者制止损害的范围"为限，这是因为医疗机构是以救死扶伤、诊疗疾病为主要义务，安全保障义务仅为医疗服务合同的随附义务，而不是一种高度全方位的保护义务。

对于第三人的侵害，医院应及时注意可疑迹象，并果断制止侵害行为，尽力控制危害程度，积极救助。由于医疗机构场所特殊性，不能苛求工作人员完全制止犯罪行为或抓获侵害者，但工作人员应当做到的是在制止犯罪时不慌乱，并在最短时间内报警。当危险发生后，医疗机构是否采取了合理有效的救助措施。如医院对于遭受人身侵害的患者或其他人未及时救治、及时报警，应认定为未尽到安全保障义务。

三、医疗机构安全保障义务的风险防范

（一）保障设施与设备符合安全规定

首先，医院应保证场所的内部设施、设备的安全性能，有国家强制标准的应符合国家强制标准，没有国家强制标准的，应符合行业标准或达到此类单位所需要达到的安全标准。其次，还应经常对设施设备进行勤勉的维护，使之一直处于良好的运行状态。最后，服务场所的建筑物、相关配套设施在整个运营过程中一直符合安全标准。比如电梯应经常性维护，以确保运转正常；安全出口不能上锁、不能被占用或堆放物品，以免影响疏散通道的畅通。

（二）提示与告知及时到位

医疗机构应当对场所本身所存在的风险和各种可能出现的伤害和意外情况，通过设置警示牌或张贴安全须知、向受威胁者直接单独阐明危险等形式，向患方做出明显警示，尽到不安全因素的提示和告知义务。比如对刚清洁过的地板，应明确标明"地板未干，小心滑倒"字样的警示；在患方因未意识到危险或不顾危险而可能遭遇危险的情形下，管理者应予以必要的劝告、劝阻，以防止事故发生。如果医疗机构尽到了提示和告知义务，是可以免责的。

（三）制止与救助应当及时

面对第三人侵害时，医疗机构应在其义务及能力范围内保护患方人身、财产不受侵害。损害已经发生的，应当及时报警、果断制止违法行为，并在必要时给予救助,将损害程度降至最低。如电梯出现故障时应及时采取措施,保护乘坐者的安全;医院服务人员应及时用干布清洁地面防止因地面湿滑而摔伤;为防止损害增大,应及时救治受伤者,必要时进行转诊。①

当然,医疗机构根据其服务性质的不同,安全保障义务的程度也有所不同,如精神病医院对精神病患和其他人员的安全保障义务就要高于一般的医院;根据收费标准不同,安全保障义务的程度也不同,一般情况下,收费标准越高的医院其安全保障义务越高;针对不同的服务对象,医疗机构的安全保障义务也不同,对于老、幼、残、孕等弱势群体,医院应根据其不同的特点提供相应的安全保障。

本章小结

由于医疗市场环境的变化和医疗供求关系的新特点,在临床医疗伦理及管理的实践中暴露出了一些新情况和新问题,导致其中的法律风险不断加大。规避法律风险关键在于事前防范,即以适当的责任机制使其受到必要的约束。

本章主要从告知与知情同意、医方的保密义务和患者的隐私权保护、医疗文书、临床试验、临终医疗决定以及医疗机构安全保障义务履行方面着眼,探讨相关概念、立法现状和法律风险,以促进法律风险的预防,使风险降到最低,实现医疗卫生事业的可持续发展。

患者的知情同意权和隐私权都是患者自主权在医疗实践中的具体表现,其本质是对患者尊严的维护。我国《民法典》侵权责任编将侵犯知情同意和隐私的法律问责引入医疗侵权责任领域,为患者提供了有力的维权手段,也对医务人员的医德素质、医患沟通技巧和风险处理能力提出了更高的要求。

医疗文书在医疗侵权之诉中扮演着重要角色,是医疗纠纷中决定案件性质、鉴定结论和判决结果的重要证据。我国《民法典》侵权责任编采用过错推定的方式加重了医疗机构的证明责任,更有利于对患者权益的保护,同时也加大了医疗机构因无法提供、拒绝提供或提供虚假的医疗文书而被直接推定为存在过错,并被追究法律责任的风险。

临床试验是一项高技术、高投入、高风险的实践活动,目前我国缺乏一部完备的法律对临床试验进行规制,在实践中主要参照《医学研究伦理审查指导》《涉及人的生物医学研究伦理审查办法》和一般侵权法解决在试验中出现的侵权问题。

患者临终决定权的行使以患者具有自主能力且完全出于自愿,未受到任何

---

① 谢延平、徐青松:《浅议医院的安全保障义务》,载《中国医学伦理学》2012 年第 1 期。

形式的胁迫、欺骗为前提,必须是患者真实意思的体现。目前,我国现行的法律中并未对患者临终决定权作出明确规定,患者的书面授权具有何种法律效力也仍无定论,在这一领域法官享有很大程度的自由裁量权,法律归责具有不确定性,隐含着较大的法律风险。

医疗机构的安全保障义务是非医疗服务范围内的一种安全注意义务。医疗机构对住院期间的患者和实际进入住院部的患者家属或其他人应该承担合理限度内的安全保障义务,并对违反该义务所造成的损害承担相应的赔偿责任。医疗机构应该增强风险防范意识,制定和完善医院的安全保障制度和应急方案,加强对院内工作人员的管理和考核,定期检修或更换院内各项服务设施,注意安全标志的设置和维护,为患者及其他进入医院的人提供一个安全舒适的医疗服务环境。

思考题

1. 在临床实践中如何避免知情同意的相关法律风险?
2. 隐私权适用的例外包括哪些情形?
3. 简述我国对于电子病历的相关规定。
4. 临终医疗决定权涉及的法律风险有哪些?
5. 医疗机构如何履行安全保障义务?

案例思考

原告韩某,男,35岁,因上排四颗牙齿间隙较大,4月28日被南京金陵老年病康复医院(被告)的广告所吸引,来院咨询。被告接诊医生对患者极力鼓吹所谓的手术效果,并怂恿患者上下排一起做,在其一再劝说下,患者同意当天就接受手术,但手术范围仅为上排四颗。而被告医生术中未经患者同意,擅自扩大手术范围,将患者上下两排一共15颗牙齿全都做了打磨,并且全部打磨过度,造成患者当时5颗牙齿露髓,其中3颗术中做了根管(有一颗根管手术还超填)。麻醉过后,患者痛苦不堪,之后几个月,15颗牙齿相继出现牙髓反应和露髓,在此期间患者饱受折磨,数次在省、市口腔医院就诊,目前15颗牙齿全都做了根管,成为死髓牙,今后不得不依靠牙冠维持正常牙齿功能。

同年9月,原告诉至南京市某区人民法院,要求被告赔偿医疗费、继续治疗费以及精神损害抚慰金等。原告认为:医方严重侵犯患者知情同意权,且手术方案设计、操作严重不当,该病例应当先进行根管治疗。根据病历记载情况,关闭间隙只需磨12颗牙,多磨了3颗牙。综上所述,应当构成医疗事故,并应承担全部责任。被告医方认为:我院对患者诊疗行为符合常规,不存在医疗过错,不构成医疗事故。

案例讨论

1. 在本案中,医生存在哪些医疗过失行为?
2. 被告方是否应当承担全部责任?为什么?

第八章 医疗法律风险的非诉讼解决机制

第一节 医疗法律风险非诉讼解决机制概述

一、医疗法律风险非诉讼解决机制的概念与特征

（一）医疗法律风险非诉讼解决机制的概念

医疗法律风险的处理途径包括诉讼解决机制和非诉讼解决机制两种模式。诉讼解决机制是医疗法律风险的当事人和其他诉讼参与人在人民法院的主持下，为解决医疗法律风险争议，依照法定诉讼程序进行的诉讼活动。非诉讼解决机制，又称为替代性纠纷解决机制（Alternative Dispute Resolution，ADR），包括和解（Negotiation）、调解（Mediation）、仲裁（Arbitration）等。

由此，医疗法律风险非诉讼解决机制是指为解决医疗法律风险争议，医疗法律风险争议的当事人通过和解、调解、仲裁等诉讼外途径解决纠纷的制度体系。

（二）医疗法律风险非诉讼解决机制的特征

与诉讼解决机制相比，医疗法律风险非诉讼解决机制具有如下特征：

1. 高度自主性

诉讼解决机制是由国家司法机关代表公权力行使审判权，纠纷的解决过程具有强制性。而非诉讼解决机制中的当事人有权依据自己主观愿望处分权利。是否通过非诉讼解决机制处理医疗法律风险争议，达成协议的地点、内容和形式等问题，当事人均可按意思自治予以约定，享有充分的自主选择权。

2. 程序灵活性

通过诉讼解决医疗法律风险争议，人民法院、当事人及其他诉讼参与人都必须严格遵守法定的程序和方式，否则其行为不能产生法律上的效力，甚至将导致程序性制裁。而非诉讼解决机制中的当事人可自主规划适用的程序，没有严格的举证责任和期间、期日制度，也不必限定于法定的诉讼程序中。

3. 非终局性

人民法院作出的生效裁判文书，其结果具有权威性和终局性。无论当事人同意与否，都必须接受法院的裁判结果。一方不履行法院作出的生效裁判，另一方可以申请强制执行。相对而言，协商和解的非诉讼解决机制虽耗时短、成本低，但达成的协议不属于正规法律文件，不具有法律约束力。需要注意的是，人民调解协议和仲裁裁决在一定条件下也可通过人民法院强制执行。

二、医疗法律风险非诉讼解决机制的处理原则

（一）公平原则

"公平"原则的核心价值是确保法律面前人人平等，避免纠纷解决的差别对待。在医疗法律风险的处理过程中，公平原则首先是指医患双方法律地位的平等，任何一方都不能凌驾、优越于对方；其次，是指医患双方权利与义务的统一，以及双方权利义务的对等；再次，是指适用法律上的公平，不能针对同一个争议事实对医患双方适用不同的法律规范。

（二）公正原则

"公正"原则意味着应平等对待争议的双方，法律对所有人均应公正平等地适用。公正原则包括程序公正与实体公正，二者辩证统一，不可偏废。程序公正是实现实体公正的前提和基础，而实体公正则是程序公正的目标和归宿，二者的有机统一共同构成"完善的程序正义"[①]。离开实质公正，形式公正就会徒有虚名或迷失方向；而抛弃形式公正，实质公正也会缺乏制度保障。医疗法律风险非诉讼解决过程中坚持公正原则，就要保障医患双方当事人的知情权、参与权和监督权，防范权力寻租现象。

（三）及时原则

"及时"原则是指发生医疗法律风险后，要及时处理有关责任人员，及时解决医患双方的纠纷。发生重大医疗法律风险时，医疗机构应当按照规定向所在地县级以上地方人民政府卫生主管部门报告。卫生主管部门接到报告后，应当及时了解掌握情况，引导医患双方通过合法途径解决纠纷，准确定性、正确区分医疗风险与医疗过失、区分医疗行为对损害后果应当承担的责任程度，减少损害的发生，避免矛盾激化。

三、医疗法律风险非诉讼解决机制的处理途径

我国医疗法律风险的处理经历了一个漫长曲折的发展过程。在计划经济年代，卫生行政部门是处理医疗事故争议的当然机关，主要负责裁决一次性经济补偿数额，这实际上是把行政处理行为转化为民事裁决行为。这既超越卫生部门的行政职能，又不能与民事诉讼有效衔接，导致行政处理与司法审判上的冲突和矛盾。20世纪90年代以来，医患冲突呈上升趋势，社会各界纷纷呼吁尽快建立快捷合理的矛盾解决渠道。在广泛征求社会各界意见并参考国外相关立法经验的基础上，2002年的《医疗事故处理条例》第46条明确规定："发生医疗事故的赔偿等民事责任争议，医患双方可以协商解决；不愿意协商或者协商不成的，当

[①] 王洪：《法律逻辑学》（第2版），中国政法大学出版社2016年版，第235页。

事人可以向卫生行政部门提出调解申请,也可以直接向人民法院提起民事诉讼。"这意味着医疗事故发生后,医患双方可以通过三种途径实现解决医疗风险的法律诉求,即协商、行政调解和民事诉讼。

2010年司法部、卫生部、保监会三部门联合发布了《关于加强医疗纠纷人民调解工作的意见》,提出各地可根据实际需要设立医疗纠纷人民调解委员会,建立专兼职相结合的人民调解员队伍,积极构建和谐医患关系。2018年6月20日国务院常务会议通过了《医疗纠纷预防和处理条例》,该行政法规明确了医疗纠纷的处理原则和途径,并突出强调人民调解的作用。第4条规定:"处理医疗纠纷,应当遵循公平、公正、及时的原则,实事求是,依法处理。"第22条规定:"发生医疗纠纷,医患双方可以通过下列途径解决:(一)双方自愿协商;(二)申请人民调解;(三)申请行政调解;(四)向人民法院提起诉讼;(五)法律、法规规定的其他途径。"除此之外,我国《仲裁法》第2条规定:"平等主体的公民、法人和其他组织之间发生的合同纠纷和其他财产权益纠纷,可以仲裁。"2010年10月深圳仲裁委员会成立"深圳医患纠纷仲裁院",专门负责深圳市医疗纠纷的调解和仲裁。

2019年12月28日第十三届全国人民代表大会常务委员会第十五次会议通过了《中华人民共和国基本医疗卫生与健康促进法》,该法第96条规定:"国家建立医疗纠纷预防和处理机制,妥善处理医疗纠纷,维护医疗秩序。"该立法明确强调要完善医疗纠纷的预防和处理机制。

据此,结合我国医疗法律风险处理的立法变迁和实践,目前我国医疗法律风险的非诉讼解决机制主要包括以下三种:协商解决、调解解决和仲裁解决。三种解决方式各有特征和优势,协同共治,化解医疗法律风险。

第二节 医疗法律风险的协商解决

一、医疗法律风险协商解决的概念和特征

(一)医疗法律风险协商解决的概念

协商解决是指医患双方在平等、自愿、诚信的基础上,以合理解决医疗法律风险争议为出发点,通过摆明事实、沟通和解,从而达成合意的纠纷解决方式。

协商解决即和解,是一种在法律规则指导下的交易(bargaining in the shadow of law),与广泛存在于民间的"私了"并不完全相同。和解可分为诉讼外和解和诉讼内和解,这里指的是诉讼外和解。其本质在于争议当事人通过协商合意的方式而自行解决纷争,这种交流与对话过程实质上是当事人之间的一

种交易活动，达成的合意对双方具有契约上的拘束力。严格来说，和解并不是一种特定的法律制度，而是一种纠纷解决的手段。医患双方可以在没有第三方介入的情况下，就医疗法律风险的责任划分和责任承担进行协商和谈判，从而消除争议、达成共识。在不违反国家法律、法规，不损害国家、社会和他人合法权益的前提下，协商解决医疗法律风险既有利于增进医患间的理解，及时解决纠纷，也有利于维护医院的正常秩序，促进和谐医院、平安医院的建设。

(二) 医疗法律风险协商解决的特征

1. 协商主体需符合资格要件

协商解决既然是一种民事法律行为，主体须具备相应的民事权利能力和民事行为能力。其一，患方要具备主体资格。患者是医疗行为的对象，也是医疗法律关系的当事人，依法享有医疗权利，承担医疗义务。具有完全民事行为能力的患者依法有权亲自或委托他人决定是否和解和参与谈判；如果是限制民事行为能力和无民事行为能力的患者，参与和解谈判的只能是患者的法定代理人；如果患者死亡，可以按照《继承法》规定的继承人顺序确定协商的主体。其二，参加和解的医方也要具备一定的条件。若医院法定代表人参加调解，则代表医院的行为，其和解行为合法有效。若其他医院人员参加和解，原则上应有医院的授权委托书，并在协议书上盖上医院公章，从而具备主体资格。

2. 协商过程应遵循合法、自愿、诚信原则

《医疗纠纷预防和处理条例》第 30 条第 2 款规定："协商解决医疗纠纷应当坚持自愿、合法、平等的原则，尊重当事人的权利，尊重客观事实。医患双方应当文明、理性表达意见和要求，不得有违法行为。"合法原则，即谈判的内容、范围、程序和方式都必须遵循《民法典》的规定，不得违反法律强制性、禁止性规定。自愿原则意味着意思自治，医患双方享有是否进行协商的自由；任何单位或个人，尤其是卫生行政部门不得非法干预；医患双方享有依法自主决定协议内容的自由；参与协商的任何一方都不得采用欺诈、胁迫或乘人之危等手段迫使对方签订协议；和解过程不应有重大误解或显失公平。诚信原则是指双方应以善意的方式真诚协商解决医疗损害赔偿争议，不得滥用权利规避自身应承担的义务，损害他人合法权益。

3. 协商结果不得规避行政责任和刑事责任

在医疗机构或医务人员需要同时承担民事责任、行政责任或刑事责任的情况下，医患双方只能就民事赔偿问题进行协商，不能规避相关行政责任和刑事责任。追究行政责任和刑事责任是由卫生行政部门和国家的公权力机关进行，其他单位和个人无权为之，以民事赔偿替代行政责任或刑事责任的协议条款应认定为无效；患者利用医疗机构企图规避法律的心理向其索要高额的民事赔偿也

于法无据。为避免这一现象,在协商解决时,当事人应分清责任性质,判断争议标的是否属于协商解决的范围,防止和解异化为无原则的"私了"。

二、医疗法律风险协商解决的法律规定

(一)医疗法律风险协商解决的基本要求

医患双方选择协商解决医疗纠纷的,应当在专门场所协商,不得影响正常医疗秩序。医患双方人数较多的,应当推举代表进行协商,每方代表人数不超过5人。医患双方应当文明、理性表达意见和要求,不得有违法行为。医疗法律风险协商确定赔付金额应当以事实为依据,防止畸高或者畸低。

(二)和解协议书的形式

通常法律并不对和解协议的形式做出具体规定,但是,医疗损害赔偿争议关系重大,双方当事人协商解决医疗法律风险争议的,应当签署书面和解协议书。协议书应当载明双方当事人的基本情况和医疗法律风险争议的原因、双方当事人共同认定的医疗事故等级、责任划分,以及协商确定的赔偿数额等,并由双方当事人在协议书上签名。

当和解协议达成后,当事人应当根据协议内容和履行方式确定协议的形式,如是否需要公证人员或者律师见证,是否需要提供担保等。依法达成的和解协议,对当事人双方均有一定的约束力。双方应按协议内容依法享有民事权利、承担民事义务。

(三)和解协议无效的情况

(1)患方签约的主体不合法,如患者本人为18周岁以上的成年人,但协议由其父母签署,且患者不予认可的,则协议无效。

(2)医方签约的主体不合法,如和解协议为医师个人签署。

(3)有胁迫、欺诈行为,如医疗机构法定代表人在被胁迫的情况下签署的协议。

(4)协议内容违背法律,如为获得保险赔偿而虚构医疗损害赔偿事实。

(四)医疗法律风险协商解决的报告

报告是医疗机构接受卫生行政部门监督管理的重要保障,听取和接受报告是卫生部门行使监督管理职能和履行医疗事故行政处理义务的重要措施。《医疗事故处理条例》第43条规定:"医疗事故争议由双方当事人自行协商解决的,医疗机构应当自协商解决之日起7日内向所在地卫生行政部门作出书面报告,并附具协议书。"本条规定便于卫生行政部门对医疗机构的监管。这就意味着协商解决不等于无原则的"私了",也不等于医疗机构和医务人员就可以不接受卫生行政部门的管理和监督,更不意味着发生医疗事故的医疗机构和负有医疗事故责任的医务人员可以规避应当承担的行政法律责任。基于此,《医疗事故处理条例》

规定医疗机构在自行和解时必须履行报告义务,否则就要承担相应的法律责任。

三、协商解决的利弊分析

（一）协商解决的优点

和解提供了低成本、高效率的纠纷解决方式,其优越性主要表现在:其一,通过协商可以增进双方了解、沟通,避免矛盾激化,对改善医患关系大有裨益;其二,减少不必要的行政调解和诉讼程序,省时、省力、省心、省钱,效率大大提高,又减小卫生行政部门的压力,降低司法成本;其三,患者能在最短的时间内得到赔偿,医疗机构能最快地从纠纷中解脱,避免因媒体报道造成更大的社会影响,减轻医务人员的心理压力;其四,同诉讼、仲裁及调解相比,和解无须第三方介入,在形式和程序上比较随意,易于操作,具有高度的自治性和灵活性。

（二）协商解决的缺点

和解虽具有一定的优势,但适用范围具有局限性,需符合必要的前提条件:首先,当事人有协商解决争议的诚意;其次,当事人要具备进行判断和权衡的理性;最后,当事人有做出一定妥协和让步的现实可能性。由于信息的不对称、缺乏可操作性的制度支持和公权力的介入,和解也暴露了一些隐患:如和解的随意性降低了双方对和解公平性、合法性的心理预期;和解协议效力不足,没有强制执行力,易导致更大的风险和重复成本,造成资源浪费。总之,这种方式在没有统一操作规范的前提下很难发挥优势。因此,在和解的过程中,一方面应尽量采用要式和解协议,通过公证、担保或司法确认等形式增强和解协议的法律效力;另一方面应注意协调和解与其他纠纷解决方式之间的衔接,一旦和解不成,可及时采用其他方式,从而更好地发挥协商解决的作用。

第三节 医疗法律风险的调解解决

调解因其契合了中华民族"以和为贵"的传统道德和处世方式,为传统儒家思想"息诉止讼"的社会治理理念所推崇。[①] 根据调解主持方的性质,调解可以分为法院调解、行政调解和人民调解。就医疗法律风险的非诉讼解决机制而言,包括行政调解和人民调解两种模式。

一、医疗法律风险的行政调解

（一）医疗法律风险行政调解的概念和特征

医疗法律风险行政调解是指在行政机关的主持下,以当事人双方自愿为基

---

① 王斗斗:《人民调解法让"东方之花"更加绚烂绽放》,载《法制日报》2010年8月30日第2版。

础,以国家法律、法规及政策为依据,通过说服和劝导双方,促进双方当事人互让互谅、平等协商,达成调解协议的活动。卫生行政部门的调解具有如下特征:

(1) 调解主持方具有特定性

根据《医疗纠纷预防和处理条例》第40条第1款的规定,医患双方申请医疗纠纷行政调解的,应当向医疗纠纷发生地县级人民政府卫生主管部门提出申请。调解主持方既不是司法调解中的人民法院,也不是人民调解中的群众性自治组织,而是依法享有行政职权的卫生行政部门。卫生行政部门在进行调解的过程中,应当始终尊重医患双方当事人的意愿,促使双方在自主、自愿的前提下参加调解,在相互理解的基础上达成共识、息诉止争。

(2) 调解方式具有自愿性

行政调解程序的启动、运行以及执行都必须遵循自愿原则。如果没有当事人请求调解或者只有当事人一方请求而另一方不同意调解的,卫生行政部门不能主动进行调解;如何调解以及达成什么样的调解协议,必须出于当事人的自愿,行政机关不能强迫。因此,在整个调解过程中,当事人可以随时改变主张,且无须因此承担法律责任。这一点区别于行政仲裁和行政裁决。

(3) 调解形式具有准司法性

行政调解体现的是行政机关作为第三方,居间对平等民事主体之间的民事争议予以调停处理。这种居间调停性有别于一般的具体行政行为,应当对争议双方进行说服教育,不偏不倚,做出合情合理合法的公断。如果行政机关及其工作人员在调解过程中采取了不适当手段,该行为在事实上就不属于行政调解行为,而是违背当事人意志的行政命令。当事人有权就此向上级行政机关申请复议或提起行政诉讼。因违法调解给当事人造成损失的,当事人有权主张国家赔偿。

(4) 行政调解在效力上不具有强制执行力

卫生行政部门在行政调解过程中承担着组织和调解的作用,其行为不具有强制性质,更侧重于外在的疏导、劝解和协调,而最终的调解协议应是当事人的真实意思表示。一方面,由于调解行为不具有强制执行力,其法律效力完全取决于当事人的意愿。当事人如对调解行为持有异议,完全可以拒绝在调解协议上签字,无须通过行政诉讼程序解决。如果一方当事人在调解过程中不愿意继续调解,应当立即终止调解程序。另一方面,行政调解属于诉讼外活动,调解协议一般不具有法律上的强制执行力。是否履行协议主要取决于双方当事人对诚信的认知和理解。行政机关无权强制执行,更不能限制当事人另行起诉。

(二) 医疗法律风险行政调解的法律规定

对医疗事故损害赔偿进行行政调解是《医疗事故处理条例》赋予卫生行政部

门的基本职责之一。引入行政调解机制的目的在于增加医疗纠纷的解决渠道，减少没有必要的诉讼和上访事件，化解社会矛盾、维护社会稳定。调解不成的，当事人可向人民法院提起诉讼。当事人不愿意接受行政调解的，也可以直接向人民法院提起诉讼。行政调解不再作为医疗诉讼的前置条件和必经程序。《医疗纠纷预防和处理条例》实施后，虽然《医疗事故处理条例》的地位有所下降，但对诊疗活动中医疗事故的行政调解和行政调查处理等方面的积极意义仍应受到重视，同时《医疗纠纷预防和处理条例》也规定了对医疗纠纷的行政调解。根据现有法律规定，行政调解应按以下程序进行：

1. 调解申请的提出

根据《医疗纠纷预防和处理条例》第 31 条和第 40 条的规定，发生医疗纠纷后，医患双方可以向医疗纠纷发生地县级人民政府卫生主管部门以书面或者口头形式申请调解。书面申请的，申请书应当载明申请人的基本情况、申请调解的争议事项和理由等；口头申请的，卫生主管部门应当当场记录申请人的基本情况、申请调解的争议事项和理由等，并经申请人签字确认。

2. 行政调解的受理

卫生主管部门应当自收到申请之日起 5 个工作日内作出是否受理的决定。如果一方申请调解，而另一方拒绝，卫生行政部门不应进行调解。当事人已经向人民法院提起诉讼并且已被受理，或者已经申请医疗纠纷人民调解委员会调解并且已被受理的，卫生主管部门不予受理；已经受理的，终止调解。卫生行政部门主持行政调解，应本着自愿和合法的原则，在查明事实、分清是非、明确责任的基础上，说服当事人互谅互让，自愿达成协议解决争端。

3. 行政调解协议的达成

卫生主管部门应当自受理之日起 30 个工作日内完成调解。需要鉴定的，鉴定时间不计入调解期限。超过调解期限未达成调解协议的，视为调解不成。卫生主管部门调解医疗纠纷需要进行专家咨询的，可以从医疗损害鉴定专家库中抽取专家；医患双方认为需要进行医疗损害鉴定以明确责任的，可共同委托医学会或者司法鉴定机构进行鉴定，也可以经医患双方同意，由医疗纠纷人民调解委员会委托鉴定。医患双方经卫生主管部门调解达成一致的，应当签署调解协议书。

（三）医疗法律风险行政调解的利弊分析

1. 行政调解的优点

其一，快速便捷。作为行业主管机关，卫生行政部门所具有的专业技能是其他机构所不能比拟的，这就为正确、快速解决医疗法律风险提供了专业保障。其二，节约费用。行政调解源于法律的明确授权，是行政机关的职权行为，行政调解的费用较低，甚至是免费的，这就减轻当事人的经济负担。其三，灵活自由。

医疗法律风险发生后,是否发动行政调解取决于当事人的选择。当事人可以向卫生行政机关申请调解;也可以不经行政调解,直接诉讼。

2. 行政调解的缺点

当前,行政调解仍面临着很大障碍。首先,行政调解程序的启动有赖于当事人的申请,是一种被动介入。其次,行政调解的中立性不足。我国的卫生行政部门既负责医疗机构的监督和管理,又负责许可审批医疗机构的开办。在部门保护主义以及官本位思想的影响下,行政调解的中立性、公正性经常受到社会质疑,以至于有些地方的行政调解机制被虚置,难以发挥其应有的优势。

尽管如此,医疗法律风险的行政调解在现阶段仍具有一定的理论研究价值和实践意义。充分发挥卫生行政机关在医疗纠纷中的指导协调职能,不仅有助于转变政府职能、弘扬公民自治,更有利于弥补司法审判的缺憾,降低社会治理的综合成本。

二、医疗法律风险的人民调解

(一)医疗法律风险人民调解的概念和特征

医疗法律风险人民调解是指人民调解委员会通过说服、疏导等方法,促使医疗法律风险争议当事人在平等协商基础上自愿达成调解协议、解决纠纷的活动。

人民调解是我国宪法规定的基层民主自治的重要内容,也是人民群众自我教育、自我管理、自我服务的重要形式,是一项植根于我国历史传统并被长期实践证明的,具有中国特色的化解纠纷的非诉讼解决机制。人民调解具有如下特征:

(1) 专业性

基于医疗法律风险自身的特殊性,调解过程不可避免涉及复杂的医学专业知识和法律知识。医疗纠纷人民调解委员会聘请的医学专家和法学专家对具体案例进行鉴定分析,以此作为调解纠纷和损害赔偿的依据,保证了调解的专业性和权威性。从我国人民调解工作的实践来看,陕西省医疗纠纷调解委员会由医学专家、法律专家根据患者、医院、地域等情况灵活处理纠纷;北京市人民调解员大都为具有中级以上专业技术职称或本科以上学历的医师、医院管理人员、法官和律师,经验丰富的离退休人员超过一半。相对于当事人而言,人民调解员具有专业知识储备、道德权威和社会声誉等相对优势,使引导和说服成为可能。

(2) 中立性

医疗纠纷人民调解委员会从性质上看,是独立于患方、医方、政府之外的第三方群众性组织。一方面,该组织能与医患双方保持较好的中立关系,另一方面,基于人民调解的法律效力,能够提出快速而准确的解决方案并加以执行,为医患双方减少时间和经济支出,避免双方讼累。人民调解组织和人民调解员的经费支出由地方政府财政予以支持和保障,与医患双方无隶属及利益关系,在纠纷处理过程中易得到医患双方特别是患方的信任和配合,也使得医患双方能够在和谐的氛围中平息纷争、化解矛盾,促使医疗纠纷得到公正、彻底的解决。

(3) 自愿性

我国《人民调解法》第 3 条规定:"人民调解委员会调解民间纠纷,应当遵循下列原则:(一)在当事人自愿、平等的基础上进行调解……"人民调解坚持自愿平等原则。双方当事人在调解员的教育劝导下,充分表达观点,在事实清楚、是非分明、平等自愿的基础上平息纷争,就损害赔偿问题达成一致。人民调解不仅使医患纠纷得以解决,还能缓解医患间的紧张关系。同时,简捷、快速、高效的人民调解程序也减少了当事人的时间付出并降低了经济成本,让受到伤害的患者及其家属早日得到应有的补偿。

(4) 非对抗性

非对抗性可以理解为纠纷解决过程和结果的互利性和平和性。人民调解委员会的调解除当事方与调解员外没有其他人员的介入,整个过程当事人都积极参与,根据案件的具体情况自由地选择,可以根据纠纷的特点、彼此的关系以及各自的需要选择适当的方式,在适当的时间、地点进行接触,从而容易沟通、对话,及时化解矛盾和法律风险,从根本上消除对立。不仅如此,人民调解协议具有被确认的法律效力,可避免医患双方自行协商后单方毁约的尴尬。

(5) 保密性

人民调解委员会以不公开调解为原则。人民调解员对所调解的医疗纠纷负有保密义务,调解过程中应对调解双方当事人的信息严格保密,除非征得医患双方的同意,不得透漏给其他人。保密性的特征使得患者的隐私能够得到有效保护,医院的名誉也避免受到不利影响,医疗纠纷双方当事人都尽可能地减轻了思想包袱,便于纠纷的及时解决,从而有利于维护医患双方的合法权益,缓和社会矛盾。

(二) 医疗法律风险人民调解的探索和发展

回顾我国人民调解制度的探索和发展史,最初萌芽于第一次国内革命战争时期,在中华人民共和国成立后得到了长足的发展,并逐渐制度化、规范化。随着我国社会结构的深刻变化,群众的法治意识不断增强,利益诉求和矛盾纠纷越发多元、易发,一些行业、专业领域矛盾纠纷呈不断增长态势,成为影响社会和谐稳定的热点和难点问题。为了满足人民群众的新需求,适应矛盾纠纷的新变化,各地积极拓展在医疗纠纷、道路交通、环境污染、劳动争议等领域的人民调解组织,初步形成了覆盖重点行业、专业领域的人民调解组织网络。截至 2019 年 5 月 9 日,全国共有人民调解委员会 75 万余个,行业性专业性人民调解组织 4 万余个。全国共有人民调解员 350 万人,其中专职人民调解员 42 万余人。2018

年,全国人民调解组织共排查矛盾纠纷422.8万次,调解各类矛盾纠纷953.2万件,调解成功率97.9%。[①]

医疗法律风险的人民调解正是人民调解制度在医疗领域的具体运用。已如前述,协商解决和行政调解在医疗法律风险解决机制上都存有一定的优缺点和特定适用范围。在这种背景下,各地纷纷探索第三方调解机制,将人民调解引入医疗法律风险的处理。如2006年4月28日,上海市普陀区医患纠纷人民调解委员会挂牌成立,这是上海首家由政府出资组成的群众性自治组织。2006年10月12日,山西省医疗纠纷人民调解委员会在太原市成立,这是全国第一个省级医疗纠纷人民调解委员会。经过这十几年的不断探索和发展,医疗纠纷人民调解组织已经覆盖了全国80%的县级行政区域,成为化解医患纠纷的主渠道,为维护患者合法权益、实现医疗秩序持续好转作出积极贡献。

为了充分发挥人民调解预防和化解矛盾的功能,2010年1月8日司法部、原卫生部、原保监会联合发布《关于加强医疗纠纷人民调解工作的意见》,鼓励优先引入人民调解机制,发挥人民调解扎根基层、贴近群众、熟悉民情的特点和优势,积极参与医患矛盾的化解。2010年8月28日《人民调解法》以国家立法的形式,对人民调解的性质、任务和原则、程序和效力等问题予以规定,使人民调解工作进一步法制化和规范化。2011年3月最高人民法院颁布《关于人民调解协议司法确认程序的若干规定》,该司法解释进一步明确和细化人民调解协议的司法确认条件、程序和范围,明确司法确认人民调解协议的具体步骤和办法。2018年6月20日国务院通过《医疗纠纷预防与处理条例》,该条例正式将人民调解增加为医疗纠纷解决的法定途经,并明确规定对分歧较大或者索赔数额较高的医疗纠纷,鼓励医患双方通过人民调解的途径解决。

(三)医疗法律风险人民调解的法律规定

1. 人民调解的启动程序

根据《医疗纠纷预防与处理条例》第31条的规定,申请医疗纠纷人民调解的,由医患双方共同向医疗纠纷人民调解委员会提出申请;一方申请调解的,医疗纠纷人民调解委员会在征得另一方同意后进行调解。申请人可以以书面或者口头形式申请医疗法律风险的人民调解。书面申请的,申请书应当载明申请人的基本情况、申请调解的争议事项和理由等;口头申请的,医疗纠纷人民调解员应当当场记录申请人的基本情况、申请调解的争议事项和理由等,并经申请人签字确认。医疗纠纷人民调解委员会获悉医疗机构内发生重大医疗纠纷,可以主动开展工作,引导医患双方申请调解。当事人已经向人民法院提起诉讼并且已

[①] 傅政华:《高站位谋划 大格局统筹 奋力开创新时代调解工作新局面——在全国调解工作会议上的讲话》,载《中国司法》2019年第6期。

被受理,或者已经申请卫生主管部门调解并且已被受理的,医疗纠纷人民调解委员会不予受理;已经受理的,终止调解。人民调解委员会在接到申请后,先委派常设调解员了解情况,及时调查收集信息。对于案情简单、性质明确、纠纷易于调解的可以直接调解。

2. 调解人员的组成

根据《医疗纠纷预防与处理条例》第32条的规定,设立医疗纠纷人民调解委员会,应当遵守《中华人民共和国人民调解法》的规定,并符合本地区实际需要。医疗纠纷人民调解委员会应当自设立之日起30个工作日内向所在地县级以上地方人民政府司法行政部门备案。医疗纠纷人民调解委员会应当根据具体情况,聘任一定数量的具有医学、法学等专业知识且热心调解工作的人员担任专(兼)职医疗纠纷人民调解员。建立行业性、专业性的人民调解组织是未来人民调解工作创新发展的导向。根据《关于加强医疗纠纷人民调解工作的意见》和《人民调解法》,医疗纠纷人民调解委员会原则上配备3—9名委员担任常设人民调解员,且应有妇女成员,并在此基础上建立调解员的专家信息库,向纠纷当事人公开调解员的资料。专家库里的成员要有严格限制,入围专家库的成员必须德高望重,不仅知识渊博,而且要有高尚的品格。考虑到医患关系的特殊之处,医疗纠纷人民调解委员会的成员应当广泛吸纳医学、法学、心理学、社会学等方面的专家和学者,如公道正派、热心调解事业、具有较强专业知识和较高调解技能的离退休医学专家、警官、检察官、法官,以及公证员、律师和相关法律工作者等。

专家库人员的组成。医疗纠纷人民调解委员会调解医疗纠纷时,可以根据需要咨询专家,并可以从医疗损害鉴定专家库中选取专家。专家库应当包含医学、法学、法医学等领域的专家。聘请专家进入专家库,不受行政区域的限制。为防止同行相隐,确保人民调解的中立性,医疗纠纷人民调解委员会向专家库成员咨询时,采取背靠背双盲法。对于专家鉴定组人员的组成,患方有申请回避的权利,避免因利害关系影响鉴定意见、增加调解的公正性和透明度。调解员根据专家组的鉴定意见,提出调解的具体方案。若医患双方均同意,即可签署协议书;若调解一直不能取得实质性进展的,应当予以终止,并告知当事人可通过仲裁、司法等途径予以救济、依法维护自身的合法权益。对于所有参与调解的案件,医疗纠纷人民调解委员会都应将工作记录和协议书等材料立卷归档、妥善保管。

3. 调解协议的内容及法律效力

医疗纠纷人民调解委员会应当自受理之日起30个工作日内完成调解。医患双方经人民调解达成一致的,医疗纠纷人民调解委员会应当制作调解协议书,由当事人各执一份,人民调解委员会留存一份。书面调解协议书的内容包括以下几部分:首先是医患双方当事人的基本情况,然后是医疗纠纷的主要事实、争议焦点以及各自责任,最后明确调解协议的内容,履行方式和期限。调解协议书经医患双方签字或者盖章,人民调解员签字并加盖医疗纠纷人民调解委员会印章后生效。

经调解最终达成的调解协议对医患双方都具有法律约束力。医患双方均应按照约定履行,人民调解委员会也会督促当事人履行约定的义务。在实践中,人民调解协议主要依靠人民调解的社会公信力、道德约束力和社会舆论的压力以及当事人的诚信意识,由当事人自觉履行。当事人之间就调解协议的内容或履行方式发生争议的,可向人民法院提起诉讼。根据最高人民法院《关于人民调解协议司法确认程序的若干规定》,医患双方达成调解协议后,认为确有必要的,可自调解协议生效之日起 30 日内,共同向主持调解的人民调解委员会所在地基层人民法院申请司法确认。申请司法确认时应向法院递交司法确认申请书、调解协议书、身份证明等材料,并提供各自的送达地址和电话号码等联系方式。人民法院在立案受理后,及时审查调解协议,依法确认调解协议书的法律效力。经司法确认有效后,一方当事人拒绝履行或未完全履行调解协议的,对方当事人可向人民法院申请强制执行。

4. 当事人的权利与义务

医疗法律风险当事人是人民调解活动的重要主体。当事人在调解活动中的地位如何,决定着调解活动能否顺利进行,直接影响着调解的成败。为此,《人民调解法》明确规定了当事人在调解活动中的权利和义务。根据《人民调解法》第 23 条和第 24 条,当事人在医疗纠纷人民调解活动中依法享有下列权利:选择或接受调解员;接受调解、拒绝调解或要求终止调解;选择公开或不公开进行调解;自主表达真实意愿、自愿达成协议。若当事人认为咨询专家、鉴定人员是医疗纠纷当事人或者当事人的近亲属,与医疗纠纷有利害关系,或与医疗纠纷当事人有其他关系,可能影响医疗纠纷公正处理,可申请其回避。同时,当事人也应在人民调解活动中履行下列义务:如实陈述医疗纠纷事实;遵守调解现场秩序,尊重人民调解员;尊重对方的当事人行使权利。

5. 调解收费与经费来源

《人民调解法》第 4 条规定:"人民调解委员会调解民间纠纷,不收取任何费用。"不仅如此,人民法院办理人民调解协议司法确认案件,也不收取费用。由于人民调解委员会调解纠纷不收取费用,调解的相关经费和办公场所则应由设立单位解决。根据财政部、司法部《关于进一步加强人民调解工作经费保障的意见》,行政部门可积极争取补贴,鼓励通过公益赞助、社会捐赠等合法渠道筹措资金。同时,建立办案补贴制度,激发人民调解员工作的积极性。以江西省为例,始终坚持医疗纠纷人民调解为主渠道,在省、市、县的覆盖率达 100%,均具有独立办公场所和专职工作人员。医疗纠纷人民调解委员会开办、运行和专家调查等经费全部由同级财政部门解决,全省每年安排资金1300余万元。

根据国家卫生健康委员会2018年9月公布的统计数据显示,医疗纠纷人民调解已成为医疗纠纷化解机制的主要渠道,每年超过60%的医疗纠纷通过人民调解方式化解,调解成功率达85%以上。江苏省通过建立"一站式"医患纠纷调处服务模式,打造专业化调解队伍,医疗纠纷人民调解成功率达95%以上,重大疑难纠纷80%通过人民调解解决。结合医疗法律风险人民调解机制的理论和实践,其实践探索已取得显著成效,国务院行政法规的颁布实施也肯定其在解决纠纷中的重要价值,符合创新社会治理发展的方向。但是,由于人民调解在机构建制、人员组成和隶属关系上不够规范,调解的技术性和权威性还有待于进一步确定,因此,有必要加强人民调解工作的指导与管理,约束调解人员和当事人的行为,减少调解过程的随意性,进一步完善医疗法律风险人民调解的程序和规章制度。

第四节 医疗法律风险的仲裁解决

一、医疗法律风险仲裁解决的概念和特征

（一）医疗法律风险仲裁解决的概念

仲裁,"仲"为居中,"裁"为裁判。医疗法律风险仲裁解决是指医疗法律风险争议的当事人在双方自愿的基础上,达成仲裁协议,将医患纠纷提交仲裁机构仲裁,由该仲裁机构作出对医患双方均具有约束力的裁决的纠纷解决方式。

（二）医疗法律风险仲裁解决的特征

1. 独立性

根据我国2017年9月修订的《仲裁法》第8条的规定,仲裁依法独立进行,不受行政机关、社会团体和个人的干涉。仲裁机构不按行政区划层层设立,独立于行政机关,与行政机关没有隶属关系。仲裁委员会之间也没有隶属关系,不实行级别管辖和地域管辖,当事人可以跨区域选择自己信赖的仲裁机构。因此,通过仲裁来处理医疗法律风险,能有效避免行政干预和地方保护主义的干扰,有利于纠纷的公正解决。

2. 终局性

仲裁采用"一裁终局"制度。我国《仲裁法》第9条第1款规定:"仲裁实行一裁终局的制度。裁决作出后,当事人就同一纠纷再申请仲裁或者向人民法院起诉的,仲裁委员会或者人民法院不予受理。"裁决书自作出之日起发生法律效力。当事人应当履行裁决。一方当事人不履行的,另一方当事人可依照《民事诉讼

法》有关规定向人民法院申请执行。受申请的人民法院应当执行。因此,医疗法律风险的仲裁裁决一经作出即生效,一经生效就具有强制执行力。仲裁处理争议的快捷、高效和经济的特性,可保证医患纠纷处理结果的确定性,避免久拖不决。

3. 保密性

我国《仲裁法》第 40 条规定:"仲裁不公开进行。当事人协议公开的,可以公开进行,但涉及国家秘密的除外。"医疗法律风险的案件常常涉及患者的隐私及医疗机构的声誉,一般情况下医患双方均不希望公开审理,以减少新闻媒体过度曝光带来的负面影响。以仲裁的解决机制来处理医疗法律风险,可以最大限度保障仲裁过程和结果的不公开,有利于医患双方和谐化解争议。

二、医疗法律风险仲裁解决的探索和发展

天津市比较早设立了医疗纠纷仲裁解决机构。2006 年 12 月 8 日,天津市仲裁委员会和天津金必达医疗事务信息咨询服务有限公司联合创立医疗纠纷调解中心,办公场所设在金必达公司。根据《天津市仲裁委员会医疗纠纷调解规则》,该中心聘任的仲裁员、调解员均是法学或医学专家,与仲裁委员会之间没有隶属关系。该中心仅受理事实清楚、责任明确,当事人仅对赔偿方案存在争议的医疗纠纷案件,并实行一裁终局制。然而,由于受理范围的局限性和公司自身的公正性被质疑等原因,该仲裁机构在实际运行中面临诸多困难。

继天津市之后,2009 年 9 月,赣州医患纠纷专业调解仲裁办公室在江西省赣州市司法局设立。由司法局牵头组织,参与仲裁的人员包括法学专家、医学专家、政协委员、人大代表和社区代表。2009 年 12 月,清远仲裁委员会联合南方医科大学成立"清远仲裁委员会医疗仲裁中心",尝试吸收临床医学专家、卫生行政管理专家、卫生法学专家和经验丰富的法医等担任仲裁员。2010 年 10 月,深圳仲裁委员会成立"深圳医患纠纷仲裁院",专门负责深圳市医疗纠纷的调解和仲裁。该仲裁院由院长、副院长、立案秘书、仲裁庭秘书组成,仲裁员队伍由医学专家和法学专家共同组成。任何医患纠纷仲裁案件,无论标的大小,仅收仲裁费 100 元。患者认为存在医疗法律风险和争议的,可依据仲裁条款向仲裁院申请仲裁。仲裁院中立、独立办案,不受任何行政机关、团体或个人的干涉,实行一裁终局。

上述地方的探索为我国医疗纠纷仲裁制度的发展提供了丰富的实践经验。

三、医疗法律风险仲裁解决的立法完善

从现有规范层面看,我国的法律和行政法规并未明确规定医疗法律风险可通过仲裁方式解决,但也没有做否定性的规定。根据《仲裁法》对仲裁可适用的

纠纷类型的规定,并结合医疗纠纷的性质与特点,双方当事人可自愿达成仲裁协议解决纠纷。在深圳医患纠纷仲裁院成立前,深圳已于2010年2月颁布实施《深圳市医患纠纷处理暂行办法》,以地方政府规章的形式第一次为医患纠纷的仲裁机制确立了正式的规范依据。2013年6月《广东省医疗纠纷预防与处理办法》第7条第2款规定:"有条件的地级以上市可以试行医疗纠纷仲裁",将医患纠纷仲裁机制的规范依据从设区的市的地方政府规章提升到省级政府规章。

虽然理论界一直在探讨、部分地区也在探索和实践,但现阶段我国医疗法律风险的仲裁解决机制的法律依据并未明确,制度规范和体制机制仍需不断健全。因此有必要尽快建立完善医疗法律风险仲裁裁决机制的法律制度,明晰医疗法律风险仲裁条款和适用范围,确定医疗纠纷仲裁机制的组织机构、运行模式、仲裁员的队伍建设、仲裁程序、仲裁收费及财政支持、仲裁裁决的效力及执行等内容。

综上,面对医疗法律风险,医患双方协商和解,符合意思自治的自愿原则,有利于矛盾化解。卫生行政部门行政调解,可充分发挥其主管作用,通过行政权力的有效行使促进医疗争议的解决。医疗纠纷人民调解委员会能保证调解协议的专业性和中立性,快速有效解决争议。仲裁解决机制的准司法性质,使仲裁裁决具有终局性和强制执行力。因此,医疗法律风险的非诉讼解决机制均各有利弊,不可替代,应通过立法的不断完善和落实,充分发挥各自优势,加快运用法治思维和法治方式化解医疗法律风险,为构建和谐社会提供更加有力的制度保障。

本章小结

本章主要介绍了我国的医疗法律风险非诉讼解决机制的基本理论和途径,着重介绍了三种非诉讼解决机制,即协商解决、调解解决和仲裁解决。发生医疗法律风险时,医患双方可以就法律诉求协商解决,明确责任以实现对生命健康权益和经济利益的补偿。医患双方也可以就医疗纠纷提起行政调解,不愿协商解决或者行政调解不成的,可以通过人民调解,处理医疗法律风险。各地也出现仲裁解决医疗法律风险的实践探索。非诉讼的多元解决机制将充分发挥其化解医疗法律风险的各自优势,积极推进和谐医患关系的构建。

思考题

1. 试述医疗法律风险非诉讼解决机制的发展状况。
2. 试述医疗法律风险协商解决的利弊。

3. 试述医疗法律风险人民调解解决的法律规定。

4. 试述医疗法律风险仲裁解决的特征。

案例思考

4岁的赵某因头上有个包，便在家人的带领下到某市某医院入院治疗，并于2017年10月21日实施手术。然而，因术中大出血，赵某经抢救无效死亡。赵某的父亲认为医生在诊断和手术前都说是良性肿瘤，术后才告知是恶性肿瘤，如果医生早告知是恶性肿瘤，其有选择手术或不手术的权利。医患双方协商不成，发生医疗纠纷。

2017年10月22日，某市医疗纠纷人民调解委员会接到某市某医院的求助后，立刻派调解员温某某赶到纠纷现场。"我是某市医调委的调解员温某某，这是我的工作证，我十分理解家属失去亲人的痛苦，但一味地闹是解决不了问题的，我希望可以通过我的工作维护你们的权利、帮助你们争取利益。"一到现场，温某某就说明了来意，并安抚家属激动的情绪。

在了解医患纠纷具体情况后，温某某分别与医患双方进行了交流，又与赵某的家人进行多次沟通、耐心说服，反复解释医调委的工作性质及流程。最终，赵某的家人表示愿意接受医调委的调解。医患双方达成赔偿协议，到某市某区人民法院进行了司法确认。

案例讨论

1. 本案中的医疗法律风险可以有哪些处理途径？

2. 最佳处理途径是哪一种？为什么？

第九章 医疗法律风险诉讼解决机制

第一节 医疗法律风险的诉讼解决机制概述

一、医疗法律风险的诉讼解决机制的概念及特征

诉,是指告诉、申诉、控告意思和行为;讼,是指在法庭上争辩是非曲直,由人民法院裁决的法律行为,诉讼是指国家审判机关即人民法院,依照法律规定,在当事人和其他诉讼参与人的参加下,依法解决讼争的活动。医疗法律风险的诉讼解决机制是指医疗法律风险的当事人和其他诉讼参与人通过向人民法院提起诉讼,在人民法院的主持下,为解决医疗法律风险争议,依照法定诉讼程序进行的诉讼活动。在我国,诉讼分为行政诉讼、民事诉讼和刑事诉讼三种,相应的,医疗法律风险诉讼解决机制也包含医疗法律风险行政诉讼、医疗法律风险民事诉讼和医疗法律风险刑事诉讼。

虽然三大诉讼各有不同特点,但也有共同的特点,主要有:

第一,诉讼是公力救济。诉讼在国家审判机关人民法院的主持下进行,由法官在充分了解案情的基础上依法做出裁判,其结果具有公力救济性和国家强制性,即一旦裁判或民事调解形成,就具有了国家强制力保证实施的效力。医疗法律风险诉讼一旦进行了判决或调解结案,则获得了国家强制力保证执行的效力,当事人必须执行。

第二,诉讼程序的法定性。在我国目前的法律体系中,三种诉讼均有相应的诉讼法律规范,诉讼须严格按照相应的诉讼法律规范规定的条件和程序进行,医疗法律风险的诉讼也是必须按照法定的条件程序来进行,如在什么条件下可以进行诉讼,向哪个法院起诉,在多长时间内必须起诉,诉讼双方的权利义务有哪些,诉讼进行的步骤安排等等。

第三,诉讼结果的终局性。即一旦进入诉讼程序,就意味着双方必须接受判决的约束,判决结果将产生终局效力,当事人不能改变判决结果,必须依法执行。医疗法律风险一旦付诸诉讼解决,将产生终局性效力。

第四,诉讼是一种对抗性解决机制,是双方当事人对簿公堂,双方处于强烈的对抗状态,这种状况下,双方很难达成协议或共识,反而加剧对抗性。医疗法律风险的当事人双方选择诉讼解决机制,就意味着双方产生了较为强烈的对抗性。

第五,诉讼通常是解决双方纠纷的最后途径。医疗法律风险的解决有非诉讼途径,如协商和解、第三方调解等,如果双方无法通过非诉途径解决,则需要通过诉讼方式解决,但是,如果选择了诉讼方式,就无法通过非诉方式解决。

二、医疗法律风险诉讼的原则

三大诉讼都各有其不同的原则,但是,也有三大诉讼所共有的原则,医疗法律风险诉讼在体现为不同的诉讼时,会出现不同的原则,这里谈谈医疗法律风险诉讼的共性原则。

第一,是以事实为依据、以法律为准绳原则。诉讼必须以事实为依据,即重视证据、依据证据,因为证据是事实的再现和反映,医疗法律风险诉讼必须以医疗过程中的事实为依据,以相关法律为准绳,即以卫生法律法规为裁判的准绳,来公正公平地判决案件。

第二,法院独立行使审判权原则。法院对所受理的医疗纠纷案件独立进行审判,不受到任何行政机关、社会组织和个人的干涉,确保审判的公平公正性。

第三,二审终审原则。即一起医疗法律风险案件,经过两级法院审判后即产生法律效力,当事人不得再行上诉。

三、医疗法律风险诉讼的种类

医疗法律风险诉讼分为三类,即医疗法律风险行政诉讼、医疗法律风险民事诉讼以及医疗法律风险刑事诉讼。

医疗法律风险行政诉讼发生在医患任何一方不服卫生行政机关等行政主体的行政处理决定,或患者不服卫生行政机关的传染病强制防治、第一类疫苗管理行为等行政行为,认为侵犯了自己的合法权利的情况下,当事人可以向人民法院提起行政诉讼,要求人民法院对该具体行政行为进行裁判的法律制度。

医疗法律风险民事诉讼是最大量最常见的一类诉讼。医患关系被普遍认为是一种特殊民事关系,大多数情况下,医疗法律风险会导致民事诉讼,即患者认为医方的治疗存在过错,给自己造成损失时,会提起民事侵权或违约之诉。

医疗法律风险刑事诉讼是医方的行为触及刑法的界限时,由公检法机关依法对相关医护人员进行侦查、起诉和审判的活动。在诊疗活动中,如果医方的过错行为严重损害了患者的权益,且已经构成犯罪,那么,公检法机关应当依据《刑事诉讼法》的规定对直接责任人员追究刑事责任。常见的涉及医疗刑事犯罪的罪名有非法行医罪、医疗事故罪、非法进行节育手术罪等。这里的犯罪主体主要限定为医疗人员,因为如果是患者犯罪,则构成一般意义上的犯罪。

第二节 医疗法律风险行政诉讼

一、医疗法律风险行政诉讼概述

行政诉讼是指公民、法人或者其他组织认为行使国家行政权的机关和组织及其工作人员所实施的具体行政行为,侵犯了其合法权利,依法向人民法院起诉,人民法院在当事人及其他诉讼参与人的参加下,依法对被诉具体行政行为进行审查并做出裁判,从而解决行政争议的制度。医疗法律风险的行政诉讼是指医患一方不服卫生行政机关、公安机关等行政主体的行政处理决定,或患者不服卫生行政机关的传染病强制防治、第一类疫苗管理行为,认为侵犯了自己的合法权利的,向人民法院提起的行政诉讼。其特征有:

第一,行政诉讼的被告恒定为行政主体,这是行政诉讼的典型特征。行政主体是指独立行使行政职权的组织,主要包括行政机关和法律法规规章授权的组织,行政诉讼是在相对人不服行政主体的行政行为时,向人民法院提起的诉讼,因此,被告恒定为行政主体,原被告的地位不能互换,这一点,区别于民事诉讼。医疗法律风险行政诉讼的被告恒定为政府及卫生行政部门、药品监督管理部门、公安机关等行政主体。我国《医疗纠纷预防和处理条例》第6条规定:卫生主管部门负责指导、监督医疗机构做好医疗纠纷的预防和处理工作,引导医患双方依法解决医疗纠纷……公安机关依法维护医疗机构治安秩序,查处、打击侵害患者和医务人员合法权益以及扰乱医疗秩序等违法犯罪行为。财政、民政、保险监督管理等部门和机构按照各自职责做好医疗纠纷预防和处理的有关工作。

第二,行政诉讼的原告是与行政行为有利害关系的人。所谓利害关系,是指权利义务实际受到影响的人,不限于行政行为的相对人,还包括受到行政行为影响的相邻权人、公平竞争权人等。医疗法律风险行政诉讼的原告可以是医方,也可以是患方,如果认为政府或卫生行政部门、公安机关或其他行政主体的行政行为侵犯了其合法权益的,即有权向法院提起行政诉讼。

第三,行政诉讼解决的是行政争议。行政争议是指行政主体在行使行政职权过程中与行政相对人及其他与行政行为有利害关系的公民、法人和其他组织之间所发生的法律争议,如果不是行政主体行使职权而发生的争议,不是行政争议,需要通过其他诉讼程序来解决。医疗法律风险行政诉讼解决的是有关医疗行为的行政争议,是政府及卫生行政部门在行使行政权力的过程中与医方或患方产生的争议,如认为卫生行政机关、公安机关等行政主体的行政处罚、行政裁决等行政行为,或认为卫生行政机关的强制防治措施侵犯自身的合法权益的,都是可以进行诉讼的行政争议。

第四，行政诉讼是人民法院通过行使审判权对行政机关实施的司法监督活动。行政权与司法权都属于国家权力，司法不能直接干预行政权，但是，可以通过行使行政审判权来实现对行政权的监督。医疗法律风险行政诉讼也是监督政府和卫生行政机关行政活动的一种方式。

例如，2017年4月的一个上午，湖南某附属医院医生江某在老年科出诊，患者王某在家属陪同下前来就诊。江某判断其属病情危重患者，建议其退号挂急诊就诊。患者接受建议到急诊就诊，家属半小时后返回，要求江某为患者办理住院手续。江医生告诉他们，既然已经转挂急诊科就诊，就只能由急诊科负责办理住院手续。患者老伴随即拍桌辱骂江医生，患者儿子刘某上前对江某进行抓扯撕打，诊疗秩序完全被破坏，诊室被迫停诊，其余患者被迫退号。该事件发生后，该市公安局某分局对刘某罚款500元；江某不服，向市政府提出行政复议；市政府责令某分局重新作出处罚；某分局把罚款从原先的500元降至200元；江某不服，再次向市政府提出行政复议；市政府维持了某分局的处罚决定书；江某无奈之下，向法院提起了行政诉讼，把某分局和该市政府告上法庭。2018年7月中旬，江某接到一审法院的行政判决书，驳回江某的全部诉讼请求。江某随即提起了上诉。

这是一起较为少见的"医告官"的行政诉讼案件，此案中，由于医生不服公安机关对患者家属的行政处罚决定而提起行政诉讼。通常医疗法律风险行政诉讼发生在患者或医生不服卫生行政部门或药品监督管理部门等的行政处理决定时，可能向法院提起行政诉讼，以维护自身的权益。从以上案例可以看出，医疗法律风险行政诉讼的范围其实可以更为宽泛，所涉及的行政主体也可以更多。

二、医疗法律风险行政诉讼的原则

除了三大诉讼法共有的原则外，医疗法律风险行政诉讼还有些属于自身的原则。主要有以下几项：

第一，行政诉讼中，法院只对行政行为的合法性进行审查，而不对行政行为的合理性进行审查。这是基于：首先，对其合法性的审查是基于法律的规定，人民法院只能用法律而不能用其他标准来衡量行政行为。其次，根据公共利益的需要，行政机关应当享有在一定范围内的自由裁量权，法律不可能也不应对行政活动面面俱到地加以详细规定。医疗法律风险行政诉讼中，法院只对政府和卫生行政部门等的行政行为的合法性而不是合理性进行审查。

第二，行政诉讼一般不适用调解，但是行政赔偿、行政补偿以及行政机关行使自由裁量权几种情形除外。因为行政主体行使的是国家行政权，这种权力的行使是以相关行政法律法规为依据，不以取得相对人的认可为前提，所以，对于行政诉讼案件的结果,要么合法,要么不合法,不似民事诉讼那样,双方可以调解甚至和解。医疗法律风险行政诉讼中,也不适用调解,但是,对于医疗行政赔偿诉讼和政府及卫生行政部门行使自由裁量权的诉讼除外。

第三,被告对作出的行政行为负有举证责任原则。举证责任是指当事人对自己的诉讼主张有提交证据加以证实的法定责任。因为履行行政职责过程中,行政主体必须先取证后裁决,在作出行政行为之前,行政主体应当已经取得了事实依据和法律依据,而不能要求作为弱势方的原告即相对人了解、收集这些依据。医疗法律风险行政诉讼中,举证责任由政府及卫生行政部门承担,如果证据不足,它将面临败诉的风险。

三、涉及医疗法律风险的行政诉讼的相关法律规定

在我国,涉及医疗法律风险行政诉讼的相关法律法规除了《行政诉讼法》《行政复议法》《行政处罚法》《行政许可法》《行政强制法》等行政法律外,还有《传染病防治法》《疫苗流通和预防接种管理条例》《医疗纠纷预防和处理条例》等专门的卫生行政法律、法规。

《传染病防治法》第6条第1款规定:"国务院卫生行政部门主管全国传染病防治及其监督管理工作。县级以上地方人民政府卫生行政部门负责本行政区域内的传染病防治及其监督管理工作。"第12条第2款规定:"卫生行政部门以及其他有关部门、疾病预防控制机构和医疗机构因违法实施行政管理或者预防、控制措施,侵犯单位和个人合法权益的,有关单位和个人可以依法申请行政复议或者提起诉讼。"

《疫苗流通和预防接种管理条例》第32条规定:"传染病暴发、流行时,县级以上地方人民政府或者其卫生主管部门需要采取应急接种措施的,依照传染病防治法和《突发公共卫生事件应急条例》的规定执行。"第42条规定:"疾病预防控制机构和接种单位及其医疗卫生人员发现预防接种异常反应、疑似预防接种异常反应或者接到相关报告的,应当依照预防接种工作规范及时处理,并立即报告所在地的县级人民政府卫生主管部门、药品监督管理部门。接到报告的卫生主管部门、药品监督管理部门应当立即组织调查处理。"第46条规定:"因预防接种异常反应造成受种者死亡、严重残疾或者器官组织损伤的,应当给予一次性补偿。因接种第一类疫苗引起预防接种异常反应需要对受种者予以补偿的,补偿费用由省、自治区、直辖市人民政府财政部门在预防接种工作经费中安排……"

第三节 医疗法律风险民事诉讼

一、医疗法律风险民事诉讼概述

(一) 医疗法律风险民事诉讼的概念与特征

医疗法律风险民事诉讼,是指医疗法律风险纠纷当事人在人民法院的主持下和其他诉讼参与人的配合下,为解决医疗法律风险纠纷,依照民事诉讼程序所进行的全部活动。

医疗法律风险民事诉讼的根本目的是解决医疗法律风险纠纷。这一特征将医疗法律风险民事诉讼与医疗损害鉴定活动区别开来。医疗损害鉴定活动的对象也是医疗法律风险纠纷,但医疗损害鉴定并不能直接解决争议,只是解决了医疗法律风险纠纷的事实基础。此外,区别于普通的医疗法律风险的调解活动,医疗法律风险民事诉讼过程中,解决医疗法律风险纠纷的裁判者是有管辖权的人民法院,人民法院依法代表国家行使裁判权,因此有最强的权威性与严肃性。人民法院产生的生效判决不仅对医疗法律风险纠纷的当事人,而且对其他相关的单位、组织和个人都具有法律约束力。

(二) 医疗法律风险民事诉讼的管辖

医疗法律风险民事诉讼的管辖是指各级人民法院和同级人民法院之间,受理第一审医疗法律风险民事诉讼的分工和权限。医患双方发生的医疗法律风险纠纷本质上属于民事纠纷,医疗法律风险民事诉讼的管辖与一般的民事诉讼的管辖并无二异。确定医疗法律风险民事诉讼管辖的关键点在于级别管辖及地域管辖的界定。

级别管辖是指在人民法院系统内部划分和确定各级人民法院受理第一审医疗法律风险民事诉讼的分工与权限。目前,绝大部分医疗法律风险民事诉讼都由基层人民法院管辖。只有少部分案情重大的医疗法律风险民事诉讼,由中级人民法院或其以上的人民法院管辖。案情重大的现有判断标准,主要是诉讼标的额大小和社会影响大小等几个方面。

地域管辖是指同级人民法院之间在各自辖区内受理第一审医疗法律风险民事诉讼的分工和权限。根据法律规定,确定医疗法律风险民事诉讼第一审管辖法院的依据有两个:一是被告住所地;二是侵权行为地,即医疗行为发生地和医疗结果发生地。如果有数个被告的,则数个被告的住所地及医疗侵权行为地所在的人民法院都具有管辖权,当事人可以自由选择相应的诉讼法院。

(三) 医疗法律风险民事诉讼的时效

医疗法律风险民事诉讼时效,是指医疗活动风险相关的民事权利人,在法定的时效期间内不行使权利时,债务人因时效期间届满获得诉讼时效抗辩权的制度。

根据《民法典》第192条第1款的规定,诉讼时效期间届满的,义务人可以提出不履行义务的抗辩。该条同时规定,诉讼时效期间届满后,如果义务人同意履行的,则不得再以诉讼时效期间届满为由抗辩,义务人自愿履行的,也不得请求返还。《民法典》第193条还规定,人民法院不得主动适用诉讼时效的规定。与1986年颁布的《民法通则》相比,我国的诉讼时效制度已经发生了较大的变化,诉讼时效期间届满的法律后果的差异是变化的内容之一。《民法通则》第137条曾规定,诉讼时效期间届满之后人民法院对权利人的权利不予保护。而《民法典》的规定则是,在诉讼时效期间届满之后义务人获得时效抗辩权。如果义务人不行使或主动放弃抗辩权,人民法院仍然应当保护权利人的权利。

1. 诉讼时效期间

《民法典》关于诉讼时效期间的规定,是我国民事诉讼时效制度变化的内容之一。在《民法通则》时期,医疗法律风险引发的诉讼,因案由不同,其诉讼时效的期间长短也不同。如果原告以医疗服务合同违约纠纷为由提起诉讼,则适用民事法律2年时效之规定。如果以医疗行为导致身体损害而提起侵权损害赔偿之诉的,则适用民事法律1年时效之特别规定。然而,在2021年1月1日《民法典》实施之后,除非法律有特别规定的,医疗法律风险所引发的诉讼,其请求保护民事权利的诉讼时效期间一般为3年。

2. 诉讼时效的起算点

《民法典》第188条规定,诉讼时效期间自权利人知道或者应当知道权利受到损害以及义务人之日起计算。所谓"应当知道",是法律上的一种推定。不管当事人实际上是否知道权利受到损害以及义务人,只要客观上存在"知道"的条件和可能,诉讼时效即开始起算。与《民法通则》规定不同的是,《民法典》规定,计算诉讼时效期间起算点时既要考虑损害后果是否已经发生,还要考虑到对损害承担民事责任的义务主体是否明确。仅仅有损害后果发生,但义务人无法确定时,尚不应当开始计算诉讼时效。上述关于诉讼时效起算的原则,适用于医疗法律风险民事诉讼,即一般情况下,在患者知道或者应当知道自己受到损害并且知道造成损害的医疗机构之日起计算诉讼时效期间。

3. 诉讼时效的中断与中止

诉讼时效中断是指在诉讼时效开始计算后,因为某种法定事由的发生使已经经过的时效期间归于无效,待该法定事由消除以后重新计算时效期间的法律制度。根据《民法典》第195条的规定,有下列情形之一的,诉讼时效中断,从中断、有关程序终结时起,诉讼时效期间重新计算:(1) 权利人向义务人提出履行请求;(2) 义务人同意履行义务;(3) 权利人提起诉讼或者申请仲裁;(4) 与提起诉讼或者申请仲裁具有同等效力的其他情形。在医疗法律风险纠纷发生后，双方当事人的多种行为或者多次行为可以使诉讼时效多次发生中断，如患者向医疗机构提出协商解决纠纷的提议，医疗机构接受提议。实践中以最后的一次行为的时间为准来计算时效的中断。

诉讼时效的中止，是指在诉讼时效开始计算后，因法定事由的发生而使权利人无法行使请求权，暂时停止计算诉讼时效期间。自中止时效的原因消除之日起满6个月，诉讼时效期间届满。根据《民法典》第194条第1款的规定，在诉讼时效期间的最后6个月内，因下列障碍，不能行使请求权的，诉讼时效中止：(1)不可抗力；(2)无民事行为能力人或者限制民事行为能力人没有法定代理人，或者法定代理人死亡、丧失民事行为能力、丧失代理权；(3)继承开始后未确定继承人或者遗产管理人；(4)权利人被义务人或者其他人控制；(5)其他导致权利人不能行使请求权的障碍。如在诉讼时效期间的最后6个月内，发生地震，患者交通受阻无法提起诉讼请求的，诉讼时效中止。

(四)医疗法律风险民事诉讼的审判程序

1. 第一审普通程序

第一审普通程序是医疗法律风险民事诉讼的基础程序和一般程序。第一审普通程序是相对于第一审简易程序和第二审程序而言的，是法院审理第一审医疗纠纷的基本步骤。第一审普通程序具有广泛的适用性。中级人民法院、高级人民法院、最高人民法院，只要是审理第一审的医疗法律风险民事诉讼都必须适用第一审普通程序。基层人民法院审理第一审医疗法律风险民事诉讼除非案情简单，依法适用第一审简易程序外，也必须适用第一审普通程序。

第一审普通程序主要包括起诉和受理、审理前的准备、开庭审理、裁定和判决等几个步骤。在受理案件后、案件判决前，法院都有可能安排原被告双方进行调解。调解成功的，法院应当签发调解书。根据《民事诉讼法》的规定，自案件受理至判决的期限一般为6个月。

2. 第一审简易程序

简易程序，也称为第一审简易程序，是指基层人民法院及其派出法庭，审理简单的医疗法律风险民事诉讼案件所适用的一种简便易行的诉讼程序。简易程序与第一审普通程序既有区别，又有联系。两者的区别在于：简易程序比较方便、简单，而普通程序完整、系统；简易程序的适用范围较窄，只有基层人民法院及其派出法庭审理简单的医疗法律风险民事诉讼时才适用，而普通程序，适用范围非常广泛。两者的联系在于：普通程序是简易程序的基础，而简易程序是普通程序的简化；已经按照简易程序审理的案件，发现案情复杂，可以转为普通程序审理。

简易程序也必须经过起诉和受理、审理前的准备、开庭审理、裁定和判决等几个步骤。但是审理期限较短,为3个月。此外,简易程序还具有其他许多特征,如实行独任制审判、传唤当事人的方式简便等。

3. 第二审程序

第二审程序是指上一级人民法院根据当事人的上诉,就下级人民法院的一审判决和裁定,在其发生法律效力前,对案件进行重新审理的程序。第二审程序因当事人提起上诉而开始,因此又被称为上诉审程序。人民法院审理民事案件,实行两审终审制,故第二审程序也称终审程序。

医疗法律风险民事诉讼当事人不服下级人民法院第一审判决的,有权在判决书送达之日起15日内向上一级人民法院提起上诉。不服第一审裁定的,有权在裁定书送达之日起10日内向上一级人民法院提起上诉。上一级人民法院受理当事人的上诉后,依法对案件进行审理。经审理后,上一级法院将根据案情作出判决或裁定。二审判决或裁定一经送达即具有法律效力,且不得上诉。

二、医疗法律风险民事诉讼的起诉条件

起诉是指医疗法律风险民事诉讼的当事人依法向人民法院提出诉讼请求的诉讼行为。起诉是医疗法律风险民事诉讼的起点,也是当事人行使诉讼权的起点。根据我国《民事诉讼法》第119条的规定,当事人就医疗纠纷向法院起诉的,必须具备以下五个条件:

(一)合格的原告

民事诉讼中的原告是指认为自己的民事权益受到侵害,为了维护其合法权益,以自己的名义向法院提出诉讼,从而导致诉讼程序开始的人。民事诉讼的原告既可以是公民,也可以是法人或者其他组织。在医疗法律风险纠纷中,可能有权向法院提起医疗损害赔偿诉讼的原告包括:

1. 受到医疗行为侵害的患者

只要患者本人处于生存状态,无论其行为能力如何,都具有民事权利能力与民事诉讼能力,可以以自己的名义独立提起诉讼。在欠缺相应的民事行为能力的情况下,应当由其监护人代为诉讼。

2. 死亡患者的近亲属

当患者因医方的医疗行为导致死亡的,应当由患者的近亲属作为原告提起诉讼。在司法实践中,可以作为原告的死亡患者近亲属包括其配偶及其父母、子女。在特殊情况下,根据代位继承规则,死亡患者的孙子女、外孙子女、祖父母、外祖父母也具有原告资格。

(二)明确的被告

在医疗法律风险民事诉讼中,原告起诉时必须明确地列出侵犯其民事权益或者与其发生民事权益争议的被告。当患者作为原告提起医疗诉讼时,被告应是与患者发生医疗法律关系的医疗机构。

在医疗实践中,经常发生患者先后到多家医院就诊的情况。患者不良后果的发生,往往涉及多种因素,既包括患者原发疾病的因素,又有多家就诊医院相互交织、互为因果的医疗因素。但是,损害的发生到底与哪家医疗机构的医疗过错有关,必须经法庭审理之后才能确定。因此,患者在提起诉讼之前,首先面临着被告的选择问题。司法实践中,原告方往往将所有的医疗机构作为共同被告起诉。基于医疗技术的专业性,原告方在医疗损害鉴定之前往往无法准确判断医疗行为是否存在过错,更无法准确判断责任的最终承担主体。将所有医疗机构一并列为被告的做法对于原告方而言无疑是明智的。否则,原告可能发生"漏诉",即本应承担责任的医疗机构未列为被告,从而会增加诉讼成本,甚至要承担败诉的风险。不过,由此却给本不需要承担责任的部分被告增加了诉累。

(三)具体的诉讼请求和事实理由

诉讼请求是原告要求法院保护其民事权益的内容和范围,它是起诉的实质内容。案件事实包括两种:一种是当事人之间的民事法律关系发生、变更和消灭的事实;另一种是当事人的民事权益受到侵犯或者发生争议的事实。

诉讼理由则是在案件基础上支持诉讼请求处理的法律依据。法院受理医疗法律风险纠纷的案由有两个:一是医疗服务合同纠纷,一是医疗损害责任纠纷。患者方作为原告在提起诉讼时,必须选择其一。如果选择前者,患者方必须向法庭证明与被告医疗机构之间存在医疗服务合同关系,医方违约的事实以及医方的违约行为违法,从而证明自己的主张合理合法,法院应当予以保护。如果选择后者,患者方至少必须证明自己合法权利受到医疗行为的侵害及损害事实的存在。

(四)属于人民法院的民事诉讼受案范围

原告起诉的案件,必须是属于人民法院按照《民事诉讼法》的规定所受理的案件范围,即必须是归人民法院主管的案件。如果案件是归人民法院以外的其他机关主管的,人民法院就不能对此案件行使审判权,原告也不能就此类案件向人民法院起诉。医疗法律风险纠纷案件属于平等主体之间因财产关系和人身关系引起的民事纠纷,当然属于人民法院主管的案件范围。

(五)属于受诉人民法院管辖

无论是医疗服务合同纠纷,还是医疗损害责任纠纷,医疗机构所在地或者医疗行为所在地法院,对医疗法律风险民事诉讼都有管辖权。在医疗服务活动中,被告所在地与医疗行为所在地通常是一致的,但也存在例外情况。如120跨区急救的医疗纠纷,医疗行为或医疗侵权行为可能发生在急救车返回医院的途中,却并不一定是医疗机构属地区域。理论上说,原告可以要求在救护车经过地段的相关法院起诉。不过,司法实践中,原告有举证证明医疗行为或医疗侵权行为发生时间和地点的义务,否则相关法院将不予受理。

在医疗侵权之诉中,如果同时存在多个医疗机构作为共同被告,而这些医疗机构又居于不同地域时,也会出现多个法院同时享有管辖权的情况。此时,原告也可以选择其一提起诉讼。

三、医疗法律风险民事诉讼实务相关问题

(一)代理人的选择

医疗法律风险民事诉讼的代理人,是指基于法律规定、司法部门指定或者当事人的委托,代表当事人参加诉讼活动的人。由于当事人自身的行为能力、专业知识和时间等方面的原因,代理人在医疗法律风险民事诉讼中广泛存在。在无民事行为能力自然人作为当事人的案件中,无民事能力的自然人的父母等近亲属凭有效的身份关系证件即可以作为代理人参加诉讼。无论是有行为能力的当事人本人还是无民事行为能力的当事人的法定代理人,都有权委托一至两名代理人参加诉讼。就医疗机构而言,由于法定代表人事务繁多,医疗机构往往会委托医务部门负责人、当事医生、专业律师参与诉讼。

较之于一般民事诉讼,在医疗法律风险民事诉讼中,当事人更加缺少诉讼的实际能力。医务工作者对法律知识的掌握还不足以参与诉讼活动,而作为患者的自然人,则不仅缺乏法律知识,而且对医学原理更是知之甚少。因此,医疗法律风险民事诉讼当事人更多地依赖于代理律师。也正是同样的缘由,医疗法律风险民事诉讼对代理律师提出了更高的要求。近年来,我国法学教育致力于复合性法学人才的培养,律师行业已经不乏医学、法学的复合型人才,应该说他们是代理医疗法律风险民事诉讼的最佳人选,既精通法律,又了解医学原理,了解我国医疗行业的实际情况。他们更易于和医务人员及鉴定专家进行沟通和交流。在缺乏复合型知识结构律师的地区和医院,当事人可以选择一名律师和一名临床专家组成搭档作为代理人参加诉讼。

(二)案由的选择

案由是案件的内容提要,也是案件性质的集中体现。根据 2011 年 2 月 18 日最高人民法院下发的《关于印发修改后的〈民事案件案由规定〉的通知》的规定,医疗法律风险诉讼的案由包括:服务合同纠纷中的医疗服务合同纠纷;侵权责任纠纷中的医疗损害责任纠纷,其中在医疗损害责任纠纷中还有"侵害患者知情同意权责任纠纷"和"医疗产品责任纠纷"两个项。

当前我国法律体系中关于医疗服务合同纠纷和医疗损害责任纠纷的相关法律规定存在一定的差异。比如,医疗服务合同纠纷中受害人不享有获得精神损害赔偿的机会,而医疗损害责任纠纷案件的精神损害问题多部法律都有规定。两种案由的诉讼中,有关的举证责任分配也不尽相同。此外,2017 年 12 月 13

日最高人民法院下发了《关于审理医疗损害责任纠纷案件适用法律若干问题的解释》,该《解释》却并不适用于医疗服务合同纠纷。因此,正确确定诉讼案由直接关系到诉讼中的法律适用,也直接影响到原告权益的切实保护。实务中,绝大部分医疗法律风险诉讼的案由被界定为"医疗损害责任纠纷",以医疗损害责任纠纷为案由对患方往往是有利的。

（三）诉讼请求的选择

诉讼请求是医疗法律风险民事诉讼的原告希望法院予以支持、由被告承担的具体的法律责任。"具体的诉讼请求"是医疗法律风险民事诉讼的基本要求之一。而且,原告的诉讼请求必须是通过判决可以实现的利益。

当前诉讼实践中,很多原告对诉讼请求存有误区。一旦发生损害后,患方基于"健康无价"的信念,盲目主张高额赔偿。事实上,这些做法不符合我国的国情,不符合法律规定,更不符合医疗行业的公益性质,最终反而会对原告方的利益造成损害,原告将会因此承担不必要的诉讼费用。当然,医疗法律风险民事诉讼中,原告提出的诉讼请求也不能过低,否则对其未主张的部分人民法院将视为放弃权利。

在具体的医疗法律风险民事诉讼中,确定赔偿数额需要考虑如下因素:(1)医疗损害后果的大小,包括伤残等级、误工时间、护理等级与期限,被扶养人的情况等等;(2)医疗过失行为在医疗损害后果中的参与程度。在医疗事故技术鉴定中将医疗行为责任分为完全责任、主要责任、次要责任。相应的,医疗机构将会承担损失的全部赔偿责任、主要赔偿责任和次要赔偿责任。在司法临床鉴定中则以医疗行为的参与度作为确定赔偿责任比例的指标。最高人民法院《关于审理医疗损害责任纠纷案件适用法律若干问题的解释》第12条规定,鉴定意见可以按照导致患者损害的全部原因、主要原因、同等原因、次要原因、轻微原因或者与患者损害无因果关系,表述诊疗行为或者医疗产品等造成患者损害的原因力大小。

（四）证据运用与证明责任的承担

证据,是指能够证明案件事实的依据。"以事实为依据,以法律为准绳"是民事诉讼的基本原则之一。需要注意的是,诉讼中强调的"事实"是有证据证明的案件事实,而不是简单地等同于客观事实。由于医疗行为或者医疗侵权行为皆是过去之事,需要依赖证据方能再现。如果缺少证据,诉讼中不排除出现"好人被冤枉"的现象。无论是医方,还是患者方,为了维护自身的合法权益,都应当积极地固定、保存、收集、提交证据,必要时可以申请法院调取证据。

我国《民法典》第1218条规定:"患者在诊疗活动中受到损害,医疗机构或者其医务人员有过错的,由医疗机构承担赔偿责任。"该法第1222条同时规定:"患者在诊疗活动中受到损害,有下列情形之一的,推定医疗机构有过错:(一)违反法律、行政法规、规章以及其他有关诊疗规范的规定；（二）隐匿或者拒绝提供与纠纷有关的病历资料；（三）遗失、伪造、篡改或者销毁病历资料。"根据上述规定，该法实施后的医疗法律风险民事诉讼，将采用有限度的举证倒置制度。医疗法律风险诉讼中，原告对医疗过错、损害后果、因果关系等承担举证责任。但是，当出现该法第1222条规定的情形时，医疗行为有无过错的证明责任将转移至作为医方的被告。由此可见，医疗机构应当尽力保证病历资料的完整性、规范性与客观性，且必须妥善保管、积极提供病历资料。

医疗法律风险民事诉讼中，当事人还应当高度重视医疗技术鉴定相关权利的运用。无论是原告还是被告，如果在医疗技术鉴定中获得了有利的鉴定结果，庭审就变得相对简单和主动。诉讼当事人应当切实行使好自己的鉴定权利，如鉴定机构选择权、专家选择权、陈述权利等，并积极准备各种医学理论资料，促进鉴定意见的客观、公正。

第四节　医疗法律风险刑事诉讼

一、医疗法律风险刑事诉讼概述

医疗法律风险刑事诉讼，是指公安机关、人民检察院、人民法院，在当事人和其他诉讼参与人的参加下，依照法定的程序，查明案件事实，适用刑法相关规定解决被告人是否有医疗犯罪行为和是否应受刑事处罚所进行的侦查、起诉和审判活动。它具有如下特征：

（1）前提是有医疗犯罪行为的发生

在发生或处理医疗法律风险时，医务人员、患者及其亲友、处理医疗事故的卫生行政部门工作人员、参加医疗事故技术鉴定工作的人员以及承担尸检工作的机构的负责人，因违反刑事法律规范，所构成的犯罪称之为医疗犯罪。根据医疗工作活动的特点以及《刑法》第335条的规定，医疗法律风险引发的刑事案件主要是医疗事故犯罪案件，当然还有卫生主管部门和其他有关部门及其工作人员在医疗纠纷预防和处理工作中的职务犯罪案件，这里主要围绕医疗事故罪来展开论述。

（2）情节是构成犯罪

医疗事故罪，是指医务人员由于严重不负责任，造成就诊人死亡或者严重损害就诊人身体健康的行为。本罪侵犯的客体是国家医疗管理秩序和就诊人的生命健康权利；客观方面表现为医务人员严重不负责任，造成就诊人死亡或者严重损害就诊人身体健康的行为；本罪主体为特殊主体，即依法取得行医资格并经批准从事医疗活动的医务人员；本罪主观方面表现为严重过失。

至于何为"严重不负责任",最高人民检察院、公安部《关于公安机关管辖的刑事案件立案追诉标准的规定(一)》第 56 条作出了说明,主要包括以下情形:① 擅离职守的;② 无正当理由拒绝对危急就诊人实行必要的医疗救治的;③ 未经批准擅自开展试验性医疗的;④ 严重违反查对、复核制度的;⑤ 使用未经批准使用的药品、消毒药剂、医疗器械的;⑥ 严重违反国家法律法规及有明确规定的诊疗技术规范、常规的;⑦ 其他严重不负责任的情形。关于"严重损害就诊人身体健康",则是指造成就诊人严重残疾、重伤、感染艾滋病、病毒性肝炎等难以治愈的疾病或者其他严重损害就诊人身体健康的后果。

(3) 性质是行使国家刑罚权的活动

医疗法律风险刑事诉讼,是公安、司法机关代表国家进行的行使国家刑罚权的活动,这一点使它区别于医疗法律风险民事诉讼。

(4) 目的是解决刑事责任的问题

医疗法律风险刑事诉讼是在当事人和其他诉讼参与人的参加下进行的活动,其中心任务是解决作为犯罪嫌疑人、被告人的医务人员的刑事责任问题。

二、医疗法律风险刑事诉讼的基本原则

根据我国《刑事诉讼法》的相关规定,医疗法律风险刑事诉讼的基本原则如下:侦查权、检察权、审判权由专门机关依法行使;人民法院、人民检察院依法独立行使职权;依靠群众;以事实为根据,以法律为准绳;对一切公民在适用法律上一律平等;公检法三机关分工负责、互相配合、互相制约;人民检察院依法对刑事诉讼进行法律监督;各民族公民有权使用本民族语言文字进行诉讼;审判公开;犯罪嫌疑人、被告人有权获得辩护;未经人民法院依法判决,不得确定有罪;保障诉讼参与人的诉讼权利;依照法定情形不予追究刑事责任;追究外国人刑事责任适用我国刑事诉讼法。

三、医疗法律风险刑事诉讼的主体

医疗法律风险刑事诉讼的主体,又称为医疗法律风险刑事诉讼法律关系的主体,是指在医疗法律风险刑事诉讼中,依法享有司法职权的机关和依法享有诉讼权利并承担诉讼义务的当事人和其他诉讼参与人。主要包括:

(一) 公安机关

公安机关是国家的治安保卫机关,是各级人民政府的职能部门;是法定的侦查机关,负责刑事案件的立案、侦查、收集和调取证据;对现行犯或重大嫌疑分子,依法刑事拘留,依法执行逮捕;同时公安机关还是刑罚的执行机关之一,担负着对被判处管制、剥夺政治权利、宣告缓刑、假释、暂予监外执行罪犯的执行、监督和考察职责。在医疗法律风险刑事诉讼中,公安机关主要负责公诉的医疗事故犯罪案件的立案和侦查活动。

(二) 人民检察院

人民检察院是国家的法律监督机关。在刑事诉讼的侦查阶段，依法对其管辖的案件进行侦查、起诉；对公安机关主管的侦查案件进行审查，决定是否起诉。在审判阶段，人民检察院是公诉案件的公诉人，同时行使审判监督权。但是，对医疗法律风险刑事诉讼中的医疗事故犯罪案件，人民检察院并不负责案件的侦查工作，仅仅负责案件的批准逮捕、审查起诉、提起公诉、审判监督等工作。

(三) 人民法院

人民法院是国家的法定审判机关，代表国家独立行使审判权。未经人民法院依法判决，对任何人都不得确定有罪。

(四) 犯罪嫌疑人、被告人

"犯罪嫌疑人"和"被告人"是对涉嫌医疗事故犯罪而受到刑事追诉的医务人员的两种称谓。在公诉的医疗事故犯罪案件中，受到刑事追诉的医务人员在检察机关向法院提起公诉之前，称为"犯罪嫌疑人"，在检察机关正式向法院提起公诉之后，则称为"被告人"。在自诉的医疗事故犯罪案件中，自人民法院立案受理自诉人提起的刑事自诉案件后，涉嫌医疗事故犯罪的医务人员被称为被告人。

(五) 被害人

被害人是指其人身、财产及其他权益遭受医疗事故犯罪行为侵害的人，通常是医疗事故中的患者。在医疗事故犯罪的自诉案件中，被害人或被害人的近亲属(被害人死亡时)是自诉人，在公诉案件中是控诉一方的诉讼参与人，在附带民事诉讼中是原告人。

(六) 其他诉讼参与人

代理人、证人、辩护人、鉴定人、翻译人等都是医疗法律风险刑事诉讼法律关系的重要主体，依法享有相应的诉讼权并履行相应的义务。

四、医疗法律风险刑事诉讼的管辖

医疗法律风险刑事诉讼的管辖，是指公安机关、人民检察院和人民法院等依照法律规定立案受理医疗刑事案件以及人民法院系统内审判第一审医疗法律风险刑事案件的分工制度。包括立案管辖和审判管辖。

(一) 立案管辖

立案管辖是指人民法院、人民检察院和公安机关各自直接受理医疗法律风险刑事案件的职权范围。

(1) 在医疗法律风险刑事诉讼中，公安机关负责医疗事故犯罪刑事案件的立案侦查工作。

(2) 在医疗法律风险刑事诉讼中，医疗事故犯罪案件不属于人民检察院直接受理案件的范围,但卫生主管部门和其他有关部门及其工作人员在医疗法律风险预防和处理工作中,不履行职责或者滥用职权、玩忽职守、徇私舞弊涉嫌犯罪的案件的审查、起诉权在人民检察院,具有立案管辖权。

(3) 对于医疗事故犯罪案件,如果被害人有证据证明被告人的行为已经构成医疗事故犯罪,侵犯了自己的人身、财产权利,应当依法追究刑事责任,而公安机关或者人民检察院已经作出不予追究的书面决定时,被害人可以直接向人民法院提起刑事自诉。

下述案例即是一起公安机关和人民检察院不予追究而由被害人提起自诉的医疗事故犯罪刑事案件。

阳某某因甲亢于1999年3月31日至4月24日在湖南省安仁县某医院住院治疗,主治医师是丁某某。住院期间,安仁县某医院对阳某某行甲状腺次全切除术。出院后,阳某某于1999年5月12日和2003年5月18日两次突发严重的全身抽搐,被送往安仁县某医院抢救治疗,好转后出院。阳某某的病症后被中南大学某医院和某二医院的专家诊断为甲状腺功能减退。阳某某认为该症状是安仁县某医院医生为其做甲状腺次全切除术时违规操作所致,构成医疗事故,并与安仁县某医院就赔偿等问题多次协商,均未果。阳某某遂向安仁县卫生局提出做医疗事故争议技术鉴定,安仁县卫生局将此鉴定工作移交郴州市医学会办理。2003年9月18日,郴州市医学会医疗事故技术鉴定工作办公室以郴医鉴办字(2003)28号文件致函安仁县卫生局,以医方(安仁县某医院)未能提供阳某某在安仁县某医院进行甲状腺手术的原始病历,患者阳某某未提供其甲状旁腺是否缺失的证据为由,中止对阳某某医疗事故争议进行医疗事故技术鉴定。2004年7月,郴州市法医检验鉴定中心作出(2004)郴法鉴字第1484号法医鉴定书,认定阳某某系甲状旁腺功能重度损害并形成医疗依赖,已构成四级伤残。

阳某某于2004年3月以丁某某构成医疗事故罪向安仁县公安局报案,安仁县公安局经过初查,认为丁某某在手术过程中有无违法违规行为无法认定,对该案不予立案;安仁县人民检察院经过审查后,作出了安检不立审(2005)1号不立案理由审查意见通知书。阳某某遂向安仁县人民法院提起自诉,要求追究丁某某医疗事故罪的刑事责任。

安仁县人民法院认为,医疗事故罪是指医务人员由于严重不负责任,造成就诊人死亡或者严重损害就诊人员身体健康的行为。本案自诉人阳某某指控被告人丁某某犯医疗事故罪,仅提供自己1999年3月因甲亢在安仁县某医院住院,主治医师为被告人丁某某,在住院期间安仁县某医院给其甲状腺次全切除术,术后有全身抽搐的症状等证据,并无确切证据证明手术中医务人员违反操作规则,有严重不负责任的行为。而且,阳某某没有提供医疗事故鉴定机构确认的医疗事故鉴定书,该争议是医疗事故还是医疗意外尚不能确定,也没有证据证实被告人丁某某具有犯罪行为。安仁县法院判决:被告人丁某某无罪。

一审宣判后,自诉人阳某某不服,向郴州市中级人民法院提起上诉,请求依法追究丁某某的刑事责任。

郴州市中级人民法院经审理认为:上诉人阳某某1999年3月因甲亢在安仁县某医院住院时的主治医师是丁某某,但为其行甲状腺次全切除手术的主刀医生是否为丁某某,仅有上诉人阳某某的指控和证人张某某的证言,证据不够充分,由于安仁县某医院对病历管理不善,上诉人阳某某在住院期间的病历没有归档,致使谁是为阳某某行甲状腺次全切除术的医生,该医生在做手术时是否违反操作规程,是否有严重不负责任行为等事实均无法查清。综上所述,上诉人阳某某指控原审被告人丁某某犯医疗事故罪的证据不足,原判宣告丁某某无罪是正确的。

2005年11月14日,郴州中院依照《中华人民共和国刑事诉讼法》第189条第1项之规定,裁定如下:驳回上诉,维持原判。[①]

(二)审判管辖

1. 级别管辖

级别管辖是指各级人民法院审判第一审医疗法律风险刑事案件的职权范围。

根据我国《刑事诉讼法》的规定,普通的刑事案件,由基层人民法院管辖;被告人可能被判无期徒刑、死刑的刑事案件,由中级人民法院管辖;全省(直辖市、自治区)性的重大刑事案件,由高级人民法院管辖;全国性的重大刑事案件,由最高人民法院管辖。医疗事故犯罪案件是主要的医疗法律风险刑事案件,其刑罚幅度范围为3年以下有期徒刑或者拘役,所以,在医疗法律风险刑事诉讼中,多由基层人民法院管辖,由中级人民法院、高级人民法院和最高人民法院一审管辖的可能性较小。

2. 地域管辖

地域管辖是指同级人民法院之间,在审判第一审医疗法律风险刑事案件上的权限划分。医疗法律风险刑事案件,由犯罪所在地的人民法院管辖。

五、医疗法律风险刑事诉讼中的辩护与代理

(一)辩护

辩护是指医疗法律风险刑事案件的犯罪嫌疑人、被告人及其辩护人反驳对犯罪嫌疑人、被告人的指控,提出有利于犯罪嫌疑人、被告人的事实和理由,以证明犯罪嫌疑人、被告人无罪、罪轻或者应当减轻、免除处罚,维护犯罪嫌疑人、被

---

① 该案二审案号为[2005]郴刑一终字第112号,案例编写人胡清文,湖南省安仁县人民法院法官。

告人合法权益的诉讼活动。包括自行辩护、委托辩护、指定辩护三种。

(1) 自行辩护,是指犯罪嫌疑人、被告人自己针对指控进行反驳、申辩和解释的行为。

(2) 委托辩护,是指犯罪嫌疑人、被告人依法委托律师或其他公民担任辩护人,协助其进行辩护。

(3) 指定辩护,是指对于没有委托辩护人的被告人,人民法院在法律规定的某些特殊情况下,为被告人指定承担法律援助义务的律师担任其辩护人,协助被告人进行辩护。

(二) 代理

代理是指代理人接受公诉的医疗法律风险刑事案件的被害人及其法定代理人或者近亲属、自诉案件的自诉人及其法定代理人、附带民事诉讼的当事人及其法定代理人的委托,以被代理人的名义参加诉讼,由被代理人承担代理行为的法律后果的一项诉讼活动。包括公诉医疗事故犯罪案件中的代理、自诉医疗事故犯罪案件中的代理、附带民事诉讼中的代理三种。

(1) 公诉医疗事故犯罪案件中的代理,是指诉讼代理人接受公诉医疗事故犯罪案件的被害人及其法定代理人或者近亲属的委托,代理被害人参加刑事诉讼,以维护被害人的合法权益。

(2) 自诉医疗事故犯罪案件中的代理,是指代理人接受自诉人及其法定代理人的委托参加诉讼,以维护自诉人的合法权益。

(3) 附带民事诉讼中的代理,是指诉讼代理人接受附带民事诉讼的当事人及其法定代理人的委托,在所受委托的权限范围内,代理参加诉讼,以维护当事人及其法定代理人的合法权益。

六、医疗法律风险刑事诉讼程序

根据我国《刑事诉讼法》规定,普通医疗事故犯罪案件的诉讼,一般需要经过立案、侦查、起诉和审判等四个既紧密联系又相对独立的阶段。

(一) 立案

医疗法律风险刑事诉讼中的立案是指公安司法机关对于报案、控告、举报、自首以及自诉人起诉等材料,按照各自的职能范围进行审查后,认为有犯罪事实发生并需要追究刑事责任时,决定将其作为刑事案件进行侦查或审判的一种诉讼活动。

(二) 侦查

侦查是指公安机关在办理医疗事故犯罪案件的过程中,依照法律进行的专门调查工作和有关的强制性措施。侦查行为主要包括:讯问犯罪嫌疑人;询问证人、被害人;勘验、检查;侦查实验;搜查;扣押物证、书证;查询、冻结存款、汇款;

鉴定；辨认；通缉等活动。

(三) 起诉

医疗法律风险刑事诉讼中的起诉是指法定的机关或者个人，依照法律规定向有管辖权的法院提出控告，要求该法院对被指控的被告人进行审判并予以刑事制裁的一种诉讼活动或程序。包括公诉和自诉。

公诉是指人民检察院认为犯罪嫌疑人的犯罪事实已经查清，证据确实、充分，依法应当追究刑事责任的，应当作出起诉决定，按照审判管辖的规定，向人民法院提起公诉。提起公诉之前必须要进行审查起诉程序，只有符合提起公诉的条件时才能提起公诉。

备受关注的福建省福州市乐山市（现为乐山区）某医院李××医疗事故罪一案，即是一起由检察机关向法院提起公诉的刑事案件。

一审判决书显示：李某某因涉嫌犯医疗事故罪于2013年8月2日被原福建省长乐市公安局取保候审；2013年11月15日被原福建省长乐市人民检察院取保候审；2014年10月20日被原福建省长乐市人民法院取保候审；2015年10月13日，案件变更管辖为福州市仓山区人民法院审理；2015年10月20日，李某某被解除取保候审；2015年12月11日再次被仓山区人民法院取保候审；2016年12月11日又被解除取保候审；2016年12月11日被监视居住；2017年6月10日被解除监视居住。

福建省福州市仓山区人民检察院以仓检诉刑诉（2015）963号起诉书指控被告人李某某犯医疗事故罪，于2015年12月11日向仓山区人民法院提起公诉。仓山区人民法院于2017年12月4日作出一审判决如下："被告人李某某犯医疗事故罪，免予刑事处罚。"[1]

自诉是相对于公诉而言的，它是指法律规定的享有自诉权的个人直接向有管辖权的人民法院提起的刑事诉讼。在医疗法律风险刑事诉讼中，主要是指被害人有证据证明对被告人侵犯自己的人身权利、财产权利的行为应当追究刑事责任，而公安机关或者人民检察院不予追究被告人刑事责任的案件。

(四) 审判程序

1. 第一审程序

第一审程序包括公诉的医疗法律风险刑事案件的第一审程序和自诉的医疗法律风险刑事案件的第一审程序。公诉的医疗法律风险刑事案件的第一审程序，是指人民法院对人民检察院提起公诉的案件进行第一次审判时所必须遵循的程序，其内容主要包括庭前审查、庭前准备、法庭审判、延期和中止审理、评议和宣判等诉讼环节。自诉的医疗法律风险刑事案件的第一审程序，是指刑事诉

---

[1] 参见福建省福州市仓山区人民法院刑事判决书（2015）仓刑初字第1027号。

讼法规定的人民法院对自诉人起诉的案件进行第一次审判的程序。自诉案件的第一审程序总体上与公诉案件的第一审程序基本相同。

人民法院对提起公诉的医疗法律风险刑事案件进行审查后，对于起诉书中有明确的指控犯罪事实并且附有证据目录、证人名单和主要证据复印件或者照片的，应当决定开庭审判。人民法院决定开庭审判后，应当进行下列工作：确定合议庭的组成人员；将人民检察院的起诉书副本至迟在开庭10日以前送达被告人。对于被告人未委托辩护人的，告知被告人可以委托辩护人，或者在必要的时候指定承担法律援助义务的律师为其提供辩护；将开庭的时间、地点在开庭3日以前通知人民检察院；传唤当事人，通知辩护人、诉讼代理人、证人、鉴定人和翻译人员，传票和通知书至迟在开庭3日以前送达；公开审判的案件，在开庭3日以前先期公布案由、被告人姓名、开庭时间和地点。

人民法院审判公诉的医疗法律风险刑事案件，人民检察院应当派员出席法庭支持公诉，但是适用简易程序的，人民检察院可以不派员出席法庭。

开庭的时候，审判长查明当事人是否到庭，宣布案由；宣布合议庭的组成人员、书记员、公诉人、辩护人、诉讼代理人、鉴定人和翻译人员的名单；告知当事人有权对合议庭组成人员、书记员、公诉人、鉴定人和翻译人员申请回避；告知被告人享有辩护权利。

公诉人在法庭上宣读起诉书后，被告人、被害人可以就起诉书指控的犯罪进行陈述，公诉人可以讯问被告人。被害人、附带民事诉讼的原告人和辩护人、诉讼代理人，经审判长许可，可以向被告人发问。审判人员可以讯问被告人。经审判长许可，公诉人、当事人和辩护人、诉讼代理人可以对证据和案件情况发表意见并且可以互相辩论。审判长在宣布辩论终结后，被告人有最后陈述的权利。

在被告人最后陈述后，审判长宣布休庭，合议庭进行评议，根据已经查明的事实、证据和有关的法律规定，分别作出以下判决：(1) 案件事实清楚，证据确实、充分，依据法律认定被告人有罪的，应当作出有罪判决；(2) 依据法律认定被告人无罪的，应当作出无罪判决；(3) 证据不足，不能认定被告人有罪的，应当作出证据不足、指控的犯罪不能成立的无罪判决。

人民法院审理公诉的医疗法律风险刑事案件，应当在受理后1个月以内宣判，至迟不得超过一个半月。有法定延长审理期限情形的，经省、自治区、直辖市高级人民法院批准或者决定，可以再延长一个月。人民法院改变管辖的案件，从改变后的人民法院收到案件之日起计算审理期限。人民检察院补充侦查的案件，补充侦查完毕移送人民法院后，人民法院重新计算审理期限。

对一审的裁判，不服判决的上诉和抗诉的期限为10日，不服裁定的上诉和抗诉的期限为5日，从接到判决书、裁定书的第2日起算。

2. 简易程序

刑事简易程序，是指基层人民法院审理某些简单轻微的医疗法律风险刑事案件时，所适用的相对简单的审判程序。对于公诉的医疗事故犯罪刑事案件，如果事实清楚、证据充分，人民检察院建议或者同意适用简易程序的，可以适用简易程序审理。对于被害人起诉的有证据证明的医疗事故犯罪案件，可以适用简易程序审理。

适用简易程序审理的医疗事故犯罪案件，人民检察院可以不派员出席法庭。审理程序上也不受普通程序规定的讯问被告人、询问证人、鉴定人、出示证据、法庭辩论等程序限制。适用简易程序审理案件，人民法院应当在受理后20日以内审结。人民法院在审理过程中，发现不宜适用简易程序的，应当按照普通程序的规定重新审理。

3. 第二审程序

第二审程序又称上诉审程序，是第二审人民法院根据上诉人的上诉或者人民检察院的抗诉，就第一审人民法院尚未发生法律效力的判决或裁定认定的事实和适用的法律进行审理时，所应当遵循的步骤和方式、方法。

第二审人民法院应当就第一审判决认定的事实和适用法律进行全面审查，不受上诉或者抗诉范围的限制。第二审人民法院对上诉案件，应当组成合议庭，开庭审理。合议庭经过阅卷，讯问被告人、听取其他当事人、辩护人、诉讼代理人的意见，对事实清楚的，可以不开庭审理。对人民检察院抗诉的案件，第二审人民法院应当开庭审理。第二审人民法院开庭审理上诉、抗诉案件，可以到案件发生地或者原审人民法院所在地进行。

人民检察院提出抗诉的案件或者第二审人民法院开庭审理的公诉案件，同级人民检察院都应当派员出庭。第二审人民法院必须在开庭10日以前通知人民检察院查阅案卷。

第二审人民法院对不服第一审判决的上诉、抗诉案件，经过审理后，应当按照下列情形分别处理：(1)原判决认定事实和适用法律正确、量刑适当的，应当裁定驳回上诉或者抗诉，维持原判；(2)原判决认定事实没有错误，但适用法律有错误，或者量刑不当的，应当改判；(3)原判决事实不清楚或者证据不足的，可以在查清事实后改判；也可以裁定撤销原判，发回原审人民法院重新审判。

第二审人民法院发现第一审人民法院的审理有下列违反法律规定的诉讼程序的情形之一的，应当裁定撤销原判，发回原审人民法院重新审判：(1)违反本法有关公开审判的规定的；(2)违反回避制度的；(3)剥夺或者限制了当事人的法定诉讼权利，可能影响公正审判的；(4)审判组织的组成不合法的；(5)其他违反法律规定的诉讼程序，可能影响公正审判的。原审人民法院对于发回重新审判的案件,应当另行组成合议庭,依照第一审程序进行审判。对于重新审判后的判决,可以上诉、抗诉。

第二审人民法院受理上诉、抗诉案件,应当在1个月以内审结,至迟不得超过一个半月。有法定情形的,经省、自治区、直辖市高级人民法院批准或者是决定,可以再延长1个月。第二审的判决、裁定是终审的判决、裁定。

本章小结

医疗法律风险诉讼解决机制包含医疗法律风险行政诉讼、医疗法律风险民事诉讼和医疗法律风险刑事诉讼。

医疗法律风险行政诉讼是指医患一方不服卫生行政机关等行政主体的行政处理决定,或患者不服卫生行政机关的传染病强制防治、第一类疫苗管理行为,认为侵犯了自己的合法权利的,向人民法院提起的行政诉讼。

医疗法律风险民事诉讼,是指医疗法律风险纠纷当事人在人民法院的主持下和其他诉讼参与人的配合下,为解决医疗法律风险纠纷,依照民事诉讼程序所进行的全部活动。受害患者或者死亡患者近亲属可以将提供诊疗服务的医疗机构列为被告,向有管辖权的人民法院提起民事诉讼。法院在立案、开庭审理之后,依法做出判决或裁定,第一审程序终结。患方或医方不服一审判决或裁决的,均可以向上一级人民法院提出上诉,从而进入第二审程序。根据我国《民法典》的规定,患方就医疗侵权事实承担举证责任,符合第1222条情形的除外。

医疗法律风险刑事诉讼,是指公安机关、人民检察院、人民法院,在当事人和其他诉讼参与人的参加下,依照法定的程序,查明案件事实,适用我国《刑法》相关规定解决被告人是否有医疗犯罪行为和是否应受刑事处罚所进行的侦查、起诉和审判活动。医疗法律风险刑事诉讼的阶段性较强,各个阶段各有自己的分工和任务,最终由法院认定被告人是否构成所指控的犯罪以及应当处以什么样的刑罚。医疗事故罪属于过失犯罪,往往在医务人员严重不负责任,并且造成就诊人死亡或者严重损害就诊人身体健康时方可构成。

思考题

1. 涉及多家医疗机构的医疗法律风险民事诉讼,如何确定管辖法院?
2. 在医疗法律风险民事诉讼中实行"举证倒置"的规则利弊何在?
3. 简述医疗事故罪的构成要件。
4. 简述医疗事故罪与非法行医罪的区别。

案例思考

2016年8月8日,患者陈某桃因咳嗽、气喘到江苏省某市中医院接受住院治疗。某市中医院对患者进行了包括胸部增强CT在内的相关检查,初步诊断为"肺部感染"及"肺部占位",继而进行了抗感染、止咳化痰等对症治疗。对症治疗后,患者感觉有所好转,但右下肢开始疼痛不适(需拄拐行走)。因住院并无特别的治疗措施,遂决定出院。2016年8月29日患者前往该市某大学附属医院,拟入呼吸科治疗,但某大学附属医院认为存在骨折病情,故收住骨科。住院期间的CT(2016年9月1日)显示,患者"两肺弥漫多发结节考虑转移可能,右上肺炎症,右侧大量胸腔积液(局部包裹)伴右肺膨胀不全,纵隔内轻度肿大淋巴结,两肺散在纤维化病灶,右下叶支气管闭塞,右下肺团块状软组织影,右肺门结构不清……"2016年9月7日某大学附属医院骨科在全麻下行闭合复位PFNA内固定术。术后第二天患者出现胸闷气急症状,2016年9月4日,经院内各部门会诊确定为心肌梗死、肾衰竭,2016年9月5日转入重症医学科并入住ICU。在ICU治疗20多天后患者最终不治,于2016年10月2日死亡。经尸体解剖,患者系心梗死亡,并伴有肺癌。该患者近亲属包括妻子何某、儿子陈某平、孙子陈小某、妹妹陈某红,其父母已经去世多年。

案例讨论

1. 患方若提起诉讼,哪些人是合格原告?两家医院都可以作为被告吗?请说明理由。

2. 本案的诉讼时效为几年?何时开始起算诉讼时效?请说明理由。

第十章 医疗法律风险处理中的证据制度

第一节 医疗法律风险处理中的证据概述

一、证据的概念及特征

(一) 证据的概念

从广义上讲,能够证明案件有关情况的一切事实材料都可以称为证据。狭义上,证据仅仅是指在诉讼过程中使用的,由法官和双方当事人发现和运用,以及审查认定的客观事实材料。

在学理上,还有两个与证据紧密相关的概念,即证据材料和证据方法,前者相当于内容,后者相当于形式。

证据材料是指证据所包含的信息,即在诉讼过程中当事人向法院提供的或者法院依职权收集的,用来证明案件事实的材料。这一概念最早由中国学者提出,根本目的在于将狭义的证据和作为定案依据的证据区分开来——证据材料经过法庭调查和质证,通过法官审查认定之后就成了作为定案依据的证据。

证据方法是指调查证据材料的手段。一般认为证据方法分为人的证据方法和物的证据方法两大类。人的证据方法以人的当庭陈述作为载体,呈现待证事实,包括证人、鉴定人等;而物的证据方法是以物为载体,包括书证、物证、视听资料等等。

(二) 医疗法律风险处理中的证据概念

医疗法律风险处理中的证据,是指对医疗法律风险的处理具有证明价值和意义的一切客观事实材料。即患者在医疗诊断、治疗以及疾病康复过程中形成的对医疗法律风险处理起证明作用的事实材料。

(三) 医疗法律风险处理中的证据特征

我国传统的证据法理论认为证据具有三大基本特征,即客观性、关联性和合法性。医疗法律风险处理中的证据也不例外,在此一并列举:

(1) 客观性是指证据必须是客观存在的事实,不能是主观臆断或猜测。例如,患者主张医疗行为对自己的健康造成永久损伤,就必须对损伤的确实存在提供证据证明,而不能仅凭自己的主观猜测。被伪造、涂改、篡改的病历不能成为证据。

证据的客观性被认为是证据的根本属性。基于客观性的要求,证据只能是客观真实的事实,而不能是个人的观点和意见。因此对于人的证据,只能陈述自己所感知的客观事实,而不能表达个人评判。如同病房的病友证实患者自杀的事实,不能加入自己的主观臆测。例外的是鉴定意见以及专家辅助人的证言,其本质都是意见而非陈述;对于物的证据方法,原则上要求是原件或原物,但医疗法律风险处理中涉及物的证据,如患者使用的药品、注射液体、使用的血液,以及人体的组织,一般需要固定、检验、鉴定,具有的证据价值非原物或原件。

(2) 关联性是指证据与待证事实之间必须存在客观联系,具体包括逻辑上的联系和法律上的联系,可以是直接联系也可以是间接联系。关联性的有无需要结合案件的具体情况个别判断。例如,通常情况下患者的年龄与医疗过错存否这一待证事实之间并不存在关联性,但如果涉及儿童患者用药过量的情形,则可以肯定,有关该患者年龄的证据与待证事实具有关联性。再譬如,病历档案中记录的用药剂量不符合常规,即可作为与医疗损害事实有关联的证据使用。

(3) 合法性是指证据的形式以及收集、审查、认定都必须符合法律规定。它要求当事人和法官都必须依法取证、质证和认证。医疗法律风险处理中的证据的合法性,还表现在其证据合法性的审核判定,必须依据所涉相关领域的科学技术标准。如青霉素注射不良反应,必须依据过敏皮试的剂量、方式和时间标准加以确认。

证据的合法性是证据力的核心所在,证据材料只有来源、内容、形式具备合法性才能进入到诉讼中,成为真正意义的证据。

二、医疗法律风险处理中证据的分类

(一) 直接证据和间接证据

根据证据与待证事实(证明对象)之间的联系,可以将证据分为直接证据和间接证据。直接证据是指能单独直接证明待证事实的证据。如手术同意书即可证明医院实施手术的合法性,为直接证据。间接证据是指不能直接单独证明案件事实,需要其他证据相佐证的证据。如患者死亡的尸体解剖死因鉴定意见,必须结合临床诊疗行为才能判定医疗过错,死因鉴定意见为间接证据。二者区分的意义在于依据间接证据认定案件事实,需要遵循一定的逻辑法则,各个间接证据之间应该形成完整的证据锁链。例如,医务人员是否向患方说明病情并告知医疗措施这一待证事实,患方签署的知情同意书就可作为直接证据。而医方的诊疗活动是否存在过错这一待证事实,患方签署的知情同意书就只能作为间接证据,需要与其他证据相补充、印证。

(二) 原始证据和传来证据

根据证据来源不同,可以将证据分为原始证据和传来证据。原始证据是指直接来源于案件事实,未经中间环节传播的证据。传来证据是指经过复制、转述等中间环节而形成的证据。分类的意义在于两种证据的证明力存在差异。原则上原始证据的证明力大于传来证据。如医生书写的病历为原始证据,病历的复印件为传来证据。从患者身体切下的病理组织为原始证据,病理组织切片为传来证据。

(三) 实物证据和言词证据

根据证据方法不同,可以将证据分为实物证据和言词证据。实物证据基本上对应以物的证据方法呈现的证据,言词证据则对应以人的证据方法所获得的证据。二者区分的意义在于质证的方法不同。一般认为实物证据原物的证明力大于复印件、复制品;言词证据原则上排斥传闻,要求证人、鉴定人进行当庭陈述。例如,患者的注射剩余液属于实物证据,而主治医师关于诊疗措施的陈述就属于言词证据。在诉讼中作为证据的剩余液应是及时封存的原物,而主治医生如作为证人,原则上都应出庭接受质证。但是对于鉴定意见,法律规定必须采取书面形式,即鉴定意见以实物证据的形式出现,但按照证据法学理论,鉴定意见是鉴定人基于专门知识和经验对专门问题所做的判别和判断,属于言词证据,因此,鉴定人必须出庭接受质证。专家辅助人的证言也属同理。

(四) 本证和反证

根据证据与证明责任的关系,可以将证据分为本证和反证。本证是指对待证事实负有证明责任一方的当事人提出的证据,反证是指不负证明责任的当事人提出的,证明待证事实不存在的证据。例如,对于医疗损害后果,依法应当由患方承担证明责任,患方出具的证明损害后果存在的鉴定意见就属于本证,而医方出具的证明损害结果不存在的体检报告属于反证。区分的意义在于调查顺序和证明标准不同。法官审查认定时,应先审查本证,反证的提出通常在本证之后。反证的证明标准低于本证,只需足以动摇本证即可。

本证与反证与当事人在诉讼中是原告和被告没有关系,而与证据是否由承担举证责任的人提出有关。如甲诉乙误诊,首先甲证明了就诊事实,乙承认了甲就诊的事实,但同时提出甲已治愈,并提出证人丙可以证明甲在疾病治愈后特意登门道谢,这里乙提出了与甲所主张的"就诊事实"不同的"治愈事实",而对"治愈事实"应该由乙承担举证责任,因此丙的证言属于本证。

同时,反证也不同于证据反驳。反证是提出新证据用以否定对方所提出的事实;证据反驳是直接否认对方提出的证据本身,并不提出新的证据。如甲诉乙误诊,就"就诊事实"甲提供了"门诊病历",乙抗辩说"门诊病历"系甲伪造,这里乙的抗辩就属于证据反驳。[①]

---

① 王萍、邓虹主编:《医事程序法律实务》,浙江工商大学出版社2012年版,第210页。

第二节　医疗法律风险处理中的证据种类

一、法定证据的种类

根据我国《民事诉讼法》、最高人民法院《关于适用〈民事诉讼法〉的解释》(以下简称《民诉法解释》),以及最高人民法院《关于民事诉讼证据的若干规定》(以下简称《证据规定》),可以将医疗法律风险争议中涉及的证据归结为以下九个证据类型。

(一) 书证

书证是指用自身所记载和表达的内容来证明案件事实的证据。书证是医疗法律风险处理中最常见的法定证据类型,其中,病历是其中最重要的书证,表现的内容和形式也是多种多样的,如医疗过程中的病历所包含的证据资料之中,大部分都属于书证,如病历、处方、检查报告、出入院证、收费凭证,病情证明、知情同意书以及医疗专业书刊和文献、诊疗规范指南等等。国家对书证通过专门的法律法规进行了规范。

(二) 物证

物证是指用自身的外部特征和物质属性来证明案件事实的证据。医疗法律风险处理中常见的物证包括:药品(包括口服或注射用)、医疗器械、医疗用品、血液制品等等,患者死亡后的尸体也属于物证。

物证和书证的区别在于物证用外在的特征、形式来证明案件事实,而书证用所记载的内容来证明案件事实。在特殊情况下,书证和物证的载体会发生重叠,需要根据待证事实(证明对象)进行综合判断。例如,为患者注射的针剂剩余液,如要证明药品的主要成分和产地,则使用的是外包装上所标记的内容,此时该证据属于书证;要证明患者曾使用过该针剂而将其封存,则该药品属于物证。

涉及医疗法律风险处理的物证多为种类物,因为容易为同类物所代替,因此,要特别注意进行封存与固定,必要时要及时送具有检验鉴定资格的机构检验或鉴定。

(三) 视听资料

视听资料是指利用科学技术存储的图像、音响及资料等来证明案件事实的证据。医院的监控录像,病历当中的医学影像检查资料,如病理切片、X光片、核磁共振成像、B超照片以及各种资料存储光盘等都属于视听资料。可见并非所有的病历材料都属于书证,判断的关键在于作为视听资料的证据通常需要借助一定的装置、设备才能呈现出来。因此,彩超数字成像报告、血液检测报告等一类以书面报告形式出具的检查资料一般属于书证而非视听资料。

目前很多医疗机构都在手术室等重要场地安装了摄像设备,有的对各种镜下的检查、治疗过程进行了录像,有些医院甚至对患者的全程诊疗进行摄、录像,这些视听资料都可以直观地反映诊疗活动的全过程,具有较强的客观性。

(四)电子数据

电子数据,是指基于计算机应用、通信和现代管理技术等电子化技术手段形成包括文字、图形符号、数字、字母等的客观资料。

随着电子科技的发展以及广泛应用,在诊疗过程中,包括病历记录、一些医学诊断、医学检查、检验,如超声诊断、24小时动态心电图、CT都以电子数据的形式展现。电子数据这种证据形式在纠纷处理过程中也将越来越多。

(五)证人证言

证人证言是指知道案件真实情况的证人就知晓的案件事实,向法庭做的陈述。证人的范围比较广泛,根据我国法律的有关规定,凡是知晓案情并能正确表达的人都可以成为证人。据此,与一方当事人存在利害关系的人也可以成为证人。比如,医方的工作人员和患方的家属以及周围的患者都可以成为证人。只是患者的家属和主治医师的证言的证明力相应被削弱。证人作证原则上应当出庭,证人确有困难不能出庭的,经人民法院许可,可以提交书面证言。

(六)当事人陈述

当事人陈述是指当事人向法庭所做的关于案件事实的陈述。主要表现为医患双方当事人提交的申请书、起诉状、答辩状以及双方在庭审过程中就案件事实和法律适用所发表的意见和陈述。

(七)鉴定意见

鉴定意见是指鉴定人运用专门知识,根据所提供的案件材料,对案件中的专门性问题进行分析、鉴别后所做出的专门性意见。

(八)勘验笔录

勘验笔录是指为查明案件事实,对案件现场或有关物品进行勘查、检验后制作的笔录。如患者以及患者家属对正常医疗秩序的破坏现场的勘验,对患者死亡现场的勘验,死亡尸体的勘验,有争议物品(如血液)的勘验。

(九)特殊的当事人陈述:专家辅助人意见

专家辅助人意见是由《民诉法解释》补充规定的一种证据类型。《民诉法解释》第122条第1款规定:"当事人可以依照民事诉讼法第七十九条的规定,在举证期限届满前申请一至二名具有专门知识的人出庭,代表当事人对鉴定意见进行质证,或者对案件事实所涉及的专业问题提出意见。具有专门知识的人在法庭上就专业问题提出的意见,视为当事人的陈述。"专家辅助人相当于英美法系的专家证人,其作用在于对专门性问题进行说明和辅助当事人对鉴定意见进行质证。对于医学专家辅助人的资质,现行司法解释并未作出特别限制,一般只要具有相关从业经历的医务人员都可以受托成为专家辅助人。

2017年12月14日施行的最高人民法院《关于审理医疗损害责任纠纷案件适用法律若干问题的解释》第14条规定了专家辅助人的性质:具有医学专门知识的人提出的意见,视为当事人的陈述,经质证可以作为认定案件事实的根据。

二、临床实践中的重要证据概述

前述九种证据类型,涵盖了我国现行法律和司法解释的有关规定。鉴于临床卫生实践专业性的特点,这里对临床常见的重要证据罗列总结于下:

(一)病历类

病历包括门(急)诊病历和住院病历,是指患者在接受医务人员的问诊、查体、诊断、治疗、检查、护理等医疗过程中形成的文字、符号、图表、影像、切片等所有医疗文书资料的总和。2018年7月31日由国务院颁布的《医疗纠纷预防和处理条例》列举了以下种类:门诊病历、住院志、体温单、医嘱单、化验单(检验报告)、医学影像检查资料、特殊检查同意书、手术同意书、手术及麻醉记录、病理资料、护理记录、医疗费用以及国务院卫生主管部门规定的其他属于病历的全部资料。

病历作为诊疗活动全过程的完整记录,对于医疗法律风险的防范和处理具有至关重要的意义,特别是判断医疗过错的有无、医方是否履行说明告知义务、患方是否知情同意,都离不开病历这一关键证据。

根据我国现行法律法规的规定,医方对于病历的处理负有如下义务:

第一,如实和规范书写的义务。如因抢救急危患者,未能及时书写病历的,有关医务人员应当在抢救结束后6小时内据实补记,并加以注明。病历书写应当客观、真实、准确、及时、完整、规范;严禁篡改、伪造、隐匿、毁灭或者抢夺病历资料。

第二,妥善保管的义务。医疗机构及其医务人员应当按照国务院卫生主管部门的规定,填写并妥善保管病历资料。对于封存的病历,应当开列封存清单,由医患双方签字或者盖章,各执一份。病历资料封存直至医疗纠纷解决或者患者在病历资料封存满3年未再提出解决医疗纠纷要求,医疗机构才能启封。

第三,应患者的要求提供查阅、复制病历资料的便利的义务。根据《医疗纠纷预防和处理条例》规定,患者有权查阅、复制病历资料,医疗机构应当提供复制服务,并在复制的病历资料上加盖证明印记。复制病历资料时,应当有患者或者其近亲属在场。

2010年4月1日生效的原卫生部《电子病历基本规范(试行)》,对医院电子病历的建立、使用、保存和管理进行了规定。至此,电子病历这一概念正式进入国人视野。

1. 门(急)诊病历

门(急)诊病历是患者在医疗机构门(急)诊过程中,医务人员对患者诊疗活动的记录,主要是病史、体格检查、相关检查、诊断及处理意见等记录。内容包括门(急)诊病历首页(门(急)诊手册封面)、病历记录、化验单(检验报告)、医学影像检查资料等。患者有权查阅、复制门诊病历,并且大多由患者保存。

2. 住院病历

住院病历是指患者在住院诊疗期间,医务人员通过对患者的问诊、查体、辅助检查、诊断、治疗、护理等医疗活动记录所获得的有关资料。包括住院病案首页、入院记录、病程记录、手术同意书、麻醉同意书、输血治疗知情同意书、特殊检查(特殊治疗)同意书、病危(重)通知书、医嘱单、辅助检查报告单、体温单、医学影像检查资料、病理资料等。

住院病历可以分为客观性病历资料和主观性病历资料。

客观性病历资料是指记录患者的症状、体征、病史、辅助检查结果、医嘱等客观情况的资料,还包括为患者进行手术、特殊检查及其他特殊治疗时向患者交待情况、患者或其近亲属签字的医学文书资料。

主观性病历资料是指在医疗活动中医务人员通过对患者病情发展、治疗过程进行观察、分析、讨论并提出诊治意见等而记录的资料,多反映医务人员对患者疾病及其诊治情况的主观认识,不同的医师、病程的不同时期均可能出现不同病历资料内容,其中不乏出现相反的观点、意见或结论。

在病历资料中要特别注意,根据《医疗纠纷预防和处理条例》的规定,患者有权查阅、复制其门诊病历、住院志、体温单、医嘱单、化验单(检验报告)、医学影像检查资料、特殊检查同意书、手术及麻醉记录、病历资料、护理记录、医疗费用以及国务院卫生主管部门规定的其他属于病历的全部资料。对需要实施手术,或者开展临床试验等存在一定危险性、可能产生不良后果的特殊检查、特殊治疗的,医务人员应当及时向患者说明医疗风险,替代医疗方案等情况,必须征得患者本人的书面同意方可进行;在患者处于昏迷等无法自主做出决定的法律规定状态或者病情不宜向患者说明等情形下,应当取得患者近亲属的书面同意并签字。患者不具备完全民事行为能力,或难以行使该项权利时,应当由其法定代理人签字。患者因病无法签字时,应当由其授权人签字。因抢救生命垂危患者等紧急情况,不能取得患者或者其近亲属意见的,经医疗机构负责人或者授权的负责人批准,可以立即实施相应的医疗措施。在手术过程中,可能出现临时变更手术内容或者方式时,应当征得患者本人同意,在无法告知行使该权利时,应告知并征得其家属的同意。

3. 电子病历

电子病历是指医务人员在医疗活动过程中,使用医疗机构信息系统生成的文字、符号、图表、图形、数据、影像等数字化信息,并能实现存储、管理、传输和重现的医疗记录,是取代手写纸质病历后的一种病历记录形式,它的内容包括纸质病历的所有信息。

在这里要注意区分,使用文字处理软件编辑、打印的病历文档,不属于电子病历。

(二)非病历类

1. 药品、消毒产品、医疗器械、血液

我国《民法典》第1223条规定:"因药品、消毒产品、医疗器械的缺陷,或者输入不合格的血液造成患者损害的,患者可以向药品上市许可持有人、生产者、血液提供机构请求赔偿,也可以向医疗机构请求赔偿。患者向医疗机构请求赔偿的,医疗机构赔偿后,有权向负有责任的药品上市许可持有人、生产者、血液提供机构追偿。"据此规定,医疗法律风险有可能独立于医疗机构的诊疗活动,基于药品、消毒产品、医疗器械和血液的质量问题而发生。

对于药品药剂、医疗器械和血液制品等临床诊疗活动的重要证据,对案件事实的认定和责任划分都具有极大的帮助作用,需要在纠纷发生的第一时间得到及时封存、妥善保管。具体的封存办法在有关法律规范中已经有所规定。例如《医疗纠纷预防和处理条例》第25条规定:"疑似输液、输血、注射、用药等引起不良后果的,医患双方应当共同对现场实物进行封存、启封,封存的现场实物由医疗机构保管。需要检验的,应当由双方共同委托依法具有检验资格的检验机构进行检验;双方无法共同委托的,由医疗机构所在地县级人民政府卫生主管部门指定。疑似输血引起不良后果,需要对血液进行封存保留的,医疗机构应当通知提供该血液的血站派员到场。现场实物封存后医疗纠纷已经解决,或者患者在现场实物封存满3年未再提出解决医疗纠纷要求的,医疗机构可以自行启封。"

2. 诊疗活动规范和技术操作常规

医疗机构以救死扶伤、防病治病、为公民的健康服务为宗旨。医疗机构和医务人员在诊疗活动中必须严格遵守各级管理部门规定的诊疗活动规范和技术操作规程。这些规范和规程散在于卫生行政主管部门颁布的各种规范、药典、药品说明书、医疗器械说明书及医学本科教材等等中,有些是成文的,有些是不成文的。

如诊疗护理规范,包括接诊规范、医疗护理规范、医疗检查检验规范、临床用血规范、消毒规范、急救处置规范、知情同意规范、临床试验规范、病历书写规范、处方规范、医学证明文件规范等。

在药物的使用方面,包括:药品的使用规范、基本药物使用规范、麻醉药品和精神药品的使用规范、医疗用毒性药品的使用规范、放射性药品使用规范;医疗器械使用规范。

从管理的层面看,(1)医疗资质管理,分为机构准入和人员准入。如对医疗机构的管理,对中外合资合作医疗机构管理,对中医药医疗机构管理,对血站血液中心管理,对医师管理、护士管理、药师管理。(2)医疗执业管理,包括医疗机构业务、医疗执业行为管理。(3)医疗技术管理,包括技术准入和技术操作规范规程。(4)医疗产品管理,包括药品管理、医疗器械及设备管理,血液及血液制品管理,生物制品管理,临床试验。(5)医疗监督管理。(6)医疗行政管理。

同时,中华医学会作为医疗行业专业学会,起到行业自律、管理和行业规范的作用。近年,中华医学会各学科都制定指导性临床诊疗指南和疾病诊疗指南,如癌症治疗规范、痛风诊疗指南、艾滋病诊疗指南等。2006年,原卫生部、国家中医药管理局、总后卫生部三家联合委托中华医学会,由其各医学分会制定了相关的学科临床诊疗指南。同时,上述三家又联合下发通知要求:"各级各类医疗卫生机构和学术团体要组织医务人员认真学习《临床诊疗指南》,医疗卫生机构及其医务人员要在执业过程中参照执行。"因此,我国2006年开始有了统一的医疗卫生行业的诊疗技术规范,虽然此规范较为粗糙,尚不能涵盖临床医疗行为,但也算是有了相关的诊疗技术规范。2006年至今,《临床诊疗指南》已经出版发行47分册,涉及临床各主要学科。

随着现代临床诊疗技术突飞猛进发展,主要针对某类疾病的诊疗技术规范已经远远不能规范相关技术的具体临床应用,比如心脏病冠状动脉介入治疗技术、内镜微创技术等就需要单独制定相应的技术规范。如此,在上述《临床诊疗指南》之外,还有大量的指南等规范类制定,共同组成了我国医疗技术规范系统,对临床诊疗行为产生重要的指导作用。

为了证明诊疗活动合乎规范,通常情况下还可以援引医学相关文献著作和技术操作规范的汇编材料。例如《中国药典》《实用内科学》《实用外科学》等书籍、教科书。

3. 监控视频

随着科学技术的发展和社会经济条件的改善,监控设备在包括医疗机构在内的大多数公共场所得到广泛应用。近年来,医疗机构在手术室等重要场地安装了摄像设备,有的对各种镜下的检查、治疗过程进行了录像,有些医院甚至对患者的全程诊疗进行摄、录像。医疗机构的监控视频资料一方面有利于安全保卫工作,另一方面也可作为诊疗活动的规范记录。

4. 和解协议

医疗法律风险发生之后,医患双方自行和解或经卫生行政部门调解后达成的和解协议具有法律效力。医患双方经协商达成和解的,应当签署书面和解协议。任意一方反悔,对方可根据和解协议确立的权利义务关系向人民法院提起诉讼。医患双方也可以经人民调解达成协议,该协议可以依法向人民法院申请

5. 医疗损害鉴定意见

医疗法律风险纠纷诉讼具有高度专业性,而法官一般不懂医学,很难对医疗损害事实进行判定,因此医疗损害鉴定成为事实判定的一个重要途径。医疗损害鉴定意见甚至可以左右一场医疗纠纷诉讼的成败,因而被称为医疗纠纷诉讼的"准判决书"[1]。

医疗损害鉴定意见应当载明并详细论述:是否存在医疗损害及其损害程度;是否存在医疗过错;医疗过错与医疗损害是否存在因果关系;医疗过错在医疗损害中的责任程度等。

第三节 医疗法律风险处理中的损害鉴定

一、医疗损害鉴定概述

(一) 医疗损害鉴定的概念

医疗损害鉴定,是指在解决医疗损害赔偿纠纷的过程中,鉴定人受人民法院、行政主管部门、当事人或代理人等的指派或委托,运用专门的知识和技能,依法对医患双方所争议的某些专门性问题作出鉴别和判断的活动。

医疗行业具有专业性和高风险性,体现在一方面医学科学具有探索性和局限性,另一方面患者的身体状况又存在巨大差异,因此法律对医疗服务活动的调整和评判,不能苛求结果的绝对正确。在司法实践中,不能以是否得到理想治疗效果作为医疗过失的认定标准,而只能关注诊疗活动的开展是否合乎常规,医务人员是否尽到了合理审慎注意义务,对于患方的损害后果有无主观上的故意或过失。

要公正、合理地确定医疗机构的法律责任,司法权就不得不借助医学专门知识对临床诊疗活动的各个环节进行分析和审查。实践中,医疗损害鉴定所涉及的专门问题已经涵盖医疗赔偿责任中绝大多数的请求权要件事实,在责任认定方面发挥着举足轻重的作用。

(二) 我国的医疗技术鉴定制度

目前从事医疗损害鉴定的机构主要有三类:(1) 中华医学会及各级医学会组织的鉴定;(2) 司法鉴定机构;(3) 依法具有检验资格的检验机构。医学会主要进行医疗事故的鉴定,现在也可以进行医疗损害鉴定,称为"医疗损害责任技术鉴定";法医鉴定机构根据司法行政部门授予的业务范围进行医疗过错司法鉴定,称为"医疗过错司法鉴定";检验机构进行缺陷、不合格产品、血液、药品等的

---

[1] 龚赛红、喻科军:《医疗诉讼证据问题研究》,载《证据科学》2009年第3期。

质量鉴定。

根据医疗损害鉴定内容的不同,医疗损害鉴定分为:

1. 医疗损害技术鉴定

医疗损害技术鉴定因委托的鉴定机构不同,其鉴定名称也不同。当事人或人民法院委托医学会进行的鉴定,称为"医疗事故技术鉴定"或"医疗损害责任技术鉴定";委托法医鉴定机构进行的鉴定称为"医疗过错司法鉴定"。前者由医学会负责,通说认为其性质上属于行政鉴定,而后者是由各法医鉴定机构负责,"鉴定二元化"也就是指的这两种鉴定。造成此种二元鉴定模式的根本原因在于长期以来实体法上对医疗风险的处理存在着两套救济途径:一种是通过认定医疗事故获得赔偿,直接依据是2002年国务院《医疗事故处理条例》和2018年国务院《医疗纠纷预防和处理条例》;另一种则是依据《民法典》第七编第六章"医疗损害责任"主张侵权损害赔偿。在此制度背景下,双方当事人享有程序选择权,可以根据自身意愿选择相应的救济途径和鉴定方式。

《医疗纠纷预防和处理条例》规定了协调统一的医疗损害鉴定管理机制,即医学会或者司法鉴定机构可以接受委托从事医疗损害鉴定;建立统一的医疗损害鉴定专家库;将鉴定名称统一为医疗损害鉴定;医疗损害鉴定的具体管理办法由国务院卫生、司法行政部门共同制定。2018年7月25日,国家卫生健康委员会和司法部下发《医疗损害鉴定管理办法(征求意见稿)》,该《管理办法》有望统一医疗损害鉴定体制。

2. 医疗损害法医学鉴定

医疗损害中患者死亡,医患双方不能确定死因或者对死因有异议的,经死者近亲属同意并签字,要进行尸检以明确死因。涉及伤残的,要对伤残程度进行评定;涉及体内毒药物的,要进行毒药物的检验鉴定。对此,针对医疗损害中死亡、伤残程度和毒药物的检验鉴定,被称为"医疗损害法医学鉴定";医疗损害法医学鉴定由按照国家有关规定取得相应资格的机构、病理解剖专业技术人员和法医进行。死亡原因的鉴定一般都成为判定医疗行为有无过错的依据,伤残程度鉴定一般成为判定赔偿的依据。

3. 医疗损害专门性问题鉴定

医疗损害中涉及病历资料的真实性如何?病历是否被修改?对输液、输血、注射、药物等引起不良后果的现场实物的争议?以及医疗器械、产品、药品、药液、血液等质量性的专门性问题,需要委托的鉴定,被称为"医疗损害专门性问题鉴定"。医疗损害专门性问题鉴定由具有检验资格的检验机构进行。

(三)医疗损害鉴定意见的效力

在医疗风险法律处理中的损害鉴定意见,本质是由鉴定人依据专门知识得出的意见证据,鉴定意见对于法官的事实认定并不具有法律上的约束力。鉴定意见只是作为一种法定证据,在诉讼中的地位与其他证据完全相同,因此不论是医学会组织的鉴定还是司法鉴定机构的鉴定,鉴定意见的证据效力都需要经过法庭调查、质证予以认定。通过法庭调查和质证,法官也完全可能推翻鉴定意见所认定的事实。

例如,2003年1月7日,广州男孩小辉因为咳嗽、咯痰,于当晚8时步行到某医院求诊。经X光胸透,诊断为右下肺炎。接诊的医生直接给小辉开了静脉注射液。十几分钟后,小辉便显得非常烦躁不安,要求回家。其母于某找到开药的医生,告知他小辉胸闷,很不舒服。该医生似乎并不在意。又过了十几分钟,小辉愈发烦躁,嚷嚷着喘不过气,于某再度找到医生,医生仍然没有在意。一个小时后,小辉的不适感不断加重,在于某的一再要求下,医生终于来到治疗室,他发现情况不对,立即给小辉吸氧并抽血检查,后给予"胰岛素"治疗。

然而,小辉的情况却在继续恶化,仅在天亮前医院就发出了三道病危通知书。次日上午,小辉被会诊确认"糖尿病酮症酸中毒",下午被转入危重病救治中心(即ICU)。1月15日,尚未年满19岁的小辉死亡。医院出具的死亡原因为:糖尿病酮症酸中毒、糖尿病、急性肾功能衰竭、急性呼吸窘迫综合征、心肺复苏后脑水肿、肺部感染、药物性皮疹。

原来,医生在小辉的注射液中加入了"地塞米松",这是一种效力极高的糖皮质激素,其禁忌证包括糖尿病。

一审法院委托广州市医学会对此案作了医疗事故技术鉴定。该鉴定书称,医院存在"对病史搜集有疏漏,病历资料记录不全……尤其是对病情及预后估计不足,缺乏分析,处理措施欠缺,未能迅速有效控制病情"等过失,但与患者之死不存在因果关系,不构成医疗事故。依据医疗事故鉴定结论并结合查阅医学著作,法院在一审判决书里写道:"《实用内科学》明确指出,糖尿病酮症酸中毒是分秒必争的抢救病,必须进行生命体征和代谢的监护……医院在近十个小时里没有采取抢救措施,其过失行为与小辉死亡存在相当因果关系。"[①]

二、医疗损害责任(医疗事故)技术鉴定

(一) 概念

医疗损害责任技术鉴定是医学会组织相关临床医学专家或和法医学专家组成的鉴定组依照医疗卫生管理法律、行政法规、部门规章和诊疗护理规范、常规,运用医学科学原理和专业知识,独立进行医疗损害技术鉴定,对医疗损害进行鉴别和判断,为处理医疗损害争议提供医学依据的活动。早期是专指医疗事故技

---

① 参见毕征、刘晓星:《爱子打完吊针一周后殒命,父母状告医院》,载《广州日报》2005年12月28日。

术鉴定,在我国《侵权责任法》生效后,2010年6月28日原卫生部发布的《关于做好〈侵权责任法〉贯彻实施工作的通知》规定为"医疗损害责任技术鉴定"。

医疗损害责任技术鉴定的法律依据是由国务院、卫生部颁行的规范性法律文件,包括《医疗纠纷预防和处理条例》及《医疗事故技术鉴定暂行办法》《医疗事故分级标准(试行)》《医疗事故技术鉴定专家库学科专业组名录》《医疗事故争议中尸检机构及专业技术人员资格认定办法》,医疗损害责任技术鉴定分级参照《医疗事故分级标准(试行)》执行。

(二) 特点

1. 属于行政鉴定

通说认为,从鉴定委托权、鉴定组织权、鉴定实施权三方面综合考量,医疗损害责任技术鉴定程序整体上由卫生行政部门主导,从而具备了行政鉴定的基本特征;同时,其鉴定意见成为卫生行政部门进行行政处理的依据和结论。

2. 逐级鉴定

根据2002年《医疗事故处理条例》第21条第1款的规定,设区的市级地方医学会和省、自治区、直辖市直接管辖的县(市)地方医学会负责组织首次医疗事故技术鉴定工作。省、自治区、直辖市地方医学会负责组织再次鉴定工作。医疗损害责任技术鉴定存在着逐级鉴定的情形。2018年《医疗纠纷预防和处理条例》对此未予以明确,期待国务院卫生、司法行政部门共同制定具体管理办法予以明确。

3. 集体鉴定

依据2002年《医疗事故处理条例》的规定,医疗损害责任技术鉴定由负责组织医疗事故技术鉴定工作的医学会组织专家鉴定组进行,鉴定书只盖医学会医疗事故技术鉴定专用印章,鉴定专家不签名。依据2018年《医疗纠纷预防和处理条例》第34条第3款"医学会或者司法鉴定机构开展医疗损害鉴定,应当执行规定的标准与程序,尊重科学,恪守职业道德,对出具的医疗损害意见负责,不得出具虚假鉴定意见。医疗损害鉴定的具体管理办法由国务院卫生、司法行政部门共同制定"的规定来看,集体鉴定的性质依然没有改变。这也使得医疗损害责任技术鉴定与医疗损害司法鉴定之间具有了明显的区别。

4. 意见效力受影响

(1) 鉴定由医学会组织,鉴定成员绝大部分来源于辖区内的各个医疗机构,因此其鉴定的中立性受到质疑。

(2) 鉴定程序不够完善。一是医疗损害责任(医疗事故)技术鉴定专家的回避采取事前回避的方式,由于当事人对具体参加鉴定的专家的专业知识水平、业务能力、道德人品和利害关系无从知晓,也无从调查取证,所以申请回避时无法说明充分的理由并出示相关证据,所以回避实际上很难实现;二是在鉴定过程中缺乏对抗性辩论环节,医患双方的观点和证据仅有少量的接触和交锋,不利于专家鉴定人充分了解和掌握纠纷的有关事实和证据,更不利于双方有针对性的答辩。

(3) 从证据证明力的角度,医疗损害责任技术鉴定意见的表现形式不严谨。表现在医疗损害责任(医疗事故)技术鉴定结论不要求鉴定人签名,对鉴定人的资格也没有限制,这些都使得其形式不符合法律对鉴定意见的要求,且该意见经专家组集体得出,不记录专家组成员的不同意见,鉴定专家不在鉴定书上签字,在制度层面就难以实现鉴定人出庭接受质证,这些瑕疵影响了证据的证明力。对此,2018年《医疗纠纷预防和处理条例》做了较大调整,最突出的是坚持同行评议和同行鉴定,组织鉴定专家库。

三、医疗过错司法鉴定

(一) 概念

医疗过错司法鉴定是指医疗法律风险处理过程中,人民调解组织或者人民法院依职权或应医患任何一方当事人的请求,委托具有法定鉴定资质的机构对患方所诉医方诊疗过错、医疗损害结果、医疗损害结果与医方过错有无因果关系等专门性问题进行分析、判断并提供鉴定意见的活动。

医疗过错司法鉴定的主要法律依据是全国人大常委会《关于司法鉴定管理问题的决定》及司法部《司法鉴定程序通则》《司法鉴定机构登记管理办法》《司法鉴定人管理办法》《司法鉴定执业分类规定》《人体损伤致残程度分级》《精神疾病司法鉴定暂行规定》以及各省、市、自治区《国家司法鉴定人和司法鉴定机构名册》等。

(二) 特点

1. 鉴定范围法定

医疗过错司法鉴定只能对诉讼过程中涉及的医疗损害专门事实问题进行鉴定,不能进行法律评价。通常,鉴定机构只就医方是否存在过错以及医疗过错与损害后果之间是否存在因果关系进行鉴别和评判,而不能就是否应该承担医疗损害责任进行法律认定。

2. 中立性较强

医疗过错司法鉴定机构具有中立性,各鉴定机构之间没有隶属关系。鉴定机构接受委托,依法在业务范围内从事司法鉴定业务,不受地域限制。

3. 鉴定人负责制

医疗过错司法鉴定人应当独立进行鉴定,对鉴定意见负责并在鉴定书上签名或者盖章。多人参加的鉴定,对鉴定意见有不同意见的,应当注明。目前,相关法律法规对鉴定人故意做虚假鉴定的,实行错鉴追究制。

4. 鉴定意见形式严谨

医疗过错司法鉴定意见由鉴定人独立作出并由其负责，除加盖鉴定机构公章之外还需鉴定人署名，鉴定依据则遵循着统一的国家标准；鉴定人出庭接受质证，符合法律规定的证据要求，为证据的审查判断提供了基础条件。鉴定意见的判定对于审判人员没有拘束力，最终是否被采信取决于法庭质证之后法官的法律判定。

5. 专业性受限

医疗过错司法鉴定以法医为主导。由于法医的知识结构导致对临床医疗的判定存在一定不足。虽然可以聘请专家提供专业知识和经验，但这是非常有限的。因为医疗行为的高度专业技术性决定了医疗过错鉴定中所涉专业技术问题十分复杂，要求司法鉴定人员具有丰富的医学专业知识和临床经验，熟悉卫生法律法规和技术操作规范、常规，特别是医疗过错鉴定涉及医学、法律、法医学、赔偿等多学科鉴定，具有综合鉴定的性质，而法医的知识结构中存在对医疗临床知识把握的不足，虽然鉴定过程中法医往往通过咨询临床专家来弥补这些不足，但还是远远不够的。因此，建立同行评议制度的呼声越来越高。2018年《医疗损害鉴定管理办法（征求意见稿）》和2018年《医疗纠纷预防和处理条例》就强调了坚持科学性、公正性、同行评议及鉴定专家负责制的原则。

四、医疗损害鉴定模式的发展

上述的两种医疗损害鉴定模式各有利弊，理论界与实务界一直在探讨如何完善现有的医疗损害鉴定体制，吸收现存的两种鉴定体制的各自优势，化解各自不足，消除二元化状态，构建统一的医疗损害鉴定制度。2018年《医疗纠纷预防和处理条例》从鉴定的启动、标准、程序和专家库等方面予以规定，体现了同行鉴定以及鉴定一元化的思路。鉴于目前临床医学发展日新月异，临床分科越来越细，对日趋专业的医学临床事实进行评定，需要本领域的专家才能更好把握，医疗损害责任（医疗事故）采取同行评议模式有利于客观认识医疗行为本身，具有一定的科学性，也应该成为未来鉴定一元化的目标和趋势。

2018年的《医疗损害鉴定管理办法（征求意见稿）》，体现了统一医疗损害鉴定体制的思路；强调了坚持科学性、公正性、同行评议及鉴定专家负责制的原则。

医疗损害鉴定从证据属性的层面看，其属于意见证据。加之医疗损害鉴定的专业性和多学科的特点，决定了作为法定证据种类中唯一意见证据的鉴定意见的采纳必须做到鉴定主体、客体和程序均合法有效。在鉴定主体上，鉴定人应当由医疗法律风险争议涉及的医学学科专家、法医学专家或法学专家等共同组成，避免外行评价内行的弊端，同行评价有利于鉴定意见的科学性和公正性。鉴定意见应当实行鉴定人负责制，对鉴定人设置完善的准入制度和资格要求，政府牵头设立的专家库应当完善、科学、合理、均衡,不仅能够为医疗鉴定所用,也能为人民调解和行政调解所用。专家信息应当在保密原则的基础上向申请人公开,以便符合程序正义的要求。

从鉴定客体上来说,在完成的鉴定意见上,应当按照法律要求详细载明和论述鉴定意见形成的过程和结论,而且鉴定人应当签名盖章,对于持不同意见的鉴定人,可以对其观点加以注明,而后根据多数意见形成鉴定意见,以便确保鉴定意见形式合法、内容完善,同时便于鉴定人按照相关法律要求出庭接受质证以及承担相应的责任。在法庭质证过程中,对方当事人可以聘请相应学科的专家辅助人参与质证,专家辅助人所做出的证言属于当事人陈述,与鉴定意见同属于证据的一个种类,法庭应当一视同仁,而不应当重意见轻质证。

从程序上来说,为确保鉴定意见最大程度接近事实真相,应当确保鉴定意见所依据的病历资料的完整性和真实性,内容和形式不合法的病历资料不应当作为鉴定意见的依据。在鉴定过程中,检材的提取、运输、保存也应当是合法有效、有据可查的。

综上所述,鉴定一元化乃是大势所趋,同时应当配套建立同行评议制度、鉴定人资格审查制、鉴定人负责制、鉴定文书规范、虚假鉴定的处罚等配套制度,吸收现在两种鉴定模式的长处,逐步建立并完善新的医疗损害鉴定制度。

第四节 医疗法律风险处理中的证明责任

一、证明责任概述

(一)概念

法院在裁判案件争议时,首先确定作为裁判基础的事实关系是否存在,然后才能适用相应的法律作出裁判。但在有的情形下,当事人所主张的事实由于没有证据或证据不足或者双方证据相当不能证明该事实存在与否时,就发生了法院在此时应当如何裁判的问题。在民事诉讼中,法院不能拒绝裁判,即使案件事实真伪不明,法院也必须作出裁判,而且其裁判后果总是对其中一方当事人不利。因此,应当证明的事实真伪不明导致的对一方当事人不利的后果或危险就是证明责任。在真伪不明时,法律上规定由谁承担由此带来的不利后果就是所谓证明责任的分配。《民诉法解释》第90条对证明责任作出了明确的规定,即当事人对自己提出的诉讼请求所依据的事实或者反驳对方诉讼请求所依据的事实有责任提供证据加以证明。没有证据或者证据不足以证明当事人的事实主张的,由负有举证责任的当事人承担不利后果。

行为意义上的证明责任是指当事人在诉讼中提供证据证明自己的主张或反

驳对方主张的责任,也称提供证据的责任。

结果意义上的证明责任是指在待证事实处于真伪不明的状态时,法官应当判决由哪一方当事人承担由此带来的不利后果。其本质是一种风险的负担,即事先确定败诉的风险由哪一方当事人负担。根据《证据规定》第73条第2款的规定,"因证据的证明力无法判断导致争议事实难以认定的,人民法院应当依据举证责任分配的规则作出裁判"。

证明责任通常是指结果意义上的证明责任。

(二)特点

(1)证明责任必然只能由一方当事人负担。

(2)证明责任是一种拟制或假定。拟制或假定负有证明责任的当事人没有能够证明时,该事实不存在,并依此让负有证明责任的当事人承担不利后果。但不能证明并不等于该事实就是真的不存在,所以证明责任只在穷尽了所有调查手段,而案件事实仍然真伪不明时适用。

(3)证明责任的分配必须由法律事先规定。

二、证明责任的分配

医疗法律风险处理中的证明责任,是指根据法律的规定,对特定的医疗纠纷事实,由医方或患方承担的败诉风险。

涉及医疗法律风险处理的证明责任分配原则,主要规定于我国《民事诉讼法》《证据规定》《侵权责任法》,相关司法解释以及《民法典》当中,以下进行简要梳理和归纳。

(一)我国1991年《民事诉讼法》确定的分配原则

根据1991年《民事诉讼法》第64条第1款的规定,"当事人对自己提出的主张,有责任提供证据"——从而确立了"谁主张,谁举证"的分配原则。但此规定更侧重于行为意义上的证明责任,过于宽泛,尤其是对于待证事实真伪不明时的败诉风险如何负担,缺乏可操作性。后续的司法解释对其进行了补充。

(二)我国2001年《证据规定》确定的分配规则

1. 首次明确了结果意义上的证明责任是败诉的风险负担

《证据规定》第2条第2款明确规定:"没有证据或者证据不足以证明当事人的事实主张的,由负有举证责任的当事人承担不利后果。"

2. 基本上贯彻了法律要件分类说的分配原则

《证据规定》第5条第1款明确规定:"在合同纠纷案件中,主张合同关系成立并生效的一方当事人对合同订立和生效的事实承担举证责任;主张合同关系变更、解除、终止、撤销的一方当事人对引起合同关系变动的事实承担举证责任。"

3. 对医疗损害等特殊侵权纠纷的证明责任分配作出特别规定

考虑到特殊侵权纠纷受害人举证困难以及法的正当性的需要,《证据规定》在第 4 条充分利用了证明责任倒置等方法对法律要件分类说进行了部分修正。根据《证据规定》第 4 条第 1 款第 8 项的规定,对于因医疗行为引起的侵权诉讼,由医疗机构就医疗行为与损害结果之间不存在因果关系及不存在医疗过错承担举证责任。这就是通常所说的"医疗损害举证责任倒置"规则,即将依照法律要件分类说将本来应当由一方当事人负有证明责任的部分要件事实,基于法律的特别规定,转移给另一方当事人承担证明责任。也就是说,将医疗过错、医疗行为与损害后果之间因果关系的证明责任由患方转移给医方。

4. 规定了免证事实

《证据规定》第 9 条明确了当事人无需证明的事实,进而免除了双方当事人对这些事实的证明责任,具体包括:众所周知的事实、自然规律及定理、推定的事实、预决事项、公证文书证明的事实。例如,一旦医疗机构在诉讼中明确承认医疗过错存在,就构成自认,任何一方都无需再对医疗过错事实承担证明责任。

5. 确立证据持有的推定

为防止持有证据的一方不配合举证而造成实质不公,《证据规定》在第 75 条确定了证据持有的推定,一定程度上减轻了当事人负担的证明责任。据此,有证据证明一方当事人持有证据无正当理由拒不提供,如果对方当事人主张该证据的内容不利于证据持有人,可以推定该主张成立。例如,患方主张医疗过错存在却无法获得病历资料,则只需证明医疗机构持有病历,且无正当理由拒不提供的事实,就可以推定病历记载的内容不利于医疗机构。同理,如果医方主张门诊病历中有医疗机构无医疗过错的证据,而持有该证据的患者无正当理由拒不提供,也可以推定该事实成立。

(三)我国《侵权责任法》确定的分配规则

医疗损害举证责任倒置规定的出台,缓和了患者举证责任,但也加大了医方责任,为避免风险,许多医生在诊疗时首先考虑如何保存证据而不是患者疾痛,于是出现了防御型医疗和过度诊疗等问题,更为严重的是,由于惧怕承担责任,对于疑难病症或者风险性较大的疾病干脆推诿不治,由此加剧了看病贵、看病难、医疗资源浪费、医患矛盾激化、患者利益受损和医学科学停滞不前等问题。由此,我国《侵权责任法》本着既保护患者利益,也保护医方利益的原则,适当减轻医方的举证责任:

1. 明确医疗损害的过错责任原则,由患方对医疗过错承担证明责任

《侵权责任法》第 54 条规定:"患者在诊疗活动中受到损害,医疗机构及其医务人员有过错的,由医疗机构承担赔偿责任。"即医疗损害责任的承担,适用过错

责任原则,即医疗机构及其医务人员有过错的,医疗机构才承担赔偿责任。

这一规定修正了《证据规定》(2001年)所确立的医疗举证责任倒置的归责原则,回归了医疗损害过错责任。从而将医疗过错的证明责任,由原先的医疗机构负担回归给患方负担。即患者必须提供医方有过错的证据,方能要求赔偿。

2. 对医疗过错的认定规定了法律的推定,由患方对基础事实承担证明责任

《侵权责任法》生效以后,医疗机构不再需要对自己没有医疗过错承担证明责任,而由患方证明医疗过错的存在。但是考虑到患方不具备医学专业知识的实际困难,为缓和患方的举证负担,法律又规定了关于医疗过错的推定。

推定是指根据法律规定或经验法则,若能证明基础事实成立,则认定推定事实成立。《侵权责任法》第58条规定,患者有损害,因下列情形之一的,推定医疗机构有过错:(1) 违反法律、行政法规、规章以及其他有关诊疗规范的规定;(2) 隐匿或者拒绝提供与纠纷有关的病历资料;(3) 伪造、篡改或者销毁病历资料。这意味着患方只要能够证明在医疗损害中医方存在以上三种情形之一的基础事实,即可推定医方存在医疗过错,到此,患方的举证责任完结,证明医疗无过错的责任由医方承担。

《侵权责任法》规定的"医疗过错推定"与《证据规定》(2001年)中规定的"医疗举证责任倒置"有很大的不同。"医疗举证责任倒置"是从"损害"直接推定"医疗过错",患方只要证明损害是由医疗行为造成的即可,医方就必须证明医疗无过错,否则必须承担败诉的责任;而"医疗过错推定",患方首先要证明损害后果存在,其次证明医方存在《侵权责任法》第58条规定的三种情形之一,才推定医方存在医疗过错,然后由医方提出证据证明医疗行为无过错。

虽然"医疗过错推定"依然适用举证责任倒置,但在一定程度上实现了有条件的过错推定,既缓和了患者医疗举证能力不足的缺陷,也一定程度上平衡了医患双方的利益。

3. 明确医疗产品的无过错责任原则,由患方对产品缺陷等承担证明责任

无过错责任原则也叫无过失责任原则,是指没有过错造成他人损害的,依法律规定应由与造成损害原因有关的人承担民事责任的原则。英美法称之为"严格责任"。

《侵权责任法》第59条规定:"因药品、消毒药剂、医疗器械的缺陷,或者输入不合格的血液造成患者损害的,患者可以向生产者或者血液提供机构请求赔偿,也可以向医疗机构请求赔偿。患者向医疗机构请求赔偿的,医疗机构赔偿后,有权向负有责任的生产者或者血液提供机构追偿。"与医疗技术损害不同,对于医疗活动中缺陷产品致人损害,《侵权责任法》采纳了无过错责任的归责立场。

据此,在医疗产品责任案件中,患者需要对产品缺陷、损害后果、因果关系三项请求权要件事实承担证明责任,可以向生产者或者血液提供机构请求赔偿,也

可以向医疗机构请求赔偿。患者向医疗机构请求赔偿的,医疗机构赔偿后,有权向负有责任的生产者或者血液提供机构追偿。

4. 医疗机构对免责事由承担证明责任

《侵权责任法》第60条细化了医疗损害的三种免责事由:一是患者或者其近亲属不配合医疗机构进行符合诊疗规范的诊疗;二是医务人员在抢救生命垂危的患者等紧急情况下已经尽到合理诊疗义务;三是限于当时的医疗水平难以诊疗。从而合理、适当地控制了不必要的医疗纠纷。但是对于免责事由的证明责任由医疗机构承担。如果医方无法证明存在法定的免责事由,则不能免除相应的赔偿责任。

(四)最高人民法院司法解释对举证责任的细化规定

最高人民法院《关于审理医疗损害责任纠纷案件适用法律若干问题的解释》在《侵权责任法》的基础上对医患双方举证责任的划分做出了更清晰的表述,并解决了患方无法举证证明医疗机构的过错以及诊疗行为与损害之间具有因果关系的问题。

1. 患者对就诊和损害事实承担证明责任

(1)患者在诊疗活动中受到损害、向医疗机构主张赔偿责任的,应当提交到该医疗机构就诊、受到损害的证据。患者无法提供医疗机构及其医务人员有过错、诊疗行为与损害之间有因果关系的证据,依法提出医疗损害鉴定申请的,人民法院应当准许。

(2)患者主张医务人员未尽知情同意义务造成患者损害而主张医疗机构承担赔偿责任的,也应当提交到该医疗机构就诊、受到损害的证据。

(3)患者依据因药品、消毒药剂、医疗器械的缺陷,或者输入不合格的血液造成患者损害、患者请求赔偿的,应当提交使用医疗产品或者输入血液、受到损害的证据。患者无法提交使用医疗产品或者输入血液与损害之间具有因果关系的证据,依法申请鉴定的,人民法院应予准许。

2. 推定医疗机构有过错的情形

患者依法向人民法院申请医疗机构提交由其保管的与纠纷有关的病历资料等,医疗机构未在指定期限内提交的,人民法院可以依照《侵权责任法》第58条第2项规定推定医疗机构有过错,但是因不可抗力等客观原因无法提交的除外。

3. 医疗机构对抗辩事由承担证明责任

医疗机构主张不承担责任的,应当就抗辩事由承担举证证明责任。

(五)《民法典》的相关规定

我国2020年颁布的《民法典》基本上吸收了《侵权责任法》对证明责任的分配规则,并将其放在第七编第六章中。

第五节　医疗法律风险处理中的证据效力

一、证据效力概述

证据效力是指在诉讼过程中，当事人进行法庭质证和法官审查认定证据时的评价指标。医疗风险法律处理中的证据，同样要经过法庭调查和法庭质证，最终才能确定其证据效力。

要考量证据的效力，主要着眼于证据能力和证明力两项指标，前者是对证据的资格限制，后者是对证据的价值评价。二者之间不存在对应关系，没有证据能力的证据可能具有证明力，但不能作为定案依据。具有证据能力的证据并不当然具有证明力，其证明力的有无、大小都有待法官的认定。

（一）证据能力

证据能力也称可采性，是指法律允许作为证据的资格。不具有证据能力的证据，不论证明力大小如何，原则上都应当被排除，不能作为定案依据。例如，通过安装窃听设备窃听医护人员的私人通话获取的有关信息，即使能够证明某些医患纠纷的关键事实，但是因为证据违反法律的禁止性规定不具有可采性。证据能力是现代证据法的主要调整对象。

（二）证明力

证明力是指证据对于待证事实（也称证明对象）是否具有证明价值，以及证明价值大小。由于证据的形式和种类千差万别，对于证据证明力的大小法律难以事先规定，所以现代证据法普遍承认了司法的能动性，将评判证据证明力大小的权力授予法官。例如，在诉讼中医务人员的证人证言，要评判其证明力大小，就需要法官对法庭调查、质证环节作出综合考虑后进行认定。

二、证据效力的审查

（一）对证据能力的审查

评判证据有无可采性的标准是法律法规。法律对证据能力调整主要依靠否定性评价的方法，即法律规范明确规定证据能力欠缺的情形，除此之外的证据原则上都具有证据能力。

一般认为，现行的民事证据可采性规则主要存在于《民诉法解释》。根据《民诉法解释》，以侵害他人合法权益或者违反法律禁止性规定的方法取得的证据，不能作为认定案件事实的依据。可见，我国法律对于民事证据可采性的考量，原则上只要求未侵犯他人的合法权益、未违反法律的禁止性规定——换句话说，只要不具备法定的证据禁止条件即可。

另外,《民诉法解释》还明确了举证时限制度,对于当事人逾期提交的证据材料,人民法院审理时不组织质证。但对方当事人同意质证的除外。这意味着证据还可能因为超过举证时限而不具有证据能力。

(二) 对证明力的审查

评判证据证明力大小主要依靠法官自由心证,特殊情况下才由法律对证据的证明力作出规定。自由心证是指对于证据的证明力大小,法律不做事先规定,而由法官根据良心和理性进行认定。《民诉法解释》第105条就规定:"人民法院应当按照法定程序,全面、客观地审核证据,依照法律规定,运用逻辑推理和日常生活经验法则,对证据有无证明力和证明力大小进行判断,并公开判断的理由和结果。"

法官有权对证据证明力进行自由评价,并不意味着绝对的自由——法官只能对具有证据能力的证据进行心证,而且心证不能违背常理和逻辑,心证过程还需在判决书中公开。特殊情况下,法律还会明确规定某些证据的证明力,作为对法官自由心证的限制。现行法上的证明力规则也主要存在于《民诉法解释》中。

1. 补强证据规则

对于证明力有欠缺的证据,需要其他证据相佐证,不能单独成为定案依据。下列证据不能单独作为认定案件事实的依据:(1) 未成年人所作的与其年龄和智力状况不相当的证言;(2) 与一方当事人或者其代理人有利害关系的证人出具的证言;(3) 存有疑点的视听资料;(4) 无法与原件、原物核对的复印件、复制品;(5) 无正当理由未出庭作证的证人证言。

2. 完全证明力规则

成文法认可部分证据的证明力,因此要求司法者如无例外,都应确认此类证据具有完全的证明力。

一方当事人提出的下列证据,对方当事人提出异议但没有足以反驳的相反证据的,人民法院应当确认其证明力:(1) 书证原件或者与书证原件核对无误的复印件、照片、副本、节录本;(2) 物证原物或者与物证原物核对无误的复制件、照片、录像资料等;(3) 有其他证据佐证并以合法手段取得的、无疑点的视听资料或者与视听资料核对无误的复制件;(4) 一方当事人申请人民法院依照法定程序制作的对物证或者现场的勘验笔录。

另外,人民法院委托鉴定部门作出的鉴定意见,当事人没有足以反驳的相反证据和理由的,可以认定其证明力。

3. 证明力权衡规则

在对多个证据进行心证时,司法者对证据证明力的权衡需要符合逻辑法则和生活经验。

人民法院就数个证据对同一事实的证明力,可以依照下列原则认定:(1)国家机关、社会团体依职权制作的公文书证的证明力一般大于其他书证;(2)物证、档案、鉴定结论、勘验笔录或者经过公证、登记的书证,其证明力一般大于其他书证、视听资料和证人证言;(3)原始证据的证明力一般大于传来证据;(4)直接证据的证明力一般大于间接证据;(5)证人提供的对与其有亲属或者其他密切关系的当事人有利的证言,其证明力一般小于其他证人证言。

三、证据效力的认定

综上所述,对证据效力的审查认定需要根据法律,依次对证据的证据能力和证明力进行评估,证据能力的认定依据是法律规范,而证明力大小的评判则主要由法官进行自由心证。

有关医疗风险的证据,同样要遵循这一思路对证据依次进行两个层面的考量:

首先,证据要具有证据能力,这是认定其证明力的先决条件,没有证据能力的证据即使具有证明力,也不能作为定案依据。例如,根据《民诉法解释》第107条,在诉讼中,当事人为达成调解协议或者和解协议作出妥协所涉及的对案件事实的认可,不得在其后的诉讼中作为对其不利的证据。这意味着医疗机构与患方和解或调解过程中所做的让步,很可能对于案件事实具有一定证明力,但基于法律的规定不具有证据能力,不能成为定案依据。

其次,有证据能力的证据只是具有了作为定案依据的资格,最终有无证明价值、证明价值大小还有待于证明力的认定。例如,医疗机构如申请主治医师作为证人出庭作证,该证据并未违反任何证据禁止法律规范,因此主治医师的证言具有证据能力,但其作为医疗机构的工作人员,与作为一方当事人的医疗机构存在利害关系,其证言的证明力就相应被削弱。

总之,只有那些具备证据能力的证据,经过法官的自由心证,使其证明力得到确认,才能最终成为定案依据。

本章小结

医疗法律风险处理中的证据,是指对医疗法律风险的防范、处理具有证明价值和意义的一切客观事实。根据《民事诉讼法》和《民诉法解释》,我国共有九类法定证据类型,即书证、物证、视听资料、电子数据、证人证言、当事人陈述、鉴定意见、勘验笔录和特殊的当事人陈述:专家辅助人意见。具体在临床实践中,关乎医疗法律风险预防与处理的常见证据有:病历、药品、药剂、医疗器械、血液制品、诊疗活动规范和技术操作常规、监控视频、和解协议、医疗损害鉴定意见等。

对于专业性极强的医疗损害，对其过错和因果关系的判断，特别依赖医疗损害鉴定。医疗损害鉴定是指在医疗法律风险处理的过程中，鉴定人受人民法院、行政主管部门、当事人或代理人的指派或委托，运用专门的知识和技能，依法对医患双方所争议的某些专门性问题作出鉴别和判断的活动。我国的医疗损害鉴定模式是双轨制的。医学会的医疗损害责任（医疗事故）技术鉴定与司法鉴定机构的医疗过错鉴定并存，鉴定体制的统一成为发展趋势。

医疗法律风险处理中的证明责任是指根据法律规定，对特定的医疗法律风险事实，由医方或患方承担的败诉风险。对医疗法律风险处理的证明责任，《民事诉讼法》《证据规定》（2001年）都先后进行过调整和分配，在《侵权责任法》颁布施行以后，医疗风险处理中的证明责任有了较为明确和具体的规定，而《民法典》基本上吸收了这些规定。

证据效力是指在诉讼过程中，当事人进行法庭质证和法官审查认定证据时的评价指标，包括证据能力和证明力。证据能力的认定依据是法律规范，而证明力大小的评判则要由法官进行自由心证。医疗法律风险处理中的证据，同样要经过法庭调查和法庭质证，最终才能确定其证据效力。

思考题

1. 简述医疗临床实践中常见的证据种类。
2. 试述医疗损害鉴定在医疗法律风险处理中的作用。
3. 试述医疗损害赔偿纠纷中证明责任的分配原则。
4. 试述医疗法律风险处理中证据效力的审查认定。

案例思考

2004年8月20日，王某因十二指肠出血入住昆明市某医院。同年8月29日，该院为王某实施了手术。因术后伤口一直渗出液体，又于10日后进行了第二次手术。但术后仍出现液体外漏，伤口不愈合，同时伴有发烧等症状。2005年1月17日，王某最终治疗无效死亡。同年1月21日，家属在对王某遗体进行火化时，发现其骨灰中有异物，经辨认为手术刀。家属认为是医院不负责任的医疗行为致使手术刀遗留在王某腹腔内致其死亡，故诉至法院请求判令医院赔偿医药费、丧葬费、死亡赔偿金、被抚养人生活费等共计496166.72元。

被告医院答辩称，医院系根据患者的病情及医疗原则对患者进行诊治，并已尽到了对患者的充分注意义务，不存在医疗过失行为；原告主张手术刀遗留在患者体内致其死亡无事实依据,请求驳回原告的诉讼请求。

案件审理过程中,经原告申请,法院委托某省法庭科学技术鉴定中心对双方当事人共同封存的影像资料进行以下方面的司法鉴定:(1) 是一次形成的还是合成的;(2) 是否是同一人的;(3) 与相关的申请单和报告单内容是否吻合;(4) 与王某本人的影像学资料比较是否是一人?根据该鉴定中心出具的云法鉴临字 2005 第 961 号《法医学文证审核鉴定书》,结论为:送检影像学材料为一次形成;送检影像学材料为同一人的;送检影像学材料所示影像与对应的送检 X 射线摄片检查报告和 CT 扫描检查报告所描述影像一致;九张 X 线片、三张 CT 片胸部正位片所示影像为同一人。

同时,经被告医院申请,法院委托某省法庭科学技术鉴定中心对被告为死者王某实施的医疗行为是否存在医疗过错,以及该医疗过错与王某的死亡后果之间是否存在因果关系进行司法鉴定,该中心出具云法鉴医字 2005 第 1517 号《医疗纠纷司法鉴定书》,结论为:(1) 昆明某医院为王某所提供的医疗服务符合医疗原则;(2) 王某死亡后未行尸体解剖检验,死亡原因不能明确。

法院经审理认为,经庭前证据交换及开庭质证,因原告无充分证据证明某省法庭科学技术鉴定中心出具的《医疗纠纷司法鉴定书》所依据的影像资料及病历资料不具真实性,且该鉴定书亦附有鉴定人的司法鉴定人资格证书,可对本案相关专门性技术问题进行司法鉴定,故该鉴定程序合法,依法对该份《医疗纠纷司法鉴定书》的证明力予以确认。

根据该《医疗纠纷司法鉴定书》,被告为王某提供的医疗服务符合医疗原则。同时,本案在庭审中,鉴定人出庭接受双方当事人质询时,当庭明确被告为患者王某提供的医疗服务符合医疗原则,实施的医疗行为不存在医疗过错;对于原告认为患者王某于 2004 年 9 月 23 日拍摄的 X 光片检查报告单中明确记载其体内有金属物的问题,鉴定人亦当庭明确,2004 年 9 月 23 日王某腹部 X 片中显示有金属物,但该金属物为 2 个环状吻合器和 1 个线状缝合器,经鉴别并非手术刀。而原告对此未能提交其他足以反驳的相关证据,故原告认为被告将手术刀遗留于患者王某体内的主张证据不充分,法院不予采信。

法院认为,被告已就其实施的医疗行为是否存在医疗过错承担了举证责任,而原告未能以充分证据反驳被告的举证,故本案的现有证据不足以证明原告的主张,其诉讼事由无法予以采纳,原告以此要求被告承担医疗过错民事赔偿责任之请求,依法不能得到支持。

据此,法院作出一审判决,驳回原告诉讼请求。①

---

① 云南省昆明市中级人民法院(2005)昆民一初字第 54 号(2005 年 12 月 16 日)。

案例讨论

1. 如果你是患方的诉讼代理人,如何有效地主张原告的权利?
2. 如果你是医方的诉讼代理人,如何有效地维护被告的合法权益?
3. 请运用有关证据规则评析法院的判决依据。

第十一章 医疗法律风险处理中的赔偿制度

第一节 医疗损害民事赔偿制度概述

一、医疗损害民事赔偿概述

医疗法律风险处理中的赔偿制度主要表现为医疗损害民事赔偿制度。医疗损害民事赔偿,是指医疗机构和医务人员在诊疗过程中,存在过错或法律规定的无过错情形,造成患者人身和财产权益损害,依法应承担的民事赔偿责任。在医疗损害案件中,最主要的问题是明确责任,确定损失。因为损失的发生已经无法挽回,但损失的赔偿一方面可以有效保护患者的合法权益,另一方面也可以促进医疗机构正常诊疗秩序的恢复和保障医务人员的合法权益。所以,医疗损害民事赔偿制度十分重要。

医疗损害民事赔偿中的损害,是指医疗机构及其医务人员在诊疗活动中,因过错或法律规定的无过错情形,造成患者的人身、财产损害事实以及精神损害事实。换言之,即医疗机构及其医务人员在诊疗过程中因过错或法律规定的无过错的情形,侵害患者生命、身体、健康权益,造成患者人身、财产和精神损害的情况。就医疗损害而言,它有以下几个方面的特点:

首先,损害是对生命有机体的侵袭或破坏,它直接造成患者肉体组织的破坏、生理机能的毁坏或功能紊乱,并可能同时造成被害人肉体痛苦或者心理痛苦。对此种损害的救济,首先是治疗和康复;经治疗恢复健康的,即属恢复原状。但因治疗、康复等支出的费用,则会造成财产上的损害,对这种损害,只能通过赔偿损失的方法进行救济。此外,如果造成患者残疾或死亡的,原状已无法恢复,也只能通过赔偿损失的方式对患者及其近亲属的权利进行救济。[①] 除财产上的损害需要赔偿之外,对于非财产上的损害,即没有直接财产内容或财产价值上的损害,也涉及损害赔偿的问题。如果患者或其近亲属遭受了非财产上的损害的,其损失也应当得到赔偿。

其次,医疗损害主要是一种过错责任,包括医疗机构及其医务人员的故意和过失行为。

---

① 最高人民法院民事审判第一庭编:《最高人民法院人身损害赔偿司法解释的理解与适用》,人民法院出版社 2004 年版,第 29 页。

最后,医疗损害的损害行为由医疗机构及其医务人员在诊疗过程中实施,所以患者由于医务人员之外第三人的行为受到侵害的,就不属于医疗损害,也不存在医疗损害民事赔偿。

二、医疗损害民事赔偿的主体范围

(一)医疗损害民事赔偿的赔偿权利人

医疗损害民事赔偿的赔偿权利人,是指基于患者人身和财产权益受到损害的事实,有权请求损害民事赔偿的患者及其近亲属。在医疗损害案件中,患者是医疗损害的直接受害人,因此,如果患者因医疗机构及其医务人员的过错行为造成其人身、财产权益损害的,患者有权要求医疗机构赔偿其相应的损失,这是法律保护民事主体合法权益的内涵所在。但在医疗损害案件中,除了直接受害人,还可能存在间接受害人。间接受害人,是指除患者之外的其他受到损害的人。这类型的人,由于其和患者之间存在某种法律关系或社会关系,虽然其不是侵害的直接对象,但由于对患者的侵害行为可能造成这类人的合法权益也受到侵害,因此,这些损害也应当得到赔偿。如医疗损害行为造成患者死亡的,其近亲属为此支付了丧葬费,其近亲属就属于间接受害人。所以,间接受害人也可能成为医疗损害民事赔偿的赔偿权利人。

(二)医疗损害民事赔偿的赔偿义务人

医疗损害民事赔偿的赔偿义务人,是指对造成患者人身和财产损害而依法应当承担赔偿责任的医疗机构。在医疗损害案件中,实施伤害患者人身和财产权益的行为主体是医疗机构的医务人员而非医疗机构,但医务人员的行为是职务行为,因此,依法对患者承担赔偿责任的赔偿义务人是医疗机构而非医务人员。只有个体开业的医务人员才对自己实施的侵害行为所造成的损害承担赔偿责任。因此,医疗机构对其医务人员所造成的损害承担的是一种替代责任。至于医疗机构向患者承担相应的民事赔偿责任之后是否向存在过错的医务人员行使追偿的权利,则非医疗损害民事赔偿讨论的范畴。此外,如果因医务人员职务行为之外的其他行为造成患者人身和财产权益损害的,医疗机构也不承担对患者的赔偿责任,而应当由实施损害行为的医务人员个人承担相关的赔偿责任。

第二节 医疗损害民事赔偿原则和方式

一、医疗损害民事赔偿的原则

医疗活动相对于一般的活动而言,具有自己独特的特点:

第一,未知性。医学科学是一门经验性学科,直到今天,囿于人类认识活动和医学科学技术发展的限制,医学上对许多疾病的发病原因还不了解或完全了解,即使已经完全了解其病因的一些疾病,也存在着不能完全治愈的问题,所以相对于人类的认识活动而言,医学科学具有未知性的特点。而且,医学科学涉及多层次和多因素,其中许多因素是难以客观定量测查的,如心理因素。另外一些因素,如社会因素,则要求大范围长时间的调查,这客观上也造成了医学认识上的困难。

第二,特异性。医学的研究对象是人,作为医学研究对象的每一个人都是一个独立的个体且每一个个体体质都是不同的,这些不同的个体所处环境也是不同的,所以处于不同环境的人即使患了同样的疾病在临床表现上也可能不同,从而患者疾病的表现、治疗的效果、愈后的效果也可能都不相同。因此,对医生而言,不能要求其排除患者所有的可能的特异反应,只能尽到医生高度的注意义务,尽量关注患者的个体差异。

第三,专业性。医学是一门专业性较强的复合性交叉学科。医务人员的培养需要专门的医学教育,培养一名专业的医师需要很长的时间,而且从医科院校毕业的医学生往往不能马上适应临床实践的要求,还有一个经验积累的过程。因此,在医疗损害案件中,医疗损害的民事赔偿的原则既包括了一般的损害赔偿原则,也包括因医疗行为的特殊性而产生的损害赔偿原则。

(一)医疗损害民事赔偿一般赔偿原则

1. 全部赔偿原则

全部赔偿是侵权损害赔偿的基本原则,指的是侵权行为加害人承担赔偿责任的大小,应当以行为所造成的实际财产损失的大小为依据,全部予以赔偿。也就是说赔偿是以所造成的实际损害为限,损失多少,赔偿多少。全部赔偿是由损害赔偿的功能所决定的。既然损害赔偿基本功能是补偿财产损失,那么以全部赔偿作为确定损害赔偿责任大小的基本原则,就是十分公正、合理的。当然,全部赔偿所赔偿的只能是合理的损失,不合理的损失不予以赔偿。

2. 财产赔偿原则

财产赔偿也是侵权损害赔偿的基本规则之一,它是指侵权行为无论是造成财产损害、人身损害还是精神损害,均以财产赔偿作为唯一方法,不以其他方法为之。

确立财产赔偿规则在于,即使对于人身伤害,也只能以财产的方式予以赔偿,同样,对于精神损害,也只能以财产的方式予以赔偿。财产赔偿的原则,使受害人因损害得到的赔偿,恰好是能够填补实际损害,不能赔偿不足,也不能使之不当得利。[1]医疗侵权行为造成患者人身和财产权益损害,造成患者财产和非财

---

[1] 杨立新:《侵权法论》(第2版),人民法院出版社2004年版,第584页。

产损失的,都以财产赔偿的方式进行赔偿。患者遭受人身损害,但其人身损害不能用金钱计算其价值,即不能用金钱计算出患者受到损害的器官的价格或其生命的价格,所以对患者人身的损害,只能以财产的方式补偿因医治其伤害所造成的财产损失,损失多少财产,就应当赔偿多少财产,不但公平合理,而且容易计算。①

3. 损益相抵原则

损益相抵,亦称损益同消,是指赔偿权利人基于发生损害的同一原因获得利益时,应由损害额内扣除利益,而由赔偿义务人就差额予以赔偿的确定赔偿责任范围的规则。

损益相抵原则是确定侵权损害赔偿责任范围大小及如何承担的原则。它不是解决损害赔偿责任应否承担的规则,而是在损害赔偿责任已经确定应由加害人承担的前提下,确定加害人应当怎样承担民事责任,究竟应当承担多少赔偿责任的规则。损益相抵所确定的赔偿标的,是损害额内扣除因同一原因而产生的利益额之差额,而不是全部损害额。② 在医疗损害赔偿中,如患者的误工费单位并未扣除的,医疗机构就不必予以赔偿,这也符合损益相抵的原则。

4. 过失相抵原则

过失相抵原则是指在加害人与被害人都有过失的情况下,比较双方的过错程度,根据双方的过错程度来确定双方承担责任的范围。过失相抵不是将过失抵消,而是用于确定和区别双方当事人的责任范围。作为减轻或免除赔偿责任的法定事由,过失相抵原则为各国的法律所承认。"盖人只应对自己之行为负责,对于他人过失所生之损害,自不负赔偿责任。否则若将被害人或赔偿权利人自己之过失行为所生之损害,转嫁与加害人或赔偿义务人负担赔偿,自为衡平观念所不许。且依诚信原则,为使债务完全履行,债权人亦有协助之义务,若债权人因故意或过失使损害扩大,亦为诚信原则所不许。故过失相抵原则,为衡平观念与诚信原则法文化之表现。"③医疗损害民事赔偿属于民事的范畴,既然属于民事的范畴,自应当遵循诚实信用的原则,如果患者对损害的发生或扩大也有过错的,应当在其过错范围内承担相应的责任,也即患者对损害的发生或扩大也有过错,可以减轻医疗机构及医务人员的民事赔偿责任。

5. 衡平原则

作为赔偿规则的衡平原则,是指在确定侵权损害赔偿范围时,必须考虑诸如当事人的经济状况等诸因素,使赔偿责任的确定更公正。如加害人的经济状况

---

① 杨立新:《侵权法论》(第2版),人民法院出版社2004年版,第584页。
② 同上书,第585页。
③ 曾隆兴:《现代损害赔偿法论》,台湾泽华彩色印刷事业有限公司1988年版,第560—561页。

不好,全部赔偿将使其生活难以为继,可依据实际情况适当减少其赔偿的数额。在医疗损害赔偿中,并不是所有的医方都处于经济强势的地位,同时结合医疗损害侵权责任中医方一般在主观上都是过失甚至有时候医方在主观上并不存在过错的情况,在确定医疗损害民事赔偿的过程中,也可能适用衡平的原则。

6. 惩罚性赔偿原则

惩罚性赔偿原则是指通过损害赔偿除了达到补偿受害人的目的,更通过对加害方进行惩罚性赔偿,从而对加害人和整个社会产生警示的作用。惩罚性赔偿原则并不是广泛性适用的原则。在医疗损害赔偿中,2017年3月27日最高人民法院通过的《关于审理医疗损害责任纠纷案件适用法律若干问题的解释》中关于医疗产品的规定,如果医疗产品的生产者、销售者明知医疗产品存在缺陷仍然生产、销售,造成患者死亡或者健康严重损害,可以适用惩罚性赔偿。

(二) 医疗损害民事赔偿特殊赔偿原则

一方面,在医疗损害赔偿中,患者的合法权益受到侵害,有损害就应当有救济,对于患者的合法权益,应当予以保护。但另一方面,医学科学发展的初衷是为了造福人类,只有医学科学的不断发展,才能帮助人类攻克一个又一个的医学难题,挽救一个又一个的生命。如果对医疗机构及其医务人员苛以过于严苛的责任,则会阻碍医学科学的发展,最终的结果并不利于人类社会的发展。而且,如果对医疗机构和医务人员规定较重的责任,医疗机构及其医务人员出于保护自己的目的就会实施防御性医疗措施,从而加重患者的负担或者导致危重病人失去积极救治机会,这对医患双方的合法权益都会造成损害。因此,在确定医疗损害赔偿责任时,既要考虑患者的合法权益,又要注重医学科学的发展,实行保护患者利益与医学科学发展并重的原则。

二、医疗损害民事赔偿的方式

(一)《侵权责任法》生效之前的赔偿方式

1.《侵权责任法》生效之前的赔偿方式

在我国《侵权责任法》生效之前,医疗损害赔偿的法律依据主要是《医疗事故处理条例》《民法通则》以及最高人民法院《关于确定民事侵权精神损害赔偿责任若干问题的解释》《关于审理人身损害赔偿案件适用法律若干问题的解释》等相关法律法规的规定。

在这一时期,医疗损害被鉴定为医疗事故的,一般按照《医疗事故处理条例》规定的项目和标准计算赔偿,只有没有被鉴定为医疗事故的,但经过司法鉴定认定医疗机构存在过错,并且过错与患者的损害之间存在因果关系的,患者可以主张按照《民法通则》和最高人民法院《关于审理人身损害赔偿案件适用法律若干问题的解释》的相关规定来计算医疗损害的赔偿。

但《医疗事故处理条例》和《民法通则》与最高人民法院《关于审理人身损害赔偿案件适用法律若干问题的解释》的规定相比,在赔偿项目、计算标准和费用支付方式上存在着较大差异。其中,在赔偿项目上,司法解释规定了死亡赔偿金和营养费,医疗事故处理条例则没有规定。在计算标准上,关于护理费、误工费、残疾赔偿金、精神损害抚慰金、丧葬费的计算,《医疗事故处理条例》规定的计算标准均低于司法解释的相关规定。同时,在费用支付方面,《医疗事故处理条例》规定医疗事故赔偿费用,实行一次性结算,所有的赔偿费用由医疗机构一次性付清。而根据最高人民法院《关于审理人身损害赔偿案件适用法律若干问题的解释》的规定,一次性支付的对象为物质赔偿费用与精神损害抚慰金,对一审法庭辩论终结前已经发生的费用、死亡赔偿金以及精神损害抚慰金,应当一次性给付。如果赔偿义务人一次性支付确有困难的,可以分期支付,但定期金的支付方式仅针对残疾赔偿金、被扶养人生活费、残疾辅助器具费的支付。在实践中,根据《医疗事故处理条例》的规定计算的赔偿结果与按照《民法通则》及最高人民法院《关于确定民事侵权精神损害赔偿责任若干问题的解释》《关于审理人身损害赔偿案件适用法律若干问题的解释》的计算结果相比,赔偿额度相对较低,在实践中引起了为人诟病的医疗损害赔偿"二元化"问题。

2.《侵权责任法》和《民法总则》生效以后的赔偿方式

我国《侵权责任法》生效以后,侵权责任法作为民事基本法,应当按照《侵权责任法》及其有关司法解释的规定来确定民事损害赔偿。2017年3月15日,《民法总则》经第十二届全国人民代表大会第五次会议通过,自2017年10月1日起执行,在《民法总则》第八章民事责任部分,规定了包括损害赔偿在内的民事责任赔偿方式,但也是一种原则性的规定,具体的计算方式还是按照《侵权责任法》及最高人民法院《关于确定民事侵权精神损害赔偿责任若干问题的解释》《关于审理人身损害赔偿案件适用法律若干问题的解释》等相关法律、法规的规定来计算医疗损害赔偿。但在这一时期,由于《医疗事故处理条例》仍然生效,所以在实践中仍然存在着医疗损害赔偿"二元化"的问题

3.《医疗纠纷预防和处理条例》生效后的赔偿方式

2018年10月1日《医疗纠纷预防和处理条例》施行,在该条例中规定了发生医疗纠纷,需要赔偿的,赔付金额依照法律的规定确定。这个规定意味着解决了医疗纠纷赔偿长期存在的二元化问题。据此,医疗损害赔偿的依据主要是《民法总则》《侵权责任法》及最高人民法院《关于确定民事侵权精神损害赔偿责任若干问题的解释》《关于审理人身损害赔偿案件适用法律若干问题的解释》等的规定。

(二)《民法典》生效后的赔偿方式

1. 医疗侵权损害的赔偿

《民法典》第七编侵权责任中也对损害赔偿作出了相关规定,自2021年1月1日起,有关损害赔偿的规定适用《民法典》的规定。

2. 医疗纠纷中的违约责任赔偿方式

医疗机构开业,患者到医疗机构挂号看病,通说认为患者和医疗机构之间缔结了一种合同关系。如果患者在诊疗活动中人身和财产权益受到侵害,患者也可以基于合同法律关系,要求医疗机构承担违约责任。根据我国《民法典》第577条的规定,当事人一方不履行合同义务或者履行合同义务不符合约定的,应当承担继续履行、采取补救措施或者赔偿损失等违约责任。第584条规定,当事人一方不履行合同义务或者履行合同义务不符合约定,造成对方损失的,损失赔偿额应当相当于因违约所造成的损失,包括合同履行后可以获得的利益;但是,不得超过违约一方订立合同时预见到或者应当预见到的因违约可能造成的损失。一般情况下,由于诊疗活动的特点,医疗机构向患者承担的违约责任主要是赔偿损失,包括可以预见或应当预见的损失,所以,医疗机构也可以向患者承担违约损害赔偿的责任,根据相关的法律法规,违约损害赔偿的范围是患者实际遭受的损失,但不包括精神损害赔偿。

第三节 医疗损害民事赔偿项目和计算

一、医疗损害程度的相关规定

(一) 医疗事故的分级

根据《医疗事故处理条例》第49条第1款的规定,医疗事故赔偿,应当考虑下列因素,确定具体赔偿数额:(1)医疗事故等级;(2)医疗过失行为在医疗事故损害后果中的责任程度;(3)医疗事故损害后果与患者原有疾病状况之间的关系。同时,《医疗事故处理条例》根据对患者人身造成的损害,将医疗事故分为四级:一级医疗事故;二级医疗事故;三级医疗事故;四级医疗事故。原卫生部于2002年7月31日发布的《医疗事故分级标准(试行)》中将医疗事故分为四级十二等,一级医疗事故分为甲等和乙等;二级医疗事故分为甲、乙、丙、丁四等;三级医疗事故分为甲、乙、丙、丁、戊五等;四级医疗事故则未进行分等。同时,该标准还规定医疗事故一级乙等至三级戊等对应伤残等级一至十级。

在医疗事故中,医疗责任程度分为:(1)完全责任,指医疗事故损害后果完全由医疗过失造成;(2)主要责任,医疗事故损害后果主要由医疗过失行为造成,其他因素起次要作用;(3)次要责任,医疗事故损害后果主要由其他因素造成,医疗过失行为起次要作用;(4)轻微责任,医疗事故损害后果绝大部分由其他因素造成,医疗行为起轻微作用。

(二)人体损伤致残程度的分级

2017年1月1日,《人体损伤致残程度分级》标准正式施行。司法鉴定机构和司法鉴定人进行人体损伤致残程度鉴定统一适用该分级标准。在该分级标准中,将致残等级划分为10个等级,从一级到十级,其中最高级为一级,一级指人全致残率为100%,从一级开始递减直到十级(致残率10%),每级致残率相差10%。其中该标准中还规定,根据损伤在残疾后果中的作用力大小确定因果关系的不同形式,包括完全作用、主要作用、同等作用、次要作用、轻微作用和没有作用。

(三)《医疗纠纷预防和处理条例》中的相关规定

在《医疗纠纷预防和处理条例》中,关于医疗损害鉴定的规定中,明确了医学会、司法鉴定机构作出的医疗损害鉴定意见应当载明并详细论述:是否存在医疗损害以及损害程度;是否存在医疗过错;医疗过错与医疗损害是否存在因果关系;医疗过错在医疗损害中的责任程度。从上述规定来看,损害程度和责任程度是鉴定中必须明确的事项。但《医疗纠纷预防和处理条例》并没有进一步明确相关的规定,只是原则性地规定了医疗损害鉴定的具体管理办法由国务院卫生、司法行政部门共同制定。可以肯定的是,损害程度和责任程度是后续制定的相关行政法规中必须明确的内容。

医疗行为是一种高风险的执业活动,在实施正常的诊疗行为的同时也可以造成患者人身伤害,而且损害后果还可能有患者的本身疾病因素的参与,所以在很多医疗损害赔偿案件中,都存在多因一果或多因多果等复杂情形。科学地划分医疗过失行为在医疗损害后果中的参与程度,是确定医方承担赔偿责任的数额以及患者得到公平合理赔偿的关键,任何不合理的划分都会损害双方的合法权益。

二、医疗损害赔偿的项目和计算标准

一直以来,我国医疗损害赔偿计算的主要法律依据包括:《民法总则》《侵权责任法》和最高人民法院《关于审理人身损害赔偿案件适用法律若干问题的解释》《关于确定民事侵权精神损害赔偿责任若干问题的解释》《关于审理医疗损害责任纠纷案件适用法律若干问题的解释》及《医疗纠纷预防和处理条例》等相关法律、法规。但《民法典》生效后,由于《民法总则》《侵权责任法》废止,因此主要依据《民法典》规定的赔偿项目和相关解释确定的标准来进行计算。

(一)《民法典》的规定

民事主体依照法律规定和当事人约定,履行民事义务,承担民事责任。《民法典》规定二人以上实施危及他人人身、财产安全的行为,其中一人或者数人的行为造成他人损害,能够确定具体侵权人的,由侵权人承担责任;不能确定具体侵权人的,行为人承担连带责任。二人以上分别实施侵权行为造成同一损害,每个人的侵权行为都足以造成全部损害的,行为人承担连带责任。二人以上分别实施侵权行为造成同一损害,能够确定责任大小的,各自承担相应的责任;难以确定责任大小的,平均承担责任。被侵权人对同一损害的发生或者扩大有过错的,可以减轻侵权人的责任。损害是因受害人故意造成的,行为人不承担责任。损害是因第三人造成的,第三人应当承担侵权责任。

《民法典》第1179条规定:"侵害他人造成人身损害的,应当赔偿医疗费、护理费、交通费、营养费、住院伙食补助费等为治疗和康复支出的合理费用,以及因误工减少的收入。造成残疾的,还应当赔偿辅助器具费和残疾赔偿金。造成死亡的,还应当赔偿丧葬费和死亡赔偿金。"第1183条规定:"侵害自然人人身权益造成严重精神损害的,被侵权人有权请求精神损害赔偿。"第1218条规定:"患者在诊疗活动中受到损害,医疗机构及其医务人员有过错的,由医疗机构承担赔偿责任。"

第1223条规定:"因药品、消毒药剂、医疗器械的缺陷,或者输入不合格的血液造成患者损害的,患者可以向药品上市许可持有人、生产者、血液提供机构请求赔偿,也可以向医疗机构请求赔偿。患者向医疗机构请求赔偿的,医疗机构赔偿后,有权向负有责任的药品上市许可持有人、生产者、血液提供机构追偿。"这一条规定,意味着医疗机构仍是患者因药品、消毒药剂、医疗器械的缺陷,或者输入不合格的血液造成损害的赔偿义务的主体,在患者因药品、消毒药剂、医疗器械的缺陷,或者输入不合格的血液造成损害的情况下,无论是否是医疗机构的责任,患者都可以向医疗机构请求赔偿。

对于损害赔偿费用的支付方式,《民法典》第1187条规定:"损害发生后,当事人可以协商赔偿费用的支付方式。协商不一致的,赔偿费用应当一次性支付;一次性支付确有困难的,可以分期支付,但是被侵权人有权请求提供相应的担保。"

《民法典》作为民事基本法律,只能对原则性问题作出规定,它并未对具体的计算标准作出相关的规定。这意味着有关费用的计算标准将适用相关的法律、法规和司法解释的规定。

(二)相关司法解释的规定

1. 最高人民法院《关于审理人身损害赔偿案件适用法律若干问题的解释》中关于民事赔偿的规定

受害人遭受人身损害,因就医治疗支出的各项费用以及因误工减少的收入,包括医疗费、误工费、护理费、交通费、住宿费、住院伙食补助费、必要的营养费,赔偿义务人应当予以赔偿。受害人因伤致残的,其因增加的生活上需要所支出的必要费用以及因丧失劳动能力导致的收入损失,包括残疾赔偿金、残疾辅助器具费、被扶养人生活费,以及因康复护理、继续治疗实际发生的必要的康复费、护理费、后续治疗费,赔偿义务人也应当予以赔偿。受害人死亡的,赔偿义务人除应当根据抢救治疗情况赔偿本条第一款规定的相关费用外,还应当赔偿丧葬费、被扶养人生活费、死亡补偿费以及受害人亲属办理丧葬事宜支出的交通费、住宿费和误工损失等其他合理费用。受害人或者死者近亲属遭受精神损害,赔偿权利人向人民法院请求赔偿精神损害抚慰金的,适用最高人民法院《关于确定民事侵权精神损害赔偿责任若干问题的解释》予以确定。因此,根据司法解释的相关规定,人身损害的赔偿项目和计算方式包括以下内容:

(1) 医疗费

医疗费根据医疗机构出具的医药费、住院费等收款凭证,结合病历和诊断证明等相关证据确定。赔偿义务人对治疗的必要性和合理性有异议的,应当承担相应的举证责任。医疗费的赔偿数额,按照一审法庭辩论终结前实际发生的数额确定。器官功能恢复训练所必要的康复费、适当的整容费以及其他后续治疗费,赔偿权利人可以待实际发生后另行起诉。但根据医疗证明或者鉴定意见确定必然发生的费用,可以与已经发生的医疗费一并予以赔偿。对于本条,应当注意:

第一,关于"器官功能恢复训练所必要的康复费、适当的整容费"不包括心理治疗费。患者受到医疗损害,精神也会受到伤害,同样需要心理治疗,但心理治疗很难界定,因此,心理治疗费不包括在医疗费内。

第二,关于后续治疗费。后续治疗费是指对损伤经治疗后体征固定而遗留功能障碍确需再次治疗的或伤情尚未恢复需二次治疗所需要的费用。[①] 对于后续治疗,有限制性规定,就是当事人选择继续治疗的医院应当是依法成立的,具有相应的治疗能力的医院、卫生院、急救站等医疗机构。

(2) 误工费

误工费根据受害人的误工时间和收入状况确定。误工时间根据受害人接受治疗的医疗机构出具的证明确定。受害人因伤致残持续误工的,误工时间可以计算至定残日前一天。受害人有固定收入的,误工费按照实际减少的收入计算。受害人无固定收入的,按照其最近3年的平均收入计算;受害人不能举证证明其最近3年的平均收入状况的,可以参照受诉法院所在地相同或者相近行业上一年度职工的平均工资计算。对于本项规定,患者有固定收入的,须有合法证明,

---

① 最高人民法院研究室编:《最高人民法院司法解释理解与适用(2001)》,中国法制出版社2002年版,第53页。

且该固定收入必须是患者实际减少的,是患者的实际损失,因为有些患者在受到损害后,其单位并不会完全或部分扣发其工资,对这部分患者而言,不存在全部或部分的误工损失。因此,对于这部分患者的误工费,就无须赔偿,否则,患者将因此而获得法外利益。此外,对于误工费的赔偿,应当以患者有劳动能力为限,如果患者无劳动能力,误工费也无考虑的必要。

(3) 护理费

护理费根据护理人员的收入状况和护理人数、护理期限确定。护理人员有收入的,参照误工费的规定计算;护理人员没有收入或者雇佣护工的,参照当地护工从事同等级别护理的劳务报酬标准计算。护理人员原则上为1人,但医疗机构或者鉴定机构有明确意见的,可以参照确定护理人员人数。护理期限应计算至受害人恢复生活自理能力时止。受害人因残疾不能恢复生活自理能力的,可以根据其年龄、健康状况等因素确定合理的护理期限,但最长不超过20年。

受害人定残后的护理,应当根据其护理依赖程度并结合配制残疾辅助器具的情况确定护理级别。护理依赖是指因伤残、病残等原因而导致生活不能自理需要依赖他人护理者。如何确定"护理依赖程度"和"配制残疾器具情况",可以参照国家和司法部、公安部等各部委颁布的相关标准。生活自理范围主要包括下列五项:① 进食;② 翻身;③ 大、小便;④ 穿衣、洗漱;⑤ 自我移动。

护理依赖的程度分三级:① 完全护理依赖指生活不能自理,上述五项均需护理者;② 大部分护理依赖指生活大部分不能自理,上述五项中三项需要护理者;③ 部分护理依赖指部分生活不能自理,上述五项中一项需要护理者。

(4) 交通费

交通费根据受害人及其必要的陪护人员因就医或者转院治疗实际发生的费用计算。交通费应当以正式票据为凭;有关凭据应当与就医地点、时间、人数、次数相符合。对于乘坐的交通工具,一般情况下以普通的公共汽车为主,特殊情况下,可以乘坐救护车、出租汽车。乘坐火车的,以普通硬座火车为主,一般情况下,不准许乘坐飞机,当然,紧急情况则不在此例。

(5) 住院伙食补助费

住院伙食补助费可以参照当地国家机关一般工作人员的出差伙食补助标准予以确定。受害人确有必要到外地治疗,因客观原因不能住院,受害人本人及其陪护人员实际发生的住宿费和伙食费,其合理部分应予赔偿。司法解释之所以规定住院伙食补助费,主要在于患者因医疗损害住院,伙食费的支出一般来说要超过其在家的标准,因此,应当予以适当的补偿。

(6) 营养费

营养费根据受害人伤残情况参照医疗机构的意见确定。但这里的伤残情况,不仅仅指造成残疾的情况,还包括没有造成残疾、但造成严重伤害的情形。

(7) 残疾赔偿金

残疾赔偿金根据受害人丧失劳动能力程度或者伤残等级,按照受诉法院所在地上一年度城镇居民人均可支配收入或者农村居民人均纯收入标准,自定残之日起按20年计算。60周岁以上的,年龄每增加一岁减少一年;75周岁以上的,按5年计算。受害人因伤致残但实际收入没有减少,或者伤残等级较轻但造成职业妨害严重影响其劳动就业的,可以对残疾赔偿金作相应调整。

(8) 残疾辅助器具费

残疾辅助器具,是因伤致残的患者为补偿其遭受伤害的肢体器官功能而配制的生活自助器具。患者因医疗损害受到肢体上的伤害,导致其失去部分功能,势必会影响其从事劳动的能力,必然会导致其收入的减损,残疾辅助器具是为了帮助患者恢复劳动能力。因此,残疾辅助器具费应当予以赔偿。残疾辅助器具费按照普通适用器具的合理费用标准计算。伤情有特殊需要的,可以参照辅助器具配制机构的意见确定相应的合理费用标准。

(9) 丧葬费

丧葬费按照受诉法院所在地上一年度职工月平均工资标准,以6个月总额计算。

(10) 被扶养人生活费

被扶养人生活费根据扶养人丧失劳动能力程度,按照受诉法院所在地上一年度城镇居民人均消费性支出和农村居民人均年生活消费支出为标准计算。被扶养人为未成年人的,计算至18周岁;被扶养人无劳动能力又无其他生活来源的,计算20年。但60周岁以上的,年龄每增加一岁减少一年;75周岁以上的,按5年计算。

(11) 死亡赔偿金

死亡赔偿金按照受诉法院所在地上一年度城镇居民人均可支配收入或者农村居民人均纯收入标准,按20年计算。60周岁以上的,年龄每增加一岁减少一年;75周岁以上的,按5年计算。

(12) 住宿费

受害人与陪护人去外地治疗,因客观原因不能住院的,实际发生的合理的住宿费应予赔偿。

(13) 精神损害抚慰金

受害人或者死者近亲属因医疗损害遭受精神损害,赔偿权利人向人民法院请求赔偿精神损害抚慰金的,适用《最高人民法院关于确定民事侵权精神损害赔偿责任若干问题的解释》予以确定。

赔偿权利人举证证明其住所地或者经常居住地城镇居民人均可支配收入或

者农村居民人均纯收入高于受诉法院所在地标准的,精神损害抚慰金可以按照其住所地或者经常居住地的相关标准计算。

超过确定的护理期限、辅助器具费给付年限或者残疾赔偿金给付年限,赔偿权利人向人民法院起诉请求继续给付护理费、辅助器具费或者残疾赔偿金的,人民法院应予受理。赔偿权利人确需继续护理、配制辅助器具,或者没有劳动能力和生活来源的,人民法院应当判令赔偿义务人继续给付相关费用5—10年。

最高人民法院《关于审理人身损害赔偿案件适用法律若干问题的解释》第31条还规定了各项财产损失的实际赔偿金额,明确了物质损害赔偿金与精神损害抚慰金,原则上应当一次性给付。第33条规定了赔偿义务人请求以定期金方式给付残疾赔偿金、被扶养人生活费、残疾辅助器具费的,应当提供相应的担保。人民法院可以根据赔偿义务人的给付能力和提供担保的情况,确定以定期金方式给付相关费用。但一审法庭辩论终结前已经发生的费用、死亡赔偿金以及精神损害抚慰金,应当一次性给付。

2. 最高人民法院《关于确定民事侵权精神损害赔偿责任若干问题的解释》中关于民事赔偿的规定

自然人因人格权利遭受非法侵害,向人民法院起诉请求赔偿精神损害的,人民法院应当依法予以受理。精神损害的赔偿数额根据以下因素确定:(1)侵权人的过错程度,法律另有规定的除外;(2)侵害的手段、场合、行为方式等具体情节;(3)侵权行为所造成的后果;(4)侵权人的获利情况;(5)侵权人承担责任的经济能力;(6)受诉法院所在地平均生活水平。

3. 最高人民法院《关于审理医疗损害责任纠纷案件适用法律若干问题的解释》中关于民事赔偿的规定

(1) 在紧急的情形下,医疗机构及其医务人员怠于实施相应医疗措施造成损害的,患者可以请求医疗机构进行赔偿。

(2) 两个以上的医疗机构的不同诊疗行为造成患者同一损害的,患者请求医疗机构承担赔偿责任的,根据《侵权责任法》的相关规定来确定医疗机构的赔偿责任。

(3) 医疗机构邀请本单位以外的医务人员对患者进行诊疗,造成损害的,由邀请医疗机构而非受邀人承担赔偿责任。

(4) 医疗产品的生产者、销售者明知医疗产品存在缺陷仍然生产、销售,造成患者残废或者健康严重损害的,被侵权人请求生产者、销售者赔偿损失及二倍以下惩罚性赔偿的,人民法院应予以支持。

(5) 被侵权人同时起诉两个以上医疗机构承担赔偿责任,人民法院经过审理,认为受诉法院所在地的医疗机构依法不需要承担赔偿责任,而应由其他医疗机构承担赔偿责任的,残疾赔偿金、死亡赔偿金的计算,作如下处理:① 一个医疗机构承担责任的,按照该医疗机构所在地的赔偿标准执行;② 两个以上医疗机构均承担责任的,可以按照其中赔偿标准较高的医疗机构所在地标准执行。

本章小结

医疗损害民事赔偿,是指医疗机构和医务人员在诊疗过程中,存在过错,造成患者人身和财产权益损害,依法应承担的民事赔偿责任。

医疗损害民事赔偿的赔偿项目和计算方式根据《民法典》和相关的法律、法规来进行计算。

思考题

1. 什么是医疗法律风险处理中的民事赔偿?
2. 医疗法律风险中的医疗损害民事赔偿的原则是什么?
3. 《民法典》和最高人民法院《关于审理人身损害赔偿案件适用法律若干问题的解释》《关于审理医疗损害责任纠纷案件适用法律若干问题的解释》对损害赔偿的项目和计算方式是如何规定的?

案例思考

2016年11月,赵某(2015年1月出生,农村户口)由其父母带至某医疗机构就诊,门诊诊断为:左侧胸内包块待查。后赵某入该院住院治疗。2016年11月30日下午,在进行胸腔穿刺抽取积液时,赵某出现昏厥症状,该医疗机构的医务人员对赵某进行了抢救,后赵某被送到该院ICU治疗。2016年12月30日,赵某经抢救无效死亡。出院诊断为:左侧胸内恶性肿瘤。死亡原因为:左侧胸内恶性肿瘤。但赵某死亡后未进行法医病理学解剖。赵某父母认为医疗机构的医务人员在诊疗过程中违反诊疗常规,存在严重过错,导致了赵某死亡的严重后果,要求医疗机构承担民事赔偿责任。经某司法鉴定机构鉴定,鉴定意见为:(1)该医疗机构在被鉴定人诊疗行为、诊疗过程中存在一定过错;(2)损害事实与诊疗行为之间无直接因果关系;(3)该医疗机构过错参与度为15%—25%。

经查,本案中,赵某医疗费为55773.98元,住院时间为31天,住院期间两人护理,患者住院期间护理人员有正式票据的住宿费为6200元、交通费为1000元。赵某死亡后,亲属办理丧葬事宜的交通费、住宿费有正式票据的为2000元;司法鉴定机构的鉴定费为9800元。

另,赵某的护理人员为其父母,其父母收入为每天各100元;医疗机构所在地国家机关一般工作人员的出差伙食补助费为 80 元/天,当地法院一般支持的营养费为 30 元/天。受诉法院上一年度农村居民人均纯收入为 9396 元。受诉法院上一年度职工平均工资为 62029 元。

案例讨论

1. 本案中,根据《民法典》以及最高人民法院《关于确定民事侵权精神损害赔偿责任若干问题的解释》《关于审理人身损害赔偿案件适用法律若干问题的解释》《关于审理医疗损害责任纠纷案件适用法律若干问题的解释》的规定应如何计算本案的民事赔偿?

2. 本案对处理医疗法律风险处理的民事赔偿有何启示?

第十二章 医疗法律风险的预防

第一节 医疗法律风险预防概述

随着市场经济的深入和公民维权意识的增强,医患间利益冲突日趋明显。加上信息社会的到来,信息传播快、媒体种类多,微小的医疗风险事件在很短时间内就可能波及全国乃至全世界,演变成为医院难以自控的危机。因此,对医疗法律风险预防的研究已经成为当今和未来必须面对的问题。

一、医疗法律风险的预防

医疗法律风险的预防就是各种社会主体采取各种防范措施,从而将医疗法律风险降至最低。虽然当今社会医疗法律风险不能完全杜绝,但还是可防可控的。

医疗活动具有很强的风险性,它受现有医疗科学技术、医务人员业务素质和职业道德、医疗设备产品质量以及患者肌体的各异性等众多因素制约。无论在哪个环节出现失误,都将对医疗活动产生影响,导致医疗法律风险的发生。在众多因素的影响下,要做到每个环节都万无一失,是非常困难的,但并不是不可防范的。实践证明,医院用于防范医疗法律风险发生所投入的成本远远低于用于解决医疗法律风险所消耗的费用。因此,只要医疗机构能从制度上和技术上加以保证,医务人员能够遵守相关法律法规、规章制度以及正确、及时和完全履行自己的职责,患者和其家属能够积极配合,通过全社会的共同努力,是能够有效防范医疗法律风险争议的发生的。

二、医疗法律风险预防的重要意义

医疗法律风险的发生与防范措施密切相关,采取有效的防范措施,可以降低风险的发生率,减少医患争议,从而促进和谐医患关系的建立。因此,进行有效的医疗法律风险预防具有非常重要的意义:

第一,有利于保障公民健康权益的实现。医疗活动与人们的健康与生命维护密切相关,而医疗法律风险的发生大多是由医疗损害的发生而引起的,医疗法律风险预防有助于减少医疗风险的发生,促进公民健康权益的保障。

第二,有利于医疗服务质量的提高。医疗质量管理水平的高低,是衡量一个医疗机构管理水平的重要标志,也是维护正常医疗秩序的需要。将医疗法律风险防范和管理纳入医疗质量管理的全过程,能更好地树立"安全第一、质量第一"的思想,更好地规避法律风险的发生或把它降低到最低限度,真正做到"以病人为中心"。

第三,有利于强化医务人员的职业风险意识。医学科学是门有限性的科学,虽然医学技术总在进步,但不能治愈的疾病总是存在;医疗中的一点疏失都有可能导致严重的损害后果。加强对医师的风险防范教育,可以强化其风险防控意识,更好地履行谨慎注意义务。

第四,有利于促进和谐医患关系的发展。随着现代医学科学的发展和人们的要求越来越高,一旦在医疗服务和医务活动中发生风险,双方的认识常常难以统一,矛盾十分激烈。医疗法律风险预防是化解和防范医疗法律风险的重要措施,也是减少和防范医患争议的重要路径,有助于医患关系的和谐发展。

医疗法律风险防范与管理关键在于树立安全意识,重在预防。由于导致风险的因素是多样化的,因此,应当通过综合治理,提高风险防范意识,抓好环节质量控制,减少风险的发生和降低风险带来的损害。作为医疗服务的主要提供者,医疗机构在医疗法律风险的预防中承担着举足轻重的作用;作为服务的接受者,患者的预防也是不可缺少的一部分。同时,由于医疗法律风险的特殊性,单靠医疗机构和个人是很难根治的。政府运用其行政职能,建立与完善防控体系、严格监管和干预是必不可少的。总之,医方、个人、国家政府部门应该相互配合,共同做好医疗法律风险的预防工作,从而减少风险的发生。

第二节 医疗机构和医务人员的预防措施

医疗机构和医务人员是我国卫生事业建设与发展的主力军,也是医疗法律风险的发生主体及责任承担者,因此,医疗机构和医务人员必须转变理念,依法履行应尽义务,主动预防医疗法律风险。在医院管理中,不仅要关注对专业技术活动的管理,还要关注对配套生活性非技术服务活动的管理;不仅要关注对患者本人的权利保障,还要关注其相关人员,这样才能做到对风险的全面防范。

一、医疗机构和医务人员要树立法治理念

医疗机构与社会其他行业一样,面临的法律风险无处不在,预防是关键。因此医疗机构要顺应国家形势和要求,树立法治理念,依法预防医疗法律风险。既要从宏观层面重视全社会的法治理念,也要从微观层面督促医疗机构和医务人员树立法治理念。

(一)国家从宏观上要求医疗机构和医务人员树立法治理念

党的十八大做出全面推进依法治国部署,党的十八届四中全会通过《关于全

面推进依法治国若干重大问题的决定》,党的十九大报告中提出成立中央全面依法治国领导小组,加强对法治中国建设的统一领导。全面依法治国改变的是人们的观念、改变的是人们的行为。

国家卫生计生委于2015年1月5日下发了《关于全面加强卫生计生法治建设的指导意见》,要求各级卫生计生行政部门特别是各级领导干部,要充分认识全面加强卫生计生法治建设的重要意义。医疗卫生机构要主动公开医疗卫生服务有关信息,提高医疗卫生服务工作的透明度,促进医疗卫生服务单位依法执业,诚信服务。将法律知识纳入医疗卫生技术人员资格准入、在职培训、年度考核内容中。

医疗机构和医务人员必须顺应时代的要求,树立法治观念,遵守与医疗管理活动相关的法律、法规、规章制度及诊疗常程,依法行医。

(二)医疗机构和医务人员通过多途径来树立法治理念

医疗机构和医务人员要从自身做起,按照国家要求做好微观层面的工作,不断提高法治水平。医疗法律风险涵盖方方面面,如医疗、合同管理、法律文件、信访、医患纠纷、廉政建设、劳动关系、医学成果转化等,这些需要专门部门、人员来承担职责。

医疗机构可以设立法务部,专门处理医院涉法事务,从而提高医院依法管理的水平。法务部除了为医疗机构各项工作提供法律保障外,还可以开展法律知识培训,提升全院医务人员的法律意识。医院还可以按规定聘请法律顾问,不断提升医疗法律风险的预防和处理水平。

医疗机构可通过多途径宣传法律,特别是医学法律,促进医务人员养成依法行医的意识和习惯,做到知法、守法。如对医务人员进行法律、法规、规章和诊疗相关规范、常规的培训,并加强职业道德教育,通过考试的形式,促进其掌握相关法律知识。如安排医务人员旁听涉及医疗法律风险相关案件的庭审活动,现场感受医疗法律风险。如安排医务人员到医患沟通部门、法务部门等医院涉法部门轮转,通过实践来体会法治的作用。另外医务人员要通过自身的法律学习,不断增强法治理念与意识。

二、医疗机构和医务人员应依法履行义务

国家不少法律、法规、规章、司法解释对医疗机构和医务人员规定了义务,因此医疗机构和医务人员应认真履行。

(一)医疗机构要落实医疗技术临床应用管理职责

医疗技术不断进步,新技术不断涌现,为提高疾病诊治水平、维护人民群众健康发挥了重要作用。同时,医疗技术作为医疗服务的重要载体,与医疗质量和医疗安全直接相关,医疗技术不规范的临床应用甚至滥用,会造成医疗质量和医疗安全隐患，危害公众健康权益。因此，医疗机构要加强医疗技术临床应用管理，不得开展禁止类技术。对限制类技术，要向卫生行政部门备案后方可开展。医疗机构开展医疗新技术前，应当开展技术评估和伦理审查，确保安全有效、符合伦理。医疗机构开展手术、特殊检查、特殊治疗等具有较高医疗风险的诊疗活动，应当提前预备应对方案，主动防范突发风险。

（二）切实履行医务人员的说明义务

医务人员切实履行说明义务是尊重患者知情同意权的体现，医务人员在诊疗活动中应当用患者听得懂的语言向患者说明其决策所需要的信息，特别是对替代性医疗方案的说明。医务人员必须改变过去的医疗思维习惯，必须向患者介绍所有的医疗方法，而不能只介绍医务人员自己所在专科的医疗方法，还要将其他专科的医疗方法向患者告知。如果医务人员未将其他专科的医疗方法告诉患者，即便对患者采取的医疗方法是最佳的，患者医疗效果也是最好的，但由于患者丧失了其他医疗方法的选择权，医疗机构一样有可能要承担未尽到说明义务的赔偿责任。

另外医务人员要为患者答疑解惑，对患者在诊疗过程中提出的咨询、意见和建议，应当耐心解释、说明，并按照规定进行处理；对患者就诊疗行为提出的疑问，应当及时予以核实、自查，并指定有关人员与患者或者其近亲属沟通，如实说明情况。

医疗机构和医务人员必须切实履行医方的说明告知义务，并且对沟通、说明事项进行记录；一旦发生医疗法律风险争议，医院举证才有据有力[1]。

（三）医务人员特定条件下的主动急救义务

医务人员在特定条件下要对患者主动履行急救义务，这是抢救生命的职责所在。在患者病情危急时，积极运用开通绿色通道或者请示医疗机构负责人等措施进行救治，不能以患者没有缴费、患者及近亲属无法进行知情同意为由，拒绝或怠于对患者进行紧急救治。

（四）医务人员必须具备一定诊疗水平的义务

医务人员担负着救死扶伤的职责，必须具有过硬的业务水平。同时医学发展日新月异，相关知识更新快。因此医务人员要认真学习，参加专业培训，接受继续医学教育，努力钻研业务，不断更新知识，提高专业技术水平，使自己具备一定的诊疗水平，达到当时的医疗水平。如果医务人员在诊疗活动中未尽到与当时的医疗水平相应的诊疗义务，造成患者损害的，医疗机构应当承担赔偿责任。

（五）医务人员合理医疗的义务

医务人员在诊疗活动中应当以患者为中心，严格遵守医疗卫生法律、法规、

---

[1] 余中成、刘玉琳：《临床医师面临的法律风险》，载《现代医药卫生》2006年第20期。

规章和诊疗相关规范、常规,选择合理的医疗、预防、保健方案,对患者进行合理检查、合理治疗、合理用药,禁止对患者实施不必要的检查、治疗、用药。

(六)医疗机构与医务人员的病历书写、保管与提供义务

病历在医疗质量、教学、科研以及医疗法律风险定性等方面具有重要的作用,因此医疗机构与医务人员要重视病历书写,做到客观、真实、准确、及时、完整、规范。还要重视病历保管和提供工作,严禁篡改、伪造、隐匿、毁灭病历资料。医疗机构应加强病案的质量控制,要确保病案的完整性和系统性,完善病案管理规章制度。

要按照规定向患者提供病历资料,尊重患者复印病历的这一权利,也有助于减少患者一方的猜疑,增强医患互信,最终减少医疗纠纷。

例如,某患者中毒性重度昏迷,因家人的延误,数小时后才赶到医院。虽经医务人员紧张地抢救,但患者还是因服用药物过量抢救无效死亡。家属对药物的使用情况向医方提出质疑。由于医师在病历中明确记录了药物使用方法与剂量,家属解除了对医院的怀疑。

(七)医疗机构与医务人员保护患者信息的义务

鉴于医疗工作的特殊性,患者应当向医务人员如实陈述诊疗所需要的包含隐私在内的各种信息。医疗机构和医务人员应当保护患者的信息不被泄露及非法利用,这不但是职业道德要求,也是法律赋予医务人员的义务。

(八)医疗机构医疗外的安全保障义务

医疗机构在一定程度上具有公共场所的特点,因此具有对医疗机构场所里人员的安全保障义务。如果未尽到该义务,则要承担法律责任。因此,医疗机构要积极履行合理范围内的安全保障义务,如在缴费窗口要有防盗提醒,在患者洗澡场所要有防滑提醒,在打开水处要有防烫提醒,在产房要有防止新生儿被盗的设施,在医院施工处要有绕道通行的提醒等等。

(九)医疗机构和医务人员应履行的其他义务

除了上述主要义务外,医疗机构和医务人员还要履行其他义务,尊重患者的权利。如医疗机构和医务人员要及时上报医疗质量安全不良事件,便于从国家层面、系统层面分析原因,解决具有普遍性的问题,从而减少或避免类似医疗法律风险的发生。医疗机构和医务人员要尊重患者的肖像权,未经患者同意,不得使用患者的肖像。对患者使用的医疗产品必须是合格的,禁止使用无合格证明文件、过期等不合格的药品、医疗器械、消毒药剂、血液等。对医疗工作中发现无民事行为能力人、限制民事行为能力人遭受或者疑似遭受家庭暴力的,应当及时向公安机关报案等等。

三、强化医院内部规章制度

一套科学的、行之有效的制度能够保证处于制度约束下的人员正确履行自己的职责。医疗机构应当在现有法律法规的范围内,建立起符合自己实际情况的各种规章制度。合理的规章制度是从医学临床实践中总结出来的一整套科学的管理方法,它随着医学科学的不断发展,也在不断地被修改和完善,并反过来又指导医疗实践。合理的规章制度使医护人员各尽其责,并由此把医疗法律风险消灭在萌芽状态。

实践表明,医院核心管理制度不完善、各项诊疗规范落实不到位是导致医院医疗法律风险高发的重要原因。医疗机构应当不断完善医院内部医疗质量、医疗安全管理的规章制度和岗位职责。实践中,很多医疗机构根据自己的实际情况已经制定了一些相应的医疗规章制度,如对各种治疗、抢救、护理的原则和方法的规定,对各种医疗设备、仪器的使用程序和方法的规定,各种特殊检查及技术操作的规定等,包括《查房工作制度》《病例讨论制度》《会诊制度》《转科、转院制度》《医嘱制度》《诊断证明有关规定》《处方制度》《手术室规则》等。这些制度的实施,既有利于患者获得规范的诊疗服务,也降低了潜在的法律风险。

医院不仅要重视对医务人员的专业知识、专业技能的培训,使他们能够紧跟医学技术的发展,提供更好的专业服务,也应该加强服务学、心理学、管理学的培训。特别是国家、地方行政管理部门、医院颁布的各项法律法规、规章制度,让每一位医务人员及医院其他相关人员都知晓、理解并自觉遵守规章制度,主动履行岗位职责。医院应加强政策引导,完善激励和惩戒机制(包括经济层面和道德层面等),将好的制度落到实处,对遵章守制的医务人员应通过各种形式予以褒奖和肯定。而对于违章违规的医务人员应给予及时而必要的惩处,使其承受较大的经济不利益和道德压力,不敢也不愿意继续从事违规行为。

四、切实尊重患者权利

我国现行的卫生法律法规主要是以医方为主体制定的,通过规定医师义务及直接规定患者权利的方式,明确了患者在医疗活动中应该享有的权利,患者的权利通常就是医疗机构及医务人员的义务。在医疗活动中,医疗机构及医务人员应该尊重及维护患方的这些权利:

(1)尊重患者及家属的自我选择和决定权,在实施医疗措施和相关活动时,必须征得患方的同意。

(2)有安全的就医环境和基础设施,以保障患者及陪同者与探视者的人身、财产安全不受损害,保证其就医过程中的其他生活要求。

(3) 尊重患者对自己疾病的病因、诊断方法、治疗原则、可能的后果以及医疗费用的知情权,要主动提供相关信息,并做出通俗易懂的解释。

(4) 提供患者期望知道且应当知道的其他信息,如为其提供医疗服务的医疗人员的身份和专业地位,医院与病人相关的管理制度以及与自身健康相关的医学保健知识、权益保护方面知识等。

(5) 尊重患者的人格尊严、民族风俗习惯,患者不能因年龄、病种、社会地位、经济状况等因素而受到歧视或不公正待遇;应尊重患者与亲属保持联系、获得探视的权利;语言不通的患者应有得到译员的权利;应提供符合民族饮食习惯的餐饮等。

(6) 尊重患者的隐私权,如果患方不愿公开自己病情、家族史、接触史、身体隐蔽部位、异常生理特征等个人隐私和生活秘密,医方不得随意获取,也不能非法泄露,如果确有必要,应在征得患方同意的基础上实施(国家规定的依法定程序报告的信息除外)。

(7) 建立意见投诉渠道,接受患方对医疗服务的批评和改进建议,听取对侵害患者权益行为的检举、控告,并在积极调查明确事实的基础上做出适当处理和解释。

五、注重医患沟通

医疗机构应当健全医患沟通制度,完善医患沟通内容,加强对医务人员医患沟通技巧的培训,提高医患沟通能力。医学之父希波克拉底说过:医生有三大法宝——语言、药物和手术刀。医师的问诊是了解病情及相关影响因素的重要途径,医师的讲解、说明等告知语言是保障患方知情权的基本要求,也是提高患方依从性与配合度的重要方式。同时,医务人员的言行也会影响患者的情绪状态。有研究表明医患之间的信任关系可以缓解患者的疼痛,甚至减少止痛剂的用量。[1] 因此,医务人员应注重语言艺术,提高自己与患者及其家属沟通的技巧。

医务人员必须加强语言艺术的修养和培训,注意语音、语调和语气,用通俗易懂、患者乐于接受的语言(包括表情和肢体语言)与患者沟通交流。让患方了解疾病发生发展过程中可能出现的特殊情况,了解每个人可能存在的体质差异,理解现有医疗技术的局限。对不同年龄、职业、文化程度、经济状况和素质的患者,在语言、文字、词句的运用上要有所不同。谈话时态度要和蔼,解释要耐心,以争取患方认同和信任。[2] 另外,医务人员还应具备察言观色的能力,具体问

---

[1] 张俊祥:《论临床实践中不规范医疗行为及其法律风险》,载《实用全科医学》2008年第1期。
[2] 卫娟丽:《加强医患沟通 降低医疗风险探讨》,载《中国误诊学杂志》2009年第16期。

题,要具体分析,然后做出不同的处理意见,尽量让患者或家属满意。让患者及其家属自觉主动地对医务人员产生信任和尊重,共同构建和谐医患关系。

六、设立医疗服务质量监控部门

医疗机构应当设置质量监控部门,对医疗服务质量进行监控和管理,如制定医疗质量评价体系和质量控制标准;加强对诊断、治疗、护理、药事、检查等工作的规范化管理,提高服务水平。应当熟练运用医疗质量管理工具开展医疗质量管理与自我评价,如全面质量管理(TQC)、质量环(PDCA 循环)、品管圈(QCC)、疾病诊断相关组(DRGs)绩效评价、单病种管理、临床路径管理等。要积极开发并应用信息化评判工具,通过对电子病历信息系统的后台监控,分析判断诊疗行为是否符合相关法律法规、核心制度、技术规范、用药指南等要求。

执行严格的人事制度,要达到规定的学历和工作经验要求;定期对医务人员的工作绩效进行考核,包括工作量、工作态度以及患者对所提供服务的满意度等;实施惩罚措施,规范医疗行为,对存在不规范医疗行为的医务人员采取严格的惩罚措施,使其充分认识到合法行医的重要性;针对医疗机构存在的问题,定期提出整改措施,并对措施的实施效果进行跟踪。

医疗机构还应设立医患沟通部门,统一承担医院投诉管理工作。

七、建立应急防范预案

医疗行业属于高风险行业,疾病种类繁多,情况复杂,患者情况各异,医疗机构规模和管理水平以及医生的医学素养差异较大,这就决定了医疗机构及其医务人员在防范医疗法律风险发生方面,必须要建立针对性的预案。通过医院系统化管理,发挥预案的预警、预知、预应效能,在工作中化被动为主动。

预案是事前制定的一系列应急反应程序,明确应急机制中各成员部门及其人员的组成、具体职责、工作措施以及相互之间的协调关系,预案在其针对的情况出现时启动。预案分为防范医疗法律风险预案和处理医疗法律风险的预案。建立这些预案,尽量降低损害程度:

(1)医疗机构要针对一些可能导致医疗法律风险争议的突发事件(比如就诊过程中突发抽搐、心肌梗死、输液反应、脑梗死、滑倒跌伤、断针、患者自杀、失踪等),进行全面分析,充分预测可能出现的情况及可能导致的后果,有针对性地制定防范与化解的预案,化被动为主动;让每一位医务人员知晓、掌握突发事件发生时的应对与处理。

(2)建立、健全医务人员的岗位规章、规范制度。使医院和医务人员在医疗过程中做到有法可依,有章可循。

(3)强化医院、科室、部门医疗事故三级预案网络体系的建设,自下而上,使医院与科室、科室与部门之间形成互动,做到主动发现问题,及时消除隐患。从措施上确保防范预案的实效性。

(4) 建立组织机构,将各种防范措施真正落到实处。如,设立医疗服务质量监控部门,负责对医疗质量进行日常的监督管理,对手术质量、门诊质量和易发生医疗法律风险争议的科室进行重点管理;科技教育部门负责医务人员的继续教育和培训工作,多角度地加强对医务人员的教育,提高医务人员的业务水平;每一项新技术、新仪器在使用前都应做好充分的论证、准备工作,并获得批准;党、团组织负责医务人员的职业道德工作,各部门各司其职,又互相协调配合,共同承担防范医疗法律风险发生的工作职责。

(5) 一旦发生医疗法律风险争议,处理预案马上启动,立即采取应急处理措施,努力减低损害程度。

第三节 人们的预防措施

随着社会主要矛盾的变化,人们对医疗健康提出了更高的期望。医疗健康领域表现为人们对医疗健康日益增长的需要和医疗健康事业不平衡不充分的发展之间的矛盾。由于医学科学的有限性、人们的个体差异性,因此,人们在接受医疗健康服务过程中不可避免地会出现一些不良后果及不可预见的情况。

医务人员只有在对疾病健康的情况全面了解的基础上,才能做出准确的判断,从而依据疾病健康的特点和人们的个人情况,拟定合理的预防、治疗方案。而当人们得不到满意的医疗健康服务时,便会失去对医疗机构及医务人员的信任,在就医过程中对自己的情况有所保留,不愿意敞开心扉与医务人员交流,从而使医务人员得不到足够的有关疾病健康的信息,为疾病的预防、诊断和治疗带来较大的困难。因此,人们的不信任将加大医务人员的误诊率,导致严重的后果,无形之中,人为地加大了医疗风险。可见,医疗法律风险的预防,不仅需要医疗机构和医务人员发挥重要作用,也需要人们正确认识医疗风险,充分信任医疗机构及医务人员,依法处理医患矛盾。

一、正确认识医疗风险存在的必然性

医疗风险具有客观性、普遍性、复杂性、危害性等特点,人体是由多系统组成的一个极为复杂的生命体,而且患者个体之间存在差异;在治疗疾病的同时,许多医疗手段会对人体造成伤害,医务人员对任何一个患者、一种疾病的诊疗都永远不能达到十全十美的程度,不可能包治百病,疾病的治疗过程和结果也就始终存在成功与失败两种可能。人们应该充分认识到医疗风险存在的必然性,对医

疗健康服务效果要有清醒的认识,坦然面对成功与失败,甚至死亡。人们应相信科学,树立正确的生死观。人们可以通过购买医疗风险方面的保险,来化解医疗风险的后果。

二、充分信任医疗机构及医务人员

医务人员与人们共同的敌人是疾病和人们的不健康状态。因此人们在接受医疗健康服务时要充分信任医疗机构及医务人员,遵守国家法律、法规、规章及医疗机构的管理制度,积极履行义务,如实向医务人员陈述病情,接受医学检查,配合治疗,支付医疗健康服务费用等。只有这样,才有一个好的医患关系,从而有助于医务人员对人们的疾病早预防、早诊断、早治疗。《医疗纠纷预防和处理条例》规定患者应当遵守医疗秩序和医疗机构有关就诊、治疗、检查的规定,如实提供与病情有关的信息,配合医务人员开展诊疗活动。

三、正确履行义务,重视依从性

医疗活动是一种双向的特殊的人际关系,人们在就医时,应当积极履行自己的义务,配合医生的治疗。人们应该积极提供疾病信息,配合诊治,接受医学检查,签字,遵守国家法律、法规及医疗机构的管理制度和诊疗规章制度,以及支付医疗费用等。

同时,重视就医的依从性。患者依从性是指患者按照医生的规定进行治疗、与医嘱一致的行为。[①] 目前,一些患者擅自更改或取消、增加预定的治疗方案,在不了解药物剂量的情况下违背医嘱过量服药;有的患者对某些疾病诊疗有自己独特见解也可能出现不遵医嘱的行为;有时患者通过某些危险行为以克服对疾病的失控感。上述这些现象,不仅会影响治疗效果,甚至可能危害健康。

患者就医时应严格按照医生的治疗方案进行治疗,遵循遵照医护人员执行医疗计划和规章制度时的嘱咐;同时还有义务向负责其治疗的医生报告意外的病情变化。对于一些慢性病,医生可能会要求患者通过饮食和锻炼来配合治疗,如高血压、糖尿病等,那么患者必须改变不好的饮食习惯。许多疾病的治愈,都离不开患者的积极合作。如患者需手术治疗前,医生要求其禁食、禁水,患者就不应在规定的时间内进食,否则易引发吸入窒息,严重时可能导致患者死亡。

[①] 宁德花、朱瑜琪:《病人不依从性的潜在医疗风险及其改善策略》,载《临床误诊误治》2010年第1期。

四、遵守医院规章制度

人们在就医的过程中应严格遵守医院规章制度，文明就医。1998年，中华医学会医学伦理分会公布的病人义务包括"遵守医院规章制度，维护医院秩序"；1978年，新西兰通过的病人权利与守则也将"遵守医院各项规章制度"作为病人义务的一项。[①]

首先，应遵守门诊程序。耐心等待，不要大声喧哗、吵闹，不要拥挤在医生旁边，以免影响医生的诊疗。

其次，切忌擅自离院。住院期间擅自离开医院，不仅会影响疾病的治疗，甚至有可能导致生命危险。

五、依法处理医患矛盾

医患双方发生矛盾时，人们应依法处理和维权，可以通过双方自愿协商、申请人民调解、申请行政调解、向人民法院提起诉讼、法律法规规定的其他途径解决，否则会导致医疗法律风险的增大。

例如，2017年2月11日，南华大学附二医院发生一起患者秦某芽在诊疗过程中死亡事件。事发后，谭某林和赵某平组织几十人到医院闹事，封堵医院大门，阻止其他患者和车辆进入医院，安排死者亲属在医院大厅烧纸钱、放鞭炮、拉横幅，并与医院保安发生肢体冲突，导致双方数人受伤，严重扰乱医院正常医疗秩序。"医闹"事件发生后，警方在依法处置、恢复医院秩序的基础上，对涉嫌违法犯罪人员展开立案调查。经过调查取证，警方基本查清谭某林、赵某平等人聚众扰乱医院医疗秩序的犯罪事实，并对其依法刑事拘留。2018年4月23日某区人民法院作出一审判决，医闹组织者谭某林犯聚众扰乱社会秩序罪，被判处有期徒刑三年四个月，另一名组织者赵某平犯聚众扰乱社会秩序罪、故意伤害罪，被判处有期徒刑一年九个月。

第四节 社会的预防措施

医疗卫生事业事关民生，国家对此十分关注，中共中央、国务院印发了《"健康中国2030"规划纲要》，全社会要增强责任感、使命感，全力推进健康中国建设，为实现中华民族伟大复兴和推动人类文明进步作出更大贡献。对于医疗风险的预防，政府应充当调控者和指挥者的角色。国家应进一步健全、完善法律，加强卫生健康法治建设。继续深化供给侧结构性改革，提升医疗机构服务能力。

---

① 夏良伟：《浅谈患者义务与文明就医》，载《中国医院》2008年第2期。

加大人民的医疗保障水平,解决看病贵的问题。

一、不断健全与完善法律

(一) 制定卫生方面的基本法

我国在卫生与健康领域已有十多部专门法律,但还没有基本法。当前卫生事业已上升到国家层面,卫生事业的健康发展需要卫生基本法支撑,通过卫生基本法,落实宪法关于国家发展医疗卫生事业、保护人民健康的规定,引领医药卫生事业改革和发展大局,推动和保障健康中国战略的实施。2018年10月《基本医疗卫生与健康促进法(草案)》再次征求意见。

(二) 不断完善法律法规

医疗法律风险原因有很多,法制不完善是其中一个原因。在医疗机构事务中有时还存在适用法律不明确、法律之间有冲突、法律规定未及时修改等情形,使得医疗机构无所适从或难以把握适用何种法律。因此国家经常对现有的法律进行梳理,并对社会公布。如原国家卫生和计划生育委员会于2016年发布了《关于修改〈外国医师来华短期行医暂行管理办法〉等8件部门规章的决定》,对其中的部分条款进行了修改,以适应行政审批制度改革和政府职能的转变。针对医疗损害案件审理中存在的亟须解决且有一定普遍性的问题,最高人民法院通过梳理并总结吸收各地审判实践经验,于2017年3月27日通过了《关于审理医疗损害责任纠纷案件适用法律若干问题的解释》,对医疗损害责任纠纷的法律适用难点、争点问题作了细化规定。

二、深化供给侧结构性改革,提升医疗机构服务能力

(一) 医疗服务能力与医疗法律风险的关系

医疗服务能力与医疗法律风险是相辅相成的。医疗服务能力能够充分满足人民群众的就医需求,医疗法律风险就低。否则,医疗法律风险就高。2009年以来,国家通过新一轮的深化医药卫生体制改革,取得明显成效,人民群众看病难看病贵得到有效缓解。但医改属于世界性难题,任重而道远。随着我国社会主要矛盾的变化,人民群众在健康、医疗方面的要求日益增长,全方位全周期的健康服务需求旺盛。而我国的医疗资源配置供给结构不合理、医疗资源总量供给不足,医疗法律风险在加大。因此需要提升医疗服务能力,降低医疗法律风险。

(二) 政府要着力解决医疗资源配置供给结构不合理问题

多年来,我国医疗卫生资源配置不合理,存在着重城轻乡、重大轻小、重医轻卫现象,未能体现公平原则、效益原则,存在着结构性矛盾。主要表现在:一是中西医之间医疗资源配置不合理。中医是祖国医学,而中医服务能力偏弱。二是

城乡之间医疗资源配置不合理。优质医疗资源主要集中在大城市和发达地区,农村和欠发达地区医疗资源不足。由于基层医疗资源不足,以至于患者直接去县级、市级、省级甚至国家级医疗机构,造成了城市大医疗机构应接不暇,乡镇医疗机构门可罗雀。另外,民营医疗机构虽然数量上超过了公立医疗机构,但服务人次占比明显偏低,其服务能力、服务水平等与公立医疗机构有着不小的差距。这些现状都影响了人们就医的可及性与公平性,容易引发医疗法律风险,需要政府从宏观层面统筹兼顾,做好规划和落实到位,促进优质医疗资源的下沉与平衡发展。

(三)政府要着力解决医疗资源总量供给不足问题

虽然我国每万人医疗机构床位数、每万人执业(助理)医师数等指标提升了,但与广大患者日益增长的健康需求相比仍是不足。与世界发达国家相比,我国的医疗资源总量供给也是明显不足。

2018年1月9日,中国医师协会发布《中国医师执业状况白皮书》,我国医师每周平均工作时间都在40小时以上,三级医疗机构的医师平均每周工作51.05小时,二级医疗机构的医师平均每周工作51.13小时。医师的加班加点,凸显医务人员不足,既给医务人员的自身健康带来风险,也给患者带来医疗安全隐患,患者就医排队、医师接诊时间短、就诊就医环境嘈杂等问题突出,为医疗法律风险的发生埋下伏笔。同时,一些专业医师的短缺更明显,如儿科医师,每千名儿童拥有儿科医师数远低于每千人口拥有医师数,也导致了儿科就医的紧张与风险的高发。目前国家增加了儿科学专业招生规模,扩大儿科专业住院医师规范化培训规模,开展儿科医师转岗培训,鼓励和引导已转到其他岗位的儿科医师重返儿科岗位等。

(四)不断提高人民的医疗保障水平

实践中许多医疗法律风险争议中,由于医疗保障不足,出现因病返贫、因病致贫的现象,从而加剧了医患之间的矛盾。目前,国家越来越重视人民的医疗健康权利,不断提高人民的医疗保障水平。

为了不断提高医疗保障水平,完善统一的城乡居民基本医疗保险制度和大病保险制度,确保医保资金合理使用、安全可控,统筹推进医疗、医保、医药"三医联动"改革,更好保障病有所医,国家组建了国家医疗保障局,承担医疗保险、生育保险、医疗救助等医疗保障制度的制定与组织实施,实施医疗保障基金的监管,统筹城乡医疗保障待遇,建立城乡统一的药品、医用耗材、医疗服务项目、医疗服务设施等医保目录和支付标准,推动建立市场主导的社会医药服务价格形成机制,制定药品、医用耗材的招标采购政策并监督实施,建立健全医疗保障信用评价体系和信息披露制度,依法查处医疗保障领域违法违规行为等,这些措施都有助于医疗法律风险的控制。

三、加强对医疗行业的监管

卫生行政部门要履行全方位的监管职责,从而降低医疗法律风险。如加强医疗机构及医务人员准入、医疗技术应用、医疗质量和安全管理、医疗服务、采供血机构管理以及行风建设等工作,强化对医疗质量、医疗技术的监管。

（一）做好医疗机构医疗质量监管工作

医疗质量是医疗法律风险的重要影响因素,因此各级卫生行政部门要做好医疗机构医疗质量监管工作。

制定医疗质量管理相关制度、规范、标准和指南,完善医疗技术规范体系。

开展医疗质量管理与控制工作,收集、分析医疗质量数据,建立全国医疗质量管理与控制信息系统,定期发布质控信息。

建立健全医疗质量管理人员的培养和考核制度,充分发挥专业人员在医疗质量管理工作中的作用。

建立医疗质量（安全）不良事件报告制度,鼓励医疗机构和医务人员主动上报临床诊疗过程中的不良事件,促进信息共享和持续改进。

建立医疗机构医疗质量管理激励机制,建立医疗机构医疗质量管理情况约谈制度。

（二）做好医疗机构医疗技术监管工作

卫生行政部门要监管医疗机构是否开展禁止类技术;对医疗机构开展限制类技术要严格监管,限制类技术目录由省级卫生行政部门制定,卫生行政部门对限制类技术实行重点管理。

四、司法机关要正确看待医疗风险

医学是有限性科学,医疗风险不可避免。因此司法机关在执法中要充分考虑这一点,办理涉及医疗机构及医务人员的案件时要慎重,对判断医疗行为是否存在过错时要委托专门机构进行鉴定,对鉴定结论进行科学判断,疑难问题可以通过法定程序如重新鉴定、补充鉴定等进一步查明。

社会层面预防法律风险体现在多方面,还有医疗法律风险的正确宣传、与时俱进地进行新时代下的医疗法律风险的研究等等,如对互联网＋医疗健康中易出现的法律风险如患者的互联网医疗安全、隐私保护等问题进行及时研究。

本章小结

医疗活动具有很强的风险性,它受现有医疗科学技术、医务人员业务素质和职业道德、医疗设备产品质量以及患者个体的特异性等众多因素制约。医疗法律风险的预防就是各种社会主体采取各种防范措施,从而将医疗法律风险降至最低。医疗法律风险的防范需要社会共同参与,进行综合治理。医疗机构及医务人员应转变理念,树立法治意识、依法履行业务,主动防范医疗法律风险。接受医疗健康服务的人们应相信科学,信任医务人员,依法维权。同时要从社会层面进一步健全与完善法律,加强卫生健康法治建设。继续深化供给侧结构性改革,提升医疗机构服务能力。行政部门要加强监管,司法部门要科学处置医疗法律风险。

思考题

1. 试述医疗机构及医务人员如何防范医疗法律风险。
2. 试述从社会的层面如何防范医疗法律风险。

案例思考

（南京医科大学2016年医学人文博士入学试题）：一青年女患者,由其婆母与小姑子送到医疗机构急诊就诊。到医疗机构急诊时已昏迷,急诊医师诊断患者宫外孕2个月,需手术治疗。经了解,患者的丈夫在外打工,半年多未回来过,目前联系不上。请你从卫生法学、医学伦理学、医患沟通学、医疗机构管理学的角度分析,医务人员该向哪位患者家属说明病情？医务人员如何向患者家属说明病情？手术同意书由谁签署？

案例讨论

请结合以下问题,思考在现实中医疗机构及医务人员应如何防范特殊情形下涉及患者知情同意权、隐私权、生命健康权、患者夫妻互相忠诚等方面的法律风险：

1. 知情同意权的概念、适用情形、患者知情同意权的实现方式,在现有的法律法规中是怎样规定的？
2. 隐私权的概念、患者隐私权的表现形式在现有的法律法规中是怎样规定的？
3. 特殊情形下的患者知情同意权如何实现？在现有的法律法规中是怎样规定的？
4. 如何解决患者知情同意权与生命健康权的冲突问题？在现有的法律法规中是怎样规定的？医疗实践如何与医学伦理的基本原则结合起来？法律与道德的关系是怎样的？
5. 如何解决特殊情形下患者配偶、父母、子女等近亲属对患者病情的知情权？如何把握患者近亲属的知情权与患者隐私权之间的界限？医疗机构管理如何落实？

6. 如何解决患者隐私权与夫妻互相忠诚的冲突问题？如何运用法律规定解决法律冲突问题？

第十三章 医疗法律风险民事责任的分担

第一节 医疗法律风险民事责任的分担概述

一、医疗法律风险民事责任的概念与医疗法律风险民事责任分担的内涵

(一) 医疗法律风险民事责任的概念

医疗法律风险民事责任是指在诊疗活动中,由于医疗机构及其医务人员的过错造成患者损害的后果或者由于医疗意外等不可抗力的原因,发生患者健康严重受损或者死亡等不良后果所涉及的民事责任承担风险,这里的民事责任主要是指民事赔偿责任。从这一概念可以看出,医疗法律风险民事责任主要涉及两方面:一是医疗损害赔偿风险,二是包括医疗意外、并发症、后遗症、过敏反应、药品不良反应、献血不良反应、输血意外感染等在内的不可抗力无过错医疗造成的损害风险。我国现有法律仅对医疗损害赔偿风险做出了相应的法律救济,而对无过错医疗行为造成的损害尚未建立完善的法律救济制度。

(二) 医疗法律风险民事责任分担的内涵

医疗法律风险民事责任分担是指医疗法律风险民事责任以某种形式在不同主体之间进行分配。德国学者艾塞尔(Esser)的"分配正义"理论强调:"一个健全的社会,不仅要有公平的利益分配制度,而且要有公平的损失分配制度。"目前,一方面我国医疗机构作为福利性、公益性机构,肩负社会预防医疗保健重任,如果让医疗机构来全部承担客观存在的医疗法律风险民事责任,不利于医疗事业的可持续发展和健康中国的建设;另一方面若让患者独自承担无过错医疗即医疗意外等不可抗力医疗行为造成的民事损害风险,对患者来说也是不公平的。

因此,需要建立一种政府、医疗机构、个人、社会等多元社会化医疗法律风险民事责任分担机制,依法、合理、及时分担医疗法律风险民事责任。加强医疗法律风险民事责任分担制度建设,对于和谐医患关系、维护医患双方的合法权益和促进医学事业的发展及健康中国建设具有重要的现实意义。

二、医疗法律风险民事责任社会化分担的法理分析

传统侵权法是由个人承担风险,民事损害赔偿最初只在当事人之间即加害人与受害人之间分配,采取的是损失移转方式。进入现代高风险社会,个人乃至法人及其他组织承担风险的能力均非常有限,如何应对风险已成为现代社会亟待解决的重大问题。现代侵权法认为损害可先加以内部化，由发生危险活动的法人或组织负担，如我国《民法典》第 1191 条规定："用人单位的工作人员因执行工作任务造成他人损害的，由用人单位承担侵权责任。"法人或组织承担后再经保险（尤其是责任保险）加以分散，由多数人承担。[①] 其优点一是使受害人的损害获得较充分的赔偿，二是加害人不致因大的损害赔偿而陷于困难或破产。这里所涉及的，除加害人和受害人之外，还有社会等第三方主体。换言之，是将集中在加害人身上的损害赔偿即民事责任法律风险通过一定的途径向多个主体乃至整个社会分散，是社会化的损失分担方式。[②] 可见，现代侵权法所关心的基本问题是加害人是否具有较佳之能力分散风险。故现代侵权法更加关注损害赔偿风险的分散，思考寻找那个在经济上最有能力将损害的费用加以分散的人。

对于医疗这种高风险的行业和职业而言，建立一定的风险分散机制是至关重要的。故依侵权法损害分散的思考方式，寻求并建立社会化医疗法律风险民事责任分散机制不仅必要而且可行。根据 2018 年 6 月 20 日国务院常务会议通过、10 月 1 日实施的《医疗纠纷预防和处理条例》第 7 条的规定，国家建立完善医疗风险分担机制，发挥保险机制在医疗纠纷处理中的第三方赔付和医疗风险社会化分担的作用，鼓励医疗机构参加医疗责任保险，鼓励患者参加医疗意外保险。

我国台湾地区著名学者王泽鉴先生认为，为最大限度保护被害人利益，随着社会经济的发展，逐渐形成了一般侵权行为法、无过失补偿制度、社会安全保障三个阶层的赔偿和补偿制度体系，赔偿社会化成为趋势。[③] 侵权责任法为个人遭受侵害提供私法救济，为人类社会存在的基本价值；无过错补偿制度、社会安全保障在若干方面具有效率；三者共存，担负着不同的任务。各国依其社会经济发展所创设形成的赔偿体系，基本上由倒金字塔型转为平方型，并逐渐移向金字塔型。根据我国目前的社会发展水平，在医疗损害赔偿机制上有必要借鉴西方发达国家医疗损害赔偿机制的先进经验，可以建立第一级为一般侵权行为法，第二级为医疗责任保险和患者医疗意外保险，第三级为社会保障与医疗风险救济机制这样一种符合我国国情的医疗民事责任社会化分担机制。

---

① 陈绍辉、袁杰、郑嘉龙：《强制医疗责任保险制度研究》，载《保险研究》2006 年第 6 期。
② 陈玉玲：《医疗损害社会化分担之法理基础》，载《南京社会科学》2012 年第 7 期。
③ 王泽鉴：《侵权行为》，北京大学出版社 2016 年版，第 23 页。

三、医疗法律风险民事责任分担机制建设的现实意义

（一）有利于缓解医患矛盾、减少医疗纠纷、维护正常的医疗秩序

近年来，我国医疗纠纷发生频率高、索赔额度大、解决难度大，给医疗秩序和医院管理带来严重影响；而且，医疗行业属于高风险行业，误诊误治是客观存在的，这也是出现争议的根本原因。不仅是我国，许多发达国家和地区的医疗责任风险争议也在增加，而解决争议的落脚点大多在赔偿问题上。在我国，由于医疗法律风险民事责任分担制度设计上的问题，医疗法律风险民事责任大多数由医疗机构独自承担，而医疗机构又受制于赔付能力及其他原因，一些患者的要求无法得到合理的满足，致使纠纷愈演愈烈。加强医疗法律风险民事责任社会化分担制度建设，有利于缓解医患矛盾，减少医疗纠纷，有利于维护正常的医疗秩序。

（二）有利于维护多方合法权益，促进医学事业的健康发展与社会稳定

一是有利于保护国家利益。目前的医疗机构绝大多数都属公立机构，其资产是国有资产，加强医疗法律风险民事责任分担机制建设，有利于打破由医疗机构来承担全部客观存在的民事责任风险的局面，有利于国有财产免遭严重流失。

二是有利于维护医疗机构的利益。建立并完善医疗法律风险民事责任分担机制，有利于摆脱医疗机构独立承担民事赔偿风险的局面，减少医疗纠纷对医疗机构的困扰。把医疗机构从医疗纠纷的困扰中解脱出来，把精力更多地用于加强医疗机构管理与提高服务质量上。

三是有利于保障患者权益。建立并完善医疗法律风险民事责任分担机制，有利于患者在遭遇医疗损害和医疗意外时及时得到赔偿。在某一医疗损害或医疗意外发生之后，受害人往往不是单个的个人，而涉及其配偶、子女、父母等家庭成员。家庭是社会的基本细胞，如何对受害人进行有效的补救，关系到家庭的稳定和社会的和谐。

四、医疗民事责任风险社会化分担的国际经验

世界上很多发达国家和地区在医疗责任风险社会化分担方面已发展得相对成熟，这些经验对我国建立医疗责任风险社会化分担机制具有重要的借鉴意义。

（一）美国的商业医疗责任保险模式

美国是世界经济最发达的国家之一，卫生保健制度健全，医疗保险与医疗责任保险制度也相对较完善。美国也是一个联邦政府和地方政府并存的二元模式的国家，在医疗责任保险上并没有形成的统一的制度，而是以联邦政府的基本政策为基础，各州政府根据自己州的实际情况制定适合本地医疗责任保险发展的政策，从而实现了对联邦政府制定政策的有益补充，由此构成了美国的医疗责任

保险制度。① 美国建立了以商业医疗责任保险为主体,以互助组织、自保组织为补充,多种主体参与的医疗风险分担体系。② 由于美国绝大部分医院都是私立医院,医生大部分都是自由职业者,美国实行强制性医疗责任保险。医院和医生都必须分别购买医疗责任保险,医生按所在岗位的风险大小缴纳保费,每年支付的保险费约占其年收入的10%左右,个别高风险岗位如外科和妇产科的医生缴纳的保费则更高,每年需用其收入支付约5万~10万美元的保费。美国的医疗损害保险处理制度的具体程序是:当发生医疗损害风险事故,出现医疗纠纷时,将事故处理报经医疗评审与监督委员会调解;调解不成可通过司法诉讼解决,解决时通常由陪审团判定医院医生是否存在过错,再由法官判决赔偿费用,最终由保险公司支付判决费用。保险公司可根据当年医生赔偿金额和其年龄等因素作出风险评估,再决定下一年度该医生的保费和承保条件。

美国强制医疗责任保险的实行,对解决医疗损害赔偿问题起到了积极的作用。政府在扶持医疗责任行业发展的同时,也加强了对医疗责任保险市场的干预力度。各州对保险业采取比较倾斜的政策,给予医疗责任保险尽可能多的优惠,其营业税率一般在2%左右。为了更好地进行医疗责任保险监控和分析,美国国会在2005年7月通过患者安全质量促进法案,授权美国卫生和人口服务部建立一个用于报告和监控分析医疗责任事故的数据库。美国部分州的州政府则发起成立了联合承保组织,用于为无法在商业保险市场上获得保障的医师提供保险,还有些州建立了患者赔偿基金。③

(二) 英国的医师互助责任保险

英国的医疗卫生服务体系主要以公立医疗机构为主。与美国借助商业保险解决医疗损害赔偿问题不同,英国的医疗损害赔偿处理主要由三个机构实施:一是医师维权联合会(Medical Defence Union);二是医师保护协会(Medical Protection Society);三是国民医疗服务诉讼委员会(National Health Service Litigation Authority)。④ 医师维权协会和医师保护协会是医师为维护其正当权益而自发组织的协会组织。1910年以前,协会的主要工作是维护医师的正当权益,维护医疗服务市场的秩序。随着医疗纠纷事件的出现和医疗损害赔偿的加剧,1910年后,协会把医疗损害赔偿纳入协会工作的范围,开始为其会员承担医疗损害赔偿责任。延续至今,私立医疗机构的医疗损害风险赔偿责任和公立医疗机构执业范围外的医疗损害赔偿都由协会承担。国民医疗服务诉讼委员会是

---

① 杜明程:《透视美国医疗责任保险制度》,载《中国保险报》2011年10月31日。
② 王琬、孙纽云:《医疗风险分担机制的国际比较与经验借鉴》,载《湖北大学学报(哲学社会科学版)》2012年第6期。
③ 同上。
④ 戴庆康:《英国医生互助性责任保险述评》,载《南京医科大学学报(社会科学版)》2003年第1期。

由公立医疗机构和卫生局组成,它专门承担公立医疗机构在其执业范围内的医疗损害风险的赔偿责任。

在英国,卫生管理部门要求,凡是从事医疗工作的医务人员必须以加入互助性医师责任保险为前提,否则不能从事医疗服务活动。这就规定了行医者首先必须是相关医师协会的会员,其次才是医师,行医者一旦加入某个协会,就自动取得该协会为其提供的医疗责任保险,一旦发生医疗损害赔偿事故,则由医师协会进行赔偿。医师协会运用风险管理技术对可能发生的医疗损害风险进行管理,在科学测定风险概率及损失程度的基础上,计算所收取的会费标准,筹集医疗损害赔偿基金。而国民医疗服务诉讼委员会的资金来源主要靠国家投入,是以国家为主体管理医疗范围内的医疗损害赔偿风险。

(三) 新西兰的多方共担医疗损害赔偿基金模式

新西兰采取由医疗机构、医护人员和政府共同出资成立医疗损害赔偿基金的模式,用于对可能发生的医疗损害风险进行赔偿。医疗机构按其员工工资总额的1%缴纳医疗损害赔偿金,医护人员根据其所在岗位、从业时间等情况的不同按一定收入的比例缴纳,不足部分由国家补贴。为及时、有效地救济意外事故中无辜的受害者,新西兰于1972年通过了《意外事故补偿法》,该法取消了普通法上针对人身意外伤害的诉讼请求,由专门的政府机构——新西兰意外事故补偿委员会负责管理,提供补偿受害人的资金。该法的实施使新西兰成为世界上第一个对包括医疗意外在内的人身意外伤害实行全民无过失补偿制度的国家。尽管经过几次修改,但是,由于法律规定的补偿要件存在规定不明和较为宽泛等问题,导致实施中出现严重的财务困难。为了维持制度的正常运转,1992年新西兰政府对该制度进行了改革。根据1992年《事故恢复与补偿保险法》,新西兰设立了"医疗事故账户",将医疗事故导致的人身损害作为单独的一类事故独立出来,并重新定义医疗意外,这一变革一定程度上减少了无过错补偿制度赔偿金额的支出,但也带来医疗意外所致损害补偿不充分、无过错补偿性质改变等问题。为此,新西兰2005年通过了《损害预防、康复与补偿第二修正法》,此次修正对医疗损害采取无过错补偿原则。[1]

(四) 瑞典的患者赔偿保险制度

瑞典的患者赔偿保险制度建立于1975年。为了对受到医疗伤害的患者提供更充分的救济,瑞典政府于1975年推行了一个自愿性的医疗伤害保险制度,即"患者赔偿保险",由以斯堪的纳人寿为核心的九家保险公司共同组成的保险公司协会担任保险人,以瑞典郡议会为要保人,所有在公立医院就诊的患者为被

---

[1] 刘兰秋:《域外医疗损害无过失补偿制度研究》,载《河北法学》2012年第8期。

保险人,保险事故为医疗伤害,如果患者在公立医院就诊时发生医疗伤害,无论医务人员或医疗机构是否存在过失,患者赔偿保险均会给予赔偿。到20世纪80年代,瑞典出现了许多私人医师和私立医院,由于他们大多未加入患者赔偿保险,如果患者在这些医院就医受到损害,仍需通过侵权诉讼来解决赔偿问题。为此,立法者建议将患者赔偿保险由任意保险改为强制保险,并于1996年通过了《患者损害赔偿法》。该法第12条规定:"保健提供人应投保患者险以便为本法规定的损害提高赔偿金。如果私人保健提供人根据其公告保健提供人之间的协议为一定医疗行为,则应由公共保健提供人负责投保。"据此,所有的医疗服务提供者都必须参与患者赔偿保险制度。所不同的是,公立医院及医生通过郡议会投保,而私立医务人员通过专业协会组织向保险人投保。

（五）日本医师赔偿责任保险制度

日本的医疗损害赔偿办法与英国接近,即日本医师赔偿责任保险制度,由医师组成的医师会作为一个团体与保险公司签订合同,被保险者(会员)为医生,其最具特色也最基础的是,它的运行是基于一个公平、中立的第三方机构——医疗责任审查委员会。发生医疗纠纷时,日本医师会(Japan Medical Association, JMA)联合地方医师协会和保险公司通过医疗责任审查委员会来解决医疗纠纷,医疗责任审查委员会对赔偿责任的有无、赔偿责任额的多少以及其他处理纠纷的细节作出决议,JMA、地方医师协会和保险公司以该决议为基础,对纠纷进行处理。这样就避免了医生与患者进行直接的冲突和对质,将医疗纠纷升级为患者与医生之间的个人对抗。此外,JMA还会对过去的纠纷案件进行分析,以尽力减少医疗纠纷的发生。[1]

各国对医疗风险的管理虽然做法不同,但目的一致,都是为了有效降低医疗风险给医患双方带来的威胁,提高医疗服务质量,促进全民健康。可以借鉴的经验包括:立法强制;风险分担;积极推进医疗责任保险市场发展;医疗机构和医务人员主动参加各种医疗风险分担机制转移风险;患者参加医疗意外保险;[2]医疗损害无过失补偿制度设计多元化;以法律形式实现医疗损害无过失补偿制度的确立与改革。[3]

---

[1] 李国炜:《日本医师会医师赔偿责任保险制度介评》,载《中国卫生法制》2011年第2期。

[2] 王琬、孙纽云:《医疗风险分担机制的国际比较与经验借鉴》,载《湖北大学学报(哲学社会科学版)》2012年第6期。

[3] 刘兰秋:《域外医疗损害无过失补偿制度研究》,载《河北法学》2012年第8期。

第二节 医疗责任保险

一、医疗责任保险的概念

医疗责任保险属于职业保险。我国《保险法》第65条第4款规定："责任保险是指以被保险人对第三者依法应负的赔偿责任为保险标的的保险。"据此，医疗责任保险是指医疗机构和医务人员作为投保主体，在保险期内，因过错发生医疗损害经济赔偿或法律费用，保险公司将依照事先约定承担赔偿责任。具体而言，医疗责任保险是按照权利义务对等的原则，由保险公司向被保险人收取一定的保险费，同时承担对被保险人所发生的医疗损害给付赔偿金的责任。医疗责任保险可以由医务人员个人投保，也可以由医疗机构投保，保险公司承担医疗机构以及医务人员在从事与其资格相符的诊疗护理工作中，因过错发生医疗损害造成的，依法应由医疗机构及医务人员（即被保险人）承担的经济赔偿责任。

在不同的国家，由于法律规定的不同，可将医疗责任保险区分为自愿投保的医疗责任险和强制投保的医疗责任险。为维护受害人的利益和分担、转移危险损失，保险制度已为各国所广泛采纳。建立医疗责任保险制度是实现医疗损害赔偿社会化分担的必然要求，医疗责任保险对于分散医疗机构或医生的赔偿风险，预防和减少医疗纠纷，维护患者利益等都具有重要的作用。[1]

二、医疗责任保险的内涵

根据医疗责任险的概念我们可以看出医疗责任保险应包含以下内容：

（一）医疗责任保险是以赔偿责任为标的

医疗责任保险是以医疗机构及医务人员（即被保险人）依法应对第三人（患者）负的赔偿责任为标的的保险。该标的不是人身，也不是有形的财产，而是被保险人的医疗损害赔偿责任。这种医疗损害包括财产的损害和人身的损害。损害他人身体健康或者死亡，亦应当依照《民法典》侵权责任编的规定，赔偿医疗费用、误工收入、生活补助、丧葬费用等等。所有这些民事上的经济赔偿责任都可以通过医疗责任保险将责任转移给保险公司。

（二）医疗责任保险是以医疗机构及医务人员（即被保险人）收到请求时始负保险责任

医疗损害责任发生时，加害人（即医疗机构及医务人员）与受害人（即患者）是当时的民事主体，医疗机构及医务人员依法承担民事责任，而保险公司在此时

---

[1] 吴云红、朱亮、初炜、孔祥金：《医疗责任保险改革的新思维》，载《中国医院管理》2008年第2期。

对受害人(患者)并无直接责任。如果第三人(患者)不向医疗机构及医务人员(即被保险人)请求赔偿，被保险人无损害发生，保险人也不必对被保险人负责。只有在损害事故发生后，被保险人收到第三人赔偿请求时，保险人收到被保险人的通知和请求时，才为被保险人对受害人(第三人)承担赔偿责任，所以责任保险仅仅存在于保险人与投保人之间。不过，保险人得到被保险人的通知和请求亦可直接对受害人给付赔偿金额。但是，如果没有被保险人的通知和请求，受害人不得直接向保险人主张。

三、建立医疗责任保险制度的意义

(一) 医疗责任保险能维护和保障患者利益

医疗机构赔偿能力不足，已经严重影响到受害人损害赔偿请求权的实现，这就需要通过一定的保险制度予以解决。事实表明，现阶段我国绝大多数医疗机构的规模偏小，经济效益不高，自我积累不足，有的甚至长期处于亏损状态。在发生医疗损害后这部分医疗机构可能由于无力承担赔偿责任，而使受害人得不到充分的救济。通过责任保险制度来实现医疗损害的赔偿已成为社会的共识。基于医疗损害赔偿风险的普遍存在和患者损害赔偿无法兑现的现状，通过立法确立医疗机构投保的法定义务，建立医疗责任保险制度，可以充分发挥医疗责任保险在保障患者合法权益、防范医疗损害责任风险争议方面的作用。

(二) 医疗责任保险可分散医疗机构赔偿风险

由于缺乏有效的风险分散机制，现行医疗损害赔偿模式的另外一个突出弊端是，医疗机构的赔偿风险高度集中，从而承受较大的赔偿压力和经营风险。尤其是随着《民法典》的实施、损害赔偿范围的扩大与赔偿标准的提高，医疗机构的赔偿风险和压力进一步加大。为此，建立医疗责任保险制度，通过保险实现损害赔偿的转移，即把集中于一个医疗机构的侵权赔偿责任分散，做到损害赔偿社会化，以降低医疗机构的赔偿压力。保险作为"第三方"力量，通过与医疗纠纷调处机制的有效结合，将医疗纠纷处理从医疗机构内转移到医疗机构外，依法依规进行调解、处置和理赔，有利于预防、化解医患矛盾，保障正常医疗秩序。

(三) 有利于医疗从业人员依法执业

对于医疗机构和医务人员而言，参加医疗责任保险同时意味着接受承保方对其医疗行为的监督。承保方会明确医务人员应尽的注意义务，否则承保方有向主要责任人行使代位追偿的权利，这意味着投保医师和医疗机构仍然要对其自身过失行为负责。同时，承保方会基于降低医疗风险的目的，对医疗服务人员提供教育和指导，以期减少医疗损害的发生。这些都有利于医疗从业人员依法执业，提高医疗质量，降低医疗风险。

(四)有利于提升医疗风险管理水平,健全医疗行业风险管理体系

保险是市场经济条件下风险管理的基本手段。发展医疗责任保险,利用保险价格杠杆的激励约束作用,有利于积极引导医疗机构转变观念,提高医疗风险防范意识;有利于促进医疗机构加强内部管理,提高医疗服务质量和管理水平,从而预防和减少医疗纠纷的发生,提高医疗风险管理的总体能力。[1]

(五)医疗责任保险适应了现代损害赔偿社会化分担的发展趋势

损害赔偿社会化分担是一种趋势,医疗责任保险适应了这一趋势。如果仍然将医疗过程中产生的赔偿风险全部由医疗机构和医务人员承担,无疑会提高医疗机构的经营风险和医务人员的职业风险,这对于医疗机构及医疗事业的健康发展都是不利的。在这种背景下,建立以医疗责任保险为主体的风险分散机制是实现医疗损害赔偿社会化的必然要求。

四、我国医疗责任保险实施现状

在我国,由于受到经济水平、法律制度、保险意识等诸多因素的影响,医疗责任保险尚处于初步建立与亟待发展阶段。20世纪80年代末期,深圳、云南、青岛、广州、黑龙江、内蒙古等地区开办了地方性的医疗事故责任保险。我国一直采用商业保险的组织模式和自愿投保的实施模式。[2] 真正大规模地开展此项业务,始于2000年1月,由中国人民保险公司在全国范围内推出了"医疗责任保险";之后平安、太平洋、天安等保险公司也相继开办了此项保险。

2004年,中国保监会与原卫生部就医师、医院方职业责任保险等进行联合调研,并在北京、上海、广东、深圳等9省市启动了各类责任保险的试点工作。2007年,原卫生部、国家中医药管理局、中国保监会下发了《关于推动医疗责任保险有关问题的通知》,在全国范围内推行医疗责任保险。

2010年《关于加强医疗纠纷人民调解工作的意见》,要求各级卫生行政部门组织公立医疗机构积极参加医疗责任保险,并鼓励和支持各级各类医疗机构参加医疗责任保险。各省、市政府还相继出台关于实施医疗责任保险统保的规范性文件,以政策手段引导医疗责任保险的推行实施。尽管政府部门出台很多指导性政策,但医疗责任保险在我国认可度并不高,供需双方冷淡的局面仍未解除。云南省、北京市、上海市、深圳市作为我国医疗责任保险的试点地区,在投保主体、保险费用、保险范围、理赔方式和赔偿标准等方面形成各具特色的模式,但自实施以来参保情况都不理想。

为了进一步在全国范围内推行医疗责任保险,2014年,国家卫生计生委、司

---

[1] 国卫医发〔2014〕42号《关于加强医疗责任保险工作的意见》,2014年7月9日。
[2] 谭亭、蒲川:《对我国医疗责任保险发展的分析与思考》,载《现代预防医学》2009年第21期。

法部、财政部、原中国保监会、国家中医药管理局以国卫医发〔2014〕42号文印发《关于加强医疗责任保险工作的意见》,要求全国三级公立医院参保率到2015年底前达到100%,二级公立医院参保率应当达到90%以上。但事实上,截至2015年底,医疗责任保险在我国的发展依旧不理想,患者在发生医疗纠纷后第一反应并不是向保险公司索赔,而更多的却是直接找医院解决。医疗机构及医务人员投保也并不踊跃,存在不少障碍。有人认为赔偿金额少,风险可自担;还有人认为风险大保障少,保费高;等等。保险公司开展医疗责任保险的意愿也不强烈。据报道,承保医责险的保险公司持续亏损,广东省2011—2015年医责险共保体共亏损8000万元,保险公司入不敷出,保险公司承保积极性差。[①]

2016年12月27日,国务院《关于印发"十三五"深化医药卫生体制改革规划的通知》则提出"到2020年,医疗责任保险覆盖全国所有公立医院和80%以上的基础医疗卫生机构"。根据国家卫生计生委2017年2月的通报显示,截至2016年年底,全国已经有七万余家医疗机构参加了医疗责任保险,并将继续推进医疗责任保险县级医院全覆盖。[②] 可见,基于维护医患双方合法权益和医疗秩序稳定的公共利益考虑,我国相关部门作为制度变迁的主体在不断推进医疗责任保险制度的建立。[③]

从各地的实践情况来看,关于医疗责任保险制度,主要存在三种模式:第一种是强制模式,明确规定所有医疗机构必须参加医疗责任保险,比如苏州、连云港、通辽等市;第二种是自愿模式,允许医疗机构自行选择是否参加医疗责任保险,比如湖南、福建等地;第三种是"强制+自愿"模式,要求公立医疗机构必须参加医疗责任保险,鼓励非公立医疗机构积极参加医疗责任保险。部分地方强制要求二级以上公立医疗机构必须参加,其他医疗机构自愿参加。还有些地方以是否属于营利性医疗机构来划分,要求非营利性医疗机构必须参加,营利性医疗机构自愿参加。

五、医疗责任保险法律制度的建立与完善

尽管医疗责任保险推出已多年,也取得了一定的成效,但投保并不活跃,存在不少障碍,医疗责任保险存在承包范围狭窄、理赔服务弱化及防控风险不足的

[①] 李凯彦、范薇、陈燕华:《医疗意外险运行模式研究》,载《卫生软科学》2017年第1期。

[②] 国家卫生计生委办公厅《关于2016年维护医疗秩序工作情况的通报》(国卫办医函〔2017〕66号)。

[③] 徐喜荣:《论实施医疗责任强制保险的法理基础》,载《河北法学》2018年第1期。

问题。① 为了维护受害人的利益,发挥保险的经济补偿作用,有必要制定《医疗责任保险法》,完善医疗责任保险制度建设,其内容包括以下几个方面:

(一)确立强制性医疗责任保险原则

我国目前医疗责任保险自愿与强制并行,而强制性医疗责任保险原则的确立,有利于从根本上解决自愿模式下存在的市场需求不足的问题,推动医疗责任险的发展。前文已经提及,美、英等国都通过立法实施强制性医疗责任保险,医疗纠纷的发生率远远低于我国。

(二)明确承担医疗责任保险的责任范围

保险人承担的责任仅限于医疗损害民事责任中的经济赔偿责任,不承担加害人(投保人)的其他法律责任,如行政责任。保险人除承担上述责任外,对于因赔偿纠纷引起的诉讼费以及其他事先经保险公司同意支付的费用亦应由保险人负责承担。承担责任主体即保险人应承担的具体赔偿责任应与《民法典》侵权责任编规范的范围一致,包括医疗费、残疾赔偿金、因误工减少的收入、死者的丧葬费、死亡赔偿金、对死者生前扶养的无劳动能力者的生活费以及精神损失的赔偿等等。既要充分保护受害人的合法权益,又不至于因高额赔偿而影响医疗及保险事业的发展。

(三)明确承担医疗责任保险的赔偿限额

在医疗责任保险中,被保险人的保险标的是其依法应负的对第三人的经济赔偿责任。所以在医疗责任保险中的保险金额就和其他财产保险有所不同。在一般财产保险中,当保险标的遭受损失,保险人按财产遭受实际损失的金额给予经济赔偿,而医疗责任保险中的保险金额是作为赔偿的限额。所以一般保险法规定,保险金额为保险人在保险期内所负赔偿责任的最高限度,保险人必须查明标的物的价值,如果超额承担,超额部分无效。而医疗责任保险是以对第三人应承担的民事责任来决定赔偿金额。

由于医疗责任保险承担的是被保险人的赔偿责任,没有固定价值的标的,所以保险单中无保险金额而仅规定赔偿限额,即保险公司所承担赔偿责任的最高限额。被保险人根据法院判决,在保险公司同意下与受害人商定应对受害人支付的赔偿额,一般也即为保险对被保险人应承担的赔偿,但超过保险单规定赔偿限额的部分,由被保险人自行负担。

(四)承担医疗责任保险的赔偿处理

在发生医疗责任赔偿的保险事故后,被保险人应尽速通知保险人。保险人在接到出险通知后应立即派员赶到出险地,查勘了解受害人(患者)的姓名及工

---

① 高雪娟:《侵权法视角下医疗责任保险模式分析与优化——以福建省为例》,载《中国卫生事业管理》2017年第12期。

作单位,掌握受害人人身伤害或财产损失的程度,并拍照或取样,判断是否属于保险责任范围的事故,及时和当地有关卫生行政部门联系,掌握对赔偿义务人责任的裁决。

医疗损害赔偿是保险公司为被保险人承担民事赔偿责任,因而在确定被保险人对第三人的责任时应保护保险人的利益。因为被保险人的赔偿责任已转移到保险人身上,被保险人对于第三人就其责任的承认、和解或否定以及赔偿的多寡均与保险人的利益密切相关,所以医疗损害赔偿保险法应该规定保险人拥有参与权。当医疗损害发生后,被保险人要主动配合保险人以及有关部门及时做好事故施救工作,在报告事故过程中,要主动提供各种证据。保险公司在处理医疗损害保险的赔额时,应按照国家有关法律法规和惯例。

(五)医疗责任保险金的来源

建立医疗责任保险制度的关键在于医疗责任保险金的落实。医疗责任保险金的来源可分为三部分:第一部分,就是医疗机构每年从自己的收入中拿出一个较为合理的比例作为保险金。第二部分,就是在每年政府对医疗机构的财政拨款中专列一项作为医疗责任专项保险金。第三部分,医疗从业人员按职业风险程度缴纳。

(六)医疗责任保险争议的处理

被保险人和保险人之间所发生的一切争议,应根据实事求是、公平合理原则,协商解决。如果经协商仍不得解决,需要仲裁或诉讼时,仲裁或诉讼的地点应在医疗损害发生地。

迄今为止,我国尚未建立起比较完善的医疗责任保险制度,各种模式百花齐放,因此,制定一部符合我国国情的《医疗责任保险法》,不仅有助于提高赔偿义务人的赔偿能力,也是加强对医患双方的保护及完善我国医疗损害赔偿制度的要求。

第三节 医疗意外保险

一、医疗意外的概念及医疗意外保险的含义

(一)医疗意外的概念

医疗意外是指由于无法预见和无法抗拒的原因,使患者出现难以预料和防范的不良后果。医疗意外排除医疗行为存在过失的情形,不属于医疗损害,不承担法律责任。由此可知,医疗意外是由于无法抗拒的原因,导致病人出现难以预料和难以防范的不良后果的情形,是现有医疗技术无法预见和控制的风险事件。虽然医疗意外客观上给患者带来了损害事实,但这些损害不是出于医务人员的

故意或过失，而是由于不可抗力的原因所引起。所谓不可抗力，是指不能预见、不能避免并不能克服的客观情况。具体是指行为人对其行为发生损害的结果不但未预见到，而且根据其实际能力和当时的具体条件，在行为当时也不可能预见。例如麻醉意外，无论是全身麻醉还是局部麻醉，在常规药量和常规操作的过程中就有病人发生意外死亡的事件；又如内窥镜检查中的意外，目前纤维支气管镜和胃镜、肠镜已成为疾病诊断中必要的手段，大多数病人在接受检查时都是安全的，但也有个别病人在胃镜和纤维支气管镜检查中发生意外猝死；还有药物过敏性休克甚至死亡等药品不良反应、献血不良反应、输血意外感染的事件。

（二）医疗意外保险的含义

医疗意外保险属人身意外保险，又称为意外或伤害保险。

人身意外或伤害保险是指投保人向保险公司缴纳一定金额的保费，当被保险人在保险期限内遭受意外伤害，并以此为直接原因造成死亡或残疾时，保险公司按照保险合同的约定向保险人或受益人支付一定数量保险金的保险。

医疗意外保险是指投保人（患者）向保险公司缴纳一定金额的保费，当被保险人在保险期内遭受医疗意外等医方免责损害，并以此为直接原因造成死亡或残疾时，保险公司按照保险合同的约定向保险人或受益人支付一定数量保险金的保险。[1]

医疗意外是和人生当中其他意外事件一样客观存在，不可避免的。患者在医疗需求中无条件参保，一旦因医疗活动发生医疗纠纷，经法定机构鉴定属于医疗意外因素医疗机构免责，不能从医疗机构获得赔偿时，由承担医疗意外保险的保险公司（可以与承担医疗责任保险的保险公司相同或不同）根据医疗意外保险合同条款给予患者或患者家属符合规定的赔偿。

二、建立医疗意外保险制度的现实意义

（一）设立医疗意外保险制度可以缓解医患矛盾

目前许多医疗纠纷均由医疗意外引起。据李凯颜等对2006—2015年厦门市某三甲医院群体性医疗纠纷的构成情况的研究，发现导致严重损害后果的医疗意外极易引发群体性医疗纠纷。[2] 对于医疗意外，依据法律医方不应承担责任，但患方亦无责，患方就无休止地闹，如有地方为此买单，使遭受意外的病人及时得到赔偿，为后续的治疗及康复提供物质基础，就能有效地缓解医患之间的矛盾。将商业保险这种市场行为引入医疗业务当中来应对这种情况，即让市场来调节、缓解医患矛盾，也是欧美发达国家的先进经验。

---

[1] 余艳莉：《关于建立我国医疗意外保险制度的思考》，载《商业时代》2006年第17期。
[2] 李凯彦、范薇、陈燕华：《医疗意外险运行模式研究》，载《卫生软科学》2017年第1期。

(二) 设立医疗意外保险制度可以促进医学乃至社会的发展

保险制度从产生之初,其基本目的就在于分散危险、损失补偿,保障社会生活的安定和发展。医疗意外保险制度将医疗意外的风险分散于患方群体乃至整个社会中,比单纯的医患双方分担风险的模式,自然有更强大的能力来消化医疗意外造成的损失、消除医患双方所承受的沉重经济负担。最终可以化解医患双方的纠纷,保障患方个人及家庭生活安定,保障医方正常的生存、发展,促进医学科学及医疗卫生事业的发展。

在医疗意外所致的人身伤害事故中,其后果不仅是一个生命的结束或健康受到损害,而且由此还必然给本人或他人带来直接的经济损失。医疗意外保险制度虽然不能填补前者,却可以填补后者,从而减轻或消除医患双方的经济负担,维护双方正常的工作、生活秩序,这符合一般保险制度的目的,也是医疗意外的必然要求。

(三) 医疗意外符合保险制度中的可保风险条件

保险制度中的可保风险具有如下特征:风险的发生是偶然的、是意外的,且有大量标的遭受重大损失的可能性。医疗意外是医方无法预料和防范的意外事件,在正常的医疗过程中存在着发生的可能;人们并不能确定医疗意外发生的具体时间;医疗意外造成了病人人身损害,但造成多大损害人们事先也无法预料,损害后果不确定;医疗意外也不是患方或医方故意造成的危险。由此可见,医疗意外作为一种风险,符合可保风险的特征,属于可保风险的范畴,可以作为保险制度适用的对象。

充分利用各方和全社会的力量建立医疗意外保险制度,不仅仅是消极化解式地应对风险,还体现了人类社会共同应对意外灾害、保障自身安全、促进自身发展的积极意义。

三、建立与完善医疗意外保险制度的建议

我国目前医疗意外保险制度还没有真正建立,各地实践都选择了自愿模式,有些地方要求医疗机构与患者共同购买医疗意外险,有些地方鼓励患者购买医疗意外险。此外,还有地方尝试通过建立医疗风险基金制度来分散医疗风险。所谓医疗责任风险金制度,是指由多家医疗机构按照一定的比例缴纳资金,实行统一管理、统筹使用,为分散医疗机构的医疗责任风险,保障因遭受医疗损害的患者获得及时赔偿而建立的互助共济制度。

医疗意外险大致有两类:一类是手术意外险、麻醉意外险等单一险种形式,另一类是作为医疗责任险附加险的形式。[①] 两者均存在问题,如险种单一、

[①] 李凯彦、范薇、陈燕华:《医疗意外险运行模式研究》,载《卫生软科学》2017年第1期。

投保设计与费率厘定不合理、赔付额度低等①,医疗意外保险制度亟待建立与完善。

(一)加强相关立法,建立强制性医疗意外保险制度

国家以立法的形式制定患者医疗意外保险法或条例,根据门诊、住院、手术或按病种制定缴费标准和缴费方式(分离式或捆绑式),并强制所有患者在医疗需求中无条件参保。

该保险由患者或其亲属在医方挂号接受诊疗服务时投保,由医方办理承保手续,不另发保险凭证。② 当发生医疗纠纷后,经法定机构鉴定属于医疗意外的则根据保险规定由保险公司按标准予以理赔。

根据我国的现实情况,医疗意外保险现阶段适合采用低保费、低补偿、广覆盖的办法,让更多的投保者得到补偿,让更多的消费者(患者)在经济上、心理上求得一定的平衡。数据显示,医疗意外的发生率远高于航空、交通等其他意外的发生率,既然交通、运输、旅游等行业都实行了自愿或半强制的保险,且运作良好,广为接受,医疗意外同样可以通过这种方式进行分散和转移。在此基础上,保险公司再开发一些"高保费、高保障"的针对某些特殊风险的险种,如无过错输血感染、重大高风险手术、药品不良反应、献血不良反应等,由消费者以自愿方式在就医前选择购买,以满足经济状况较好患者的需求。

(二)将投保费用纳入医保统筹

患者作为医疗意外保险的受益人,应该是此保险的出资人,但为了减轻患者的经济负担,可将医疗意外保险的保费纳入社会医疗保险统筹范围内,由医保报销。在社会医疗保险的基础上附加一项医疗意外保险,可实现广覆盖的目标。③

(三)明确理赔流程

患者购买医疗意外险后,一旦发生医疗损害或医疗意外纠纷,直接申请医疗意外承保公司理赔。保险公司经调查或者鉴定认定是过错医疗损害的,按医疗责任险的流程处理,如发生纠纷的医疗机构未参加医责险,依据《民法典》侵权责任编处理。对于案情简单可以直接认定为医疗意外的,保险公司应及时理赔。案情复杂的,经过鉴定认定为医疗意外的,保险公司应当理赔。对于不属于医疗意外的,保险公司不用理赔。

---

① 碗旭照、肖鹏:《我国医疗意外保险的不足及完善对策》,载《中国医学伦理学》2018年第1期。
② 余艳莉:《关于建立我国医疗意外保险制度的思考》,载《商业时代》2006年第17期。
③ 碗旭照、肖鹏:《我国医疗意外保险的不足及完善对策》,载《中国医学伦理学》2018年第1期。

(四) 明确投保额度与理赔限额

保险行业协会应当根据我国经济发展与人均生活水平确定医疗意外保险费和理赔限额,让医疗意外险真正起到止损救济的作用。

第四节 其他医疗法律风险民事责任分担模式

一、建立医疗风险救济基金

医疗法律风险民事责任分担机制除了建立医疗责任保险和患者医疗意外保险外,为了体现医疗责任风险的社会化分担,还应该设立医疗风险救济基金。如前所述,医生执业时应参加医疗责任保险,而患者参加医疗活动都应参加医疗意外保险,患方在接受医疗服务中如果发生医疗风险(医疗损害或医疗意外)就可从保险公司获得赔偿。如果患方仍然对赔付不满,或是患者根本没参加意外保险,如患者未购买药品不良反应保险、献血不良反应保险、输血意外感染保险而发生了意外,不能得到医疗损害赔偿,纠纷无法解决,针对这种情况,可以设立医疗风险救济基金来解决这一问题。医疗风险救济基金专门用于填补医方或患方因医疗风险尤其是各种医疗意外所遭受的损失。基金可以由地方医疗机构管理协会统一管理,专项使用。

医疗风险救济基金的来源:一是政府投入;二是社会捐赠;三是医疗机构按照规模、级别等一定比例缴纳;四是药品生产经营企业缴纳;五是医疗器械生产经营企业缴纳。通过医疗风险救济基金的管理和使用,可促使医疗机构和医生加强自律,发挥行业规范医疗机构和医生的执业行为的作用,分散医疗机构的行业风险和医生的职业风险。由此,医方正常的生存、发展获得了保障,医学科学的进步、医疗卫生事业的发展也会健康发展。医疗风险救济基金是设立在医疗系统内部的,不同于下文的社会救助。

二、建立和完善社会救助制度

仅仅依靠医疗责任保险制度、医疗意外保险制度及医疗风险救济金制度来填补损害仍然不够,还有必要发挥社会救助的作用,如前文提到的社会安全体系的建立。

所谓社会救助,是指国家和其他社会主体对于遭受自然灾害、失去劳动能力或者其他低收入的公民给予物质帮助或精神救助,以维持其基本生活需求,保障其最低生活水平的各种措施。社会救助是最古老最基本的社会保障方式,在矫正"市场失灵",调整资源配置,实现社会公平,维护社会稳定,构建社会主义和谐社会等方面发挥着重要的和不可替代的作用。

之所以要发挥社会救助在化解医疗法律风险民事责任中的作用,是因为实践中有大量的医疗损害不可能通过医疗责任保险或者基于侵权责任以及医疗意外保险得到完全赔偿。一方面,保险理赔要受到保险金额的限制,即使存在医疗责任保险,患者的损害也得不到完全的赔偿;或者基于医疗侵权损害活动的赔偿以及患者因参加医疗意外险得到的补偿,但这些远远无法弥补患者的损失。另一方面,如前所述,我国医疗责任保险的覆盖率低、适用范围有限,大量的医疗损害受害人不能获得保险的保障。在没有医疗责任保险和医疗意外保险,侵权人即医方又没有能力完全赔偿的情况下,受害人就处于无助的地位。[1]

当前因医疗纠纷而对簿公堂大致有两种类型:一是,因医疗过失,受到严重医疗损害的受害者已经通过正常的双方协商、调解和法院诉讼途径实现了法律所规定的救济,获得了赔偿,但依据我国的法律规定,赔偿额太少,使受害者在精神上难以接受,心理上难以平衡;二是,医务人员和医疗机构不存在过错,患者或家属是知道风险是疾病本身造成的,与医务人员和医疗机构无关,但鉴于死者是家庭的主要收入者,为生存,家属只好将眼光转向在医疗行为中寻找漏洞,以期获得医疗损害赔偿。此情形,在国外有相应的社会救济,可以使患者获得部分救助,以平衡心理、维持生计。

由于我国社会救助制度不发达,为此正加快制定社会救助的法律法规,使社会救助有法可依。2014年国务院颁布实施《社会救助暂行办法》,明确了国务院民政部门统筹全国社会救助体系建设的职责,要求县级以上地方人民政府建立健全政府领导、民政部门牵头、有关部门配合、社会力量参与的社会救助工作协调机制。《社会救助暂行办法》以国务院行政法规的形式,统筹建立了以最低生活保障、特困人员供养、受灾人员救助以及医疗、教育、住房、就业和临时救助为主体,以社会力量参与为补充的社会救助制度体系,加快构建与经济社会发展水平相适应、与其他保障制度相衔接、逐步完善的社会救助制度。

以下是《社会救助暂行办法》中涉及医疗法律风险民事责任化解相关的内容:

一是最低生活保障。明确最低生活保障的具体条件为:共同生活的家庭成员人均收入低于当地最低生活保障标准,且符合当地最低生活保障家庭财产状况规定的家庭。为确保特殊人群的基本生活,《社会救助暂行办法》规定对获得最低生活保障后生活仍有困难的老年人、未成年人、重度残疾人和重病患者,采取必要措施给予生活保障。医疗损害或医疗意外发生后,返贫致贫的较多,如果

---

[1] 王利明:《建立和完善多元化的受害人救济机制》,载《中国法学》2009年第4期。

符合最低生活保障范围,能解决这些家庭的基本生活问题。由于遭受医疗损害或医疗意外而致生活困难,可申请最低生活保障。

二是特困人员供养。《社会救助暂行办法》规定对无劳动能力、无生活来源且无法定赡养、抚养、扶养义务人,或者其法定赡养、抚养、扶养义务人无赡养、抚养、扶养能力的老年人、残疾人以及未满16周岁的未成年人,给予特困人员供养。同时,还要求其与城乡居民基本养老保险、基本医疗保障、最低生活保障、孤儿基本生活保障等制度相衔接。遭受医疗风险的人如果符合特困人员供养规定,可享受特困人员供养救助。

三是医疗救助。《社会救助暂行办法》规定,对最低生活保障家庭成员、特困供养人员和县级以上人民政府规定的其他特殊困难人员,可以申请医疗救助。规定了两种医疗救助形式:一是对救助对象参加城镇居民基本医疗保险或者新型农村合作医疗的个人缴费部分,给予补贴;二是对救助对象经基本医疗保险、大病保险和其他补充医疗保险支付后,个人及其家庭难以承担的符合规定的基本医疗自负费用,给予补助。此外,还规定要建立疾病应急救助制度,对需要急救但身份不明或者无力支付急救费用的急重危伤病患者给予救助。

四是临时救助。《社会救助暂行办法》规定,对因火灾、交通事故等意外事件,家庭成员突发重大疾病等原因,导致基本生活暂时出现严重困难的家庭,或者因生活必需支出突然增加超出家庭承受能力,导致基本生活暂时出现严重困难的最低生活保障家庭,以及遭遇其他特殊困难的家庭,给予临时救助。遭遇医疗风险的人如符合临时救助的条件也可得到临时救助。

随着国务院《社会救助暂行办法》的贯彻落实,近几年我国社会救助制度有了较大发展。2015年国务院转发了民政部、财政部、人力资源社会保障部、卫生计生委、保监会《关于进一步完善医疗救助制度全面开展重特大疾病医疗救助工作的意见》,指出整合城乡医疗救助制度。在政策目标、资金筹集、对象范围、救助标准、救助程序等方面加快推进城乡统筹,确保城乡困难群众获取医疗救助的权利公平、机会公平、规则公平、待遇公平。

国家建立的社会安全网即社会救济体系,一方面为各类特困人群提供了基本生活保障,促进了社会公平,增进了人民福祉;另一方面也是一项系统工程,仍需不断完善,如扩大救助范围、提高救助程度、简化批准程序等等,使改革发展成果公平惠及全体人民。

医疗法律风险民事责任依靠医疗责任保险制度、医疗意外保险制度及医疗风险救济金制度再加上社会救济体系的托底,一定能够得到解决。

资料

医疗责任保险实践案例

2016年,宿州市实现医疗责任保险全覆盖。由市卫生计生委牵头,将全市公立医疗机构统一纳入参保范围。宿州市全面实施医疗责任保险制度为有效化解医疗风险,保障医患双方合法权益,加强对医疗责任保险的组织领导打下了基础。市政府出台了《宿州市医疗责任保险方案(试行)》,组织全市公立医疗机构统一投保医疗责任保险、医疗意外责任保险和医疗机构场所责任保险。积极落实财政投入,市县两级政府对二级以上公立医院参保费用按40%给予配套,有力支持了公立医院参保,为医患纠纷筑起了"防火墙",以市为单位集中投保,实现公立医疗机构"统一参保、统一保险方案、统一工作步骤、统一产品责任范围、统一保险费率、统一服务标准"。按照"先行先试、分步推行"的原则,2016年完成了二级以上公立医院医疗责任保险全覆盖,2017年扩大至基层医疗机构,并引导鼓励非公立医疗机构参加医疗责任保险引入第三方保险经纪模式。按照"政策引导、政府推动、市场运作、专业辅助"的指导原则,宿州市积极创新保险模式,引入安徽国元保险经纪公司作为第三方协调机构,负责相关各方业务协调和工作开展。通过引入第三方经办模式,有效避免医患矛盾激化,减轻了"医、患、保"三方压力,建立了快速理赔服务机制,促进了和谐医患关系的建立。发生医疗纠纷后,承保公司将第一时间前往现场查勘,在经纪公司参与下负责调解、理赔。索赔金额在5万元以内的,由承保公司和经纪公司协调医患双方协商解决;索赔金额在5万元以上或争议较大的案件,由经纪公司根据案情决定启动专家咨询程序或引导进行医疗损害鉴定,依据鉴定结果进行医疗纠纷调解。在发生重大医疗事故时,承保公司将开通专属绿色通道服务预付赔款,最高支付金额可以达到估损金额的50%。

本章小结

医疗法律风险民事责任分担,是指医疗法律风险民事责任以某种形式在不同主体之间进行分配。建立一种政府、医疗机构、个人、社会等多元社会化医疗法律风险民事责任分担模式,加强医疗法律风险民事责任分担制度建设,依法、合理、及时分担医疗法律风险民事责任,对于缓解医患矛盾、维护医疗秩序、维护医患双方的合法权益和促进医学事业的健康发展具有重要的现实意义。

目前主要的医疗法律风险民事责任社会分担方式包括医疗责任保险和医疗意外保险,医疗意外风险救济基金和社会救助制度是补充。医疗责任保险是指医疗机构和医务人员作为投保主体,在保险期内,因过错发生医疗损害经济赔偿或法律费用,保险公司将依照事先约定承担赔偿责任。

医疗意外保险是指投保人(患者)向保险公司缴纳一定金额的保费,当被保险人在保险期内遭受医疗意外等医方免责损害,并以此为直接原因造成死亡或残疾时,保险公司按照保险合同的约定向保险人或受益人支付一定数量保险金的保险。

 思考题

1. 建立医疗法律风险民事责任分担机制有何重要意义?
2. 简述医疗责任保险的概念及内涵。
3. 医疗责任保险制度建立中应注意哪些主要问题?
4. 简述医疗意外保险的概念及内涵。
5. 如何建立医疗意外保险?
6. 除医疗责任与医疗意外保险外,还有哪些医疗法律风险民事责任分担方式?

案例思考

据报道,某市一家医院处理了一起医疗纠纷。这起医疗纠纷的结果是:赔偿患者家属2万元。但医院负责人说:"钱不需要我们来付!"他说,这全得益于医院组织医生买了保险。有了这种医疗责任保险,保险公司会为赔偿付账。从2002年开始,某市有医院开始尝试通过保险的形式减少医疗赔偿,至2003年这种方式全面铺开,目前全市大多数医院都已组织医护人员买了医疗责任保险。"随着患者法律维权意识的提高,医疗赔偿逐年上升,每年少则几万元,多则几十万元,医生也要负责其中的一部分。"一家医院的负责人说。而有了这种保险,医生就可以免予赔偿。但有不少患者对此事持一种怀疑态度。正在某市一家专科医院住院的冯女士说:"救死扶伤是个良心活儿,要是医生出错,有人付账,谁还会为患者操心?"冯女士的同室病友则担心,有了保险,医院摆脱了赔偿困扰,会不会放松对医生的要求?还有一些患者表示,有了保险赔偿,医生责任心势必不如以前。

案例讨论

1. 医疗损害赔偿由保险公司负担,投了责任保险的医生还会认真负责吗?
2. 如何建立和完善我国的医疗责任保险制度?